Die Prüfung des Corporate Governance-Reportings

Göttinger Schriften zum Wirtschaftsrecht

Herausgegeben von Olaf Deinert, Torsten Körber, Rüdiger Krause,
Gerald Spindler und Andreas Wiebe

Band 11

PL ACADEMIC RESEARCH

Klaus Christian Jürgensen

Die Prüfung des Corporate Governance-Reportings

PL ACADEMIC RESEARCH

Bibliografische Information der Deutschen Nationalbibliothek
Die Deutsche Nationalbibliothek verzeichnet diese Publikation in der Deutschen Nationalbibliografie; detaillierte bibliografische Daten sind im Internet über http://dnb.d-nb.de abrufbar.

Zugl.: Göttingen, Univ., Diss., 2017

D 7
ISSN 2192-2438
ISBN 978-3-631-73049-2 (Print)
E-ISBN 978-3-631-73058-4 (E-PDF)
E-ISBN 978-3-631-73059-1 (EPUB)
E-ISBN 978-3-631-73060-7 (MOBI)
DOI 10.3726/b11579

PL Academic Research ist ein Imprint der Peter Lang GmbH.
Peter Lang – Frankfurt am Main · Bern · Bruxelles · New York · Oxford · Warszawa · Wien

Diese Publikation wurde begutachtet.

www.peterlang.com

Für
Ingrid Christel
und
Carolina, Justina, Philipp, Fabian, Tristan

Vorwort

Kapitalmarktorientierte Kapitalgesellschaften, insbesondere wenn sie von öffentlichem Interesse sind, werden vom europäischen und nationalen Gesetzgeber neben dem (Konzern-)Abschluss und dem (Konzern-)Lagebericht weiteren Erklärungs- und Berichtspflichten unterworfen. Erstaunlicherweise werden diese zusätzlichen Erklärungen und Berichte nicht extern, gesetzlich und inhaltlich geprüft. Die Arbeit thematisiert diesen Zustand und zeigt, dass eine externe, gesetzliche und inhaltliche Prüfung möglich und geboten ist.

Im Wintersemester 2016/2017 wurde die Dissertation von der juristischen Fakultät der Georg-August-Universität zu Göttingen angenommen.

Meinem hochgeschätzten Doktorvater, Herrn *Dipl. Oec. Prof. Dr. Gerald Spindler*, gilt mein aufrichtiger Dank für meine Annahme als Doktorand, sein Interesse an dem Thema der Arbeit und seine die Arbeit begleitende konstruktive Kritik. Dafür, dass die Arbeit im Rahmen der Göttinger Schriften zum Wirtschaftsrecht erscheinen darf, sage ich ihm meinen besonderen Dank. Herrn *Prof. Dr. Hans-Martin Müller-Laube* danke ich besonders für die zügige Erstellung des Zweitgutachtens.

Herr *Dipl.-Kfm. Prof. Dr. Hans-Joachim Priester*, Notar a.D., Hamburg, hat die Arbeit ebenso freundschaftlich wie kritisch begleitet, wofür ich ihm herzlich danke.

Großen Dank schulde ich auch Herrn *Maximilian Behrmann, M.Sc.*, der mir nicht nur bei den Literaturrecherchen half, sondern auch als fachlicher Gesprächspartner stets hilfreich war, wobei ihm seine Kenntnisse als Hochschulassistent und Mitarbeiter einer der „großen" Wirtschaftsprüfungsgesellschaften zur Seite standen.

Meinem ehemaligen Assistenten und Kollegen Herrn *Wirtschaftsprüfer und Steuerberater Dr. Jens Kaden*, Wien, danke ich für die Zurverfügungstellung von Literatur.

Unermesslichen Dank schulde ich meiner lieben Ehefrau, *Ingrid Christel Jürgensen*, die mein Promotionsvorhaben von Anfang an unterstützte und damit auf Vieles verzichtete, auf das gerade sie Anspruch gehabt hätte. Sie tat dies mit viel Liebe und Verständnis, mit denen sie in unserer langen Ehe alle meine „Unternehmungen" mitgetragen hat.

Hamburg im Mai 2017 Klaus Christian Jürgensen

Inhaltsverzeichnis

Abkürzungsverzeichnis

a.A.	anderer Ansicht
a.F.	alte Fassung
Abs.	Absatz
AG	Aktiengesellschaft/Die Aktiengesellschaft
AktG	Aktiengesetz
AnSVG	Anlegerschutzverbesserungsgesetz
APAREG	Abschlussprüferreformgesetz
APAS	Abschlussprüferaufsichtsstelle
AReG	Abschlussprüfungsreformgesetz
Art.	Artikel
Aufl.	Auflage
BAFA	Bundesamt für Wirtschaft und Ausfuhrkontrolle
BaFin	Bundesanstalt für Finanzdienstleistungsaufsicht
BB	Betriebs-Berater
BFuP	Betriebswirtschaftliche Forschung und Praxis
BGB	Bürgerliches Gesetzbuch
BGBl.	Bundesgesetzblatt
BGH	Bundesgerichtshof
BGHZ	Entscheidung des Bundesgerichtshofs in Zivilsachen
Bil	Bilanz
BilKoG	Bilanzkontrollgesetz
BilMoG	Gesetz zur Modernisierung des Bilanzrechts (Bilanzrechtsmodernisierungsgesetz)
BilR	Bilanzrecht
BilReG	Bilanzreformgesetz
BilRUG	Bilanzrichtlinie-Umsetzungsgesetz
BJMV	Bundesministerium für Justiz und Verbraucherschutz
BMWi	Bundesministerium für Wirtschaft
BörsG	Börsengesetz
BS	Berufssatzung WP
BT-Drucks.	Bundestagsdrucksache
bzw.	beziehungsweise
CSR	Corporate Social Responsibility
CG	Corporate Governance

D&O-Versicherung	Directors-and-Officers-Versicherung
DAV	Deutscher Anwaltverein
DAX	Deutscher Aktienindex
DB	Der Betrieb
DCGK	Deutscher Corporate Governance Kodex
ders.	derselbe
d.h.	das heißt
DIN	Deutsches Institut für Normung
DJT	Deutscher Juristentag
DPR e.V.	Deutsche Prüfstelle für Rechnungslegung e.V.
DRP	Deutsche Prüfstelle für Rechnungslegung
DSR	Deutscher Standardisierungsrat
DRSC	Deutscher Rechnungslegungsstandard Committee
DStR	Deutsches Steuerrecht
e.V.	eingetragener Verein
EG	Europäische Gemeinschaft
EGBGB	Einführungsgesetz zum Bürgerlichen Gesetzbuche
EGHGB	Einführungsgesetz zum Handelsgesetzbuch
EU	Europäische Union
EUR	Euro
EWG	Europäische Wirtschaftsgemeinschaft
f.	folgende
FAZ	Frankfurter Allgemeine Zeitung
ff.	fortfolgende
Fn.	Fußnote
FS	Festschrift
GCCG	German Code of Corporate Governance
GG	Grundgesetz für die Bundesrepublik Deutschland
ggf.	gegebenenfalls
GoB	Grundsätze ordnungsmäßiger Buchführung
Hdb.	Handbuch
HGB	Handelsgesetzbuch
HGrG	Haushaltsgrundsätzegesetz
Hrsg.	Herausgeber
HV	Hauptversammlung
IAS	International Accounting Standards
IFRS	International Financial Reporting Standards

IRZ	Zeitschrift für Internationale Rechnungslegung
ISA	International Standards on Auditing
i.S.d.	im Sinne des
IStR	Internationales Steuerrecht
i.V.m.	in Verbindung mit
IDW	Institut der Wirtschaftsprüfer
IDW PS	IDW Prüfungsstandards
IDW-FN	IDW-Fachnachrichten
JZ	Juristen Zeitung
KGaA	Kommanditgesellschaft auf Aktien
KöKo	Kölner Kommentar zum Aktiengesetz
KonTraG	Gesetz zur Kontrolle und Transparenz im Unternehmensbereich
KoR	Internationale und kapitalmarktorientierte Rechnungslegung
LG	Landgericht
MitbestG	Gesetz über die Mitbestimmung der Arbeitnehmer
MüKo AktG	Münchener Kommentar Aktiengesetz
MüKo BilR	Münchener Kommentar Bilanzrecht
MüKo HGB BilR	Münchener Kommentar Handelsgesetzbuch
NJW	Neue Juristische Wochenschrift
NZG	Neue Zeitschrift für Gesellschaftsrecht
Nr.	Nummer
PIE	Public Interest Entity
PublG	Publizitätsgesetz
OECD	Organisation für wirtschaftliche Zusammenarbeit und Entwicklung
OLG	Oberlandesgericht
RA	Rechtsanwalt
Rz.	Randziffer
RegE	Regierungsentwurf
RegBegr.	Regierungsbegründung
RL	Richtlinie
S.	Seite
SE	Societas European
SEAG	Gesetz zur Ausführung der Verordnung (EG) Nr. 2157/2001 des Rates vom 8. Oktober 2001 über das Statut der Europäischen Gesellschaft (SE)

SEC	Securities and Exchange Commission
SE-VO	Verordnung (EG) Nr. 2157/2001 des Rates vom 8. Oktober 2001 über das Statut der Europäischen Gesellschaft (SE)
StGB	Strafgesetzbuch
StuB	Steuer und Bilanzen, Zeitschrift für das Steuerrecht und die Rechnungslegung der Unternehmen
TransPuG	Gesetz zur weiteren Reform des Aktien- und Bilanzrechts, zu Transparenz und Publizität
TUG	Transformationsrichtlinien-Umsetzungsgesetz
u.a.	unter anderem
UK	United Kingdom
USA	United States of America
vgl.	vergleiche
VGR	Wissenschaftliche Vereinigung für Unternehmens- und Gesellschaftsrecht
VO	Verordnung
WM	Wertpapier-Mitteilungen
WP	Wirtschaftsprüfer
WPg	Die Wirtschaftsprüfung
WPG	Wirtschaftsprüfungsgesellschaft
WpHG	Gesetz über den Wertpapierhandel
WPO	Wirtschaftsprüferordnung
WPK	Wirtschaftsprüferkammer
ZCG	Zeitschrift für Corporate Governance
ZGR	Zeitschrift für Unternehmens- und Gesellschaftsrecht
ZHR	Zeitschrift für das gesamte Handels- und Wirtschaftsrecht
Ziff.	Ziffer
ZIP	Zeitschrift für Wirtschaftsrecht
ZFU	Zeitschrift für Umweltrecht und Umweltpolitik
ZPO	Zivilprozessordnung
ZfbF	Zeitschrift für betriebswirtschaftliche Forschung
ZRFC	Zeitschrift Risk, Fraud & Compliance

Einleitung und Gang der Untersuchung

A. Einleitung

Die klassische Unternehmensberichterstattung (Reporting) bestand aus dem jährlichen Geschäftsbericht, der im Wesentlichen den (Konzern-)Abschluss und den (Konzern-)Lagebericht enthielt. So gesehen war dies eine ausschließlich auf die Rechnungslegung bezogene Unternehmenspublizität.

Mit dem Gesetz zur Kontrolle und Transparenz im Unternehmensbereich (KonTraG) vom 27.04.1998 wurden zahlreiche Veränderungen der Bestimmungen für die Gesellschaftsorgane, aber auch solche für Rechnungslegung und Abschlussprüfung, vorgenommen.[1] Die Regelungen dieses Gesetzes müssen vor dem Hintergrund massiver Unternehmenszusammenbrüche im In- und Ausland gesehen werden und vor der Erkenntnis, dass die nationalen großen börsennotierten Gesellschaften auf globalen Märkten, insbesondere dem Kapitalmarkt, operieren, was eine andere Ausrichtung des Rechnungswesens und der Kapitalmarktinformationen erfordert. Bezeichnend ist der Aufsatz von Böcking: „Zum Verhältnis von Rechnungslegung und Kapitalmarkt: Vom „financial accounting“ zum „business reporting“.[2] Damit stehen auch Fragen der Unternehmensführung und -kontrolle im Mittelpunkt des Interesses und somit die Corporate Governance. Das Phänomen Corporate Governance (CG) findet in der Principal-Agent-Theorie (Agency-Theorie) sein theoretisches Erklärungsmodell.[3] Die Agency-Theorie ist der Institutionen-Ökonomie zuzurechnen, deren Grundthesen unter anderem Verfügungsrechte und Vertragsbeziehungen sind. Damit eignet sich die Agency-Theorie zur Analyse von Konflikten zwischen Management und Anteilseigner.[4] Diese Konflikte sind insbesondere durch die Informationsasymmetrien zwischen Management (Agent) und Anteilseignern (Principal) gekennzeichnet.

Die Agency-Theorie legt typisierend Verhaltensweisen des Agenten zugrunde, die seinem opportunistischen Verhalten und damit dem Prinzip der Fremdnützigkeit entspringen, was den Interessen des Principals widerspricht. Solche Verhaltensweisen des Agenten können mit der Vertragsanbahnung, während

---

1 Ernst/Seibert/Stuckert, KonTraG, S. 3–6; Naumann, Prüfung im Wandel, DStR, Beihefter zu Heft 9/2016, S. 27.

2 ZfbF, Sonderheft 40/1998, S. 17–53.

3 Weber, Externes Corporate Governance Reporting, S. 48 ff.

4 Martin/Zimmermann, Corporate Governance im Prinzipal-Agenten-Verhältnis, S. 82–104.

der Vertragsdauer und mit Beendigung der Vertragsbeziehung zwischen Principal und Agent wirksam werden.

Dadurch entstehen zusätzliche Kosten für den Principal, denen er entgegenwirken will. Er kann dies unter der Kosten- und Nutzenerwägung tun, indem er Anreizsysteme entwickelt, was im Ergebnis dem Eigeninteresse des Agenten entgegenkommt, oder der Principal richtet Kontrollsysteme – insbesondere externe Prüfungen – zur Überwachung des Managementverhaltens des Agenten ein.[5]

Unter dem Eindruck spektakulärer Unternehmenszusammenbrüche berief die Bundesregierung zwei Regierungskommissionen ein. Die am 06.09.2001 einberufene Kommission legte auftragsgemäß am 26.02.2002 den ersten Deutschen Corporate Government Kodex (DCGK) vor.

Dieser nach anglo-amerikanischem Vorbild geschaffene Kodex stellt wesentliche Grundsätze zur Leitung und Überwachung der deutschen börsennotierten Gesellschaften auf. Er gibt international und national anerkannte Standards guter und verantwortungsvoller Unternehmensführung wieder und soll damit das deutsche Corporate Governance-System transparent und nachvollziehbar machen.[6] Getragen wird das Corporate Governance-System von den Gedanken der Selbstorganisation und Selbstverpflichtung, die prägend für das britische Corporate Governance-System sind, das dem deutschen System als Vorbild gedient hat. Eine Verhaltenssteuerung, die auf Selbstverpflichtung und Selbstorganisation basiert, war dem deutschen Rechtsempfinden nicht geläufig. Die Frage, ob Normen der Selbstverpflichtung und -organisation positives Recht verdrängen und ersetzen können, hat zu zahlreichen Literaturbeiträgen geführt.[7] Es ist darauf hinzuweisen, dass der Kodex durch die von der Bundesregierung eingesetzte und besetzte Regierungskommission geschaffen wurde. Auch die personelle Kontrolle liegt bei der Bundesregierung. Letztlich erfolgt die Prüfung und Bekanntmachung des Kodex im amtlichen Teil des elektronischen Bundesanzeigers durch das BMJV. So gesehen muss die Urheberschaft des Kodex differenzierter betrachtet werden.[8]

---

5 Heyd/Beyer, Die Prinzipal-Agenten-Theorie in der Finanzwirtschaft, S. 33; Cervellini, Der Bericht des Aufsichtsrats, S. 170 ff.

6 Präambel Abs. 1, DCGK vom 26.02.2002.

7 Lutter, FS Hopt 2010, S. 1026–1037; Hommelhoff/Schwab, Staatssetzende Privatgremien im Unternehmensrecht, FS Kruse 2001, S. 693–718; Krieger, ZGR 2012, S. 202–227; Hoffmann-Becking, FS Hüffer 2010, S. 337–353; Borges ZGR 2003, S. 509–539.

8 Stenger, Kodex, S. 277.

Ziel des Kodex ist es, Effizienz, Transparenz und Glaubwürdigkeit der Unternehmensführung und -überwachung zu steigern.[9] Darüber soll von den Unternehmen berichtet werden und so lautet die Ziff. 3.10 des DCGK vom 26.02.2002: „Vorstand und Aufsichtsrat sollen jährlich im Geschäftsbericht über die Corporate Governance des Unternehmens berichten. Hierzu gehört auch die Erläuterung eventueller Abweichungen von den Empfehlungen dieses Kodex". Damit war das erste Element des CG-Reportings geschaffen. Eine wie auch immer geartete externe, gesetzliche, inhaltliche Prüfung stand für dieses Element des CG-Reportings nie in Rede.

Die Befolgung des Kodex war freiwillig, doch hielt man auf europäischer Ebene eine Kombination aus Selbstregulierung durch Kodizes und gesetzlichen Regeln für erstrebenswerter (legal backing of selfregulation).[10]

Mit Wirkung zum 26.07.2002 wurde der § 161 AktG geschaffen und damit das zweite Element des CG-Reportings. Nach dieser Vorschrift haben Vorstand und Aufsichtsrat von börsennotierten Gesellschaften jährlich zu erklären, ob die im DCGK enthaltenen Empfehlungen befolgt wurden und werden, wobei die Nichtbefolgung in der sogenannten Entsprechenserklärung anzugeben ist. Damit war geklärt, dass die Befolgung des Kodex freiwillig, aber die Befassung und Erklärung mit dem bzw. zum Kodex zwingend ist.

Im (Konzern-)Anhang muss berichtet werden über die Abgabe der Entsprechenserklärung und deren für die Aktionäre dauerhaften Zugänglichkeit.[11] Diese Angaben sind im Rahmen der (Konzern-)Abschlussprüfung lediglich formell zu prüfen. Eine externe, inhaltliche Prüfung der Entsprechenserklärung wurde erwogen, aber verworfen, wobei deutlich wurde, dass man von einer Überforderung des (Konzern-)Abschlussprüfers durch eine solche Prüfung nicht ausging. Vielmehr sollte eine Aufgabenerweiterung für den (Konzern-)Abschlussprüfer vermieden werden.[12] Schon hier ist eine Inkonsequenz deutlich, wenn man davon ausgeht, dass die Transparenz des CG Voraussetzung für die Informationsfunktion des Kodex ist. Der Kodex soll informieren (Außenwirkung) und steuern (Innenwirkung).[13] Mit dem Bilanzrechtsmodernisierungsgesetz (BilMoG) vom 25.05.2009 wurde das dritte Element des CG-Reportings aus der Taufe gehoben. Mit dem neu in das HGB eingefügten § 289a wurde die Erklärung zur Unternehmensführung (Corporate Governance-Statement) geschaffen, die seitdem

---

9 v.d. Linden, DCGK Wilsing zu § 161 AktG, Rz. 2.

10 Eberhartinger/Hirschbök/Höller, Corporate Governance-Bericht, S. 198.

11 Pfitzer/Oser/Orth, Reform des Aktien-, Bilanz- und Aufsichtsrecht, S. 37.

12 Seibert, BB 2002, S. 584.

13 Schmalenbach-Gesellschaft, DB 2016, S. 396.

eine Schlüsselrolle in der CG der börsennotierten Gesellschaften einnimmt. Ihr europäischer Bezug ergibt sich aus Art. 46a der Bilanzrichtlinie in der Fassung der Abänderungsrichtlinie.

Die Erklärung zur Unternehmensführung (EzU) ist das Element des CG-Reportings, das am umfassendsten über die CG informiert. Ihr Inhalt (Abs. 2 des § 289a HGB) hat sich seit Einführung bis heute fast verdoppelt und ist als zentrale Vorschrift des CG-Reportings geeignet, auch zukünftig CG-nahe Angaben aufzunehmen.

Erstaunlicherweise wird auch die für die CG wichtige Erklärung extern, gesetzlich, inhaltlich nicht geprüft. Durch das BilMoG wurde § 317 Abs. 2 HGB um einen Satz erweitert, der normiert, dass die Angaben nach § 289a HGB – also die EzU – nicht in die Abschlussprüfung einzubeziehen sind. Aus § 289a Abs. 1 HGB ergibt sich, dass die EzU als ein gesonderter Abschnitt in den Lagebericht der Gesellschaft aufzunehmen ist, aber ungeprüft bleibt. Dies trifft im Ergebnis für alle drei Elemente des CG-Reportings zu. Ein Ergebnis, das vor dem Grundgedanken der CG, der Transparenz, nur Erstaunen verdient.

Objektive Gründe für dieses Ergebnis sind nicht erkennbar, insbesondere ist auch ein hypothetischer Grund, der Abschlussprüfer könne durch die Prüfung überfordert sein, offiziell nie geäußert worden. Ein anderer hypothetischer Grund, die Prüfungsgegenstände seien extern, gesetzlich, inhaltlich nicht prüfbar, ist ebenfalls offiziell nicht bekannt geworden. Die tatsächlichen Gründe mögen im politischen Bereich angesiedelt sein. Eine steigende Flut von Erklärungen und Berichten, denen die kapitalmarktorientierten Unternehmen von öffentlichem Interesse ausgesetzt sind, würde durch Prüfungspflichten die Belastung der Unternehmen weiter erhöhen.

Als neuere Berichtspflichten müssen die Berichte über Zahlungen an staatliche Stellen (Zahlungsberichte), die durch das Bilanzrichtlinie-Umsetzungsgesetz (BilRUG) vom 17.07.2015 eingeführt wurden, genannt werden. Weitere neue Erklärungspflichten werden mit der Umsetzung der CSR-Richtlinie (Corporate Social Responsibility) den hier genannten Unternehmen ins Haus stehen, wenn sie demnächst die sogenannten nichtfinanziellen Erklärungen abgeben müssen.

Die Zahlungsberichte bleiben gegenwärtig auch in formeller Hinsicht ungeprüft. Die zukünftigen nichtfinanziellen Erklärungen sollen – wie die EzU – ebenfalls nur auf Vorhandensein, also rein formell, vom Abschlussprüfer geprüft werden. So gesehen finden wir bei den drei Elementen des CG keine externe, gesetzliche, inhaltliche Prüfung vor, dasselbe gilt für die Zahlungsberichte und mit großer Wahrscheinlichkeit auch bei den zukünftigen nichtfinanziellen Erklärungen.

Dieser Zustand ist im Sinne größerer Transparenz der CG der betroffenen Unternehmen kontraproduktiv und erzeugt in der allgemeinen Öffentlichkeit, insbesondere aber bei den Stakeholdern, Erwartungslücken bzw. vergrößert bestehende.

In der Präambel Abs. 1 Satz 2 des DCGK vom 05.05.2015 (geltende Fassung) heißt es: „Der Kodex hat zum Ziel, das deutsche Corporate Governance System transparent und nachvollziehbar zu machen". Es gibt Signale der EU-Kommission, denen zu entnehmen ist, dass sie eine Meinung zu externen, inhaltlichen Prüfungen im CG-Bereich vertritt, die – wenn auch verhalten – positiv gesehen werden kann. Das ist einmal das Grünbuch vom 05.04.2011 (Abschn. 3) und die Empfehlung vom 09.04.2014 (Erwägungsgrund 19) und zum anderen der Art. 48 der Bilanzrichtlinie 2013/34/EU vom 26.06.2013. Damit ist der Frage nachzugehen, wie eine externe, gesetzliche, inhaltliche Prüfung beschaffen sein muss. Prüfungsumfang, Prüfungstiefe und der Abschlussprüfer sind zu definieren, auch die Frage nach der Prüfbarkeit des CG-Reportings ist zu beantworten.

Das beinhaltet auch die Frage, ob die Prüfungsobjekte – hier die Elemente des Corporate Governance-Reportings – genau definiert sind und sich deutlich voneinander unterscheiden, also keine Überschneidungen oder Doppelungen in ihren Aussagen treffen. Eine Prüfung ist möglicherweise nur dann sinnvoll, wenn die Prüfungsobjekte miteinander zu einem Prüfungsobjekt verbunden werden, soweit dadurch der Informationsgehalt insgesamt und der Kodex-Bezug nicht reduziert werden.

Geprüft werden muss weiter, wie eine mögliche Zusammenfassung von Elementen des Corporate Governance-Reportings gestaltet werden kann und welchen Platz ein solches Konstrukt in der Hierarchie der Instrumente der Unternehmenspublizität einnehmen kann. Insbesondere ist zu klären, ob und ggf. wie eine Einbeziehung in die (Konzern-)Abschlussprüfung erfolgen kann.

B. Gang der Untersuchung

Der erste Hauptteil widmet sich dem Begriff und dem Hintergrund der Corporate Governance, klärt den Begriff und zeigt die Entwicklung des Phänomens CG auf. Daraus wird deutlich, dass Gegenstand der CG Grundzüge der Unternehmensführung und -kontrolle darstellen, die vorbildhaft als „best practice" für die Unternehmen gelten können.

Es ist darzustellen, dass Funktionsstörungen am Kapitalmarkt durch eine Reihe spektakulärer Unternehmenszusammenbrüche gekennzeichnet sind, deren

Ursachen im Versagen der Unternehmensleitung, der Unternehmenskontrolle, aber auch im Versagen der externen Kontrolle durch die Abschlussprüfer gesehen wurden.

Das Phänomen der Erwartungslücke ist deutlich zu machen, was besagt, dass die Öffentlichkeit im Allgemeinen, aber insbesondere die Stakeholder der Unternehmen, Differenzen zwischen guter Unternehmensführung und -kontrolle sowie wirksamer externer Unternehmenskontrolle durch die Abschlussprüfer und den tatsächlichen Ergebnissen auch der Abschlussprüfung sehen.

Über die Reaktion in der Europäischen Union, die zur Modernisierung des Gesellschaftsrechts und insbesondere zur Verbesserung der CG führte, ist zu berichten. Es wurden Rechtsakte zur Rechnungslegung und zur Abschlussprüfung, insbesondere in Form von Richtlinien, erlassen. Im nationalen Bereich erfolgten gesetzgeberische Akte und das von der Bundesregierung veröffentlichte 10-Punkte-Programm, das weitgehend umgesetzt wurde.

Auf die in neuerer Zeit erlassenen Gesetze, das Bilanzrichtlinienumsetzungsgesetz (BilRUG) vom 17.07.2015, das Abschlussprüferreformgesetz (APAREG) vom 31.03.2016 und das Abschlussprüfungs-Reformgesetz (AReG) vom 10.05.2016, muss kurz hingewiesen werden.

Es ist der Deutsche Corporate Governance Kodex (DCGK) in seiner Entwicklung darzustellen. Sodann ist darauf hinzuweisen, dass private Initiativen auf der Grundlage des KonTraG Versuche zeitigten, einen Deutschen Corporate Governance Kodex zu schaffen, und dass unter dem Eindruck des Zusammenbruchs der Phillipp Holzmann AG die seinerzeitige Bundesregierung eine Kommission unter Leitung des Gesellschaftsrechtlers *Theodor Baums* beauftragte, eine Analyse der möglichen Defizite des deutschen Systems der Unternehmensführung und -kontrolle vorzunehmen und vor dem Hintergrund der Globalisierung und Internationalisierung der Kapitalmärkte Vorschläge für eine Modernisierung des rechtlichen Regelwerkes zu unterbreiten. Zu berichten ist, dass dieser Regierungskommission Mitte 2001 eine zweite Regierungskommission folgte, die schon ein Dreivierteljahr später den Vorschlag für einen deutschen Corporate Governance Kodex vorlegte. Sodann sind der Inhalt und die Wirkungsweise des DCGK darzustellen, insbesondere das Comply or Explain-Prinzip und die Rechtsnatur des DCGK. Hinzuweisen ist auch auf die Kritik, die am DCGK geübt worden ist und auf die gegenwärtige Akzeptanz des Kodex bei den betroffenen Unternehmen.

Der zweite Hauptteil enthält im ersten Abschnitt die Erklärungs- und Berichtspflichten sowie die Prüfungspflichten de lege lata, die sich aus dem DCGK ergeben. Hier sind die drei Elemente des CG-Reportings abzuhandeln. Dies sind die Entsprechenserklärung gemäß § 161 AktG, die Erklärung zur Unternehmensführung gemäß § 289a HGB (EzU) und der Corporate Governance-Bericht nach Ziff. 3.10 des DCGK.[14]

Darzustellen ist in Bezug auf die Entsprechenserklärung deren Rechtsnatur, die Normadressaten, das Zustandekommen dieser Erklärung und deren Veröffentlichung. Ein weiterer Aspekt ist ihre Umsetzung in den Unternehmen. Es müssen die Rechtsfolgen bei der Verletzung von Erklärungspflichten dargestellt werden, seien es die Grundlagen zivilrechtlicher Haftung als auch ordnungswidrigkeitsrechtliche oder gar strafrechtliche Folgen solcher Pflichtverletzung.

Auch bei der EzU sind die Normadressaten sowie der Ort, die Zeit und die Form dieser Erklärung darzustellen. Besondere Bedeutung verdient wegen der in der Literatur vorhandenen uneinheitlichen Auffassungen die Frage nach dem zuständigen Organ für diese Erklärung. Es ist der Erklärungsinhalt der EzU darzustellen, der sich im Laufe der Zeit insbesondere um Angaben nach dem Frauenförderungsgesetz erweitert hat. Sodann sind auch hier die Rechtsfolgen von Erklärungsverstößen deutlich zu machen.

Das dritte Element des CG-Reportings ist der CG-Bericht nach Ziff. 3.10 DCGK. Dieses Element, das nicht unmittelbar eine gesetzliche Regelung erfahren hat, sondern sich auf die Entsprechenserklärung nach § 161 AktG stützt, wird dargestellt hinsichtlich seiner Ziele, der Normadressaten und der Konzerndimensionalität. Hinzuweisen ist auf den Inhalt dieses Berichts und seine Veröffentlichung ebenso wie auf Sanktionen bei Nichterfüllung der behaupteten Berichtserstellung sowie auf die Kritik, die dieses Publizitätselement des CG-Reportings erfahren hat und erfährt.

Im zweiten Abschnitt des zweiten Hauptteils sind die Prüfungspflichten de lege lata in Bezug auf die drei Elemente des CG-Reportings, also der Entsprechenserklärung, der EzU und des CG-Berichts zu schildern.

Es ist deutlich zu machen, dass eine externe, inhaltliche Prüfung dieser Elemente nicht stattfindet, sondern dass höchstens formelle externe Prüfungen de lege lata vorgesehen sind, dass aber der Aufsichtsrat Prüfungspflichten insoweit zu erfüllen hat. Welche Prüfungspflichten der Deutschen Prüfstelle für Rechnungslegung (DPR) bzw. dem Bundesamt für Finanzdienstleistungsaufsicht (BaFin) zukommen und in welcher Weise der Betreiber des Bundesanzeigers Prüfungspflichten in Bezug auf diese drei Elemente hat, ist weiter darzustellen.

---

14 Stenger, Kodex, S. 233; Bredol/Schäfer, NZG 2013, S. 569 f.; Anzinger, NZG 2015, S. 970 ff.; v. Werder, DB 2015, S. 847–854; Schmalenbach-Gesellschaft, DB 2016, S. 400.

Der dritte Hauptteil der Arbeit stellt die Frage nach einer möglichen Prüfung der Publizitätselemente des CG-Reportings de lege ferenda. Ausgangspunkt sind die Verlautbarungen der EU-Kommission, aus denen der Eindruck zu gewinnen ist, dass die Kommission grundsätzlich eine externe inhaltliche Prüfung des CG-Reportings für sinnvoll erachtet, diese Vorstellung jedoch wohl aus politischen Gründen noch nicht umgesetzt hat. Anknüpfungspunkt ist die Frage 25 des Grünbuches vom 05.04.2011 und nachfolgende Äußerungen der EU-Kommission. Es ist darzustellen, welche Kritik die Äußerung dieses Grünbuches im Hinblick auf die Frage 25, also der Frage nach einer externen, inhaltlichen Prüfung, insbesondere im nationalen Raum, ausgelöst hat. Diese Kritik, die überwiegend negativ war, fand ihr Gegenteil in Äußerungen aus dem wissenschaftlichen Bereich.

Es ist auch der Frage nachzugehen, wer möglicherweise die Prüfer sein könnten, die von der EU-Kommission apostrophiert wurden. Dargestellt wird, dass im Ergebnis nur der (Konzern-)Abschlussprüfer als geeigneter Prüfer für eine solche Prüfung hervorgehoben wird. Dazu ist das Berufsrecht deutlich zu machen, dem der Wirtschaftsprüfer unterworfen ist, und es sind die Grundzüge seiner Berufspflichten darzustellen, insbesondere die wichtigste Berufspflicht die Unabhängigkeit. Es ist auch auf die Bedeutung des Instituts der Wirtschaftsprüfer (IDW) hinzuweisen, das die Berufsarbeit des Wirtschaftsprüfers umfassend und nachhaltig unterstützt. Sodann sind Grundzüge des neuesten Abschlussprüfungsrechts (BilRUG, AReG) deutlich zu machen.

Es folgt dann innerhalb des dritten Hauptteils eine Betrachtung, die von der hypothetischen inhaltlichen Prüfung der Publizitätselemente (Entsprechenserklärung, EzU, CG-Bericht) im Rahmen der (Konzern-)Lageberichtsprüfung ausgeht, womit deutlich gemacht werden soll, ob der (Konzern-)Abschlussprüfer eine solche Prüfung durchführen kann oder ob es Gründe gibt, die eine solche Prüfung unmöglich erscheinen lassen. Es ist darüber hinaus deutlich zu machen, welche Prüfungspflichten den Aufsichtsrat und die DPR/BaFin insoweit treffen können.

Der vierte Hauptteil der Arbeit widmet sich den Reformvorschlägen, die in der Literatur aufgefunden werden und sich einmal der Frage widmen, ob die drei Elemente des CG-Reportings zusammengefasst werden können, um Überschneidungen und Doppelungen zu vermeiden und damit ein Prüfungsobjekt zu erzeugen, das eine effiziente Prüfung gewährleistet. Es zeigt sich, dass in neuerer Zeit Rechtspflichten für börsennotierte und im öffentlichen Interesse stehende Unternehmen hinzugekommen sind, insbesondere die Berichte über Zahlungen an staatliche Stellen sowie in naher Zukunft Erklärungspflichten zu nichtfinanziellen Angaben. Bei diesen neueren Berichts- und Erklärungspflichten muss auch dargestellt werden, welchen Bezug sie zum CG Kodex haben, um möglicherweise in das Reporting aufgenommen werden zu können.

Der fünfte Teil stellt einen eigenen Vorschlag dar, der davon ausgeht, dass die EzU umbenannt wird in den Begriff „Corporate Governance-Bericht", der weitere Teile, insbesondere die Zahlungsberichte und die zukünftigen Erklärungen zu nichtfinanziellen Leistungsindikatoren, aufnimmt.

Der eigene Vorschlag zeigt, dass der „neue" CG-Bericht die EzU aufnimmt, in der neben der Entsprechenserklärung selbstverständlich auch die Bestandteile des „alten" CG-Berichts enthalten sind.

Es wird deutlich gemacht, dass dieser Corporate Governance-Bericht dann als Norm „§ 289a HGB" als eigenständiger Bericht neben den (Konzern-)Abschlussbericht und den (Konzern-)Lagebericht tritt, so dass im Ergebnis nach § 316 HGB der (Konzern-)Abschluss, (Konzern-)Lagebericht und der (Konzern-)Corporate Governance-Bericht jährlich zu prüfen sind. Es ist weiter darzustellen, wie sich die Prüfungspflichten des Aufsichtsrats und der DPR/BaFin zu diesem neuen Abschlusselement des § 316 HGB verhalten. Die rechtliche Umsetzung sowie die wirtschaftlichen Aspekte und haftungsrechtliche Überlegungen der Vorschläge werden dargestellt. Schließlich folgt eine Übersicht der (gesetzlichen) Bestimmungen, die durch den Vorschlag beeinflusst werden. Ein Ausblick auf Entwicklungen des unternehmerischen Berichtswesens, die noch nicht als abgeschlossen gelten können, folgt.

Die Arbeit schließt mit zusammenfassenden Thesen.

Erster Hauptteil: Begriff und Hintergrund der Corporate Governance

A. Begriff und Entwicklung

I. Begriff

Der aus dem angelsächsischen Rechtskreis stammende Begriff der „Corporate Governance" ist juristisch nicht präzise zu erfassen. Er beschreibt Grundsätze für eine verantwortliche Unternehmensführung und -kontrolle aber auch solche für Unternehmenstransparenz.[15] *Hopt*[16] weist darauf hin, dass der Begriff zuerst in den USA diskutiert, dann aber in Europa und hier insbesondere in Großbritannien entwickelt wurde.

Während in den USA „Corporate Governance" als ein Problem der rechtlichen Verfassung der Aktiengesellschaft (AG) – also als ein nach innen gerichtetes Problem – gesehen wurde, was sich in der Regelung der Organstellung und den daraus folgenden Pflichten der „Direktors" erschöpfte, gewann die „Corporate Governance" im Laufe der Zeit im Gegensatz zu unternehmensinterner auch eine unternehmensexterne Bedeutung.[17]

Diese begriffliche Ausweitung steht mit der immer stärkeren Entwicklung des internationalen, mittlerweile globalen Kapitalmarkts in Beziehung, der immer drängender eine Transparenz der am Markt agierenden Unternehmen verlangt.[18]

In der wirtschaftswissenschaftlichen Disziplin, die sich ebenfalls umfänglich der Corporate Governance-Forschung angenommen hat, wird zur Begriffsklärung auf die „Principal-Agent-Konflikte" hingewiesen; so formuliert *Freidank*:[19]

> „... wird Corporate Governance als die Gesamtheit rechtlicher und ökonomischer Institutionen verstanden, welche geeignet sind, den aus der Dissoziation von Kapitaleigentum und Verfügungsmacht resultierenden Principal-Agent-Konflikt im primären Interesse der Unternehmung zu lösen, zumindest jedoch zu mildern."

15 Schmidt, Gesellschaftsrecht, S. 767.
16 Hopt, Hommelhoff/Hopt/v. Werder, Hdb Corporate Governance, S. 41.
17 Hopt, Hommelhoff/Hopt/v. Werder, Hdb Corporate Governance, S. 42.
18 Bachmann, AG 2011, S. 181.
19 Freidank, Unternehmensüberwachung, S. 18.

Diese Definition betont die externe Corporate Governance nicht deutlich genug. Insoweit ergänzt *Weber*:[20]

> „Eine Corporate Governance in diesem Sinne umfasst dabei einerseits eine am Unternehmenswert ausgerichtete Unternehmensführung und -überwachung durch die Verwaltungsorgane (interne Corporate Governance) sowie die auf einer verlässlichen Unternehmenspublizität basierenden Überwachung durch Märkte, insbesondere dem (Eigen-)Kapitalmarkt (externe Corporate Governance)."

Der UK Corporate Governance Code definiert in Punkt 2 kurz und verständlich:

> „Corporate Governance is the system by which companies are directed and controlled."[21]

Ähnlich prägnant definiert die Deutsche Regierungskommission Corporate Governance:

> „Corporate Governance-Grundsätze sind Verhaltensmaßstäbe für Unternehmensleitung und Unternehmensüberwachung."[22]

Der frühere Präsident der Weltbank, *James Wolfensohn*, formulierte wie folgt:

> „Corporate Governance is about promoting corporate fairness, transparency and accountability."[23]

Die Corporate Governance-Forschung unterscheidet deutlich zwischen der internen und der externen Corporate Governance. Die interne Corporate Governance umfasst danach im Wesentlichen Fragen der Verwaltung und Kontrolle der Gesellschaft, also die Binnenverfassung. Dazu gehören insbesondere die international unterschiedlich geregelten Verwaltungsstrukturen (ein- oder zweistufige); die Fragen nach Mehrheitsherrschaft und Minderheitsschutz, Mitbestimmungsfragen und der Bereich der Abschlussprüfung, also auch Fragen nach der Regelung des Verhältnisses zwischen Abschlussprüfer und Kontrollorgan der Gesellschaft (z.B. Prüfungsausschuss).[24]

Der Bereich der externen Corporate Governance wird geprägt durch den Einfluss der Märkte, auf denen die Gesellschaft tätig ist. Insbesondere der Kapitalmarkt, aber auch Einkaufs-, Absatz- und Arbeitsmärkte sowie Dienstleistungsmärkte wirken auf die Gesellschaft ein.

---

20 Weber, Externes Corporate Governance-Reporting börsennotierter Publikumsgesellschaften, S. 29.

21 Winner, ZGR 2012, S. 247.

22 Baums, Bericht der Regierungskommission Corporate Governance, S. 49.

23 Cromme, FS Hoffmann-Becking 2013, S. 283.

24 Hopt, ZHR 2011, S. 450.

Die die Corporate Governance kennzeichnenden Forderungen nach Transparenz durch Publizität bestimmen das Verhältnis der Gesellschaft zu Ihren Anteilseignern, dem Kapitalmarkt und der allgemeinen Öffentlichkeit.[25] Dabei fällt dem Jahresabschlussprüfer als Garant für eine ordnungsgemäße Rechnungslegung der Gesellschaft nach Außen eine elementare Rolle zu. Der Jahresabschlussprüfer findet sich somit in einer Doppelfunktion wieder: einmal im Rahmen der internen Corporate Governance als unabhängiger „Sparringspartner“[26] des Kontrollorgans der Gesellschaft (Aufsichtsrat/Prüfungsausschuss) und zum anderen im Rahmen der externen Corporate Governance als Testierender des Jahresabschlusses gegenüber der Öffentlichkeit.

Aus dieser Doppelfunktion des Jahresabschlussprüfers ergeben sich – wie noch zu zeigen ist – gewisse Tendenzen und Spannungen, letztere insbesondere im Verhältnis zu den Gesellschaftsorganen, aber auch zur Öffentlichkeit (Erwartungslücke).

So gesehen beeinflusst die Corporate Governance das Gesellschaftsrecht (insbesondere Aktienrecht) unter Einschluss des Rechts der Rechnungslegung sowie des Kapitalmarktrechts, ohne selbst Recht zu setzen.

Eine andere Frage, die seit rund 20 Jahren in Deutschland diskutiert wird, ist die, ob Unterschiede im Aktienrecht zwischen börsennotierten und nicht börsennotierten Gesellschaften getroffen werden sollten. Mit dem „Gesetz für kleine Aktiengesellschaften und zur Deregulierung des Aktienrechts “vom 02.08.1994, BGBL I 1994, S. 1961 wurde erstmals eine gesetzliche Differenzierung zwischen börsennotierten und nicht börsennotierten AG vorgenommen.[27]

In 2008 befasste sich der 67. Deutsche Juristentag in der wirtschaftsrechtlichen Abteilung mit der Frage „Empfehlen sich besondere Regeln für börsennotierte und geschlossene Gesellschaften?“ Mit Beschluss der wirtschaftsrechtlichen Abteilung votierte der Deutsche Juristentag 2008 mit überwältigender Mehrheit gegen eine Streichung des § 23 Abs. 5 AktG.[28] „Damit hat der Erfurter Juristentag insbesondere den nicht wenigen auch im Rahmen der Corporate Governance vorrangig auf Marktmechanismen setzenden Stimmen eine klare Absage erteilt.“[29]

---

25 Hopt, ZHR 2011, S. 450.

26 Hommelhoff, NZG 2015, S. 1333.

27 Spindler, Bayer/Habersack, Aktienrecht im Wandel, 22. Kapitel, Rz. 43; Budde, FS Clemm 1996, S. 81–106; Lutter/Bayer/Schmidt, Europäisches Unternehmens- und Kapitalmarktrecht, § 17, Rz. 43 f.

28 Habersack, Gutachten zum DJT 2012, S. 26.

29 Habersack, Gutachten zum DJT 2012, S. 26.

So gesehen verlangt die Teilnahme am Kapitalmarkt, dass insbesondere die Satzungsstrenge der AG nicht aufgeweicht wird, um den Anlegerschutz – aber auch den Funktionsschutz des Kapitalmarkts – sicherzustellen. Dabei wird deutlich, wie das vergleichsweise junge Kapitalmarktrecht das Aktienrecht überlagert und weitgehend bestimmt.[30]

II. Entwicklung

1. Unternehmensführung und -kontrolle als Gegenstand gesetzlicher und privater Regelungen

Unternehmensführung und -kontrolle ist insbesondere für die AG Gegenstand der Binnenverfassung und dies in allen Rechtsordnungen. Das Zusammenwirken der Anteilseigner, der Leitungs- und Kontrollorgane und die Rolle des Abschlussprüfers sind gesetzlich normiert, dabei – und dies gilt für Deutschland im erhöhten Maße – ständigen und zum Teil gravierenden Änderungen unterworfen, sodass *Karsten Schmidt* zu Recht von der „Unendlichen Geschichte" der Diskussion um die Binnenverfassung der AG spricht.[31]

Die Binnenverfassungen bestimmen den rechtlichen Aufbau der Verwaltung der AG. Hier stoßen – international gesehen – zwei grundsätzlich unterschiedliche Systeme aufeinander. Einmal das monistische und zum anderen das dualistische Verwaltungssystem. Während das erste, das Board-System, Unternehmensleitung und Kontrolle in einem Gremium ausübt, trennt das zweite, das Two-Tier-Board System, die Unternehmensleitung (Vorstand) von dem Gremium, dem die Kontrolle der Unternehmensleitung obliegt, dem Aufsichtsrat.

Die Trennung von Geschäftsführungs- und Aufsichtsorgan kann für sich in Anspruch nehmen, das Organisationsprinzip der ältesten börsennotierten Gesellschaft in der Welt zu sein.

Es war dies die Niederländische VOC (Vereinigte Ostindische Compagnie), deren Aktien seit 1619 an der Börse gehandelt wurden.[32]

Das Board-System wird international häufiger praktiziert – insbesondere im angelsächsischen Rechtkreis.[33] In Deutschland ist das Vorstands-Aufsichtsratssystem historisch gewachsen und gesetzlich vorgeschrieben. Ein Überwechseln des

---

30 Habersack/Verse, Europäisches Gesellschaftsrecht, S. 3; Buck-Heeb, Kapitalmarktrecht, S. 16; Lutter/Bayer/Schmidt, Europäisches Unternehmens- und Kapitalmarktrecht, § 17 Rz. 34 ff.

31 Schmidt, Gesellschaftsrecht, S. 766; Bayer, NZG 2013, S. 2.

32 Hopt, ZHR 2011, S. 466.

33 Hopt, ZHR 2011, S. 466–468, in seiner umfänglichen, rechtsvergleichenden Darstellung.

deutschen Systems zum Board-System steht gegenwärtig nicht in Rede, auch nicht auf europäischer Ebene.[34]

Vielmehr ist eine Konvergenz beider Systeme erkennbar. Dies äußert sich darin, dass sich das Gremium im Board-System in Mitgliederteilt, die ausschließlich geschäftsführende Funktionen wahrnehmen, während andere ausschließlich Kontrollfunktionen ausüben. Darüber hinaus wird zunehmend angestrebt, dass diese Mitglieder des Boards unabhängig sind und zusätzlich Ausschüsse – ebenfalls möglichst mit unabhängigen Mitgliedern – geschaffen werden, die ebenfalls Kontrollfunktionen ausüben (z.B. Prüfungsausschuss).

Hopt weist darauf hin, dass es in einigen kontinentaleuropäischen Ländern den Aktionären gestattet ist, eine Wahl zwischen beiden Verwaltungssystemen zu treffen, so u.a. in Frankreich, den Niederlanden, Finnland usw.[35] Für Deutschland gilt dieses Wahlrecht für die europäische Gesellschaft (SE) gem. Abschnitt 4 Unterabschnitt 1. und 2. des SE-Ausführungsgesetz (SEAG) vom 22.12.2004 i. V. m. Art. 38 der Verordnung (EG) Nr. 2157/2001 des Rates vom 08.10.2001 über das Statut der europäischen Gesellschaft vom 10.11.2001.

Es kann davon ausgegangen werden, dass bis heute Beweise für die Überlegenheit des einen der beiden Systeme nicht erbracht worden sind.[36]

Allerdings stellt *Cromme* fest, dass mehr Aspekte aus dem Two-Tier Board-System in das Board-System übernommen werden als umgekehrt.[37]

Das deutsche AktG regelt in §§ 76–147 das zweigliedrige Verwaltungssystem. Es werden die Funktionen und das Zusammenwirken der Gesellschaftsorgane – Vorstand, Aufsichtsrat und Hauptversammlung – geregelt. Die dem deutschen AktG eigentümliche Satzungsstrenge (§ 23 Abs. 5 AktG) verhindert eine grundlegend andere innere Ordnung der AG. Bestrebungen, diese Satzungsstrenge zu lockern, ist bisher der Erfolg versagt,[38] obwohl insbesondere auch durch internationale Entwicklungen gute Gründe für eine Lockerung bzw. Aufhebung der Satzungsstrenge sprechen.

Gemäß § 76 AktG hat der Vorstand in eigener Verantwortung die Gesellschaft zu leiten. Aus § 77 AktG ergibt sich die Zuweisung der Geschäftsführung an den Vorstand. Während sich die Geschäftsführung auf die tatsächliche oder rechtsgeschäftliche Tätigkeit für die AG bezieht, „… grenzt sich die Unternehmensleitung

34 Cromme, FS Hoffmann-Becking 2013, S. 285; Schneider, DB 2000, S. 2413.

35 Hopt, ZHR 2011, S. 469.

36 Hopt, ZHR 2011, S. 468.

37 Cromme, FS Hoffmann-Becking 2013, S. 292 f.

38 Spindler, Bayer/Habersack, Aktienrecht im Wandel, 22. Kapitel, Rz. 46 f.

als Führungsfunktion des Vorstands im Sinne eines herausgehobenen Teilbereiches von der Geschäftsführung ab."[39]

Die Begriffe „Unternehmensleitung" und „Unternehmensführung" können synonym gebraucht werden. Typische Leitungs-/Führungsaufgaben sind: die Festlegung der Unternehmenspolitik, die Entscheidung über die zu übernehmenden Risiken im geschäftlichen wie im finanziellen Bereich, die Planung zur Durchsetzung der Unternehmenspolitik insbesondere in Bezug auf Produktion, Absatz und Finanzierung, grundsätzliche Fragen der Personalstruktur mit dem Schwerpunkt auf Führungskräfte, Aufbau einer Innenrevision und eines Controllings, Aufbau einer Compliance-Organisation und Auswahl des Compliance-Beauftragten.[40]

Die Planung stellt sich als bedeutender Pflichtenkreis des Vorstandes heraus. Bei der Erfüllung dieser Aufgabe stehen ihm die Erkenntnisse der Betriebswirtschaftslehre zur Verfügung, die *Spindler* prononciert „... als Wissenschaft von der Unternehmensführung, -leitung" definiert.[41] Auch *Semmler* sieht die Bedeutung der Betriebswirtschaftslehre bei der Auslegung des § 76 Abs. 1 AktG sehr deutlich.[42] Er fordert, dass die mit Hilfe der Planung angestrebten Ziele „... genau definiert und größenmäßig festgelegt werden."[43] Demgegenüber erklärt *Kallmeyer*: „Eine Rechtspflicht des Vorstands bei der Aktiengesellschaft zur Herbeiführung einer vollständigen ausgebauten Unternehmensplanung, insbesondere der bezifferten Umsatz- und Ergebnisplanung, besteht daher in aller Regel nicht."[44] Dieser Auffassung ist unter praktischen Gesichtspunkten nicht zu folgen. *Kallmeyer* will *Semler* so verstehen, dass dieser Empfehlungen der Betriebswirtschaftslehre als rechtlich bindende Verpflichtung des Vorstands sieht.[45] Vermittelnd äußerst sich *Feddersen*, der einmal feststellt, dass Erkenntnisse der Betriebswirtschaftslehre bei der Auslegung des § 76 Abs. 1 AktG heranzuziehen sind, und zum anderen aber auch, „... dass eine in Zahlen ausgearbeitete Planung unverzichtbar ist."[46] Damit ist deutlich geworden, dass zur Ausfüllung der Leitungsfunktion des Vorstandes sinnvollerweise die Erkenntnisse der Betriebswirtschaftslehre heranzuziehen sind. Es fragt sich, ob es Grundsätze der Unternehmensführung gibt, die eine ähnliche

---

39 Spindler, MüKo AktG, § 76, Rz. 18.
40 Spindler, MüKo AktG, § 76, Rz. 17.
41 Spindler, MüKo AktG, § 76, Rz. 10.
42 Semler, ZGR 1983, S. 13.
43 Semler, ZGR 1983, S. 7.
44 Kallmayer, ZGR 1993, S. 112.
45 Kallmayer, ZGR 1993, S. 106 f.
46 Feddersen, ZGR 1993, S. 115 f.

Geltung wie die GoB beanspruchen können. Dazu ist zuvor die rechtliche Qualität der GoB zu beleuchten.

Über die Rechtsnatur und die Ermittlung der GoB herrschte und herrscht auch gegenwärtig eine Vielfalt von Auffassungen, die rechtlich und betriebswirtschaftlich begründet wurden und werden.[47]

Als gefestigt gilt vor dem Hintergrund der §§ 238 und 243 HGB, dass es sich bei den GoB um Rechtsnormen handelt (unbestimmte Rechtsbegriffe in kodifizierter und nichtkodifizierter Form).[48] *Leffson* sieht in den GoB einen Normenbefehl in der Form eines unbestimmten Rechtsbegriffes für Regeln, „... nach denen Geschäftsvorfälle aufzuzeichnen und im Jahresabschluss darzustellen sind."[49] Aus der *Leffson'schen* Definition wird deutlich, dass der unbestimmte Rechtsbegriff „GoB" insbesondere richterlicher Ausdeutung und Entwicklung unterworfen ist.[50] So ist es in vielfältiger Weise durch die Judikatur des BFH geschehen, wobei die Ursache dafür in dem Grundsatz der Maßgeblichkeit der Handelsbilanz für die Steuerbilanz (§ 5 Absatz 1 Satz 1 EStG) zu sehen ist. Für die Konzernrechnungslegung und damit in der Regel auch für alle börsennotierten Unternehmen ist eine weitere Quelle für die GOB auch der Deutsche Standardisierungsbeirat (DRS). Dieser ist vom Deutschen Rechnungslegungsstandard Committee (DRSC) gebildet; er ist eine privatrechtliche Einrichtung, die vom BJM durch Vertrag anerkannt ist.

Die dem DSR übertragenen Aufgaben sind:

- Entwicklung von Empfehlungen zur Anwendung der Grundsätze über die Konzernrechnungslegung
- Beratung des BJM bei Gesetzgebungsvorhaben zu Rechnungslegungsvorschriften
- Vertretung der BRD in internationalen Standardisierungsgremien

47 Hüffer, Großkommentar Bilanzrecht, § 238 HGB Rz. 31–49, § 243 Rz. 1–35; Kruse, GoB, insbes. S. 100–102, S. 193 ff. Lang, Leffson/Rückle/Großfeld, Handwörterbuch unbestimmter Rechtsbegriffe im Bilanzrecht des HGB, S. 221 ff., S. 240 ff.; Moxter, ZGR 1980, S. 254 ff.; Leffson, Die Grundlagen ordnungsmäßiger Buchführung, S. 21–27; Moxter, Grundsätze ordnungsmäßiger Rechnungslegung, S. 9–13; Ballwieser, MüKo HGB BilR, § 238 HGB, Rz. 19, 20, § 243 HGB, Rz. 4–76; Schmidt/Usinger, Beck'scher Bilanzkommentar, § 243 HGB, Rz. 1–121.

48 Hüffer, Großkommentar Bilanzrecht, § 238 HGB Rz. 43; Leffson, Die Grundlagen ordnungsmäßiger Buchführung, S. 21; Ballwieser, MüKo HGB BilR, § 243 HGB, Rz. 7–12.

49 Kruse, GoB, S. 188; Moxter, Bilanzrechtsprechung, S. 5 f.; Merkt, Baumbach/Hopt, § 238, Rz. 11; Kleindiek, MüKoBilR zu § 243 HGB, Rz. 2–11.

50 Hommelhoff/Schwab, ZfbF 1996, S. 153.

- Erarbeitung von Interpretationen der Internationalen Rechnungslegungsstandards i. S. des § 315a Abs. 1HGB.[51]

Sedes materiae sind die §§ 342 f und 342e ff HGB. § 342 wurde durch das KonTraG vom 27.4.1998 in das HGB eingefügt, weil, wie international üblich, eine privatrechtlich organisierte Standardsetzung im Bereich der Rechnungslegung erfolgen sollte. Dabei sah man sich insbesondere auf das US-amerikanische System verwiesen.

Es bestand die Befürchtung, dass Deutschland ohne ein eigenes Standardsetzungsgremium an Einfluss auf die internationale Standardisierungsarbeit verlieren würde. Der deutsche Gesetzgeber orientierte sich bei der Schaffung des privaten Rechnungslegungsgremiums interessanterweise an der Arbeit des Deutschen Instituts für Normung e.V. im Bereich der technischen Normung.[52]

Vor dem Hintergrund der rechtlichen Einordnung der GoB ist die Frage zu entscheiden, ob es Grundsätze ordnungsmäßiger Unternehmensführung gibt, die die gleiche Qualität wie die der GoB beanspruchen können.

Adressaten solcher Grundsätze ordnungsgemäßer Unternehmensführung können bezogen auf die AG nur die Leitungsorgane – der Vorstand – sein. Nur dieser hat das Recht und die Pflicht die Gesellschaft zu leiten; nur er führt die Geschäfte der Gesellschaft, nur er vertritt die Gesellschaft gerichtlich und außergerichtlich (§§ 76, 77, 78 AktG).

Die originären Leitungsaufgaben sind die von *Spindler* beschriebenen.[53] Diese decken sich weitgehend mit den Leitungsaufgaben, die *Scheffler* für die Konzernführung postuliert.[54] Bemerkenswert ist, dass das BayObLG in einer Strafsache mit Urteil vom 20.2.1997 entschieden hat, was die acht klassischen Merkmale im Kernbereich der Geschäftsführung sind.

Bestimmung der:

- Unternehmenspolitik
- Unternehmensorganisation
- Einstellung von Mitarbeitern
- Gestaltung der Geschäftsbeziehung zu Vertragspartnern
- Verhandlung mit Kreditgebern
- Gehaltshöhe

51 Kleindiek, MüKoBilR zu § 342 HGB Rz. 10–18.

52 Kleindiek, MüKoBilR zu § 342 HGB, Rz. 1.

53 Spindler, in MüKo AktG, § 76, Rz. 17.

54 Scheffler, Konzernmanagement, S. 36.

- Entscheidung der Steuerangelegenheiten
- Buchhaltung.[55]

Diese Darstellung der Führungsaufgaben ist nahezu identisch mit den von *Spindler* und *Scheffler* genannten und zeigt, dass bei den Aufgaben im Kernbereich der Unternehmensleitung keine wesentlichen Unterschiede bestehen, wobei *Spindler* zu Recht diesem Bereich auch das Risikomanagementsystem über die Bestimmung des § 91 Abs. 2 AktG hinaus zuordnet.[56] Ob sich aus diesen Kernfunktionen der Unternehmensführung justiziable Grundsätze ordnungsgemäßer Unternehmensführung ähnlich wie die GoB entwickeln lassen, muss bezweifelt werden. Entsprechende Versuche hat es gegeben, so *v. Werder.*[57]

Bis zur Gegenwart haben sich solche „Grundsätze" mit justiziabler Wirkung nicht durchgesetzt, vielmehr bleibt es im Wesentlichen bei der Formulierung von Managementlehren.[58]

Mit Recht weisen *Hommelhoff/Schwab*[59] darauf hin, dass solche Grundsätze erst dann justiziabel - und damit den GoB vergleichbar - sind, wenn ein Richter die von einem Fachgremium geschaffenen Grundsätze als „antizipiertes Sachverständigengutachten" übernimmt.

2. Funktionsstörungen des Kapitalmarktes

National wie auch international gilt als gesicherte Erkenntnis, dass das Kapitalmarktrecht den Individualschutz der Anleger und den Funktionsschutz des Kapitalmarkts zu gewährleisten hat; beide Schutzziele sind untrennbar miteinander verbunden.[60] Störungen des Kapitalmarkts beruhen grundsätzlich auf Verletzung der Normen, nach denen ein funktionierender Kapitalmarkt rechtlich organisiert ist, also dem Gesellschaft-, Kapitalmarkt-und Bilanzrecht.

Hier sind es insbesondere Verstöße:

- der Leitungsorgane (vertretungsberechtigte Organe) und der Kontrollorgane (Aufsichtsrat) bei der Aufstellung von Abschlüssen und Lageberichten und deren interne Prüfung; fehlende oder fehlerhafte Informationen innerhalb

55 BayObLG (5St RR 159/96), NJW 1997, S. 1936 f.

56 Spindler, FS Hüffer 2010, S. 985–998; Spindler, FS Ballwieser 2014, S. 849–872.

57 v. Werder, ZfbF 1996, S. 1–26; v. Werder, ZfbF 1996, S. 27–73; Dazu kritisch Kieser/Spindler/Walgenbach, ZfbF 2002, S. 395–425.

58 Staehle, Management; Becker, Grundlagen der Unternehmensführung – Einführung in die Managementlehre.

59 Hommelhoff/Schwab, ZfbF 1996, S. 172 und 175.

60 Merkt, FS Hopt 2010, S. 2224.

des Unternehmens und an die Öffentlichkeit (Offenlegungs- und Informationspflichten nach Gesellschafts- und Kapitelmarktrecht)
- der Abschlussprüfer bei nicht sachgerechter Durchführung der Abschlussprüfung, Verletzung der Berichtspflichten und die Erteilung fehlerhafter Bestätigungsvermerke sowie bei Verletzung anderweitiger Berufspflichten (z.B. Verletzung der beruflichen Verschwiegenheitspflicht)
- anderer Institutionen wie Banken, Versicherungen und Rating-Agenturen.

Spektakuläre Unternehmenszusammenbrüche kapitalmarktorientierter Gesellschaften sind es, die den Gesetzgeber auf den Plan riefen, erkannte oder vermeintliche Ursachen der "Unternehmens- und Bilanzskandale" zu beseitigen. So verdankt der deutsche Berufsstand der WP seine Entstehung der Einführung der aktienrechtlichen Pflichtprüfung im Jahre 1931.[61] Ursache waren die Zusammenbrüche der „Frankfurter Allgemeine Versicherung-Aktiengesellschaft" (FAVAG), der „Nordwolle" und der „DANAT Bank"[62].

In neuerer Zeit waren die Bilanzskandale in den USA, vor allem die von Enron und Worldcom, die Ursache für ein rigoroses Eingreifen des US-Gesetzgebers 2002.[63]

In Deutschland berief im Jahre 2000 der damalige Bundeskanzler, Gerhard Schröder, unter dem Eindruck des Falles des Bauunternehmens Holzmann eine Regierungskommission. Im Schreiben des Bundeskanzlers vom 29. Mai 2000 hieß es: „Die Kommission soll sich aufgrund der Erkenntnisse aus dem Fall Holzmann mit möglichen Defiziten des deutschen Systems der Unternehmensführung und -kontrolle befassen. Darüber hinaus soll sie im Hinblick auf den durch Globalisierung und Internationalisierung der Kapitalmärkte sich vollziehenden Wandels unserer Unternehmens- und Marktstrukturen Vorschläge für eine Modernisierung unseres rechtlichen Regelwerkes unterbreiten."[64]

3. *Erwartungslücke*

Die Verstöße der Leitungs- und Kontrollorgane und der Abschlussprüfer, die hauptsächlich als Ursache der Kapitalmarktstörungen angesehen werden, haben das Phänomen „Erwartungslücke" in der Öffentlichkeit noch mehr an Bedeutung

---

61 Markus, Der Wirtschaftsprüfer, Entstehung und Entwicklung des Berufes im nationalen und internationalen Bereich, S. 24 f.

62 Markus, Der Wirtschaftsprüfer, Entstehung und Entwicklung des Berufes im nationalen und internationalen Bereich, S. 24.

63 Regel/Fischer, IStR 2003, S. 276; Peemöller/Hofmann, Bilanzskandale.

64 Baums, Bericht der Regierungskommission Corporate Governance, S. 1.

gewinnen lassen. Dabei wird in erster Linie die Tätigkeit des Abschlussprüfers gesehen, weil noch immer das WP-Testat als „Gütesiegel", wenn nicht gar als „Gesundheitstestat" für die geprüften Unternehmen gesehen wird.[65]

Nach *Böcking*[66] hat *Liggio* den Begriff der Erwartungslücke (expectation gap) 1974 in seinem Beitrag „The expectation gap: the accountance legal waterloo?" beschrieben. Dies meint die Diskrepanz zwischen dem gesetzlichen Auftrag des Abschlussprüfers und den Erwartungen der Öffentlichkeit an die Erfüllung dieses Auftrages durch den Abschlussprüfer. Dabei entzündet sich regelmäßig die Kritik der Öffentlichkeit an dem vom Abschlussprüfer erteilten uneingeschränkten Bestätigungsvermerk, wenn in zeitlich unmittelbarer Nähe nach der Erteilung des Bestätigungsvermerks das betreffende Unternehmen in Schwierigkeiten gerät oder gar falliert. Damit ist dieses Problem so alt wie die aktienrechtlichen Pflichtprüfungen, mit denen der erste obligatorische Bestätigungsvermerk geschaffen wurde.[67]

Es ist zu fragen, was ist die „Öffentlichkeit" und kann sie undifferenziert gesehen werden? Grundsätzlich sind alle „Stakeholder" gemeint, also Aktionäre, Arbeitnehmer, Geschäftspartner, Behörden, Wissenschaft, Banken und Presse. Festzustellen ist, je größer die Nähe zum betreffenden Unternehmen ist (z.B. Shareholder, Arbeitnehmer, finanzierende Banken) desto realistischer und rechtlich korrekter werden die Erwartungen an die Arbeit des Abschlussprüfers eingeschätzt. Kleinaktionäre, nicht fachkundige Presse wie auch potentielle Kleinanleger („Volksaktie") ohne fundierte Kenntnisse des Aktien- und Bilanzrechts sind es, bei denen die Erwartungslücke am größten ist.

Es gibt Versuche, drei Komponenten der Erwartungslücke zu unterscheiden:

- das sog. Prüferversagen; dies wird angenommen, wenn der Abschlussprüfer die für seine Berufsausübung bestimmenden Normen wie Unabhängigkeit, Prüfungsqualität, Kompetenz und fachliche Erfahrungen nicht einhält, dies aber von der Öffentlichkeit zu Recht erwartet wird
- das sog. Normenversagen; hier erwartet die Öffentlichkeit von den Rechnungslegungs- und Prüfungsnormen (also vom Gesetzgeber) etwas, was der Abschlussprüfer nach ordnungsgemäßer Berufsausübung weder erbringen kann noch erbringen soll

65 Naumann, DStR 2016, Beihefter zu Heft 9, S. 30.
66 Böcking, in Reform des Aktienrechts, der Rechnungslegung und Prüfung, S. 717, 743.
67 Erle, Der Bestätigungsvermerk des Abschlussprüfers, S. 1–5.

- das sog. Öffentlichkeitsversagen; hier erwartet die Öffentlichkeit vom Abschlussprüfer eine unangemessene oder nicht zu realisierende Leistungserbringung.[68]

Es gab und gibt Versuche, die Erwartungslücke zu verringern. Ein solcher Versuch in Ansehung des Öffentlichkeitsversagens ist in § 317 Abs. 4a HGB in der Fassung durch das Abschlussprüfungsreformgesetz (AReG) zu sehen, wo es heißt:

> *„(4a) Soweit nichts anderes bestimmt ist, hat die Prüfung sich nicht darauf zu erstrecken, ob der Fortbestand des geprüften Unternehmens oder die Wirksamkeit und Wirtschaftlichkeit der Geschäftsführung zugesichert werden kann."*

Es muss aber bezweifelt werden, dass es gelingen kann, diese Lücke zu schließen.[69] Dies liegt in der Natur der Sache, weil sich das geldliche Schicksal von Investitionen in der Zukunft bis zur Desinvestition vollzieht. Dabei ist ungewiss, ob das investierte Geld wieder gewonnen werden kann oder ob und in welcher Höhe ein Gewinn oder Verlust erzielt wird. Alle Bilanzstichtage unterbrechen rechnerisch den Gang von Investition zur Desinvestition, womit es zu Bewertungsproblemen der bilanzierten Wirtschaftsgüter (Sachen und Rechte) zu den Abschlussstichtagen kommen muss. Bewertungen sind aber nichts anderes als Ergebnisse von Schätzungen und Prognosen über das geldliche Schicksal der Wirtschaftsgüter zum Bewertungsstichtag. So gesehen sind alle Bilanzpositionen – außer den Geldbeständen – zukunftsorientiert.[70]

Versuche, die Erwartungslücke zu verringern, sind sowohl vom Gesetzgeber als auch von Seiten der Abschlussprüfer gemacht worden und dauern in der Gegenwart an. Die vom Gesetzgeber – und dies meint auch die von der EU veranlassten neueren Rechtakte (RL, VO) – zur Vermeidung des Normenversagens sind gerade in jüngster Zeit deutlich zu erkennen. So ist in den Erwägungsgründen (5–7) der RL 2014/56/EU vom 16.4.2014 und genauso deutlich in dem Vorschlag der Kommission für eine Abschlussprüferverordnung vom 30.11.2011 (KOM 2011/779 endgültig) das Bestreben zu erkennen, Rechnungslegung und Prüfung zukünftig so zu regeln, dass sich die Erwartungslücke verringert. Insbesondere die geradezu beschwörende Forderung an die Abschlussprüfer von Unternehmen von öffentlichem Interesse, bei Durchführung einer Abschlussprüfung ihre

---

68 Böcking, Reform des Aktienrechts, der Rechnungslegung und Prüfung, S. 721; Hennrich und andere, WPg Sonderheft 1/2012, S. S18; Köhler und andere, WPg Sonderheft 1/2012, S. 58ff.; Marten/Quick/Ruhnke, Wirtschaftsprüfung, S. S. 18,19; Köhler, ZGR 2015, S. 207 f.

69 Böcking/Orth, WPg 1998, S. 352.

70 Clemm, WPg 1977, S. 156; Biener, Die Erwartungslücke, FS Havermann 1995, S. 38–63.

kritische Grundhaltung (professional scepticism) während der gesamten Prüfung beizubehalten (Kap. III Art. 15 des VO-Vorschlags) ist für dieses Bestreben kennzeichnend. Dies findet sich auch in den Erwägungsgründen (5) der VO (EU) Nr. 527/2014 vom 16.4.2014 wieder, die spezifische Anforderungen an die Abschlussprüfung bei Unternehmen von öffentlichem Interesse regeln. Dort heißt es: „Es ist wichtig, detaillierte Vorschriften festzulegen, um zu gewährleisten, dass Abschlussprüfungen bei Unternehmen von öffentlichem Interesse die erforderliche Qualität aufweisen und die mit diesen Prüfungen betrauten Abschlussprüfer und Prüfungsgesellschaften strengen Anforderungen unterliegen. Ein gemeinsamer rechtlicher Ansatz dürfte die Integrität, Unabhängigkeit, Unparteilichkeit, Verantwortung, Transparenz und Verlässlichkeit von Abschlussprüfern und Prüfungsgesellschaften, die Unternehmen von öffentlichem Interesse prüfen, stärken und so zu Qualität der Abschussprüfung in der Europäischen Union und damit auch zu einem reibungslos funktionierenden Binnenmarkt im Sinne eines hohen Maßes an Verbraucher- und Anlegerschutz beitragen."

Für den deutschen Berufsstand der Abschlussprüfer ist der Grundsatz der kritischen Grundhaltung nicht unbekannt. Der Prüfungsstandard IDW PS 200, *Ziele und allgemeine Grundsätze der Durchführung von Abschlussprüfungen (Stand 3.6.2015)* fordert in Ziff. 17, dass die Abschlussprüfung mit kritischer Grundhaltung zu planen und durchzuführen ist und dass erlangte Prüfungsnachweise kritisch zu würdigen sind. Der deutsche Berufsstand der Abschlussprüfer versteht diesen Grundsatz als Element einer gewissenhaften Berufsausübung.[71]

Ob es dem Gesetzgeber gelingen kann, die Erwartungslücke zu verringern, muss wie gesagt bezweifelt werden. Insbesondere bei der Rechnungslegung und Prüfung von kapitalmarktorientierten Unternehmen ist zu bedenken, dass durch den anglo-amerikanischen Einfluss in Deutschland das weiterhin anzuwendende traditionelle HGB-Bilanzrecht und die Anwendung des IFRS-Bilanzrechts auf Verständnisprobleme stoßen.[72]

Im Hinblick auf die Abschlussprüfer sind weitgehende Regelungen erfolgt, was Vor-, Aus- und Fortbildung, Berufsaufsicht, Qualitätskontrolle (peer review), aber auch die Erhöhung der Haftung der Abschlussprüfer anlangt. Ziel dieser Regelung war auch, die Erwartungslücke (Prüferversagen) zu verringern.

Die Abschlussprüfer haben das Phänomen der „Erwartungslücke" durch teilweise überzogene Kritik in der Wirtschaftspresse an ihrer Arbeit erfahren.[73] In

71 Deckers/Hermann, DB 2013; Chekushina/Loth, NZG 2014, S. 85–92.

72 Niehus, FS Havermann 1995, S. 563.

73 Forster, FS Helmrich 1994, S. 626.

diesem Zusammenhang ist eine Feststellung von *Naumann/Herkendell*[74] interessant, „...dass weder eine Untersuchung des Britischen Unterhauses im Jahre 2009 noch andere Untersuchungen Hinweise auf prüferische Fehlleistungen als Krisenursachen gaben".

Einen typischen Fall des Normenversagens beschreibt *Mattheus.*[75] Sie verweist auf § 107 Abs. 3 Satz 2 AktG, nach dem der Aufsichtsrat bzw. ein Prüfungsausschuss sich von der Wirksamkeit des unternehmensweiten internen Kontrollsystems, des Risikomanagementsystems und der internen Revision zu überzeugen hat. Bei seiner Prüfung der Systeme will der Aufsichtsrat bzw. der Prüfungsausschuss selbstverständlich auf die Prüfungsergebnisse des Abschlussprüfers zurückgreifen. Allein ein so weit gehender gesetzlicher Prüfungsauftrag ergibt sich nicht aus § 317 HGB, was bedeutet, dass der Aufsichtsrat, der die „Zuarbeit" durch den Abschlussprüfer wünscht, einen Sonderprüfungsauftrag erteilen muss.[76] In diesem Zusammenhang kann es dahinstehen, ob sich aus § 107 Abs. 3 Satz 2 AktG die Pflicht ergibt, solche Systeme einzurichten. § 91 Abs. 2 AktG fordert lediglich die Einrichtung eines Risikofrüherkennungssystems. Die weitergehende Verpflichtung, die oben genannten Systeme einzurichten, kann jedoch aus § 93 AktG als Ausfluss der Organisations- und Sorgfaltspflichten des Vorstandes gefolgert werden.[77]

Zur Verringerung des Öffentlichkeitsversagens ist auf die gesetzlich normierten Aufgaben des Abschlussprüfers hinzuweisen:

- auf die Prüfungspflicht (§ 316 HGB)
- auf den Gegenstand und den Auftrag der Prüfung (§ 317 HGB)
- auf die Berichtspflicht (§ 321 HGB einschließlich der Redepflicht § 321 Abs. 1 Satz 3 HGB)
- auf den Bestätigungsvermerk (§ 322 HGB)
- auf die Verantwortlichkeit des Abschlussprüfers (§ 323 HGB insbesondere auf die Verschwiegenheitspflicht).

Gerade die Verschwiegenheitspflicht hindert den Abschlussprüfer daran, bei Angriffen in der Öffentlichkeit sein Vorgehen und die Erkenntnisse bei der Prüfung zu seiner Verteidigung gegenüber der Öffentlichkeit zu verwenden. Insbesondere das in § 317 Abs. 1 Satz 2 HGB normierte Prüfungsziel – nämlich

74 Naumann/Herkendell, WPg 2013, S. 1181.

75 Mattheus, Hdb Corporate Governance, S. 584.

76 Mattheus, Hdb Corporate Governance, S. 584.

77 Gelhausen/Fey/Kämpfer, Rechnungslegung und Prüfung nach dem Bilanzrechtsmodernisierungsgesetz, Abschnitt Y, Rz. 66, 67.

die Ordnungsmäßigkeit des Jahresabschlusses bzw. Konzernabschlusses – ist wesentlich und damit der Öffentlichkeit durch den Berufsstand der Abschlussprüfer und der fachkundigen Presse zu verdeutlichen.[78] Es mag dahinstehen, ob in diesem Zusammenhang das Schlagwort vom „financial accounting" zum „business reporting"[79] für die Verringerung der Erwartungslücke hilfreich ist.

Aber nicht nur die Abschlussprüfer und ihre Tätigkeit sind Gegenstand der Erwartungslücke; also nicht nur das Auditing, sondern auch das Accounting und das Reporting können Erwartungslücken erzeugen. Rechnungslegung und Unternehmensberichte fallen in die Aufgabengebiete von Vorstand und Aufsichtsrat. Die Erwartungslücken können als Vertrauensreduktion in die Effizienz der Kapitalmärkte gesehen werden, die ihre Ursache in der internationalen Finanzmarktkrise hat.[80] Ob die von *Freidank* erkannten Erwartungen der Stakeholder an die Vorstands- und Aufsichtsratstätigkeit durch die von ihm angeregte Prüfung der Geschäftsführungs- und Kontrollfunktion erfüllt werden, darf bezweifelt werden, und dies auch vor dem Ergebnis der Studie von *Velte.*[81]

Erwartungslücken können nur verringert werden, wenn Vorstand, Aufsichtsrat und Abschlussprüfer wahr und klar über die Erfüllung ihrer Aufgaben berichten und die vom Vorstand und Aufsichtsrat publizierten Berichte einer externen, gesetzlichen, inhaltlichen Prüfung unterzogen werden.

III. Reaktionen auf Kapitalmarktstörungen

1. In der Europäischen Union

a) Modernisierung des Gesellschaftsrechts und Verbesserung der Corporate Governance

Die EU hat vor dem Hintergrund der spektakulären Unternehmenszusammenbrüche und der Finanzskandale eine Fülle von Rechtssetzungsakten beschlossen. Dies geschah auch immer mit dem Ziel, die EU-Rechtsangleichung zu fördern. Die Instrumente der europäischen Rechtssetzung ergeben sich aus dem Katalog des Art. 288 AEUV. Diese sind: Verordnungen, Richtlinien, Beschlüsse, Empfehlungen und Stellungnahmen. Während die Verordnungen für alle EU-Staaten verbindliches, sofort in Kraft tretendes Recht darstellt, binden die Richtlinien die

78 Hopt, ZHR 2011, S. 518.
79 Böcking, ZfbF 1998, Sonderheft 40, S. 17–53.
80 Freidank, ZCG 2015, S. 80 ff.; Velte ZCG 2010, S. 134, Cervellini, Der Bericht des Aufsichtsrats, S. 65 ff.
81 Velte, ZCG 2010, S. 132–139.

EU-Staaten durch nationale Gesetzgebungsvorhaben, die in den Richtlinien niedergelegten Ziele zu verwirklichen. Beschlüsse richten sich an einzelne Mitgliedstaaten und sind für andere EU-Mitglieder nicht verbindlich. Empfehlungen sind für alle EU-Mitglieder nicht verbindlich. Gleichwohl gehören sie zum geltenden Unionsrecht, dessen Rechtsquellensystem im Gegensatz zum traditionellen Rechtsbegriff auch bestimmte Formen unverbindlichen Handelns umfasst. Nach der Rechtsprechung des EuGH sind Empfehlungen – obwohl unverbindlich – jedoch nicht als rechtlich völlig wirkungslos anzusehen. „Sie sind von den nationalen Gerichten bei der Entscheidung der bei Ihnen anhängigen Rechtsstreitigkeiten zu berücksichtigen, insbesondere dann, wenn sie Aufschluss über die Auslegung von zu ihrer Durchführung erlassenen innerstaatlichen Rechtsvorschriften geben oder wenn sie verbindliche unionsrechtliche Vorschriften ergänzen sollen."[82]

Nachdem die Empfehlungen im europäischen Unternehmensrecht lange Jahre ohne große Wirkung geblieben sind, änderte sich dieses deutlich mit dem Aktionsplan der Kommission „Modernisierung des Gesellschaftsrechts und Verbesserung der Corporate Governance in der europäischen Union" vom 21.5.2003.[83] Der Aktionsplan ist das Ergebnis von Vorarbeiten der High Level Group of Company Law Experts, die im September 2001 von der Kommission eingesetzt wurde. Die Zusammensetzung dieser Group war europäisch-international; deutsches Mitglied war *Hopt*. Dem Aktionsplan lag die Überlegung zu Grunde, dass für eine moderne, dynamische und vernetzte Industriegesellschaft ein dynamischer und flexibler Rahmen für Gesellschaftsrecht und Corporate Governance unverzichtbar ist.[84] Die Kommission änderte mit dem Aktionsplan ihre Politik und versuchte nun mit Empfehlungen Einfluss auf Mitgliedsstaaten in unternehmensrechtlichen Fragen zu nehmen.[85] "Das gilt etwa für die Pflicht zur Veröffentlichung von Vorstandsgehältern und die Zusammensetzung und Unabhängigkeit der Aufsichtsräte. Die Kommission ist mit dieser Politik recht erfolgreich, nicht zuletzt auch deshalb, weil sie nicht unbedingt die Umsetzung in nationales Recht erwartet, sondern meist auch mit der Aufnahme ihrer Empfehlung in einen nationalen Corporate Governance Kodex zufrieden ist."[86]

Mit dem Aktionsplan wurden anstehende Maßnahmen für gesellschaftsrechtliche Änderungen in zeitlicher Abfolge geplant, so kurzfristige Maßnahmen für die

82 Lutter/Bayer/Schmidt, Europäisches Unternehmens- und Kapitalmarktrecht, § 1 Rz. 67.
83 Lutter/Bayer/Schmidt, Europäisches Unternehmens- und Kapitalmarktrecht, § 2, Rz. 68.
84 Lutter/Bayer/Schmidt, Europäisches Unternehmens- und Kapitalmarktrecht, § 18, Rz. 2,5.
85 Lutter/Bayer/Schmidt, Europäisches Unternehmens- und Kapitalmarktrecht, § 2, Rz. 68.
86 Lutter/Bayer/Schmidt, Europäisches Unternehmens- und Kapitalmarktrecht, § 2, Rz. 68.

Jahre 2003–2005, mittelfristige Maßnahmen für die Jahre 2006–2008 und langfristige für die Jahre ab 2009. Einen deutlichen Schwerpunkt bildeten Maßnahmen zur Stärkung der Corporate Governance.[87] Diese Vorhaben wurden erweitert und beschleunigt durch immer neue Skandale im Bereich der börsennotierten Gesellschaften.[88]

Unter dem gleichen Datum (21.5.2003) veröffentlichte die Kommission einen Aktionsplan zur Stärkung der Abschlussprüfung, dessen Anregungen im Wesentlichen in der 8. Richtlinie niedergelegt wurden.

Die hier besonders interessierenden EU-rechtlichen Maßnahmen sind die Reaktionen auf die Störungen der Kapitalmärkte. Es sind die Regelungen, die ganz überwiegend den Kapitalmarkt, die Rechnungslegung und Publizität sowie die Prüfung betreffen.

b) Rechtsakte zur Rechnungslegung

Mit der *Fair-Value-Richtlinie vom 27.9.2001(RL 2001/65/EG)* änderte das Europäische Parlament zwei vorangegangene Richtlinien (4. und 7. Richtlinie) und trennte sich für die Bewertung von Finanzierungsinstrumenten und derivativen Finanzinstrumenten vom Anschaffungskostenprinzip. Diese sollten zukünftig mit dem beizulegenden Zeitwert bewertet werden.

Mit der *EU-Verordnung vom 19.7.2002 (IFRS-VO)* griff die EU zur stärksten ihr zur Verfügung stehenden Rechtssetzungsmaßnahme, weil diese Verordnung mit Verkündigung unmittelbar geltendes Recht für alle Mitgliedstaaten ist.

Hintergrund war die Erkenntnis, dass es bis dahin nicht gelungen war, ein einheitliches oder ein international anerkanntes System der Rechnungslegung zu schaffen. Dies hat zur Folge, dass europäische Unternehmen, die auf internationalen Märkten Eigen- oder Fremdkapital aufnehmen wollen, ihre Abschlüsse zusätzlich nach internationalen Vorschriften (z.B. US-GAAP, IAS) aufstellen müssen.[89]

Nach dieser Verordnung haben alle europäischen Konzernunternehmen, die kapitalmarktorientiert sind, ihre Konzernabschlüsse für Geschäftsjahre, die nach dem 01.01.2005 beginnen, nach den IFRS (International Financial Reporting Standards) aufzustellen. Diese Standards werden vom IASB (International Accounting Standards Board) erlassen, dem am 01.04.2012 15 Mitglieder angehörten, die aus Europa, Afrika, Asien, Nord- und Südamerika stammen.

87 van Hulle/Maul, ZGR 2004, S. 486–488.
88 van Hulle/Maul, ZGR 2004, S. 504.
89 Lutter/Bayer/Schmidt, Europäisches Unternehmens- und Kapitalmarktrecht, § 26, Rz. 8.

Ziel der *Modernisierungsrichtlinie vom 6.5.2003 RL (2003/51/EG)* war es, insbesondere die Bilanzrichtlinien an die IFRS anzupassen und damit eine EU-einheitliche Regelung zu beschleunigen.

Bemerkenswert an dieser Richtlinie ist die Verpflichtung, neben der Darstellung und der Analyse des Geschäftsverlaufes sowie der Lage der Gesellschaft auf das Geschäftsergebnis im Lagebericht bzw. Konzernlagebericht einzugehen, wobei – wohl erstmalig – neben den finanziellen auch die nichtfinanziellen Leistungsfaktoren (z.B. Umwelt- und Arbeitnehmerbelange) in die Analyse des Geschäftsergebnis einzubeziehen sind.[90]

Umzusetzen in nationales Recht war diese Richtlinie bis zum 1.1.2005, was der deutsche Gesetzgeber mit dem Bilanzrichtliniengesetz getan hat.

Mit der *RL 2006/46/EU vom 14.6.2006* zur Änderung der Europäischen Rechnungslegungs-Richtlinien (4. EU-Richtlinie und 7. EU-Richtlinie) nahmen das Europäische Parlament und der Rat der Europäischen Union den Vorschlag der Kommission aufgrund des Aktionsplans der Kommission vom 21.05.2003 an. Ziel dieser Änderungs-RL war die Erhöhung der Transparenz bei der Finanzberichterstattung durch Offenlegung von nicht bilanzierten Geschäften und Geschäften mit nahestehenden Personen im Anhang; erstmalig wurden börsennotierte Unternehmen verpflichtet, jährlich eine Corporate Governance-Erklärung abzugeben.

c) Rechtsakte zur Abschlussprüfung

Vor dem Hintergrund, dass nach der weltweiten Finanzkrise zuerst Maßnahmen zur Stabilisierung des Finanzsystems erfolgen mussten, wobei die Rolle der Banken, Hedgefonds, Ratingagenturen, Aufsichtsbehörden und Zentralbanken in der Krise gründlich untersucht wurden, ist eine kritische Analyse der Abschlussprüfung in der Krise – nach Auffassung der EU-Kommission – nicht erfolgt.[91]

Diese Feststellung war der Anlass für die Kommission, das Grünbuch vom 13.10.2010 „Weiteres Vorgehen im Bereich der Abschlussprüfung: Lehren aus der Krise“ zu veröffentlichen, das sich ausschließlich und umfassend mit dem Thema Abschlussprüfung befasst. Die Themata des Grünbuches sind: die Rolle des Abschlussprüfers, Governance und Unabhängigkeit von Prüfungsgesellschaften, Beaufsichtigung von Abschlussprüfern, Konstellationen des Marktes für Abschlussprüfungen, Schaffung eines Binnenmarkts für Prüfungsleistungen

90 Pfitzer/Oser/Orth, Reform des Aktien-, Bilanz- und Aufsichtsrechts, S. 24 f.

91 Grünbuch vom 13.10.2010, S. 3.

sowie internationale Zusammenarbeit bei der Beaufsichtigung weltweit tätiger Prüfungsnetze.[92]

Die Kommission forderte ein breites Spektrum von Interessenten zur Stellungnahme zum Grünbuch auf. Die Konsultation konnte naturgemäß keine eindeutigen Ergebnisse bringen, weil die Interessengruppen zu unterschiedliche Vorstellungen verfolgten.

Die von der Kommission durchgeführte Konsultation zum Grünbuch und das Drängen des Europäischen Parlaments, am Markt für Abschlussprüfungen für mehr Transparenz und Wettbewerb zu sorgen,[93] führte zur Verabschiedung der Bilanzrichtlinie RL 2013/34/EU vom 26.6.2013. Diese RL hebt die 4. und 7. RL auf und ändert die RL 2006/43/EG. Sie regelt in umfassender Weise die Rechnungslegung, Prüfung und Offenlegung von Jahresabschluss und Konzernabschluss und gibt in sieben Anhängen u. a. Hinweise zu Gliederung der Abschlüsse. Die RL 2013/34/EU kann als das neue „supranationale Grundgesetz der Rechnungslegung" bezeichnet werden.[94] Sie war innerhalb von zwei Jahren in nationales Recht umzusetzen, also bis zum 20.07.2015.

Mit Datum vom 16.4.2014 wurden

- die Richtlinie 2014/56/EU zur Änderung der RL 2006/43/EG über Abschlussprüfungen von Jahresabschlüssen und konsolidierten Abschlüssen
- die Verordnung (EU) Nr. 537/2014 über spezifische Anforderungen an die Abschlussprüfung bei Unternehmen von öffentlichem Interesse und zur Aufhebung des Beschlusses 2005/909/EU der Kommission erlassen.

Die RL ist bis zum 17.6.2016 in nationales Recht umzusetzen. Die Verordnung tritt am 20. Tag nach ihrer Veröffentlichung im Amtsblatt der EU in Kraft und gilt ab dem 17.6.2016; der Art. 16 Abs. 6 (bestehende Klauseln zur Wahl des Abschlussprüfers) gilt erst ab 17.6.2017.

2. Nationale Rechtsentwicklung

a) Maßnahmen des Gesetzgebers

Der nationale Gesetzgeber reagierte auf die zahlreichen Unternehmensschieflagen und -zusammenbrüche (z.B. Balsam, Bremer Vulkan, Metallgesellschaft) mit einem Bündel von Gesetzen mit dem Ziel, das deutsche Unternehmens- und

92 Grünbuch vom 13.10.2010, S. 5.

93 KOM (2011), S. 4.

94 Zwirner, DStR 2014, S. 445.

Rechnungslegungsrecht auf die Anforderungen und Erwartungen der internationalen Finanzmärkte auszurichten.[95]

Das Gesetz zur Kontrolle und Transparenz im Unternehmensbereich (KonTraG) vom 27.4.1998, das am 1.5.1998 in Kraft trat, traf grundlegende Änderungen des AktG und des HGB. Dabei liegt der Schwerpunkt naturgemäß auf börsennotierten Gesellschaften (§ 3 Abs. 2 AktG). Im Fokus dieses Gesetzes stehen Vorstand, Aufsichtsrat, Hauptversammlung, Aktie, Rechnungslegung, Abschlussprüfung und Abschlussprüfer. So hat der Vorstand für die Einrichtung und Kontrolle eines Risikomanagementsystems zu sorgen (§ 91 Abs. 2 AktG). Seine Berichtspflichten gegenüber dem Aufsichtsrat werden erweitert. Aufsichtsratsmandate werden begrenzt, die Sitzungsfrequenz des Aufsichtsrats bei börsennotierten Gesellschaften wird erhöht, die Zusammenarbeit des Aufsichtsrats mit dem Abschlussprüfer wird verstärkt und erweitert. Die Kommunikation zwischen Aufsichtsrat und Hauptversammlung erfährt ebenfalls eine Erweiterung. Mehrfachstimmrechte entfallen; die Angabepflichten im Lagebericht werden umfangreicher.

Der Aufsichtsrat hat Konzernabschluss und Konzernlagebericht zu prüfen. Börsennotierte Gesellschaften haben Beteiligungen an großen Kapitalgesellschaften, die 5% der Stimmrechte überschreiten, mitzuteilen. Im Lagebericht und Konzernlagebericht ist auch auf die Risiken der künftigen Entwicklung einzugehen. Gegenstand und Umfang der Jahresabschlussprüfung werden erweitert, der Prüfungsbericht und Bestätigungsvermerk werden völlig neu gefasst. Die Einrichtung eines privaten Rechnungslegungsgremiums und Rechnungslegungsbeirats wird erstmalig kodifiziert. Es kommt aber auch zu einer deutlichen Erhöhung der Abschlussprüferhaftung.

Mit dem *Kapitalaufnahmeerleichterungsgesetz (KapAEG) vom 20.4.1998* sollte insbesondere die Börsenzulassung deutscher Aktien in den USA aus deutscher Sicht erleichtert werden.

b) 10-Punkte-Programm der Bundesregierung

Die Bundesregierung verabschiedete am 25.2.2003 einen „Maßnahmenkatalog zur Stärkung der Unternehmensintegrität" (sog. 10-Punkte-Programm).[96] Ziel dieser Maßnahmen sollte es sein, das Vertrauen der Aktionäre in die Integrität der Unternehmensführungen und in den Kapitalmarkt zu stärken.[97] Die zehn Punkte lauteten:

---

95 Ernst/Seibert/Stuckert, Gesellschafts- und Bilanzrecht, S. V.

96 Seibert, BB 2003, S. 693 ff.

97 Pfitzer/Oser/Orth, Reform des Aktien-, Bilanz- und Aufsichtsrechts, S. 39.

- „Persönliche Haftung von Vorstands- und Aufsichtsratsmitgliedern gegenüber der Gesellschaft: Verbesserung des Klagerechts der Aktionäre
- Einführung der persönlichen Haftung von Vorstands- und Aufsichtsratsmitgliedern gegenüber Anlegern für vorsätzliche oder grobfahrlässige Falschinformationen des Kapitalmarkts: Verbesserung der kollektiven Durchsetzung von Ansprüchen der Anleger
- Weiterentwicklung des deutschen Corporate Governance Kodex, insbesondere zur Transparenz von aktienbasierten oder anreizorientierten Vergütungen („Aktienoptionen") der Vorstände
- Fortentwicklung der Bilanzregeln und Anpassung an internationale Rechnungslegungsgrundsätze
- Stärkung der Rolle des Abschlussprüfers
- Überwachung der Rechtmäßigkeit konkreter Unternehmensabschlüsse durch eine unabhängige Stelle („Enforcement")
- Fortführung der Börsenreform und Weiterentwicklung des Aufsichtsrechts
- Verbesserung des Anlegerschutzes im Bereich des sog. „Grauen Kapitalmarkts"
- Sicherstellung der Verlässlichkeit von Unternehmensbewertungen durch Finanzanalysten und Rating-Agenturen
- Verschärfung der Strafvorschriften für Delikte im Kapitalmarktbereich."[98]

c) Umsetzung des 10-Punkte-Programms

Diese Vorstellung der Bundesregierung sowie die EU-Richtliniensind zum großen Teil noch im Jahre 2004 umgesetzt worden und zwar mit dem:

- *AnSVG – Anlegerschutzverbesserungsgesetz vom 29.10.2004*: Hiermit wurde die EU-Marktmissbrauchsrichtlinie 2003/6/EG vom 28.1.2003 umgesetzt. Gleichzeitig wurde eine Prospektpflicht von nicht in Wertpapieren verbrieften Investitionen im sog. „Grauen Kapitalmarkt" normiert.[99]
- *BilReG – Bilanzreformgesetz vom 4.12.2004*: Die Schwerpunkte dieses Gesetzes sind das Bilanzrecht und die Abschlussprüfung. Das nationale Bilanzrecht wurde an die IAS-Verordnung angepasst; umgesetzt wurden die Modernisierungsrichtlinie zur Beseitigung von Diskrepanzen zwischen EU-Bilanzrecht und IAS, die Schwellenwert-RL und die Fair Value-RL.[100]

---

98 Pfitzer/Oser/Orth, Reform des Aktien-, Bilanz- und Aufsichtsrechts, S. 39–41.

99 Pfitzer/Oser/Orth, Reform des Aktien-, Bilanz- und Aufsichtsrechts, S. 84; Spindler, NJW 2004, S. 3449–3512.

100 Nonnenmacher, Hdb börsennotierte AG, § 55, Rz. 82.

- *BilKoG – Bilanzkontrollgesetz vom 21.12.2004*: Mit diesem Gesetz wurde ein zweistufiges nationales Enforcementverfahren normiert. Der deutsche Gesetzgeber hat sich dabei für eine Kombination aus privater und staatlicher Zuständigkeit entschieden.[101] Sedes materiae sind die §§ 342–342e HGB.
- *TUG – Transformationsrichtlinien-Umsetzungsgesetz vom 5.1.2007*: Mit diesem Gesetz wurde im Wesentlichen die Transparenzrichtlinie (2004/109/EG) umgesetzt und dabei u.a. nach dem Vorbild des US-amerikanischen SOA von 2002 ein sog. „Bilanzeid" in das HGB übernommen, der ab 6.1.2007 gilt. Danach haben die gesetzlichen Vertreter einer Kapitalgesellschaft, die Aktien im Inland emittiert haben (§ 2 Abs. 7Nr. 1 WpHG), bei Unterzeichnung des Jahresabschlusses schriftlich zu versichern, dass nach bestem Wissen der Jahresabschluss unter Beachtung der Grundsätze ordnungsmäßiger Buchführung ein den tatsächlichen Verhältnissen entsprechendes Bild der Vermögens-, Finanz- und Ertragslage der Kapitalgesellschaft vermittelt oder dass der Anhang ein solches Bild vermittelt, wenn besondere Umstände dies erfordern (§ 264 Abs. 2, S 3 HGB für den Einzelabschluss). Für den Konzernabschluss enthält § 297 Abs. 2, S. 4 HGB entsprechende Regelungen für Wissenserklärungen der gesetzlichen Vertreter. § 289 Abs. 1, S. 5 HGB verlangt für den Lagebericht und § 315 Abs. 1, S. 6 HGB für den Konzernlagebericht ebenfalls solche Wissenserklärungen der gesetzlichen Vertreter. Da der „Bilanzeid" nicht mit dem „richtigen" Eid, der eidesgleichen Bekräftigung oder der eidesstattlichen Erklärung vergleichbar ist, wirkt er in der deutschen Rechtsordnung wie ein Implantat.[102] Die geringe rechtliche Bedeutung für das nationale Recht ist evident[103], zumal die Straf- und Bußgeldvorschriften des § 331 HGB zur Ahndung ausgereicht hätten. Das Exempel des „Bilanzeides" zeigt, dass sich der deutsche Gesetzgeber im Interesse einer internationalen Gleichordnung zusätzliche Regeln schaffen muss, die eine Komplizierung des Bilanzrechts der börsennotierten Gesellschaften und damit auch Kostenfolgen für die betroffenen Unternehmungen nach sich ziehen.[104]
- *BilMoG – Bilanzrechtsmodernisierungsgesetz vom 25.5.2009*: Nach dem im Jahre 1985 mit dem Bilanzrichtliniengesetz (BiRiLiG) die 4., 7. und 8. EG-RL in

101 Nonnenmacher, Hdb börsennotierte AG, § 56, Rz. 90.

102 Rainer, MüKo HGB BilR zu § 264, Rz. 98.

103 Merkt, in Baumbach/Hopt HGB zu § 264 Rz. 26; Freidank, Unternehmensüberwachung, S. 238; Nonnenmacher, Hdb börsennotierter AG, S. 1869, Rz. 21; Hoffmann/Lüdenbach, NWB Kommentar Bilanzierung zu § 264 HGB, Rz. 37c.

104 Winkeljohann/Schellhorn, Beck'scher Bilanzkommentar zu § 264 HGB, Rz. 65 ff.

deutsches Recht umgesetzt worden sind und damit eine grundlegende Änderung des deutschen Bilanzrechts bewirkt wurde, zeigt das BilMoG eine ähnliche grundlegende Wirkung. Es sind im Wesentlichen zwei Zielrichtungen, die das Gesetz verfolgt: „Deregulierung: kleine und mittelständische Unternehmen sollen möglichst weitgehend von Buchführungs- und Bilanzierungsaufwand entlastet werden. Die Anpassung an die internationale Entwicklung: das HGB-Bilanzrecht soll zu einer vollwertigen, aber praxisgerechten Alternative zu den internationalen Rechnungslegungsstandards IFRS und insbesondere dem kommenden Standard „IFRS für KMU" ausgebaut werden."[105]

Um diese Ziele zu erreichen, waren insbesondere umfassende Änderungen des HGB, des EGHGB, des AktG sowie der WPO nötig.

Von besonderem Interesse für die vorliegende Arbeit ist die durch das BilMoG neu eingeführte Vorschrift des § 289a HGB. Danach haben kapitalmarktorientierte Unternehmen eine Erklärung zur Unternehmensführung in ihren Lagebericht aufzunehmen. Diese soll dort einen gesonderten Abschnitt bilden. Die Erklärung kann auch auf der Internetseite der Gesellschaft öffentlich zugänglich gemacht werden. Der Lagebericht hat in diesem Fall eine Bezugnahme darüber aufzunehmen, welche die Angabe der Internetseite enthält (§ 289a Abs. 1 HGB). Diese neu geschaffene „Erklärung zur Unternehmensführung" (Corporate Governance-Statement) der kapitalmarktorientierten Kapitalgesellschaften soll ihren Gesellschaftern Aufschluss über die Befolgung von Unternehmensführungskodizes (§ 289a Abs. 2 Nr. 1 HGB), über die tatsächlich angewandten Unternehmensführungspraktiken (§ 289a Abs. 2 Nr. 2 HGB) sowie über die Arbeitsweise und Struktur der Geschäftsführungs- und Überwachungsorgane der Gesellschaft geben (§ 289a Abs. 2 Nr. 3 HGB).[106]

Eine weitere hier besonders interessierende Vorschrift ist die des § 161 AktG. Der Gesetzgeber des BilMoG hat hier eine Inhaltserweiterung vorgenommen. In § 161 Abs. 1 Satz 1 AktG haben Vorstand und Aufsichtsrat darzulegen, welchen Kodexempfehlungen entsprochen wurde und wird oder welchen nicht *und warum nicht*.

Sodann wurde der Adressatenkreis erweitert, indem nicht nur Vorstände und Aufsichtsräte börsennotierter Gesellschaften, sondern auch solche von Gesellschaften „deren Aktien selbst zwar nur über ein multilaterales Handelssystem – z.B. im Freiverkehr – gehandelt werden, die aber zugleich andere Wertpapiere

---

105 Ernst/Naumann, Das neue Bilanzrecht, S. 2.

106 Gelhausen/Fey/Kämpfer, Rechnungslegung und Prüfung nach dem Bilanzrechtsmodernisierungsgesetz, Abschnitt P, Rz. 1.

(z.B. Schuldverschreibungen) zum Handel an einem organisierten Markt zugelassen haben."[107]

d) *Neuere Gesetze auf dem Gebiet der Rechnungslegung und Abschlussprüfung*

(1) Bilanzrichtlinie-Umsetzungsgesetz (BilRUG) vom 17.07.2015

Das Gesetz zur Umsetzung der Richtlinie 2013/34/EU des Europäischen Parlaments und des Rates vom 26.06.2013 über den Jahresabschluss, den konsolidierten Abschluss und damit verbundene Berichte von Unternehmen bestimmter Rechtsformen und zur Änderung der Richtlinie 2006/43/EG des Europäischen Parlaments und des Rates und zur Aufhebung der Richtlinie 78/660/EWG und 83/349/EWG des Rates (BilRUG) wurde am 22.07.2015 verkündet und ist am 23.07.2015 in Kraft getreten.[108]

Dieses Artikelgesetz ändert insbesondere das HGB, aber auch das PublG, das AktG, das GmbHG und die zugehörigen Einführungsgesetze (EGHGB, EGAktG, EGGmbHG) mit dem Ziel, unterschiedliche europäische Regelungen der Rechnungslegung sowohl auf der Ebene einer Gesellschaft, als auch auf Ebene eines Konzerns innerhalb der EU zu vereinheitlichen.[109]

(2) Abschlussprüferreformgesetz (APAREG) vom 31.3.2016

Das Gesetz zur Umsetzung der aufsichts- und berufsrechtlichen Regelungen der Richtlinie 2014/56/EU sowie zur Ausführung der entsprechenden Vorgaben der Verordnung (EU) Nr. 537/2014 im Hinblick auf die Abschlussprüfung bei Unternehmen von öffentlichem Interesse wurde am 5.4.2016 im BGBl. veröffentlicht und tritt am 17.6.2016 in Kraft.[110]

---

107 Gelhausen/Fey/Kämpfer, Rechnungslegung und Prüfung nach dem Bilanzrechtsmodernisierungsgesetz, Rz. 91.

108 BGBl. I 2015, S. 1245 ff.; IDW: BilRUG-Erstanwendung und Übergangsvorschriften, FN 2015, S. 446; Russ/Janßen/Götze, BilRUG; Zwirner, BilRUG; Kreipl/Müller ZCG 2015, S. 229–234, Zwirner, DStR 2015, S. 1640–1645.

109 Stellungnahme des nationalen Kontrollrates gem. § 6 Abs. 1 NRKE, Anlage zur Bundestag Drucksache 23/15 vom 23.1.2015.

110 BGBl. I 2016, S. 518; Boecker/Zwirner, DStR 2016, S. 90–93; Weis, WPg 2016, S. 4–10; Kelm/Schneiß/Schmidt-Herkendell, WPg 2016, S. 60–67; Farr, WPg 2016, S. 188–194; Loy/Roestel, WPg 2016, S. 487–494.

Mit diesem Gesetz erfolgt vor allem die Neustrukturierung der Abschlussprüferaufsicht, insbesondere durch die Übertragung der Aufgaben der Abschlussprüferaufsichtskommission auf die neu einzurichtende – von der WPK unabhängigen – Abschlussprüferstelle beim Bundesamt für Wirtschaft und Ausfuhrkontrolle (APAS) und die Berichtspflichten der Abschlussprüfer.[111]

Die Berufspflichten werden insbesondere durch Änderungen der Qualitätskontrolle und Regelungen bei den allgemeinen Berufspflichten tangiert. Sodann bildet die Neuordnung der Berufsgerichtbarkeit einen weiteren Schwerpunkt des Gesetzes.

(3) Abschlussprüfungs-Reformgesetz (AReG) vom 10.5.2016

Das Gesetz zu Umsetzung der prüfungsbezogenen Regelungen der Richtlinie 2014/56/EU sowie zu Ausführung der entsprechenden Vorgaben der Verordnung (EU) Nr. 537/2014 im Hinblick auf die Abschlussprüfung bei Unternehmen von öffentlichem Interesse wurde am 17.5.2016 im BGBl. verkündet und tritt am 17.6.2016 in Kraft.[112]

Die Zielsetzung und Notwendigkeit der Regelungen des AReG folgen dem Grünbuch der EU von 2010 „Weiteres Vorgehen im Bereich der Abschlussprüfung: Lehren aus der Krise“ und den danach ergangenen Rechtsakten. Das Anliegen der EU war die Verbesserung der Qualität der Abschlussprüfungen und die Steigerung der Aussagekraft des Prüfungsberichts mit dem Ziel der Stärkung des Binnenmarkts. Insbesondere betreffen die neuen Regelungen auch die Auswahl, Unabhängigkeit und Tätigkeit des Abschlussprüfers. Im Einzelnen stehen Fragen der externen Rotation, der Gestattung von Nichtprüfungsleistungen, insbesondere Steuerberatungsleistungen im Prüfungsmandant und ihre genaue Bestimmung, Fragen des Bestätigungsvermerks, Auskunftspflicht von PIE gegenüber APAS und Sanktionierung von Prüfungsausschussmitgliedern im Mittelpunkt der Normierungen.[113]

111 Gesetzentwurf der Bundesregierung vom 30.7.2015, S. 1.

112 BGBl. I 2016, S. 1142.

113 Begründung des Regierungsentwurfs vom 11.1.2016, Seite 33 f.; IDW-Stellungnahme zum Regierungsentwurf vom 22.1.2016; Blöink/Wolter, BB 2016, S. 107–109; Velte, WPg 2016, S. 125–131.

In zwei bemerkenswerten Aufsätzen stellen *Hopt* und *Hennrich* die Entwicklung und Bedeutung der Abschlussprüfungs- und Abschlussprüferreform in europäischem und nationalem Kontext dar.[114]

Mit diesen drei Gesetzen und der Verordnung (EU) Nr. 537/2014 ist die Umsetzung der EU-Reform der Abschlussprüfungs- und der Abschlussprüferreform gelungen. Ihre Auswirkung in der Praxis wird die Zukunft zeigen.[115]

Nicht gelungen ist es, eine einheitliche und schlüssige Linie zu finden, ob und ggf. wie neu kreierte Berichte und Erklärungen geprüft werden sollen.

B. Der Deutsche Corporate Governance-Kodex

I. Entwicklungen privater Initiativen auf der Grundlage des KonTraG

Mit dem KonTraG von 1998 leitete der nationale Gesetzgeber vor dem Hintergrund der in allen Industriestaaten der Welt geführten Corporate Governance-Diskussion in Deutschland eine Corporate Governance-Reform ein.[116]

Dabei ließ sich der Gesetzgeber von folgenden Grundsätzen leiten:

- „daß eine weitere Regulierung unseres Unternehmensrechts weitestgehend vermieden werden sollte;
- daß gegenüber zwingenden gesetzlichen Verboten der Selbstorganisation der Unternehmen und Kontrolle der vorhandenen Überwachungsebenen und der Märkte der Vorzug zu geben ist, wozu das Gesetz durch mehr Transparenz Anreize schaffen kann; und
- daß die Ausrichtung unserer Publikumsgesellschaften auf die Bedürfnisse und Erwartungen der internationalen Finanzmärkte gesetzlich aktiv begleitet werden soll. Dies meint auch eine stärke Ausrichtung der Unternehmensstrategie auf den Shareholder Value."[117]

Bevor die Bundesregierung mit Schreiben vom 29.5.2000 die Regierungskommission „Corporate Governance, Unternehmensführung, Unternehmenskontrolle, Modernisierung des Aktienrechts" unter Führung von *Baums* eingesetzt hatte, traten private Kreise mit Vorschlägen für eine nationale Corporate Governance hervor.

---

114 Hopt, ZGR 2015, S. 186–203; Hennrich, ZGR 2015, S. 248–265.

115 WPK Magazin 2/2016, S. 4ff.

116 Ernst/Seibert/Stuckert, KonTraG, KapAEG, StückAG, EuroEG, S. 1.

117 Ernst/Seibert/Stuckert, KonTraG, KapAEG, StückAG, EuroEG, S. 2.

Der erste Vorschlag wurde im Januar 2000 von dem sog. Frankfurter Kreis unter Leitung von *Baums* veröffentlicht und trug den Titel „Code of Best Practice". Eine überarbeitete Fassung wurde schon im Juli 2000 vorgelegt.[118] Der Vorschlag folgt dem Aufbau des AktG im Hinblick auf die Gesellschaftsorgane und bezeichnet als Adressaten ausschließlich börsennotierte Gesellschaften, die verpflichtet werden sollen, die Einhaltung der Corporate Governance-Grundsätze im Geschäftsbericht zu publizieren.[119]

Demgegenüber stand der Berliner Initiativkreis (Sprecher *v. Werder*), dessen Vorschlag vom August 2000 „German Code of Corporate Governance (GCCG)" betont betriebswirtschaftlich ausgerichtet war.[120] Ziel des Vorschlags war die nachhaltige Steigerung des Unternehmenswerts durch die Unternehmensführung sowie die Betonung des Stakeholder-Prinzips bei gleichzeitiger Berücksichtigung der Interessen der Anteilseigner.[121]

II. Regierungskommissionen

1. Regierungskommission: Corporate Governance vom 29.5.2000

Nachdem deutsche Corporate Governance-Kodizes durch private Initiativen entstanden, berief die Bundesregierung die Regierungskommission Corporate Governance (weiterhin CG-Kommission genannt) unter dem Vorsitz von *Baums*; dazu heißt es in der Mitteilung des Bundeskanzleramts vom 21.6.2000:[122] „Die Bundesregierung will mit diesem Schritt den Finanzplatz Deutschland stärken, die Wettbewerbsfähigkeit deutscher Unternehmen weiter verbessern und die Chancen der Internationalisierung der Märkte sowie der rasanten Entwicklung von Informations- und Kommunikationstechnologien nutzen. Das deutsche System der Unternehmensführung und Unternehmenskontrolle soll in seinen Stärken ausgebaut und mögliche Defizite behoben werden, um im Wettbewerb der Corporate Governance-Systeme eine führende Rolle zu behaupten." Sie erstellte zuerst einen Fragenkatalog „Corporate Governance-Grundsätze für börsennotierte Gesellschaften (Code of Best Practice)", der an 80 in- und ausländische Sachverständige und Vorstände verschickt wurde.[123]

118 Volk, DStR 2001, S. 416.
119 Volk, DStR 2001, S. 413.
120 Berliner Initiativkreis, DB 2001, S. 1581.
121 Volk, DStR 2001, S. 414.
122 Baums, Bericht der Regierungskommission Corporate Governance, S. 1.
123 Baums, Berichtder Regierungskommission Corporate Governance, S. 5, Fragenkatalog, S. 333–337.

Die dazu eingegangenen Stellungnahmen stimmten mit großer Mehrheit für einen Deutschen Corporate Governance-Kodex. Dem folgte die CG-Kommission und sprach sich damit gegen eine Vielfalt privater Kodizes aus.[124] Während ihrer Arbeit erfuhr die Kommission Unterstützung durch die Anhörung namhafter Vertreter aus Wirtschaft, Wissenschaft und freier Berufe, insbesondere Rechtsanwälte und Wirtschaftsprüfer.

Schon im Juli 2001 legte die Kommission ihren Bericht vor, der sich in sechs Kapitel gliedert: Gesetzliche Regulierung und Corporate Governance-Kodex, Leitungsorgane, Aktionäre und Anleger, Unternehmensfinanzierung, Informationstechnologie und Publizität, Rechnungslegung und Prüfung.

Bereits im ersten Kapitel II. Teil des Kommissionberichts empfiehlt die Kommission einen Deutschen Corporate Governance-Kodex für alle börsennotierten AG und die Abgabe einer „Entsprechenserklärung“ der betroffenen Vorstände und Aufsichtsräte, dass Empfehlungen beachtet werden und Abweichungen zu begründen sind. Sodann empfiehlt die Kommission der Bundesregierung eine weitere Kommission mit dem Auftrag einzusetzen, einen Corporate Governance-Kodex für die Unternehmensleitung und -überwachung börsennotierter Gesellschaften zu entwickeln.[125] Neben dieser wegweisenden Empfehlung gibt die Kommission eine Vielzahl von schon ins Einzelne gehenden Anregungen. Eine anerkennende Kritik der CG-Kommission gibt *Spindler*.[126] Er begrüßt den Versuch, die sich in der Vorschrift des § 23 Abs. 5 AktG ausdrückende Satzungsstrenge des hochregulierten deutschen Aktienrechts unter rechtsvergleichender Betrachtung teilweise zu öffnen.[127] Er diskutiert auch die Frage der Durchsetzung des Kodex durch externe Prüfungen und bejaht diese.[128] Nach seiner Auffassung hat die Kommission eine bewundernswerte Arbeit geleistet, aber leider eine „endgültige Verzahnung des Börsen-, Kapitalmarkt- und Aktienrecht nicht gesucht“; was wohl den politischen Verhältnissen geschuldet war.[129]

---

124 Baums, Bericht der Regierungskommission Corporate Governance, S. 51 f.
125 Baums, Bericht der Regierungskommission Corporate Governance, S. 21.
126 Spindler, Corporate Governance und Kapitalmarkt, S. 91–105.
127 Spindler, Corporate Governance und Kapitalmarkt, S. 92 f.
128 Spindler, Corporate Governance und Kapitalmarkt, S. 100 f.
129 Spindler, Corporate Governance und Kapitalmarkt, S. 105.

2. *Regierungskommission: Deutscher Corporate Governance-Kodex vom 6.9.2001*

Die Bundesregierung entsprach der Empfehlung der sog. Baums-Kommission sehr schnell, indem das BJM schon am 6.9.2001 eine Regierungskommission unter dem Vorsitz von *Cromme,* dem langjährigen Aufsichtsratsvorsitzenden der Thyssen Krupp AG berief.

Bezeichnenderweise waren und sind in der Kodex-Kommission keine Regierungsvertreter und keine Parlamentarier vertreten. Dies ist kein Zufall, weil man davon ausging, dass ein System der Unternehmensführung und Unternehmenskontrolle, das grundsätzlich von der Wirtschaft freiwillig befolgt werden soll, seine Akzeptanz nur dann findet, wenn es auch von Vertretern der Wirtschaft konzipiert wird und damit gleichzeitig eine gewisse Regierungsferne aufweist.

Auch die Kodex-Kommission arbeitete ausgesprochen zügig, sodass sie nach knapp sechsmonatigen Beratungen am 26.2.2002 den ersten Deutschen Corporate Governance-Kodex vorlegen konnte. Adressaten des Kodex sind in erster Linie börsennotierte Gesellschaften, aber auch nichtbörsennotierten Gesellschaften wird die Beachtung des Kodex empfohlen.[130]

Er wird in englischer, französischer, italienischer und spanischer Sprache übersetzt[131] und in der Regel einmal jährlich vor dem Hintergrund nationaler und internationaler Entwicklungen überprüft und bei Bedarf angepasst.[132] Mitbestimmungsrechtliche Fragen sind von der Kodex-Kommission, ebenso wie von der CG-Kommission, auftragsgemäß nicht behandelt worden.[133]

3. *Ausländische Corporate Governance-Entwicklungen als Vorbild*

Als historischer Ausgangspunkt für die europäische CG-Bewegung muss der UK CG-Code bezeichnet werden.[134] Der Hintergrund dieser Feststellung ist die Tatsache, dass im angelsächsischen Raum weniger auf gesetzliche Regelungen für die Boards vertraut wird als vielmehr auf Selbstkontrolle (Verhaltenskodizes) und Regulierung durch den Kapitalmarkt.[135] In UK war der Cadbury Report von

130 DCGK 26.2.2002, Präambel.

131 DCGK 26.2.2002, Vorwort.

132 DCGK 26.2.2002, Präambel.

133 Baums, Bericht der Regierungskommission Corporate Governance, S. 91.

134 Winner, ZGR 2012, S. 246.

135 Winner, ZGR 2012, S. 248 f. und S. 250; Hopt, Hdb CG, S. 42.

1992 Ausgangspunkt der CGK-Entwicklung, mit dem Empfehlungen in Form eines Code of Best Practice für den Board of Directors formuliert wurden.[136]

Danach sollen vom Management unabhängige Non-Executive Directors aufgenommen werden, die Verträge der Executive Directors werden zeitlich limitiert und deren Bezüge offengelegt. Ein Audit Committee aus unabhängigen Directors wird angestrebt und deren Beziehungen zum Abschlussprüfer werden geregelt. Hinzu kommt die Berichtspflicht über die Wirksamkeit des internen Kontrollsystems;[137] also Regelungen, die erst nach zehn Jahren auch in Deutschland eine Rolle spielen sollten.

1995 folgte vom Cadbury Committee ein Report über „Compliance with Code of Best Practice", und ebenfalls 1995 erschien der Greenbury Report über „DirectorsRemuneration: Code of Best Practice"; 1998 wurde der sog. Hampel Report, Final Report des Committee on Corporate Governance veröffentlicht.[138]

Die Arbeit der drei Committees (Cadbury, Greenbury und Hampel) wurde 1998 durch den „Combined Code on Corporate Governance" zusammengefasst; auf diesen Code nehmen die Listing Rules der Londoner Börse Bezug.[139] 2010 wurde der „Combined Code" im Rahmen eines Review überarbeitet und in „The UK Corporate Governance Code" umbenannt. Er erfasst heute alle Gesellschaften mit einem *Premium Listing* ihrer Aktien, wobei es nicht darauf ankommt, im Vereinigten Königreich inkorporiert zu sein.[140] Der UKCG Code wird in einem Zweijahresrhythmus überarbeitet und zusätzlich werden Richtlinien zur Handhabung der Bestimmungen des Codes veröffentlicht.[141] 2012 erfolgten weitere Anpassungsvorschläge, die aus deutscher Sicht Beachtung verdienen. Dies sind Regelungen zur Gender Diversity im Board of Directors, wobei die Einführung einer Quote ausdrücklich verworfen wurde, aber eine Offenlegung der Anzahl von Frauen im Management verlangt wird.[142]

Das Verhältnis des Audit Committee zum Abschlussprüfer soll dadurch verstärkt werden, dass der Informationsgehalt des Jahresabschlusses erhöht wird und dass ein Ausschreibungsverfahren alle zehn Jahre für die Abschlussprüfung stattfindet.[143] Sodann sind deutliche Bestrebungen zu erkennen, die Shareholder

---

136 Winner, ZGR 2012, S. 248 f. und S. 250; Hopt, Hdb CG, S. 42.
137 Winner, ZGR 2012, S. 248 f. und S. 250; Hopt, Hdb CG, S. 42 f.
138 Winner, ZGR 2012, S. 248 f. und S. 250; Hopt, Hdb CG, S. 43.
139 Winner, ZGR 2012, S. 248 f. und S. 250; Hopt, Hdb CG, S. 43.
140 Winner, ZGR 2012, S. 255.
141 Winner, ZGR 2012, S. 255.
142 Winner, ZGR 2012, S. 256.
143 Winner, ZGR 2012, S. 256.

(z.B. Fonds, Pensionskassen) stärker für die Durchsetzung einer guten Corporate Governance in die Pflicht zu nehmen.[144] Schließlich werden Vergütungsprobleme für die Mitglieder des Boards diskutiert, wobei ein bindender Beschluss der Aktionäre eine Rolle spielt, der die Vergütung bestimmen soll (Binding Say on Pay).[145] Es ist zutreffend, wenn *Hopt* formuliert: „Die internationale Code of Conduct-Bewegung – also der Versuch, Corporate Governance nicht durch Aktienrecht und immer neue Aktienreformen zu verwirklichen, sondern durch freiwillige Verhaltenskodices der Beteiligten, vor allem des board – ist angelsächsischen Ursprungs. Ohne diese Entwicklung vor allem in Großbritannien ist diese Bewegung nicht zu verstehen."[146] Festzustellen ist, dass in den meisten EU-Staaten mittlerweile eigene Corporate Governance-Kodizes für börsennotierte Gesellschaften erarbeitet wurden, die dem englischen Code ähnlich sind, die aber ganz überwiegend unverbindliche Empfehlungen enthalten.[147]

Bestrebungen der EU-Kommission, einen EU-einheitlichen CGK zu schaffen, ist der Erfolg nicht beschieden gewesen. Die eigens berufene Kommission von Gesellschaftsrechtlern (High Level Group of Company Law Experts) erklärte in ihrem Abschlussbericht vom 4.11.2003, dass die Gesellschaftsrechte der verschiedenen Mitgliedsstaaten noch zu unterschiedlich wären, um einheitliche Corporate Governance-Regelungen aufzustellen.[148] Um eine gewisse Angleichung der europäischen Kodizes zu erreichen, schuf die EU-Kommission das European Corporate Governance Forum.[149]

Die OECD Principles of Corporate Governance aus dem Jahre 1999 haben ebenfalls zur Entwicklung der Corporate Governance weltweit beigetragen,[150] diese wenden sich aber vorwiegend an die aufstrebenden Wirtschaftsnationen in Asien, Osteuropa und Lateinamerika.[151]

Abschließend ist zu konstatieren, dass der erste DCGK vom 26.2.2002 dem britischen Vorbild folgt.[152]

---

144 Winner, ZGR 2012, S. 256 f.
145 Winner, ZGR 2012, S. 257.
146 Hopt, Hdb CG, S. 42.
147 Marsch-Barner, Hdb börsennotierter AG, § 2, Rz. 27; Hopt, FS Hoffmann-Becking 2013, S. 569.
148 Marsch-Barner, Hdb börsennotierter AG, § 2, Rz. 28.
149 Spindler, Schmidt/Lutter AktG, zu § 161 AktG, Rz. 5.
150 Lutter, Hdb CG, S. 124.
151 Hopt, Hdb CG, S. 43.
152 Marsch-Barner, Hdb börsennotierter AG, § 2 Rz. 27.

III. Inhalt und Wirkungsweise des Deutschen Corporate Governance-Kodex

1. Inhalt

Der Aufbau des DCGK gliedert sich bis heute in sieben Abschnitte: Präambel, Aktionäre und Hauptversammlung, Zusammenwirken von Vorstand und Aufsichtsrat, Vorstand, Aufsichtsrat, Transparenz, Rechnungslegung und Abschlussprüfung.

Darin spiegeln sich die gesetzlichen Aufgaben und Befugnisse der Gesellschaftsorgane, aber auch die des Abschlussprüfers und das Zusammenwirken dieser Akteure nach den gesetzlichen Vorgaben und den Grundsätzen guter Unternehmensführung und Unternehmenskontrolle wider.

Der Inhalt des Kodex ist das erarbeitete Ergebnis der Kodex-Kommission, die als ständige Einrichtung (Standing Commission) den DCGK planmäßig (i.d.R. jährlich) verändert und damit an nationale und internationale, rechtliche, ökonomische und gesellschaftliche Gegebenheiten und Forderungen anpasst.

Dabei ist festzuhalten, dass vor der Veröffentlichung einer neuen Kodex-Fassung durch den BJM, dieser seine ihm zufallende inhaltliche Rechtskontrolle wahrnimmt. Erst von diesem Zeitpunkt ab entfaltet der Kodex seine rechtliche Wirkung.[153]

Die inhaltliche Ausrichtung des Kodex folgt dem Ziel, „...das Deutsche Corporate Governance System transparent und nachvollziehbar zu machen. Er will das Vertrauen der internationalen und nationalen Anleger, der Kunden, der Mitarbeiter und der Öffentlichkeit in die Leitung und Überwachung deutscher börsennotierter Gesellschaften fördern."[154]

Die Transparenz als Leitmotiv des Kodex betont nachdrücklich der damalige Vorsitzende der Kodex-Kommission *Klaus Peter Müller* in seiner Rede vom 14.6.2012 auf der 11. Konferenz zum Corporate Governance-Kodex „Gute Corporate Governance – Vertrauen durch Transparenz und Klarheit der Informationen" in Berlin.

Der Kodex äußert sich in drei Kategorien:

- Darstellung gesetzlicher Vorschriften des AktG, des HGB und des Kapitalmarktrechtes
- Empfehlungen an die Kodex-Anwender
- Anregungen an die Kodex-Anwender.

---

153 Seibert, BB 2002, S. 582.

154 DCGK 13.5.2013, Präambel Abs. 1.

Dementsprechend referiert der Kodex die rechtlichen Vorschriften für deutsche börsennotierte Gesellschaften, aber ohne eigene Rechtsnormqualität seiner Ausführungen. Er erhebt dabei auch nicht den Anspruch, das geltende Recht umfassend und in allen Fassetten darzustellen.[155] Dabei ist der Kodex beim Referieren des geltenden Rechts nicht immer „trittfest", wie *Krieger*[156] darstellt.

Sodann enthält der Kodex Empfehlungen zu anerkannten Standards guter Corporate Governance, die textlich mit „soll" versehen sind. Weiterhin gibt der Kodex Anregungen, die im Text mit dem Wort „sollte" versehen sind. Während die Gesellschaften von den Anregungen ohne weiteres abweichen können, haben sie die Empfehlungen aufgrund gesetzlicher Regelungen zu beachten, wenn auch nicht zu befolgen (§ 161 AktG).

2. Comply or Explain-Prinzip

Schon die CG-Kommission hatte vorgeschlagen, „...daß Vorstand und Aufsichtsrat einer börsennotierten Aktiengesellschaft jährlich erklären, daß sie die Empfehlungen eines im Bundesanzeiger veröffentlichten Kodex betreffend die Unternehmensleitung und -überwachung beachten („Entsprechens-Erklärung"). Bei der Abgabe der Entsprechens-Erklärung sind Abweichungen von den im Corporate Governance-Kodex enthaltenen Empfehlung zu begründen."

Dem ist der Gesetzgeber gefolgt, indem er flankierend vor Veröffentlichung des DCGK den § 161 AktG geschaffen hat.

Die Neufassung der jährlich vom Vorstand und Aufsichtsrat abzugebenden „Entsprechens-Erklärung" verlangt seit dem BilMoG vom 25.5.2009 nunmehr eine Begründung, warum den Empfehlungen des DCGK teilweise oder ganz nicht entsprochen wurde und wird. Damit wird deutlich, dass die Umsetzung der Kodex-Empfehlungen für die Unternehmen zwar freiwillig ist, die Befassung mit dem Kodex aber obligatorisch.[157]

In Deutschland gilt damit eine CG-Regelung, von der *Hoffmann-Becking* in Anlehnung an *Hohl* als „kooperative Rechtssetzung" spricht, weil der CGK das Ergebnis eines Zusammenspiels von staatlichen Instanzen und einem weisungsfreien Gremium privater Experten ist.[158]

Eine solche Konstellation ist im deutschen Recht ungewöhnlich, weil durch die Entsprechenserklärung die Kodex-Empfehlungen zu einer hohen gesetzlich

155 Lutter, Hdb CG, S. 127 ff.

156 Krieger, ZGR 2012, S. 207 f.

157 Kremer, DB/Standpunkte 2011, S. 55; Hopt, FS Hoffmann-Becking 2013, S. 564.

158 Hoffmann-Becking, FS Hüffer 2010, S. 338; Hopt, ZHR 2011, S. 457 ff.

geforderten Bindungswirkung aufgewertet werden, sodass Vorstands- und Aufsichtsratsmitglieder die Überzeugung haben können, die Empfehlungen seien einzuhalten.[159]

Es ist naheliegend, dass sich an dieser Konstellation „private Empfehlungen – gesetzlicher Berichtszwang über Beachtung oder Nichtbeachtung verbunden mit einem Begründungszwang" rechtliche Kritik entzündet, ebenso wie zu Inhalt und Wirkungsweise des § 161 AktG.

3. *Rechtsnatur des DCGK*

Der DCGK ist entstanden vor dem Hintergrund der zunehmenden Teilnahme deutscher Unternehmen am internationalen Kapitalmarkt, der von den angloamerikanischen Kapitalmarktregeln geprägt ist. Dabei muss unterschieden werden zwischen Großbritannien, wo vorherrschend Grundsätze der Selbstbindung und Selbstregulierung zur Geltung kommen, und den USA, die bei der Durchsetzung von gewünschtem Marktverhalten vorherrschend auf die SEC setzen, wobei die SEC eine Behörde ist, die sehr einflussreich und hart durchgreifend operiert.[160]

Der DCGK orientiert sich am britischen Vorbild und versucht das strenge, wenig dispositive AktG soweit wie möglich deregulierend zu beeinflussen.[161]

Zur Frage der Rechtsnatur des DCGK lässt sich für die ganz herrschende Auffassung mit *Lutter* feststellen: Der DCGK ist nicht Recht.[162] Er diskutiert die Fragen, ob der Kodex als Gewohnheitsrecht oder Handelsbrauch gesehen werden kann und kommt zu dem Ergebnis, dass beides nicht gegeben ist.[163]

> „Insgesamt kann der Kodex nicht als Rechtsnorm im Sinne des Art. 2 EGBGB qualifiziert werden."[164]

Demgegenüber ist die Vorschrift des § 161 AktG, die dem DCGK Beachtung verschafft, positives Recht, dessen Nichteinhaltung Rechtsfolgen zeitigt, die über die Anfechtbarkeit von HV-Beschlüssen und Wahlen bis zur Haftung der betreffenden Organe im Innen- und Außenverhältnis reichen.[165] Jedoch sind die Erklärungs- und Publikationspflichten nicht strafbewehrt, es sei denn, dass Mitglieder

---

159 Krieger, ZGR 2012, S. 215.

160 Peltzer, DCG, S. 35.

161 Baums, Bericht der Regierungskommission Corporate Governance, S. 48.

162 Lutter, FS Hopt 2010, S. 1025; dazu neuerdings Bachmann, DCGK, Rz. 80–84.

163 Lutter, FS Hopt 2010, S. 1031 ff.

164 Spindler, NZG 2011, S. 1008; so auch LG München Urt. v. 22.11.2007, 5 HKO 10614/07, ZIP 2007, S. 2360.

165 v. d. Linden, DCGK Wilsing, S. 29 ff.

des Vorstandes und Aufsichtsrats Verhältnisse der Gesellschaft und/oder des Konzerns (im weitesten Sinne) falsch darstellen. Dann sind die Straftatbestände § 331 Nr. 1 und 2 HGB als erfüllt anzusehen.[166] Damit kann § 161 AktG auch nicht das Vehikel sein, dem Kodex rechtliche Qualität zu verschaffen, wohl aber rechtliche Relevanz.[167] Das Verhältnis Kodex einerseits und § 161 AktG andererseits bezeichnet *Spindler* zu Recht als eine „... hybride Regulierung zwischen Selbstregulierung und zwingendem Recht", das verfassungsrechtliche Probleme aufwirft.[168] Resümierend lässt sich mit *Habersack*[169] feststellen: „Der DCGK und der Comply or Explain-Mechanismus des § 161 AktG haben sich im Grundsatz bewährt. Der Gesetzgeber sollte freilich akzeptieren, dass Kodex-Empfehlungen und Entsprechenserklärung Instrumente der Selbstregulierung sind, die Marktmechanismen in Gang setzen sollen und dessen die Befugnis zur Nichtbefolgung immanent ist..." *Habersack* vertritt weiter die Auffassung, dass selbst, wenn ein nicht unerheblicher Teil die Empfehlungen nicht annehmen sollte – was für Deutschland nicht zutrifft – die Notwendigkeit gesetzlicher Regelungen nicht erforderlich sei.[170]

4. *Kritik am DCGK*

Seit seiner ersten Veröffentlichung ist der DCGK von Kritik begleitet worden.[171] Diese reicht von grundsätzlichen verfassungsrechtlichen Bedenken bis zum Verhältnis der Kodexkommission zur Regierung und zur Politik. Aber auch vielfältige konstruktive Kritik zu einzelnen Empfehlungen und Anregungen sind zu vermerken, teilweise auch Zweifel, ob der Kodex Best Practice-Feststellungen zu Recht trifft.[172] Grundsätzliche Bedenken gegen einen CGK haben international wenig Relevanz, weil die betroffenen kapitalmarktorientierten Unternehmen seit den 90er Jahren des vorherigen Jahrhunderts die sich international entwickelnde CG-Bewegung kennen. Hinzu kommt, dass gegenwärtig nur noch 37% der Aktien von DAX-Gesellschaften in deutscher Hand sind, was die Einbindung in den globalen Kapitalmarkt deutlich macht.[173]

---

166 v. d. Linden, DCGK Wilsing, S. 35.
167 Habersack, Gutachten DJT 2012, S. 10.
168 Spindler, NZG 2011, S. 1008.
169 Habersack, Gutachten DJT 2012, S. 100; auch Habersack, NJW Beil. 3/2012, S. 95.
170 Habersack, Gutachten DJT 2012, S. 100 f.
171 dazu Bachmann, DCGK, Rz. 83–88.
172 Krieger, ZGR 2012, S. 211 f., S. 226.
173 Eckert/Zschäpitz, Die Welt 21.5.2014, S. 13.

Kritik am DCGK übt *Spindler*[174], insbesondere, dass der Kodex für die Durchsetzung rechtspolitischer Vorstellung benutzt wird.[175] *Spindler* bemängelt, dass die Selbstregulierung der CG der Unternehmen nicht den Aktionären überlassen wird. Hier zeichnet sich jedoch eine Wende ab.[176] Er fordert weiter eine externe Prüfung der Entsprechenserklärung.[177]

Die Diskussion um die Rechtsqualität des Kodex ist ebenfalls so alt wie dieser und erreichte um die Jahreswende 2010, als sich insbesondere die Presse diesem Thema widmete, einen gewissen Höhepunkt.[178] *Ringleb* legt die Entwicklung dieser Diskussion sehr präzise und anschaulich dar.[179] Er berichtet abschließend von einer Äußerung des ehemaligen Richters am BVerfG *Di Fabio*, der die Kodex-Regelung ebenso wie ihr Zusammenspiel mit § 161 AktG für verfassungsrechtlich unbedenklich hält.[180] Es entsteht der Eindruck, dass sich trotz der vom Gesetzgeber nicht ausgeräumten Vorbehalte eines Verstoßes gegen das verfassungsrechtliche Demokratieprinzip und den Gesetzesvorbehalt in Bezug auf den Kodex die Macht des Faktischen durchgesetzt hat. *Bachmann*[181] weist darauf hin, dass das „Habersack-Gutachten" zum 69. DJT 2012 sich unmissverständlich für die Beibehaltung des Kodex ausspricht und sich damit auf die Seite derjenigen schlägt, die den DCGK für eine „Erfolgsstory" halten. Dieser Auffassung ist der 69. DJT mit überwältigender Mehrheit ohne Gegenstimmen bei sechs Enthaltungen gefolgt. Eine Abschaffung des Kodex wäre nach *Bachmann* keine empfehlenswerte Option. Er betont, dass das „Habersack-Gutachten" die leidige Frage der Verfassungsmäßigkeit nur streift; verbindlich könne diese Frage aber nur durch das BVerfG entschieden werden.

Hopt[182] sieht bei Abschaffung des Kodex die Gefahr der Verlagerung der Empfehlungen und Anregungen ins Aktienrecht und Reformen im Kapital- und Finanzmarktrecht mit der Folge weitestgehender Europäisierung und bürokratischer

---

174 Spindler, NZG 2011, S. 1007–1013.

175 Spindler, NZG 2011, S. 1012; auch Bayer, NZG 2013, S. 5 f.

176 Seibert, FS Hoffmann-Becking 2013, S. 1101–1108; Hopt, FS Hoffmann-Becking 2013, S. 584.

177 Spindler, NZG 2011, S. 1013.

178 Ringleb, DCGK 5. Auflage, Vorbemerkung Rz. 63; siehe auch Bachmann, DCGK, Rz. 80–89; v. Werder, DB 2011 Beilage Standpunkte, S. 49–50; Gehling, DB 2011 Beilage Standpunkte, S. 51–52; Harbarth, DB 2011 Beilage Standpunkte, S. 53–54; Kremer, DB 2011 Beilage Standpunkte, S. 55–56.

179 Ringleb, DCGK 5. Auflage, Vorbemerkung Rz. 63–79.

180 Ringleb, DCGK 5. Auflage, Vorbemerkung Rz. 79.

181 Bachmann, AG 2012, S. 565 f.

182 Hopt, FS Hoffmann-Becking 2013, S. 587.

Einmischung durch die Kapitalmarktaufsicht. Er diskutiert die Vor- und Nachteile von Kodex-Regelungen und kommt zu dem Schluss, dass für den DCGK die Vorteile bei weitem überwiegen.[183]

Einen interessanten Beitrag leistet *Bachmann*[184] mit seinem Hinweis auf ausländische Kodex-Modelle, wenn er fordert, den DCGK nicht weiter zu verrechtlichen, sondern eine Entrechtlichung vorzunehmen, was nur bedeuten kann, dass der Kodex mehr als Orientierungshilfe gesehen wird.

5. *Akzeptanz des DCGK bei Unternehmen und Reaktionen des Kapitalmarktes*

Aus dem Spannungsverhältnis „freiwillige Kodex-Befolgung" und gesetzliche Pflicht zur „öffentlichen Erklärung über die Kodex-Befolgung" ergibt sich die Akzeptanz des Kodex als Reaktion auf dem Kapitalmarkt zu den abgegebenen Entsprechenserklärungen. Dabei kommt es entscheidend darauf an, dass die als befolgt erklärten Empfehlungen auch im Unternehmen gelebt werden, worauf *v. Werder* in Bezug auf die „Pseudoakzeptanz" hinweist; bei dieser würden Bestimmungen formal „abgehakt", ohne sie ernsthaft anzuwenden.[185] Seit Verabschiedung des ersten DCGK am 26.2.2002 untersucht das Berlin Center of Corporate Governance (BCCG) unter Leitung von *v. Werder* im Auftrag der Regierungskommission die Akzeptanz der Empfehlungen des DCGK und veröffentlicht diese Studien in der Zeitschrift „Der Betrieb". Die erste Veröffentlichung „Kodex Report 2003" befasste sich mit dem ersten CGK;[186] der letzte Corporate Governance-Report 2015 mit dem DCGK vom 12.6.2015.[187] Die Kodex-Reports sind somit dreizehnmal erschienen und gehen seit der Studie 2012 auch besonders auf die Schwerpunkte der jeweiligen Kodex-Veröffentlichungen ein. Der aktuelle Kodex enthält 102 Empfehlungen und sieben Anregungen. Die vom BCCG vorgenommenen Untersuchungen werden als repräsentativ angesehen und unterstützen damit die Kodex-Kommission zumal im Zeitvergleich und im Vergleich der unterschiedlichen Kodex-Schwerpunkte.

Das Verhalten der befragten Unternehmen zum DCGK wird damit deutlich. Die Untersuchung zeigt, dass insgesamt 82,6% der Empfehlungen von den befragten

---

183 Hopt, FS Hoffmann-Becking 2013, S. 565–569; Hopt, NZG 2012, S. 619.

184 Bachmann, FS Hoffmann-Becking 2013, S. 89 f.

185 v. Werder, DB 2012, S. 49–50; Theissen/Raßhofer, DB 2007, S. 1317–1321.

186 v. Werder/Talaulica/Kolar, DB 2003, S. 1857–1863.

187 v. Werder/Bartz, DB 2014, S. 905–914.

Unternehmen befolgt wurden; DAX-Unternehmen befolgten sogar 95,2%.[188] Eine nächste Frage ist die, ob die Befolgung des DCGK Auswirkungen auf den Erfolg der betroffenen Unternehmen hat, ob sich also durch die Befolgung ihre Marktstellung verbessert. Die Beantwortung dieser Frage ist deshalb interessant, weil die ursprüngliche Vorstellung von Selbstbindung und Selbstregulierung davon ausging, dass der Kapitalmarkt die Befolgung der CG-Kodizes „belohnen" oder die Nichtbefolgung „bestrafen" werde.[189] In diesem Zusammenhang muss auch gesehen werden, dass die Unternehmen bei Nichtbefolgung der Empfehlungen dies begründen müssen, wobei durchaus andere gleichwertige oder für das betreffende Unternehmen bessere Lösungen gefunden werden können. Solche Abweichungen liegen durchaus im Sinne des DCGK, weil sie möglicherweise den Grundsätzen der Flexibilität und Selbstregulierung besser entsprechen als die Kodex-Empfehlungen. Das Problem der Messbarkeit solcher Abweichungen am Unternehmenserfolg ist naturgemäß schwierig, wobei einmal der Kurswert des Unternehmens betrachtet werden kann und zum anderen die Rendite wegen sich verändernder Kapitalkosten. Die empirischen betriebswirtschaftlichen Untersuchungen zu quantitativen Auswirkungen der Kodex-Befolgung auf den Unternehmenserfolg sind vielfältig und überwiegend nicht überzeugend.[190] Demgemäß kann davon ausgegangen werden, dass die herrschende Meinung einen Zusammenhang zwischen Kodex-Befolgung und Unternehmenserfolg nicht mit hinreichender Sicherheit erkennen kann.[191] *Nowak/Rott/Mahr* kommen in ihrer empirischen Analyse zu einem deutlichen Ergebnis: „Wer den Kodex überdurchschnittlich gut befolgt, wird dafür vom Kapitalmarkt nicht belohnt, ebenso wie derjenige keine Bestrafung erfährt, der den Kodex nur unterdurchschnittlich befolgt. Ergo ist die Befolgung der Kodex-Empfehlungen für den Börsenkurs irrelevant."[192]

C. Zusammenfassung

Es hat sich gezeigt, dass Grundsätze ordnungsmäßiger Unternehmensführung- und Kontrolle noch nicht so weit entwickelt sind wie die GoB. Funktionsstörungen des Kapitalmarkts rufen regelmäßig den Gesetzgeber auf den Plan, der die

---

188 v. Werder/Turkali, DB 2015, S. 1359; v. Werder, DCGK. S. 414 ff.

189 Nowak/Rott/Mahr, ZGR 2005, S. 252–279.

190 Graf/Siegelbauer, BFuP 2008, S. 598–619; Prigge, FS Hopt 2010, S. 1153–1166; Musdaghni, Einfluss von CG, S. 1–156; Weber/Velte, DStR 2011, S. 39–45.

191 Spindler, NZG 2011, S. 109; FAZ v. 23.3.2012, S. 19.

192 Nowak/Rott/Mahr, ZGR 2005, S. 279.

Verantwortung u.a. bei den Vorständen und Aufsichtsräten der Unternehmen sieht, aber auch mit entsprechender Außenwirkung bei dem Abschlussprüfer.

Die Erwartungslücke als spezielles Phänomen ist in diesem Zusammenhang zu sehen, weil die Öffentlichkeit, die allerdings differenziert gesehen werden muss, meint, Unterschiede zwischen den Aufgaben- und Verantwortungsbereichen der von der Erwartungslücke Betroffenen und der Erfüllung ihrer Aufgaben erkennen zu können. So gesehen ist das Verringern der Erwartungslücke ein Bestreben, das Vorstand, Aufsichtsrat und Abschlussprüfer eint. Die Reaktionen auf Kapitalmarktstörungen sind im europäischen wie im nationalen Bereich deutlich. Die mit dem EU-Grünbuch von 2010 im europäischen Raum und dem sog. 10-Punkte-Programm der Bundesregierung begonnenen Bestrebungen, Rechnungslegung und Abschlussprüfung neu zu regeln, haben zu einer Reihe von Richtlinien (und einer EU-Verordnung) geführt, die national durch das BilRUG, APRAG und das AReG umgesetzt wurden. Die EU-Verordnung als national unmittelbar anzuwendendes Recht führt bei den nationalen Rechtanwendern zur Konsequenz, dass die Anwendung des HGB ohne gleichzeitige Beachtung der EU-Verordnung nicht möglich ist, soweit das Abschlussprüfungsrecht in Rede steht.

CG-Grundsätze sind Verhaltensmaßstäbe für Unternehmensleitung und Unternehmensüberwachung. Der DCGK verdankt seine Entstehung einem Auftrag der Bundesregierung und seine Ausgestaltung zweier Regierungskommissionen. Das Gestaltungsvorbild ist der britische CG-Kodex. Der Inhalt des DCGK besteht äußerlich aus sieben Abschnitten, die sich an den Organen der AG und ihrer Funktion sowie der des Abschlussprüfers orientieren. Inhaltlich enthält der Kodex drei Kategorien: Wiedergabe der gesetzlichen Bestimmungen des deutschen Aktienrechts, Empfehlungen und Anregungen. Das Comply or Explain-Prinzip bestimmt den Inhalt des Kodex, der selbst nicht als Rechtsnorm anzusehen ist. Die in der Vergangenheit zum Teil heftige Kritik am Kodex ist verebbt. Seine Akzeptanz bei den DAX-Unternehmen ist konstant hoch, obwohl sich die insbesondere von betriebswirtschaftlicher Seite angenommenen finanziellen Vorteile einer Kodex-Befolgung nicht hinreichend verifizieren lassen.

Zweiter Hauptteil: Erklärungs- und Berichtspflichten sowie Prüfungspflichten de lege lata

A. Erklärungs- und Berichtspflichten

I. Entsprechenserklärung gem. § 161 AktG

1. Grundlagen

Der erste DCGK wurde am 26.2.2002 auf der Website der Kodex-Kommission und zeitgleich vom BMJ auf dessen Homepage veröffentlicht; die Bekanntmachung erfolgte am 30.9.2002.[193] Rechtliche Relevanz gewann der DCGK durch das gleichzeitige Gesetzgebungsverfahren zur Schaffung des § 161 AktG. Diese Bestimmung wurde durch das TransPuG vom 19.7.2002 mit Wirkung zum 26.7.2002 normiert und hinsichtlich des Begründungszwanges durch das BilMoG vom 25.5.2009 verschärft.

Damit ist der DCGK von den Normadressaten des § 161 AktG zu beachten. Die Befolgung bzw. die Nichtbefolgung in Vergangenheit und Zukunft im Ganzen oder in Teilen ist zu erklären, zu begründen und zu veröffentlichen (Comply or Explain-Prinzip). Die ratio leges orientiert sich am Innen- und Außenverhältnis der betroffenen Unternehmen. So sollen einmal die Vorstände und Aufsichtsräte veranlasst werden, die eigene Unternehmensverfassung im Hinblick auf Unternehmensführung und Unternehmensüberwachung und deren Effizienz kritisch zu reflektieren. Gleichzeitig soll der Kapitalmarkt glaubwürdige Informationen, also Transparenz, vom betroffenen Unternehmen erhalten, um den Investoren und den potentiellen Investoren Hilfen bei ihren Entscheidungen zu vermitteln. Getragen werden diese Vorstellungen von dem Gedanken, dass der Kapitalmarkt ein kodexgerechtes Verhalten honoriert, also die Kapitalmarktpublizität eine Verhaltenssteuerung bewirkt.[194] So gesehen ist Normzweck des § 161 AktG die Durchsetzung des DCGK.

193 Bachmann, DCGK, Vorbemerkung Rz. 78 f.

194 v. d. Linden, DCGK Wilsing, S. 5; Sester, Spindler/Stilz, AktG, 2. Auflage § 161, Rz. 8 f.

2. *Rechtsnatur der Entsprechenserklärung*

Die vom Vorstand und Aufsichtsrat der kapitalmarktorientierten Gesellschaft abgegebene Erklärung gem. § 161 AktG hat einen zweifachen zeitlichen Bezug. Einmal wird für die Vergangenheit die Befolgung des Kodex erklärt und zum anderen erfolgt dies für die Zukunft. Damit haben wir es mit einer Wissenserklärung, und soweit die Zukunft angesprochen wird, mit einer Absichtserklärung zu tun.[195] Rechtliche Bindungswirkung hat die Abgabe der Entsprechenserklärung nicht, wobei das Gesetz von den zur Abgabe verpflichteten Gesellschaftsorganen die fehlerfreie Erklärung verlangt.[196] „Es handelt sich aber nicht um eine auf die Herbeiführung einer Rechtsfolge gerichtete Willenserklärung i.S.d. Rechtsgeschäftslehre. Für die Vergangenheit wird kein rechtlicher Bindungswille bekundet. Es handelt sich bloß um eine Auskunft. Der auf die Zukunft bezogene Erklärungsteil ist nicht auf die Herbeiführung einer Rechtsfolge, sondern auf die Information über das Ergebnis eines gesellschaftsinternen Entscheidungsprozesses zu einem bestimmten Verhalten gerichtet.“[197]

3. *Normadressaten*

Erklärungspflichtig sind Vorstand und Aufsichtsrat der kapitalmarktorientierten Gesellschaft und zwar als Organe der Gesellschaft.[198] Voraussetzung für die Erklärungspflicht ist die Tatsache, dass es sich bei der Gesellschaft um eine deutsche börsennotierte i.S.d. § 3 Abs. 2 AktG handelt, wobei die Notierung an einer ausländischen Börse ausreicht.[199]

Andererseits sind ausländische AG nicht in den § 161 AktG einbezogen, selbst wenn sie an einer deutschen Börse notiert sind.[200] Seit dem BilMoG sind betroffene Gesellschaften auch solche, die nicht börsennotiert sind, wie sich aus § 161 Abs. 1 Satz 2 AktG ergibt. Dies sind AG, die ausschließlich andere Wertpapiere als Aktien (z.B. Genussscheine oder Schuldverschreibungen) zum Handel an einem organisierten Markt i.S.d. § 2 Abs. 5WpHG ausgegeben haben und deren Aktien auf eigene Veranlassung über ein multilaterales Handelssystem i.S.d.

---

195 für viele Spindler, Schmidt/Lutter AktG, zu § 161, Rz. 14–16; Semler, MüKo AktG zu § 161, Rz. 54; a. A. Leyens, AktG Großkommentar zu § 161, Rz. 68, Rz. 167–171.

196 Spindler, Schmidt/Lutter AktG zu § 161, Rz. 14.

197 Leyens, AktG Großkommentar zu § 161, Rz. 69.

198 Semler, MüKo AktG zu § 161, Rz. 67; Spindler, Schmidt/Lutter AktG zu § 161, Rz. 17.

199 Spindler, Schmidt/Lutter AktG zu § 161, Rz. 17.

200 v. d. Linden, DCGK Wilsing, S. 9.

§ 2 Abs. 3 Satz 1 Nr. 8 WpHG gehandelt werden.[201] Gem. § 2 Abs. 5 WpHG ist ein organisierter Markt dann gegeben, wenn er von einer staatlich anerkannten Stelle geregelt und überwacht wird, regelmäßig stattfindet und für das Publikum mittelbar oder unmittelbar zugänglich ist. Die AG muss den Handel mit ihren Aktien selbst veranlasst haben und der Handel muss über ein multilaterales Handelssystem i.S.d. § 2 Abs. 3 Nr. 8 WpHG erfolgen (für Deutschland der Freiverkehr i.S.v. § 48 BörsG).[202] *Leyens* weist darauf hin, dass die Erweiterung des Anwendungsbereiches auf nichtbörsennotierte Gesellschaften i.S.d. § 161 Abs. 1 Satz 2 AktG als unverhältnismäßiger Compliance-Aufwand kritisiert wird, ergänzt aber, dass in Deutschland nur eine verschwindend geringe Anzahl von Gesellschaften betroffen ist.[203]

Offen ist die Frage, ob auch andere Formen von Kapitalgesellschaften als die AG der Regelung des § 161 AktG unterfallen. *V. d. Linden*[204] kommt zu dem Ergebnis, dass sowohl die KGaA als auch die SE zur Abgabe der Entsprechenserklärung verpflichtet sind, sofern sie kapitalmarktorientiert i.S. vom § 161 Abs. 1 Satz 2 AktG sind.

Er verkennt dabei nicht, dass sich der DCGK in seiner Struktur an der AG orientiert und die KGaA einen gewissen Synchronisierungsbedarf zwischen ihrer Satzung und dem Kodex hat. Das gleiche gilt für die monistisch strukturierte SE, sodass die Komplementäre einer KGaA und die Board-Mitglieder einer monistisch verfassten SE gezwungen sind, ggf. für zahlreiche Kodexempfehlungen die Nichteinhaltung zu erklären. *Leyens* empfiehlt vor dem Hintergrund, dass ein Ausschluss der SE von der Erklärungspflicht mit Blick auf die europäische Binnenmarktorganisation zumindest rechtspolitisch zweifelhaft wäre, die Abgabe der Erklärung durch die SE unter deutlichem Hinweis, dass entgegen dem DCGK ggf. ein einstufig organisierter Verwaltungsaufbau bei der SE vorliegt.[205]

Geschäftsführung und Kontrollorgan erfüllen mit der Erklärung eine eigene Verpflichtung und nicht eine der Gesellschaft. Dass sie als Organe der Gesellschaft nicht rechtsfähig sind, steht dem nicht entgegen, weil immer dann, wenn die Organe in gesetzlichen Vorschriften als solche angesprochen werden,

---

201 Leyens, AktG Großkommentar zu § 161, Rz. 131.

202 Leyens, AktG Großkommentar zu § 161, Rz. 132–134; Habersack, Gutachten DJT 2012, S. 31–33 und 56.

203 Leyens, AktG Großkommentar zu § 161, Rz. 135, Habersack, Gutachten DJT 2012, S. 31–33 und 56.

204 v. d. Linden, DCGK Wilsing zu § 161 AktG, Rz. 8 und 9.

205 Leyens, AktG Großkommentar zu § 161, Rz. 128–130.

sie auch Verpflichtungssubjekte sind (vgl. §§ 91 Abs. 1 und 2, 92 Abs. 1 und 2 AktG).[206]

4. *Beschlussfassung von Vorstand und Aufsichtsrat*

a) *Getrennte Beschlussfassungen*

Vorstand und Aufsichtsrat haben in eigener Zuständigkeit über die Entsprechenserklärung Beschluss zu fassen. Diese Rechtspflicht ist nicht delegierbar, weder auf die Hauptversammlung noch auf andere Dritte, auch was die Abgabe der Erklärung anlangt.[207]

Grundsätzlich sind auch beide Organe Beschlussorgane, da der Gesetzgeber ein gemeinsames Beschlussorgan – was nahegelegen hätte – gesetzlich nicht vorgesehen hat.[208] Zulässig ist es selbstverständlich, wenn sich Vorstand und Aufsichtsrat freiwillig zu gemeinsamen Sitzungen zusammenfinden, um einen gemeinsamen Beschluss zu fassen und diesen gemeinsam zu verkünden.[209]

Ein solches gemeinsames Beschlussorgan könnte nicht in der Satzung der AG (wg. § 23 Abs. 5 AktG), wohl aber in den Geschäftsordnungen für Vorstand und Aufsichtsrat vorgesehen werden. Dies kann nur gelten, wenn grundsätzlich beide Organe ihre gesetzlich geregelten Zuständigkeiten behalten und es nicht zu einer unzulässigen Delegation der Erklärungspflicht auf Dritte kommt. Dazu wäre nötig, dass beide Organe vollständig den Beschluss-Ausschuss bilden. Eine Delegation auf Dritte wäre damit nicht gegeben, weil der Vorstand und Aufsichtsrat ausschließlich dieses Gremium bilden.

Es ist jedoch davon auszugehen, dass die Organe regelmäßig einzeln ihre Beschlüsse zur Befolgung der Empfehlungen des DCGK fassen.[210] Dabei erhebt sich die Frage, ob Vorstand und Aufsichtsrat Beschlüsse nur über die Empfehlungen zu treffen haben, die in ihren eigenen Kompetenzbereich fallen oder ob beide Organe jeweils für die gesamte Entsprechenserklärung zuständig sind und insoweit auch über Bereiche des jeweils anderen Organs Beschluss fassen müssen.

---

206 Hölters, AG Kom zu § 161, Rz. 8; Spindler, Schmidt/Lutter AktG zu § 161, Rz. 18; Hüffer/Koch, Aktiengesetz zu § 161, Rz. 6.

207 Leyens, AktG Großkommentar zu § 161, Rz. 160, 164.

208 Spindler, Schmidt/Lutter AktG zu § 161, Rz. 19; v. d. Linden, DCGK Willsing zu § 161, Rz. 32; Goette, MüKo AktG, Rz. 62; Leyens, AktG Großkommentar, Rz. 145 zu § 161.

209 Spindler, Schmidt/Lutter AktG zu § 161, Rz. 19 ff.

210 Semler, MüKo AktG zu § 161, Rz. 83 f.; Bayer/Scholz, Spindler/Stilz AktG zu § 161, Rz. 37 ff.; Spindler, Schmidt/Lutter AktG zu § 161, Rz. 19 ff.; Leyens, AktG Großkommentar zu § 161, Rz. 145.

Dazu gibt es in der Literatur durchaus unterschiedliche Auffassungen.[211] *Leyens* stützt seine Auffassung auf zwei Entscheidungen des BGH und führt aus: „Nach der Rechtsprechung des BGH ist jedes Organ für die gesamte Entsprechenserklärung verantwortlich, also auch für Aussagen zu Verhaltensempfehlungen, die sich an das jeweils andere Organ richten."[212]

Damit wird deutlich, dass Vorstand und Aufsichtsrat jeweils getrennte Erklärungen zu beschließen haben, wobei davon ausgegangen werden darf, dass sich diese auf sämtliche Empfehlungen des DCGK beziehen, also auch auf den Kompetenzbereich des jeweils anderen Organs. Insoweit ist schon in diesem Stadium die Zusammenarbeit beider Organe geboten. Es ist nun zu prüfen, wie es zu der vom Gesetzgeber geforderten einheitlichen Erklärung kommt.

b) *Zusammenführung der Beschlüsse*

Der Gesetzgeber geht davon aus, dass Vorstand und Aufsichtsrat eine gemeinschaftliche Erklärung abgeben; dies folgt aus dem Wortlaut des § 161 Abs. 2 AktG (Die Erklärung). Damit sind Vorstand und Aufsichtsrat verpflichtet, alles in ihrer Macht stehende zu tun, um eine solche gemeinsame Erklärung zu Stande zu bringen. Das bedeutet, dass zuvor die Beschlüsse beider Organe abzugleichen sind und ein einheitlicher Beschluss für eine gemeinsame Erklärung zu finden ist.[213] Zur Mitwirkung sind sämtliche Mitglieder beider Organe berechtigt und verpflichtet. Damit ist die Delegation auf Ausschüsse der Organe oder gar Dritte unzulässig. Zulässig ist es jedoch, Ausschüsse der Organe oder auch einen CG-Beauftragten der Gesellschaft mit beschlussvorbereitenden Aufgaben zu betrauen. Sofern der Kodex die individuelle Zustimmung von Organmitgliedern fordert (z.B. Ziff. 4.3.4 Satz 1 DCGK), bedarf es der individuellen Zustimmung mit Beschluss des zuständigen Organs.[214]

---

211 Für Beschlussfassungen im jeweiligen Kompetenzbereich: Bayer/Scholz, Spindler/Stilz zu § 161, Rz. 39; Semler, MüKo AktGzu § 161, Rz. 87 f.; Hüffer/Koch, Aktiengesetz zu § 161, Rz. 10 ff.; Spindler, Schmidt/Lutter AktG zu § 161, Rz. 20; Goette, MüKo AktG zu § 161, Rz. 58; Marsch-Barner, Hdb börsennotierte AG zu § 2, Rz. 79; Hölters/Favoccia, Münchener Vertragshandbuch, S. 920; für Beschlussfassung über alle Bereiche: Leyens, AktG Großkommentar zu § 161, Rz. 145–147; Hommelhoff/Schwab, Hdb CG, S. 90; Lutter, DCGK, Rz. 1817 ff.; Lutter/Krieger/Verse, Aufsichtsrat, Rz. 492; Strieder, DB 2004, S. 1326; differenzierend nur für in die Zukunft gerichtete Erklärungen (Absichtserklärung) Hölters, AktG Kom. Rz. 13.

212 Leyens, AktG Großkommentar zu § 161, Rz. 145.

213 Bayer/Scholz, Spindler/Stilz AktG zu § 161, Rz. 45 ff.

214 Spindler, Schmidt/Lutter AktG zu § 161, Rz. 23–26.

Spindler weist zu Recht darauf hin, dass neu bestellte Vorstands- und/oder Aufsichtsratsmitglieder erklären sollten, dass sie mit der bei ihrem Eintritt geltenden Entsprechenserklärung einverstanden sind, weil anderenfalls die Gesellschaft zur Aktualisierung ihrer Erklärung verpflichtet sei.[215]

Probleme entstehen immer dann, wenn sich die Beschlüsse von Vorstand und Aufsichtsrat nicht decken und ein Kompromiss nicht gefunden wird, wenn also inhaltlich Divergenzen bestehen bleiben. Grundsätzlich lässt sich argumentieren, dass ein gesetzlicher Einigungszwang nicht besteht und der Information des Kapitalmarktes mit divergierenden Erklärungen von Vorstand und Aufsichtsrat durchaus gedient sein kann.[216]

Gleichwohl dürfte eine divergierende Beschlussfassung der Organe und deren Veröffentlichung die ultima ratio sein, weil davon auszugehen ist, dass der durchschnittliche Leser dieser Erklärungen in der Regel ein gestörtes Bild von der betroffenen Gesellschaft erhält. So gesehen werden solche erklärten Divergenzen zwischen Vorstand und Aufsichtsrat höchst selten auftreten, weil der Reputationsverlust erheblich sein kann.[217] *Goette* vertritt die Auffassung, dass in einem solchen Fall die Nichtbefolgung der betroffenen Kodex-Normen (no comply) zu erklären ist.[218]

Umstritten ist die Beantwortung der Frage, ob der Aufsichtsrat mit Hilfe des § 111 Abs. 4 AktG die Beschlüsse des Vorstands mit einem Zustimmungsvorbehalt belegen kann, um damit für eine einheitliche Beschlusslage zu sorgen.[219] *Spindler* bejaht den Zustimmungsvorbehalt und führt aus: „Auch kann ein Zustimmungsvorbehalt nur dazu dienen die Einheitlichkeit der Erklärungen jedenfalls im Ansatz zu sichern."[220]

Spindler kommt zu diesem Ergebnis, weil er im Gegensatz zu anderen Auffassungen den Beschluss des Vorstandes zur Entsprechenserklärung nicht als

215 Spindler, Schmidt/Lutter AktG zu § 161, Rz. 24, 26.

216 Spindler, Schmidt/Lutter AktG zu § 161, Rz. 23; Lutter, DCGK, Rz. 1842 f.; Hölters, AG Kom, Rz. 20.

217 Spindler, Schmidt/Lutter AktG zu § 161, Rz. 23.

218 Goette, MüKo AktG zu § 161, Rz. 43 und in FS Hommelhoff 2012, S. 273.

219 Gegen Zustimmungsvorbehalt gemäß § 111 Abs. 4 AktG: Goette, MüKo AktG zu § 161, Rz. 66; Hüffer/Koch, Aktiengesetz zu § 161, Rz. 12; v. d. Linden, DCGK Wilsing zu § 161, Rz. 33; Semler, MüKo AktG zu § 161, Rz. 91; Hölters, AG Kom zu § 161, Rz. 17; Grigoleit/Zellner, Grigoleit zu § 161, Rz. 13; für Zustimmungsvorbehalt: Spindler, Schmidt/Lutter AktG zu § 161, Rz. 21; Baums, Bericht der Regierungskommission Corporate Governance, Rz. 11; Differenzierend: Leyens, AktG Großkommentar zu § 161, Rz. 284.

220 Spindler, Schmidt/Lutter zu § 161, Rz. 21.

Wahrnehmung der Leitungsfunktion des Vorstandes sieht, sondern zu Recht als Ausfluss der allgemeinen Geschäftsführungsbefugnisse des Vorstands.[221] Mit dem Zustimmungsvorbehalt kann der Aufsichtsrat geschäftsführende Maßnahmen des Vorstandes verhindern; dieser Zustimmungsvorbehalt wirkt wie ein Veto.[222] Der Aufsichtsrat hat dieses „Veto-Recht" nach pflichtgemäßem Ermessen auszuüben; er ist dabei im Rahmen der geschäftsführenden Überwachung des Vorstands gewissermaßen als „Mitunternehmer" des Vorstands tätig. Dafür kommt ihm, dem Aufsichtsrat, das Privileg der Business Judgement Rule nach § 93 Abs. 1 Satz 3 AktG zugute.[223]

Nach Sinn und Zweck des § 161 AktG kann nur eine einheitliche Erklärung oder bei Uneinigkeit der Organe eine einheitliche Nichtbefolgungserklärung in Betracht kommen: „Unterschiedliche Erklärungen könnten allenfalls als Schwäche der gemeinsamen Verwaltung verstanden werden, hätten im Übrigen aber einen bestenfalls diffusen Signalwert."[224]

5. *Erklärungsinhalt*

Es lassen sich für den Inhalt der Entsprechenserklärung Grundsätze aufstellen, deren Befolgung dem Zweck der Erklärung als Kapitalmarktinformation geboten erscheint. Dies ist zuerst das Gebot der Einheitlichkeit, eine Verpflichtung, die *Leyens* aus den Bestimmungen der §§ 93 Abs. 1 Satz 1 und 116 Satz 1 AktG herleitet.[225]

Sodann sollte auf die Adressatenbezogenheit geachtet werden, da nicht davon ausgegangen werden kann, dass die Leser juristisch oder betriebswirtschaftlich vorgebildet sind; dabei ist gemäß der Präambel des DCGK zu bedenken, dass insbesondere auch ausländischen Investoren diese Kapitalmarktinformationen von Nutzen sein sollen.[226] Hier ist ähnlich dem § 322 Abs. 2 Satz 2 HGB zu fordern, dass die Erklärung in ihrer Formulierung allgemeinverständlich und problemorientiert sein soll.

---

221 Spindler, Schmidt/Lutter zu § 161, Rz. 21; Spindler, MüKo AktG zu § 76, Rz. 22.

222 Lutter/Krieger/Verse, Aufsichtsrat, Rz. 112.

223 Lutter/Krieger/Verse, Aufsichtsrat, Rz. 112.

224 Leyens, AktG Großkommentar zu § 161, Rz. 301.

225 Leyens, AktG Großkommentar zu § 161, Rz. 303.

226 Leyens, AktG Großkommentar zu § 161, Rz. 304–306.

Die Erklärung hat wahr zu sein. Sie muss also nach bestem Wissen, ähnlich dem Bilanzeid gemäß § 264 Abs. 2 Satz 3 HGB, verfasst sein, was *Leyens* aus den Sorgfaltspflichten der §§ 93 Abs. 1 Satz 1 und 116 Satz 1 AktG folgert.[227]

Darüber hinaus hat sich die Entsprechenserklärung auf das Wesentliche zu beschränken. Sie soll übersichtlich, kurz und prägnant sein und erkennen lassen, welche Verhaltensbestimmungen angewendet werden und wurden bzw. für welche dies nicht zutrifft.[228]

Es versteht sich, dass die Erklärung auch lückenlos sein muss, also die Empfehlungen des DCGK auch vollumfänglich beachtet und eine Zeitnähe ausweist, was bedeutet, dass bei erkannten, erklärten Unrichtigkeiten und Änderungen der Zukunftsabsichten unverzüglich entsprechende Mitteilungen an den Kapitalmarkt gegeben werden[229].

Zusammenfassend kann mit *Semler*[230] festgestellt werden, dass die Entsprechenserklärung klar, übersichtlich, wahr und vollständig sein muss. „Sie muss deutlich erkennen lassen, welche Verhaltensempfehlungen die Gesellschaft anwendet und welche sie nicht anwendet. Sie muss so abgefasst werden, dass sie auch von einem weder juristisch noch betriebswirtschaftlich vorgebildeten Leser verstanden wird.“[231]

Der nächste Schritt betrifft die Formulierung der Entsprechenserklärung; vier Varianten können unterschieden werden:

- das Übernahmemodell
- das Ablehnungsmodell
- das Selektionsmodell
- alternative Standards.[232]

Das „Übernahmemodell“ kennzeichnet die vollständige Befolgung aller Empfehlungen des Kodex ohne wesentliche Abweichungen.[233] Diese Variante lässt die einfache und kurze Formel zu, „den Verhaltensempfehlungen der von der Bundesregierung eingesetzten Kodex-Kommission zu Unternehmensleitung und -überwachung wurde im Berichtjahr entsprochen und soll auch künftig

227 Leyens, AktG Großkommentar zu § 161, Rz. 307.
228 Leyens, AktG Großkommentar zu § 161, Rz. 308–310.
229 Leyens, AktG Großkommentar zu § 161, Rz. 313 und 314.
230 Semler, MüKo AktG zu § 161, Rz. 151.
231 Semler, MüKo AktG zu § 161, Rz. 151.
232 Spindler, Schmidt/Lutter zu § 161, Rz. 31–38.
233 Spindler, Schmidt/Lutter zu § 161, Rz. 31 und 32.

entsprochen werden." Dieser Wortlaut wurde schon in der Gesetzesbegründung vorgeschlagen.[234]

Noch kürzer kann die Formulierung bei der Variante „Ablehnungsmodell", also dem Gegenteil des „Übernahmemodells" sein. Hier genügt die Feststellung, dass dem Kodex in einer bestimmten Fassung nicht gefolgt wurde und auch künftig nicht gefolgt wird.[235] Dass diese Variante alle Folgen einer negativen Kapitalmarktinformation zeitigen kann, liegt auf der Hand und dürfte auch nicht häufig beobachtet worden sein. Die Erklärung der Nichtbefolgung unterfällt auch der Begründungspflicht aus Abs. 1 Satz 1 des § 161 AktG.[236]

Diese Begründungspflicht trifft auch das „Selektionsmodell", sodass hier nicht nur genau und wahrheitsgemäß die teilweise Nichtbefolgung des Kodex darzulegen ist, sondern auch die Begründung in vollständiger und wahrheitsgemäßer Form. Die Erwägungen der Nichtbefolgung müssen in nachvollziehbarer Weise dargelegt werden. Dabei sollten die Anforderungen an Begründungsinhalt und Tiefe nicht überspannt werden.[237] Jedoch können sich aus den Bestimmungen der §§ 93 Abs. 1 Satz 1 und 116 Satz 1 AktG besondere weitergehende Begründungspflichten ergeben.[238] Ein Verstoß gegen diese gesetzlichen Pflichten liegt auch dann vor, wenn gar keine oder unvollständige Erklärungen abgegeben werden. Andererseits ist die „Übererfüllung" des Kodex nicht nur nicht unzulässig, sondern kann aus Unternehmenssicht publizitätsfördernd gesehen werden. Gute und zutreffende Begründungen bei Abweichungen und/oder „Übererfüllung" des Kodex können durchaus im Interesse guter Unternehmensführung liegen, wie in der Präambel des DCGK dargelegt ist.

Die Formulierungsvariante „Alternative Standards" kommt immer dann in Betracht, wenn Gesellschaften eigene Kodizes entwickelt haben, die nach deren Auffassung dem Unternehmensinteresse besser gerecht werden als der DCGK. Eine solche Entwicklung ist deutlich zu erkennen. Nicht nur bei börsennotierten Gesellschaften, sondern auch bei Gesellschaften, die im Eigentum der öffentlichen Hand stehen, sind solche „privaten" Kodizes nicht deckungsgleich mit dem DCGK und insoweit sind die Abweichungen zu begründen.[239]

234 Spindler, Schmidt/Lutter zu § 161, Rz. 31.
235 Spindler, Schmidt/Lutter zu § 161, Rz. 33.
236 Leyens, AktG Großkommentar zu § 161, Rz. 330.
237 Leyens, AktG Großkommentar zu § 161, Rz. 339.
238 Leyens, AktG Großkommentar zu § 161, Rz. 341.
239 Spindler, Schmidt/Lutter zu § 161, Rz. 38.

6. *Jährliche Erklärung*

Gemäß § 161 Abs. 1 Satz 1 AktG ist die Entsprechenserklärung jährlich abzugeben, ohne dass normiert ist, ob sich die Erklärungspflicht am Kalenderjahr oder am Geschäftsjahr zu orientieren hat.[240] Diese gesetzgeberische Ungenauigkeit hat zu einem unangemessenen Meinungsstreit in der Literatur geführt,[241] der sich für die Mehrzahl der betroffenen Unternehmen auflöst, weil Geschäftsjahr und Kalenderjahr zusammenfallen.[242] *Hüffer/Koch* empfehlen die Entsprechenserklärung auf den jeweiligen Bilanzstichtag und innerhalb der Aufstellungsfrist abzugeben.[243] Dies ist auch deswegen sinnvoll, weil die Abgabe der Erklärung gemäß § 285 Nr. 16 HGB im Anhang angegeben werden muss. Dies gilt auch, wenn die Erklärung nach § 161 AktG als Bestandteil der Erklärung zu Unternehmensführung (EzU) gemäß § 289a HGB im Lagebericht aufgenommen wird.[244] Das zwischen den Entsprechenserklärungen maximal ein Jahr liegen darf, ist im Wesentlichen unbestritten;[245] wobei vertreten wird, dass geringfügige Überschreitungen unbeachtlich sein sollen.[246] Abgesehen davon, dass die Begriffe geringfügig und kurzfristig unbestimmt sind, spricht der klare Wortlaut des § 161 AktG von jährlich, was zwölf Monate meint.

Kürzere Erklärungspflichten sind immer dann geboten, wenn von einer abgegebenen Entsprechenserklärung in der Zukunft abgewichen werden soll oder eine Erklärung sich nachträglich als unrichtig erweist.[247] Eine unterjährige Erklärung wird nicht verlangt, wenn sich der Kodex verändert und damit der in die Zukunft gerichtete Teil unrichtig wird. Der § 161 AktG verlangt eine stichtagsbezogene Erklärung, d.h. die abgegebene Erklärung steht im zeitlichen Zusammenhang mit der Kodex-Fassung, die am Abgabetag der Erklärung gegolten hat.[248] Auch eine Änderung der gesetzlichen Vorschriften muss in aller Regel

---

240 v. d. Linden, DCGK Wilsing zu § 161, Rz. 41.

241 Für Kalenderjahr: Leyens, AktG Großkommentar zu § 161, Rz. 353–356; v. d. Linden, DCGK Wilsing zu § 161, Rz. 41–43; Für Geschäftsjahr: Hüffer/Koch, Aktiengesetz zu § 161, Rz. 15; Hölters, AG Kom zu § 161, Rz. 29 und vermittelnd: IDW PS 345 i.d.F. vom 6.12.2013, Rz. 26.

242 Spindler, Schmidt/Lutter zu § 161, Rz. 39; Habersack/Mühlbert/Schlitt zu § 13, Rz. 34.

243 Hüffer/Koch, Aktiengesetz zu § 161, Rz. 15.

244 Leyens, AktG Großkommentar zu § 161, Rz. 36.

245 Habersack/Mühlbert/Schlitt zu § 13, Rz. 85.

246 Habersack/Mühlbert/Schlitt zu § 13, Rz. 85; Leyens, AktG Großkommentar zu § 161, Rz. 360; IDW PS 345, Rz. 26.

247 Spindler, Schmidt/Lutter zu § 161, Rz. 43 und 44.

248 Habersack/Mühlbert/Schlitt, Rz. 86 zu § 13.

erst in der kommenden turnusmäßigen Erklärung berücksichtigt werden.[249] Aus dem Charakter der Entsprechenserklärung als Dauererklärung folgt aber auch, dass eine Abkehr von dem für die Zukunft geltenden Teil eine unterjährige Berichtigungserklärung verlangt, wie der BGH in zwei Entscheidungen judiziert hat.[250]

7. Veröffentlichung der Entsprechenserklärung

Der Sinn und Zweck der Entsprechenserklärung als spezielle Kapitalmarktinformation erfüllt sich erst mit ihrer Veröffentlichung. Dazu ordnet Abs. 2 des § 161 AktG an: „Die Erklärung ist auf der Internetseite der Gesellschaft dauerhaft öffentlich zugänglich zu machen.“ Zur Veröffentlichung verpflichtet sind Vorstand und Aufsichtsrat in eigenen Namen, nicht aber die Gesellschaft. Es genügt, wenn nur die Vorsitzenden der Organe die Erklärung unterzeichnen.[251] Stellt der Vorstand die gemeinsame Erklärung nicht zur Veröffentlichung, ist der Aufsichtsrat verpflichtet, dies zu tun. Die Internetseite ist das gesetzlich bestimmte Pflichtmedium für die Entsprechenserklärung.[252] Was darunter datentechnisch zu verstehen ist, beschreibt *Spindler* im Einzelnen.[253]

Die Verpflichtung der gesetzlichen Vertreter einer AG gemäß § 325 Abs. 1 HGB, die Entsprechenserklärung zusammen mit den Jahresabschlussunterlagen bei dem Betreiber des elektronischen Bundesanzeigers einzureichen und unverzüglich bekannt zu machen (§ 325 Abs. 2 HGB) schließt auch die Entsprechenserklärung ein (§ 325 Abs. 2 Satz 3).[254] In den Unterlagen gemäß § 325 Abs. 1 HGB findet die Entsprechenserklärung mehrfach Erwähnung, einmal in den Anhängen zum Jahresabschluss und Konzernabschluss (§§ 285 Nr. 16 bzw. 314 Abs. 1 Nr. 8 HGB), wobei nur das Vorhandensein der Entsprechenserklärung, nicht ihr Inhalt veröffentlicht wird. Der Ort der Verfügbarkeit der Entsprechenserklärung ist jedoch anzugeben. Das gleiche gilt, wenn die Entsprechenserklärung als Bestandteil der EzU gem. § 289a Abs. 1 HGB in den Lagebericht aufgenommen wurde und nicht wie alternativ möglich die EzU auf der Internetseite öffentlich zugänglich gemacht wird. Wählt hingegen die Gesellschaft die Veröffentlichung

---

249 Habersack/Mühlbert/Schlitt, Rz. 87 zu § 13.

250 BGH-Urt. v. 16.02.2009, II ZR 185/07, DStR 2009, S. 537; BGH-Urt. v. 21.09.2009, II ZR 174/08, DStR 2009, S. 2207.

251 für viele Spindler, Schmidt/Lutter zu § 161, Rz. 45.

252 v. d. Linden, DCGK Wilsing zu § 161, Rz. 53.

253 Spindler/Schmidt/Lutter zu § 161, Rz. 60 und 61.

254 Fehrenbach, MüKo HGB BilR zu § 325 HGB, Rz. 39.

der EzU auf ihrer Internetseite, ist damit die Entsprechenserklärung als Teil der EzU mit veröffentlicht i.S.d. § 161 Abs. 2 AktG. Veröffentlicht die Gesellschaft die EzU und damit die Entsprechenserklärung im Lagebericht, muss die Entsprechenserklärung gem. § 161 Abs. 2 AktG auf der Internetseite der Gesellschaft veröffentlicht werden; es kommt dann also zu einer Doppelangabe.[255] Daraus wird deutlich, dass die Internetseite der Gesellschaft das Pflichtmedium der Entsprechenserklärung ist.[256]

Mit dem zum 1.1.2007 in Kraft getretenen EHUG (Gesetz über elektronische Handelsregister und Genossenschaftsregister sowie das Unternehmensregister) ist für kapitalmarktorientierte Gesellschaften die Frist zur Offenlegung der Unterlagen gem. § 325 Abs. 1 HGB von 12 auf vier Monate verkürzt.[257] Diese Regelung dient der zeitnahen Kapitalmarktinformation. Sie bewirkt aber damit, dass die Vorlagefrist des Jahresabschlusses an die HV, die gem. § 175 Abs. 1 Satz 2 AktG acht Monate beträgt, auf vier Monate verkürzt wird, sodass in aller Regel die Offenlegung des Jahresabschlusses durch die betroffenen Gesellschaften vor der HV stattzufinden hat.[258]

Mit dem Rückzug von der Börse (Delisting) endet die Erklärungs- und Offenlegungspflicht von Vorstand und Aufsichtsrat, weil die Befolgungserklärung für die Vergangenheit in der Regel für die Kapitalmarktinteressenten ohne Bedeutung und zukünftige Befolgungserklärungen sinnlos sind.[259] Die Erklärungspflicht besteht hingegen in der Krise der Gesellschaft fort, weil die Kapitalmarktinformationen gerade in der Krise von besonderem Interesse sein können. Das Fortbestehen der Erklärungs- und Offenlegungsfrist endet auch nicht mit der Eröffnung des Insolvenzverfahrens. *Leyens* sieht den Wegfall erst mit Beendigung der Börsenzulassung.[260] *Spindler* weist darauf hin, dass im Falle der Insolvenz die Kodexempfehlungen nur noch soweit anwendbar sind, wie die Befugnisse von Vorstand und Aufsichtsrat reichen.[261] Andernfalls ist der Insolvenzverwalter erklärungs- und veröffentlichungspflichtig.

---

255 Fehrenbach, MüKo HGB BilR zu § 289a HGB, Rz. 9; Leyens, AktG Großkommentar zu § 161, Rz. 394.
256 v. d. Linden, DCGK Wilsing zu § 161, Rz. 53.
257 Fehrenbach, MüKo HGB BilR zu § 325 HGB, Rz. 3.
258 v. d. Linden, DCGK Wilsing zu § 161, Rz. 56.
259 Leyens, AktG Großkommentar zu § 161, Rz. 140.
260 Leyens, AktG Großkommentar zu § 161, Rz. 141 und 142.
261 Spindler, Schmidt/Lutter zu § 161, Rz. 12.

8. Interne Umsetzung der Verhaltensempfehlungen

Mit Abgabe der zukunftsbezogenen Entsprechenserklärung ist es die Pflicht von Vorstand und Aufsichtsrat, intern sicherzustellen, dass die beschlossenen und veröffentlichten Verhaltensnormen in Bezug auf den DCGK auch „gelebt", also befolgt, werden.[262]

In aufsteigender Reihenfolge sind dafür drei Regelungsebenen denkbar. Zum ersten die Verankerung individueller Verhaltensweisen der Vorstandsmitglieder im jeweiligen Arbeitsvertrag; sinnvollerweise in Form einer Blankett-Einwilligung in Bezug auf die jeweils geltende Fassung des DCGK.[263] Eine solche Vorgehensweise hat den Vorteil, dass Arbeitsvertragsänderungen vermieden werden oder Vorstandsmitglieder, die in der Zeit zwischen zwei Entsprechenserklärungen in die Gesellschaft eintreten, bei abweichender Auffassung zu den abgegebenen Verhaltensempfehlungen eine Aktualisierungserklärung verursachen.[264] Die Regelung solcher Klauseln in den Arbeitsverträgen von Vorstandsmitgliedern fällt gem. §§ 84 Abs. 1 Satz 5, 112 AktG in die Zuständigkeit des Aufsichtsrats.[265] Für Aufsichtsratsmitglieder scheidet diese Möglichkeit aus, weil Arbeitsverträge mit diesen nicht geschlossen werden.[266] Dies würde dem Charakter und der Funktion des Aufsichtsrats als Kontrollorgan der Gesellschaft widersprechen.

Zum anderen können Geschäftsordnungen für Vorstand und Aufsichtsrat die Regelungsebene zur Bindung an die Verhaltensempfehlungen sein. Der Vorstand kann sich selbst eine Geschäftsordnung geben, es sei denn, die Satzung hat dem Aufsichtsrat den Erlass einer Geschäftsordnung für den Vorstand übertragen oder der Aufsichtsrat hat in Ausübung seiner Kompetenz aus § 111 Abs. 4 AktG von sich aus eine Geschäftsordnung erlassen (§ 77 Abs. 2 Satz 1 AktG). Im Rahmen einer Geschäftsordnung kann geregelt werden, wie sich der Vorstand intern und in Abstimmung mit dem Aufsichtsrat zu verhalten hat und das organisatorische Verfahren bei der Abstimmung der gemeinsamen Entsprechenserklärung mit dem Aufsichtsrat und der nachfolgenden Veröffentlichung der Erklärung.

Die vom Vorstand selbst erlassene Geschäftsordnung steht üblicherweise als Ausdruck guter Corporate Governance unter den Zustimmungsvorbehalt

262 Spindler, Schmidt/Lutter zu § 161, Rz. 47 ff.

263 Leyens, AktG Großkommentar zu § 161, Rz. 267, 270.

264 Leyens, AktG Großkommentar zu § 161, Rz. 268, 270.

265 Leyens, AktG Großkommentar zu § 161, Rz. 267.

266 Leyens, AktG Großkommentar zu § 161, Rz. 267.

des Aufsichtsrats (§ 111 Abs. 4 Satz 2).[267] Sofern die Satzung Regelungen für eine Geschäftsordnung nicht getroffen hat, kann der Aufsichtsrat sich selbst eine Geschäftsordnung geben.[268] Das AktG setzt in § 82 Abs. 2 voraus, dass der Aufsichtsrat sich mit einer Geschäftsordnung für seine Aufgaben organisiert hat.[269] Auch in dieser Geschäftsordnung des Aufsichtsrats sollte sinnvollerweise geregelt werden, wie die Beschlussfassung für die Entsprechenserklärung aufsichtsratsintern, die Abstimmung mit dem Vorstand für die gemeinsame Erklärung und deren Veröffentlichung organisiert wird. Die Geschäftsordnungen von Vorstand und Aufsichtsrat können auch vorgeben, in welcher Weise den Kodex-Empfehlungen gefolgt wird. Solche Vorgaben dürfen selbstverständlich nicht die rechtliche Grundstruktur der AG und die Rechte und Pflichten der Gesellschaftsorgane in deren Zusammenwirken einschränken oder gar außer Kraft setzen. Eine abschließende Möglichkeit, den Kodex-Empfehlungen in der Gesellschaft zum Durchbruch zu verhelfen liegt in der Möglichkeit satzungsrechtlicher Regelungen. Hier ist die HV gefordert, wenn es um Satzungsänderungen geht (§ 119 Abs. 1 Ziff. 5 AktG). Es wird ohnehin in neuerer Zeit gefordert, dass die Aktionäre sich insbesondere um eine gute Corporate Governance bemühen sollten, weil die HV das Organ ist, das nach der Grundstruktur der AG die Kompetenz dazu hat.[270] Für jeden Versuch, die Satzung einer AG zu benutzen, um die Befolgung der Kodex-Empfehlungen durchzusetzen, ist auch zu beachten, dass nicht in die Unternehmensführungskompetenz des Vorstands bzw. in die Überwachungskompetenz des Aufsichtsrats eingegriffen wird. Grundsätzlich gilt, dass die Satzungsstrenge des § 23 Abs. 5 AktG beachtet wird. Andererseits sind auch Bestimmungen über die Zusammensetzung des Vorstands (Ziff. 4.2.1 DCGK) oder der persönlichen Voraussetzungen von Aufsichtsratsmitgliedern (Ziff. 5.4.1 ff. DCGK) denkbar und sinnvoll.[271] Praktische Probleme, die Eigentümer für eine gute Corporate Governance zu gewinnen, ergeben sich schon aus der Tatsache, wie die Aktionärsstruktur beschaffen ist. Grundsätzlich decken sich die Interessen der institutionellen Anleger (Banken, Investment-Fonds,

267 Lutter/Krieger/Verse, Aufsichtsrat zu § 3, Rz. 116.

268 Lutter/Krieger/Verse, Aufsichtsrat zu § 11, Rz. 653.

269 Leyens, AktG Großkommentar zu § 161, Rz. 261.

270 Spindler, NZG 2011, S. 1010 und 1013; Spindler, FS Goette 2011, S. 513–526; Fleischer, ZGR 2011, S. 155–181; Habersack, Gutachten DJT 2012, S. 86–98; Bachmann, AG 2011, S. 190 ff.; Seibert, FS Hommelhoff 2012, S. 1118 f.; Seibert, FS Hoffmann-Becking 2013, S. 1117 f.

271 Lutter, DCGK, Rz. 1897.

Pensions-Fonds etc.) nicht mit denen der Kleinanleger, dies regelmäßig schon im Hinblick auf die Gewinnausschüttung.

Diskutiert wird in jüngster Zeit, dass die institutionellen Anleger ihre Stimmenrechtspolitik in den HV offenlegen ähnlich dem britischen Stewardship Code und ebenso die Rolle der Vermögensverwalter und Stimmrechtsberater (Proxy Advisors).[272] Wie weit diesen Bestrebungen Erfolg beschieden sein wird und damit die Eigentümer tatsächlich und wirkungsvoll an einer guten Corporate Governance-Entwicklung teilhaben, ist gegenwärtig noch nicht erkennbar.

9. *Rechtsfolgen von Pflichtverletzungen*

a) *Vorbemerkungen*

Sanktioniert sind Pflichtverletzungen im Zusammenhang mit der Entsprechenserklärung auf verschiedenen Regelungsebenen. Eine aktuell immer bedeutsamer werdende Frage ist die nach der Anfechtbarkeit von HV-Beschlüssen bei Nichtabgabe der Entsprechenserklärung, unvollständigen oder falschen Erklärungen. Sodann sind Fragen der Innen- und Außenhaftung wegen der Verletzung von Erklärungspflichten zu beantworten. Schließlich geht es um ordnungswidrigkeitsrechtliche und strafrechtliche Sanktionen falscher Angaben oder fehlender Angaben in Entsprechenserklärungen.

b) *Anfechtung von Hauptversammlungsbeschlüssen*

Hier sind in erster Linie Entlastungsbeschlüsse zu sehen, die dann anfechtbar sind, wenn der Vorstand oder der Aufsichtsrat seine Pflichten aus § 161 AktG verletzt hat.[273] Es muss sich nach § 243 Abs. 1 AktG um einen Gesetzes- oder Satzungsverstoß handeln. Dies können Verletzungen der Pflichten zur turnusmäßigen Erklärung, zur unterjährigen Aktualisierung und zu dauerhaft öffentlich zugänglichen Erklärung sein.[274] Eine Verletzung der Kodexempfehlungen kann eine Anfechtung nicht stützen, weil die Empfehlungen keine Rechtsnorm im Sinne des Art. 2 EGBGB sind, sodass eine Verletzung von Gesetz oder Satzung nicht vorliegen kann.[275] Verletzungen der Erklärungspflicht liegen immer dann vor, wenn:

272 Seibert, FS Hoffmann-Becking 2013, S. 1101–1118.
273 v. d. Linden, DCGK Wilsing zu § 161, Rz. 57.
274 v. d. Linden, DCGK Wilsing zu § 161, Rz. 57.
275 Habersack/Mühlbert/Schlitt zu § 13, Rz. 130.

- keine Erklärung abgegeben wird
- eine falsche Erklärung veröffentlicht wird oder eine falschgewordene Erklärung nicht berichtigt oder aktualisiert wird
- eine unvollständige (z. B. weil Abweichungen nicht begründet werden) Erklärung publiziert wird.

Diese Mängel können sich auf die Vergangenheit (Wissenserklärung) und/oder auf die in die Zukunft gerichtete (Absichtserklärung) beziehen. Immer ist auch die Relevanz der Verletzung des § 161 AktG zu prüfen, was bedeutet, dass die Voraussetzungen des § 243 Abs. 4 Satz 1 AktG erfüllt sein müssen; nur dann kann eine sanktionsfähige Informationsverletzung vorliegen. Nach einer Reihe instanzgerichtlicher Entscheidungen zu § 161 AktG[276] hat der BGH in zwei Fällen entschieden, dass die nachträgliche Unrichtigkeit von Entsprechenserklärungen die Anfechtbarkeit von Entlastungsbeschlüssen zur Folge haben kann.[277] In beiden Fällen ging es darum, dass es Vorstand und Aufsichtsrat entgegen Ziff. 5.5.3 DCGK unterlassen hatten, über das Vorliegen und die praktische Handhabung eines konkreten Interessenkonflikts in der Person eines Organmitgliedes zu berichten. Die turnusmäßig abgegebene Erklärung nach § 161 AktG enthielt keinen Hinweis auf eine Empfehlungsabweichung, eine Aktualisierung unterblieb.[278] Der II. Senat machte deutlich, dass aufgrund des Vergangenheits- und Zukunftsbezuges der Entsprechenserklärung diese den Charakter einer Dauererklärung aufweise, woraus sich u. a. eine Aktualisierungspflicht ergäbe. Ein Verstoß gegen die Aktualisierungspflicht könne einen schwerwiegenden Gesetzesverstoß darstellen.[279] Offengelassen hat der BGH, wann allgemein ein schwerwiegender Gesetzes- oder Satzungsverstoß vorliegt, weil naturgemäß nicht jede fehlerhafte Entsprechenserklärung eine Anfechtung trägt.[280] Für die Praxis wird es unter Beachtung des § 243 Abs. 4 Satz 1 AktG auf die Umstände des Einzelfalles ankommen, ob die Informationspflichtverletzung wesentlich ist. Diskutiert wird auch die Frage, ob die Wahl zum Aufsichtsrat zur Anfechtung des Beschlusses der HV

276 Mutter, ZGR 2009, S. 789–793.

277 BGH-Urteil vom 16.2.2009, II ZR 185/07, Kirch/Deutsche Bank, DStR 2009, S. 537–546; BGH-Urteil vom 21.9.2009, II ZR 174/08, Umschreibungsstopp, DStR 2009, S. 2207–2210; Besprechungen der Urteile bei Goette (seiner Zeit Vorsitzender Richter des II. Zivilsenats des BGH), DStR 2009, S. 2604–2607; Mutter, ZGR 2009, S. 794 ff.; Kleindiek, FS Goette 2011, S. 239–252.

278 Sester, Spindler/Stilz 2. Auflage zu § 161, Rz. 67.

279 Bayer/Scholz, Spindler/Stilz zu § 161, Rz. 98.

280 Kiem, Habersack/Mühlbert/Schlitt zu § 13, Rz. 133; Bayer/Scholz, Spindler/Stilz zu § 161, Rz. 94; Mutter, ZGR 2009, S. 796.

führen kann, wenn Pflichtverletzungen (z. B. Aktualisierung) der Entsprechenserklärung vorliegen. Die Diskussion entzündet sich am Urteil des OLG München vom 6.8.2008.[281] Dieser Entscheidung lag der Sachverhalt zugrunde, dass die Empfehlung Ziff. 5.4.1 DCGK zur Bestimmung einer Altersgrenze[282] für Aufsichtsrastmitglieder grundsätzlich als befolgt erklärt wurde, der Aufsichtsrat sich aber darüber hinwegsetzte, ohne eine unterjährige Aktualisierung der Erklärung vorzunehmen oder mindestens die Aktualisierung mit dem Beschlussvorschlag an die HV bekanntzumachen. Darin sah das OLG München die Anfechtbarkeit des Beschlusses zu Wahl des Aufsichtsratsmitgliedes.[283] Die überwiegende Meinung in der Literatur folgt dieser Auffassung nicht.[284] Der BGH hat sich dieser Frage bisher noch nicht im Einzelnen angenommen.[285] Vor dem Hintergrund der Erfahrungen von immer häufiger angestrengten Anfechtungsklagen, gestützt auf tatsächliche oder vermutete fehlerhafte Erklärungen gem. § 161 AktG, stellte *Habersack* in seinem Gutachten zum 69. DJT fest, dass das Beschlussmängelrecht in hohem Maße reformbedürftig ist; diese Feststellung wurde mit überwältigender Mehrheit angenommen.[286] *Bayer*[287] berichtet dazu, dass der Vertreter des BMJ, *Seibert*, auf dem 69. DJT angedeutet habe, „... dass der Gesetzgeber möglicherweise das von der Mehrheit unterstützte Anliegen des Ausschlusses von Wahlanfechtungen aufgreifen werde."

Der DAV Handelsrechtsausschuss fordert erneut in einer Stellungnahme zum Referentenentwurf eines Gesetzes zur Änderung des AktG (Aktienrechtsnovelle 2014) den Ausschluss der Anfechtbarkeit von HV-Versammlungsbeschlüssen wegen Verletzung der Erklärungspflicht zum DCGK in Bezug auf § 161 AktG.[288]

281 Urteil vom 6.8.2008, 7-U5628/07, ZIP 2009, S. 133.

282 Wilsing, DCGK Wilsing zu Ziff. 5.4.1, Rz. 9.

283 Mutter, ZGR 2009, S. 793.

284 Kiem, Habersack/Mühlbert/Schlitt zu § 13, Rz. 137; Mutter, ZGR 2009, S. 793; Leyens, Großkommentar AktG zu § 161, Rz. 494; Hüffer/Koch, Aktiengesetz zu § 161, Rz. 31; Goette, MüKo AktG zu § 161, Rz. 93 f.; Grigoleit/Zelner, Grigoleit AktG zu § 161, Rz. 34 f.; v. d. Linden, DCGK Wilsing zu § 161, Rz. 62; Goette 2011, FS Hommelhoff 2012, S. 262–299; Tröger, ZHR 2011, S. 772–775; Goette, FS Hüffer, S. 234 f.

285 Kiem, Habersack/Mühlbert/Schlitt zu § 13, Rz. 137.

286 Habersack, Gutachten DJT 2012, S. 102; Beschlüsse der Abteilung Wirtschaftsrecht, Abschn. IV Ziff. 21.

287 Bayer, NZG 2013, S. 14.

288 DAV, Handelsrechtsausschuss, NZG 2014 S. 865.

c) *Zivilrechtliche Haftung*

(1) Grundlagen

Eine Schadenersatzhaftung von Mitgliedern des Vorstands und Aufsichtsrats ist denkbar gegenüber der Gesellschaft (Innenhaftung) und gegenüber Dritten (Außenhaftung), wobei vier Verhaltensweisen der Organmitglieder in Bezug auf § 161 AktG gesehen werden können: Die Entsprechenserklärung wird

- obgleich geboten, nicht abgegeben und veröffentlicht
- hinsichtlich des vergangenheitsbezogenen Teils (Wissenserklärung) falsch abgegeben und veröffentlicht
- hinsichtlich des zukunftsbezogenen Teils (Absichtserklärung) nicht eingehalten
- wegen unrichtig gewordener Erklärung nicht aktualisiert.[289]

Solche Sachverhalte sind schadensgeneigt, weil sie einmal der Gesellschaft nicht nur einen Imageverlust und damit einhergehend möglicherweise höhere Kapitalkosten verursachen können (Innenhaftung), andererseits auch einen Rückgang von Börsenkursen bewirken können, was Schäden bei Investoren verursachen kann (Außenhaftung). Beiden Schadenersatzansprüchen ist in der Praxis gemeinsam, dass sie erheblichen Beweisschwierigkeiten begegnen, zumal die Antragssteller beweisen müssen, dass die Verletzung der Berichtspflicht adäquat kausal für ihren Anspruch ist.[290] Hinzu kommt, dass sich die Mitglieder des Vorstandes und Aufsichtsrats möglicherweise durch den Beweis der ordnungsmäßigen Ausübung ihres unternehmerischen Ermessens entlasten können (Business Judgement Rule). Die Haftung gem. §§ 93 Abs. 1 Satz 2, 116 Satz 1 AktG scheidet aus, „...wenn die Organmitglieder bei einer unternehmerischen Entscheidung vernünftigerweise annehmen durften auf der Grundlage angemessener Information zum Wohle der Gesellschaft zu handeln („safe habour").“[291] Dass dieser Einwand bei Erklärungspflichtverletzungen im Hinblick auf § 161 AktG eine große Rolle spielt, kann mit Recht bezweifelt werden.

---

289 Semler, MüKo AktG zu § 161, Rz. 187.

290 Spindler, Schmidt/Lutter zu § 161, Rz. 65; Leyens, Großkommentar AktG zu § 161, Rz. 542; v. d. Linden, DCGK Wilsing zu § 161, Rz. 96.

291 Leyens, Großkommentar AktG zu § 161, Rz. 534; Lutter/Krieger/Verse, Aufsichtsrat zu § 13, Rz. 989; andere Auffassung Kiem, Habersack/Mühlbert/Schlitt zu § 13, Rz. 110.

Verwehrt ist es den Organmitgliedern, gewillkürte Haftungsentlastung oder Haftungsbegrenzung (Disclaimer) vorzusehen, dass für die Angaben der Entsprechenserklärung nicht oder nur begrenzt gehaftet werden soll.[292]

(2) Innenhaftung

Der Begriff „Innenhaftung" beschreibt das Verhältnis der Organmitglieder zur Gesellschaft. Die Innenhaftung setzt immer ein pflichtwidriges Verhalten der Organmitglieder gegenüber der Gesellschaft voraus, das adäquat kausal zu einem Schaden für die Gesellschaft geführt hat. Anspruchsnormen sind § 93 Abs. 2 AktG sowohl für Mitglieder des Vorstands und über § 116 Satz 1 AktG auch für die Mitglieder des Aufsichtsrats. Das schadensbegründende Verhalten kann sowohl im inhaltlichen wie im formalen Bereich der Entsprechenserklärung liegen und reicht von der vorsätzlichen Nichtabgabe der Erklärung bis zur unterlassenen Begründung von Kodex-Abweichungen. Die begründete totale Nichtbefolgung des Kodex stellt keine Pflichtverletzung dar.[293] Es erhebt sich die Frage, wie die Ansprüche der Gesellschaft zu verfolgen sind. Anspruchssteller ist die Gesellschaft, die regelmäßig vom Vorstand vertreten wird (§ 78 Abs. 1 AktG). Anspruchsgegner sind sämtliche Mitglieder des Vorstands und Aufsichtsrats in Gesamthandschaft (§ 421 BGB i.V.m. § 93 Abs. 2 Satz 1 AktG),[294] andererseits vertritt der Aufsichtsrat gem. § 112 AktG die Gesellschaft gegenüber dem Vorstand. In einem solchen Fall ist das Anstellen von zwei Verfahren nötig, in dem einmal der Vorstand die Aufsichtsratsmitglieder und zum anderen der Aufsichtsrat alle Vorstandsmitglieder im Namen der Gesellschaft verklagen. Den Ausgleich untereinander müssen die Organmitglieder nach den Regeln des § 426 BGB finden.

(3) Außenhaftung

Die Mitglieder des Vorstandes und Aufsichtsrats haften im Rahmen der Außenhaftung den Aktionären, Investoren und sonstigen Dritten. Die Ursachen können wiederum inhaltliche oder formale Fehler in Bezug auf die Entsprechenserklärung sein, die adäquat kausal zu Ersatzansprüchen führen. Haftender und damit Gegner von Schadenersatzansprüchen können einmal die Mitglieder der Verwaltungsorgane und zum anderen die Gesellschaft selbstsein. Als Gläubiger eines Schadenersatzanspruches kommen Gesellschaftsgläubiger, Investoren

292 Leyens, Großkommentar AktG zu § 161, Rz. 536.

293 Spindler, Schmidt/Lutter zu § 161, Rz. 68; Lutter/Krieger/Verse zu § 13, Rz. 995.

294 Lutter, DCGK, Rz. 1916; Bayer/Scholz, Spindler/Stilz zu § 161, Rz. 101.

und Aktionäre in Betracht unter der Voraussetzung, dass sie einen Vermögensschaden erlitten haben und dieser adäquat kausal auf einer schuldhaften Verletzung der Entsprechenserklärungspflicht beruht.

Eine Prospekthaftung insbesondere nach §§ 44 ff. BörsG, § 127 InvG und § 13 VerkProspG kommt nach herrschender Meinung nicht in Betracht, weil dies voraussetzen würde, dass die Entsprechenserklärung ein Prospekt i.S.d. spezialgesetzlichen Vorschriften ist, was nicht der Fall ist.[295]

Eine allgemeine Vertrauenshaftung gem. § 280 Abs. 1 und § 311 Abs. 3 Satz 2, § 241 Abs. 2 BGB der Organmitglieder wird abgelehnt, weil die Schutzpflichten nur dann in Betracht kommen, wenn die Organmitglieder ein besonderes Vertrauen zu Anlegern und Aktionären aufgebaut haben und damit Vertragsverhandlungen und/oder Vertragsabschlüsse erheblich beeinflusst haben (§ 311 Abs. 3 Satz 2 BGB). Dies ist durch die Erklärung zu § 161 AktG, die sich an einen großen anonymen Personenkreis (Kapitalmarkt) wendet, naturgemäß ausgeschlossen.[296] Zu diskutieren ist allenfalls eine deliktrechtliche Haftung von Vorstand und Aufsichtsrat. Damit sind die §§ 823 Abs. 1 und 2 sowie 826 BGB zu prüfen.

Für eine Haftung aus § 823 Abs. 1 BGB müssten Vorstands- und Aufsichtsratsmitglieder vorsätzlich oder fahrlässig ein Recht (sonstiges Recht) eines Geschädigten verletzt haben.

Für die Anwendung des § 823 Abs. 2 BGB wäre Voraussetzung, dass ein Verstoß gegen ein Schutzgesetz vorliegt. Ansprüchen, die sich auf § 823 Abs. 1 oder 2 beziehen, kann kein Erfolg beschieden sein.[297]

Es verbleibt zu prüfen, ob eine Haftung der Mitglieder des Vorstands und Aufsichtsrats nach § 826 BGB in Betracht kommt. Dies würde voraussetzen, dass Organmitglieder in sittenwidriger Weise vorsätzlich einem Außenstehenden einen Schaden mit der Veröffentlichung der Entsprechenserklärung zugefügt hätten, wobei ein bedingter Vorsatz (dolus eventualis) ausreicht.[298] Es kann davon

295 Spindler, Schmidt/Lutter zu § 161, Rz. 76; Leyens, Großkommentar AktG zu § 161, Rz. 546; Kiem, Habersack/Mühlbert/Schlitt zu § 13, Rz. 121, 122; v. d. Linden, DCGK Wilsing zu § 161, Rz. 65; Hüffer/Koch, Aktiengesetz zu § 161, Rz. 30; Bayer/Scholz, Spindler/Stilz zu § 161, Rz. 102.

296 Spindler, Schmidt/Lutter zu § 161, Rz. 77; Bayer/Scholz, Spindler/Stilz zu § 161, Rz. 102; Kiem, Habersack/Mühlbert/Schlitt zu § 13, Rz. 123; v. d. Linden, DCGK Wilsing zu § 161, Rz. 66.

297 v.d. Linden, DCGK Wilsing zu § 161, Rz. 67; Spindler, Schmidt/Lutter zu § 161, Rz. 73; Kiem, Habersack/Mülbert/Schlitt, Hdb zu § 13, Rz. 116; Hüffer/Koch, Aktiengesetz zu § 161, Rz. 28.

298 Sprau, Palandt BGB zu § 826 BGB, Rz. 11.

ausgegangen werden, dass ein solcher Fall höchst selten vorkommt, grundsätzlich aber denkbar ist.

10. Ordnungswidrigkeiten und strafrechtliche Verantwortlichkeiten

Ordnungswidrig handeln die Mitglieder des Vorstands und Aufsichtsrats, wenn sie bei der Aufstellung und Feststellung des Jahresabschlusses bzw. des Konzernabschlusses die Pflichtangabe über die Abgabe und Zugänglichmachung der Entsprechenserklärung unterlassen (§ 334 Abs. 1 Nr. 1 lit. d) und Nr. 2 lit. f) HGB).[299] Dieses Versäumnis kann mit einer Geldbuße bis zu 50.000 Euro geahndet werden (§ 334 Abs. 3 HGB). Ein Ordnungsgeld bis 5.000 Euro für den Einzelfall verwirken diejenigen Organmitglieder, die ihrer Pflicht zur Anmeldung oder zur Einreichung von Dokumenten (z.B. die Erklärung zu § 161 AktG) zum Handelsregister nicht nachkommen (§ 14 HGB). Nach § 335 Abs. 1 Satz 4 HGB kann ein Ordnungsgeld in Höhe von 2.500–25.000 Euro angedroht und festgesetzt werden, wenn die in § 325 Abs. 1 HGB genannten Unterlagen (Entsprechenserklärung wird in Abs. 1 Satz 3 genannt) von den Mitgliedern des vertretungsberechtigten Organs (Vorstand, in besonderen Fällen auch Aufsichtsrat, sofern Vorstand untätig) nicht offengelegt werden. Nach § 335 Abs. 1 Satz 2 HGB kann das Ordnungsgeldverfahren auch gegen die Gesellschaft durchgeführt werden.

Die Mitglieder des Vorstands und Aufsichtsrats sehen sich einer strafrechtlichen Verantwortung ausgesetzt, wenn sie Pflichtangaben im Jahresabschluss (z.B. im Anhang) oder auch im Lagebericht unrichtig wiedergeben oder verschleiern (§ 331 Ziff. 1 HGB). Das Strafmaß beträgt Freiheitsstrafe bis zu drei Jahren oder Geldstrafe.

Zu den Pflichtangaben gehören die Erklärung nach § 285 Nr. 16 und 314 Abs. 1 Nr. 8 HGB über die erfolgte Abgabe und die Bekanntmachung der Erklärung nach § 161 AktG.[300]

II. Erklärung zur Unternehmensführung gem. § 289a HGB

1. Grundlagen

Rechtpolitischer Hintergrund der Änderungs-RL 2006/46/EG vom 14.6.2006 waren internationale Bilanzskandale, die gesetzgeberische Maßnahmen notwendig

---

299 Spindler, Schmidt/Lutter zu § 161, Rz. 80.

300 Spindler, Schmidt/Lutter zu § 161, Rz. 81; dies verkennt Leyens, Großkommentar AktG zu § 161, Rz. 616, weil er nicht beachtet, dass der Anhang Bestandteil des Jahresabschlusses ist.

machten, um das Vertrauen der Kapitalmärkte in eine ordnungsgemäße Rechnungslegung wiederherzustellen.[301] In dem neu eingefügten Art. 46a wurde geregelt, dass bestimmte kapitalmarktorientierte Gesellschaften eine jährliche Erklärung zur Unternehmensführung in ihren Lagebericht aufzunehmen haben; damit soll das Vertrauen in die Integrität und in die Unternehmensführung von Kapitalmarktunternehmen gestärkt werden.[302] Nach Ziff. 10 der Erwägungsgründe für die RL 2006/46/EG heißt es u.a.: „In dieser Erklärung sollten den Aktionären zumindest leicht zugängliche Schlüsselinformationen über die tatsächlich angewandten Unternehmenspraktiken, einschließlich einer Beschreibung der wichtigsten Merkmale der vorhandenen Risikomanagementsysteme und der internen Kontrollverfahren in Bezug auf den Rechnungslegungsprozess gegeben werden. Aus der Erklärung zur Unternehmensführung sollte hervorgehen, ob die Gesellschaft neben den Unternehmensführungsvorschriften des nationalen Rechts weitere derartige Vorschriften anwendet, unabhängig davon, ob diese Vorschriften in einem für die Gesellschaft unmittelbar geltenden Unternehmensführungskodex enthalten sind oder Teil eines Kodex sind, den die Gesellschaft anwendet. Darüber hinaus kann eine Gesellschaft ggf. auch eine Analyse ökologischer und sozialer Aspekte vorlegen, sofern diese notwendig sind, um ihre Entwicklung, Leistung und Lage zu beurteilen." In deutsches Recht umgesetzt wurde die Änderungs-RL durch Art. 1 Nr. 35 BilMoG vom 25.5.2009, in dem der § 289a neu in das HGB eingefügt wurde. Bei der Umsetzung in deutsches Recht konnte auf die Beschreibung der vorhandenen Risikomanagementsysteme und der internen Kontrollverfahren verzichtet werden, weil § 91 Abs. 2 AktG seit Einführung durch das KonTraG vom 27.4.1998 die Einrichtung solcher Systeme und Verfahren gesetzlich fordert.[303] Nach § 317 Abs. 4 HGB unterliegen diese Organisationspflichten des Vorstandes der Prüfung durch den Abschlussprüfer, soweit es börsennotierte AG angeht. Darüber hinaus hat der Abschlussprüfer an der „Bilanzsitzung" des Aufsichtsrats (§ 171 Abs. 1 AktG) teilzunehmen und über die wesentlichen Ergebnisse seiner Prüfung der Vorstandspflichten aus § 91 Abs. 2 AktG zu berichten.

Anders als die Entsprechenserklärung hatte die EzU keine Konzerndimensionalität, dies hat sich durch das BilRUG vom 17.7.2015 geändert, in dem ein neu an den § 315 HGB angefügter fünfter Abs. bestimmt:

---

301 Lutter/Bayer/Schmidt, Europäisches Unternehmens- und Kapitalmarktrecht zu § 10, Rz. 13f..

302 Lutter/Bayer/Schmidt, Europäisches Unternehmens- und Kapitalmarktrecht zu § 10, Rz. 15 und § 24 Rz. 1–5.

303 Spindler, MüKo AktG, insbesondere. zu § 91 AktG, Rz. 44 f; Spindler, FS Ballwieser 2014, S. 849–872; Spindler, Unternehmensorganisationspflichten, S. 381–386.

„(5) Ein Mutterunternehmen im Sinne des § 289a Absatz 1 hat für den Konzern eine Erklärung zur Unternehmensführung zu erstellen und als gesonderten Abschnitt in den Konzernlagebericht aufzunehmen. § 289a ist entsprechend anzuwenden."

2. Normadressaten

a) Börsennotierte Aktiengesellschaften

Börsennotiert im Sinne des § 3 AktG „...sind Gesellschaften, deren Aktien zu einem Markt zugelassen sind, der von staatlichen anerkannten Stellen geregelt und überwacht wird, regelmäßig stattfindet und für das Publikum mittelbar oder unmittelbar zugänglich ist." Die Zulassung der Aktien zum geregelten Markt (§§ 32 ff. BörsG) genügt, ein Handel selbst muss nicht stattfinden; der Freiverkehr (§ 48 BörsG) erfüllt dagegen nicht die Voraussetzung des § 3 AktG.[304] Dies ist allerdings bei einer Zulassung an einer Auslandsbörse der Fall. *V. d. Linden*[305] spricht zu Recht von der Auslandsnotierung, die den Anforderungen des § 3 Abs. 2 AktG entspricht. Allerdings kann es allein auf die Zulassung zum Handel an einer ausländischen Börse nicht ankommen, sofern effektiv kein Handel stattfindet.

b) Andere kapitalmarktorientierte Aktiengesellschaften

Zur Erstellung und Abgabe der EzU sind auch die Gesellschaften verpflichtet, die ausschließlich andere Wertpapiere als Aktien (z. B. Schuldverschreibungen oder Genussscheine) zum Handel an einem organisierten Markt ausgegeben haben; allerdings ist Voraussetzung, dass Aktien der Gesellschaft auf eigene Veranlassung über ein multilaterales Handelssystem i.S. des § 2 Abs. 3 Satz 1 Nr. 8 WpHG gehandelt werden, in der Regel damit im Freiverkehr (§§ 48ff. BörsG).[306] Findet tatsächlich ein Handel statt, ohne dass dies auf Veranlassung der Gesellschaft erfolgt, fingiert der Gesetzgeber ein Nichtwissen der gesetzlichen Vertreter der Gesellschaft.[307]

c) Societas Europaea und Kommanditgesellschaft auf Aktien

§ 289a Abs. 1 HGB nennt als Normadressaten ausschließlich die AG. Gleichwohl ist davon auszugehen, dass sowohl für die SE als auch die KGaA die Verpflichtung zur Abgabe einer EzU in Betracht kommt. Die Nichterwähnung beider

---

304 v. d. Linden, DCGK Wilsing zu § 289a HGB, Rz. 3.
305 v. d. Linden, DCGK Wilsing zu § 289a HGB, Rz. 3.
306 v. d. Linden, DCGK Wilsing zu § 289a HGB, Rz. 4.
307 v. d. Linden, DCGK Wilsing zu § 289a HGB, Rz. 4.

Rechtsformen in § 289a Abs. 1 HGB kann als Redaktionsversehen verstanden werden.[308] Dies ergibt sich schon aus dem Wortlaut Ziff. 10 der Erwägungsgründe und sodann aus Art. 46a der RL 2006/46/EG zur Änderung der RL 78/660/EWG, wo durchgängig von „Gesellschaften" die Rede ist. Für die SE weisen *Gelhausen/Fey/Kämpfer*[309] zutreffend darauf hin, dass Art. 61 der SE-VO regelt, dass für die SE die nationalen Vorschriften gelten, die für die AG Anwendung finden, was Aufstellung, Prüfung und Offenlegung des Jahresabschlusses nebst Lagebericht anlangt. Voraussetzung ist selbstverständlich, dass die SE und die KGaA die übrigen Voraussetzungen des Abs. 1 Satz 1 des § 289a HGB erfüllen, wenn sie in dessen Anwendungsbereich einbezogen werden sollen. Für alle Gesellschaftsformen (AG, SE, KGaA) gilt, dass § 289a HGB keine Befreiung von der Erklärungspflicht vorsieht, selbst wenn die betreffende Gesellschaft als Tochterunternehmen in den Abschluss einer AG als Mutterunternehmen einbezogen wird.[310]

3. *Ort, Zeit und Form der Erklärung*

a) Ort

§ 289a Abs. 1 HGB bestimmt, dass die EzU als besonderer Teil in den Lagebericht einer Gesellschaft aufzunehmen ist. In Abs. 1 Satz 2 dieser Norm kann die EzU als besonderes Dokument auch auf der Internetseite der Gesellschaft öffentlich zugänglich gemacht werden. Wird diese Lösung gewählt, ist im Lagebericht eine Bezugnahme auf die entsprechende Internetseite aufzunehmen (Abs. 1 Satz 3). Nun sind aus der Art der Veröffentlichung (Lagebericht bzw. Internetseite) Schlüsse gezogen worden, die der EzU im Falle der Veröffentlichung auf der Internetseite die Qualifikation als Lageberichtsbestandteil absprechen.[311] Zu Recht widerspricht Bachmann diesen Auffassungen; auch der Meinung von Kocher ist nicht zu folgen. Es ist nicht erkennbar, dass der RL-Geber oder der Gesetzgeber

---

308 Gelhausen/Fey/Kämpfer, Rechnungslegung und Prüfung nach dem Bilanzrechtsmodernisierungsgesetz zu § 289a HGB, Rz. 10; v. d. Linden, DCGK Wilsing 5 zu § 289a HGB, Rz; Kleindiek, MüKo Bilanzrecht zu § 289a HGB, Rz. 8; Claussen, KöKo Rechnungslegungsrecht zu § 289a HGB, Rz. 12; zweifelnd: Lange, MüKo HGB BilR zu § 289a HGB, Rz. 4.

309 Gelhausen/Fey/Kämpfer, Rechnungslegung und Prüfung nach dem Bilanzrechtsmodernisierungsgesetz zu § 289a HGB, Rz. 10.

310 Grottel/Röhm-Kottmann, Beck'sche Bilanzkommentar zu § 289a HGB, Rz. 7.

311 Bachmann, ZIP 2010, S. 1521; ähnlich: Kocher, DStR 2010, S. 1034, der die EzU gleich in welcher Form ihre Veröffentlichung erfolgt nicht als echter materieller Teil des Lageberichts ansieht.

aus der Art der Veröffentlichung Folgerungen an die rechtliche Qualität der EzU knüpfen wollten. Auch die Begründung zur Auffassung, die EzU sei kein echter materieller Teil des Lageberichts, überzeugt nicht, weil die Hervorhebung der EzU im Lagebericht gerade ihre besondere Bedeutung als Kapitalmarktinformation deutlich macht und damit gleichzeitig den Lagebericht als Informationsmittel aufwertet (vgl. Ziff. 10 der Erwägungsgründe der RL 2006/46/EG). Die herrschende Meinung folgt weder den von *Bachmann* geschilderten Auffassungen noch der Meinung von *Kocher*; damit ist die EzU grundsätzlich in den Lagebericht aufzunehmen und als gesonderter Abschnitt in geschlossener Form wiederzugeben. Sie ist gem. § 176 Abs. 1 Satz 1 AktG der ordentlichen HV zugänglich zu machen und zusammen mit dem Jahresabschluss gem. § 325 Abs. 1 Satz 3 HGB offenzulegen.[312] Die EzU ist auch in den Konzernlagebericht (§ 315 Abs. 5 HGB) aufzunehmen.[313]

§ 289a Abs. 1 Satz 2 HGB gibt den betroffenen Gesellschaften eine alternative Gestaltungsmöglichkeit, die Erklärung als gesondertes Dokument auf der Internetseite der Gesellschaft zu veröffentlichen.[314] Das gesonderte Dokument hat alle Angaben gem. § 289 Abs. 2 Nr. 1–3 HGB zu enthalten, also auch die Entsprechenserklärung gem. § 161 AktG. Bei Wahl dieser Veröffentlichungsalternative ist im Konzern-Lagebericht auf die Internetseite der Gesellschaft als Ort der Veröffentlichung hinzuweisen. Die Gesellschaft ist verpflichtet, die Internetseite so lange zugänglich zu halten, bis sie durch die Einstellung der Folgeerklärung im Internet (oder durch die Aufnahme in den (Konzern-)Lagebericht) überholt ist. Insoweit enthält der Gesetzesbegriff des „Zugänglichmachens" eine Zeitraumkomponente, auch wenn – anders als in § 161 Abs. 2 AktG – der Begriff „dauerhaft" fehlt.[315]

Eine weitere Variante der Veröffentlichung bietet das Gesetz mit § 289a Abs. 2 Nr. 3 HS 2 HGB. Danach kann auf die Beschreibung der Arbeitsweise von Vorstand und Aufsichtsrat sowie auf die Zusammensetzung und Arbeitsweise ihrer Ausschüsse verzichtet werden, wenn diese Informationen auf der Internetseite der Gesellschaft öffentlich zugänglich sind. Dann ist aber auf die entsprechende Internetseite zu verweisen. Diese Variante ist erst aufgrund der Beschlussempfehlung des Rechtsausschusses des Bundestages in das Gesetz aufgenommen

312 WP-Hdb I 2012, F, Rz. 1190.
313 Busch/Zwirner, BilRUG, S. 602.
314 WP-Hdb I 2012, F, Rz. 1192.
315 Gelhausen/Fey/Kämpfer, Rechnungslegung und Prüfung nach dem Bilanzrechtsmodernisierungsgesetz zu § 289a HGB, Rz. 15.

worden, um insoweit Doppelangaben zu vermeiden.[316] Dagegen sind die Erklärung zu Abs. 2 Nr. 1 und die Angaben nach Nr. 2 stets vollständig zu veröffentlichen. Eine Einzelverweisung ist insoweit unzulässig; dies ergibt sich schon aus der ratio legis, dass die Angaben gebündelt veröffentlicht werden, um den Aktionären und den übrigen Stakeholdern ein möglichst geschlossenes Bild der kapitalmarktrelevanten Daten zu geben und deren Auffindbarkeit einfach zu gestalten.[317] Andererseits geht die herrschende Meinung davon aus, dass die Veröffentlichung der Entsprechenserklärung gem. § 161 AktG als Bestandteil der EzU auf der Internetseite der Gesellschaft ausreicht. Eine doppelte Veröffentlichung kann so vermieden werden.[318] Dies setzt voraus, dass die EzU auf der Internetseite der Gesellschaft dauerhaft öffentlich zugänglich gehalten wird, um die Voraussetzungen nach § 161 Abs. 2 AktG zu erfüllen.

b) Zeit

Wird die EzU als besonderer Teil des (Konzern-)Lageberichts abgegeben, fällt dies zeitlich mit der Aufstellung des (Konzern-)Lageberichts zusammen. Die Offenlegung des Lageberichts geschieht gem. § 325 Abs. 1 Satz 1, 3 HGB zusammen mit dem Jahresabschluss, d.h. unverzüglich nach Vorlage an die Aktionäre. Spätestens aber vier Monate nach dem Abschlussstichtag hat die Einreichung zu erfolgen (§ 325 Abs. 4 HGB).[319]

Bei einer Einstellung der EzU als einheitliches gesondertes Dokument auf der Internetseite der Gesellschaft (§ 289a Abs. 1 Satz 2 HGB) oder wenn die Angaben nach § 289a Abs. 2 Nr. 3 HGB gesondert auf der Internetseite zugänglich gemacht werden, ist im Hinblick auf die Information der Öffentlichkeit auch der Zeitpunkt der Offenlegung des (Konzern-)Abschlusses und des (Konzern-) Lageberichts als maßgeblich für die EzU anzusehen.[320] Da aber für diese Fälle der Interneteintrag Voraussetzung ist, dass ein entsprechender Verweis auf

316 Gelhausen/Fey/Kämpfer, Rechnungslegung und Prüfung nach dem Bilanzrechtsmodernisierungsgesetz zu § 289a HGB, Rz. 16.

317 v. d. Linden, DCGK Wilsing zu § 289a, Rz. 10; Gelhausen/Fey/Kämpfer, Rechnungslegung und Prüfung nach dem Bilanzrechtsmodernisierungsgesetz zu § 289a HGB, Rz. 17; missverständlich: WP-Hdb, F Rz. 1195.

318 v. d. Linden, DCGK Wilsing zu § 289a HGB, Rz. 12; so wohl auch Gelhausen/Fey/Kämpfer, Rechnungslegung und Prüfung nach dem Bilanzrechtsmodernisierungsgesetz zu § 289a HGB, Rz. 13.

319 WP-Hdb I F, Rz. 1200. Hier wurde die zeitliche Bestimmung des § 325 Abs. 4 HGB übersehen.

320 WP-Hdb I 2012, F, Rz. 1202.

der Internetseite der Gesellschaft erfolgt, muss die Einstellung ins Internet zum Zeitpunkt der endgültigen Aufstellung des Lageberichts erfolgen. Eine Frist zur Aufstellung des (Konzern-)Lageberichts schreibt das Gesetz nicht vor, damit ist die endgültige Aufstellung des (Konzern-)Abschlusses – dokumentiert durch die Unterzeichnung durch die Vorstandsmitglieder – auch für die EzU bestimmend. Nur bei dieser zeitlichen Abfolge ist es Aufsichtsrat und Abschlussprüfer möglich, festzustellen, ob der Konzern-Lagebericht vollständig ist, denn nur dann ist die Befreiungswirkung in Bezug auf die Pflicht zur Abgabe der EzU erreicht.[321] Als Teil des (Konzern-)Lageberichts ist die EzU jährlich abzugeben. Sie muss nicht unterjährig aktualisiert werden. Jedoch kann für die Entsprechenserklärung nach § 161 AktG, die Bestandteil der EzU ist, eine unterjährige Aktualisierung in Betracht kommen, wenn die Aufnahme der Entsprechenserklärung in die EzU die einzige Art ihrer Veröffentlichung ist. Bei doppelter Veröffentlichung der Entsprechenserklärung (EzU und § 161 Abs. 2 AktG) kann für die EzU eine Aktualisierung unterbleiben. Es bleibt dann bei der im Zeitpunkt der Aufstellung des Lageberichts aktuellen Fassung der Entsprechenserklärung.[322] Freiwillige Aktualisierungen in den Fällen des § 289a Abs. 1 Satz 2 und Abs. 2 Nr. 3 HS2 HGB sind unterjährig durchaus möglich.[323] Dass die Angaben in der EzU richtig, vollständig, klar, vergleichbar und dem Grundsatz der Wirtschaftlichkeit und Wesentlichkeit entsprechen sollten, haben *Weber und Velte* herausgearbeitet.[324]

c) Form

Eine bestimmte Form der EzU schreibt das Gesetz nicht vor, insbesondere auch nicht, ob die Erklärung datiert und unterschrieben sein soll. § 245 HGB normiert Datierung und Unterzeichnung nur für den Jahresabschluss, zu dem der Lagebericht und damit die EzU nicht zählen.[325] Auch hier wird man differenzieren müssen nach der Form der Abgabe der Erklärung. Im Fall der EzU als besonderer Teil des Lageberichts ist eine gesonderte Datierung und Unterzeichnung nicht geboten, weil die EzU als Teil des (Konzern-)Lageberichts und dieser zusammen mit dem (Konzern-)Abschluss offengelegt wird, wobei gem. §§ 245, 298 Abs. 1 HGB der (Konzern-)Abschluss datiert und unterzeichnet wird.

---

321 Gelhausen/Fey/Kämpfer, Rechnungslegung und Prüfung nach dem Bilanzrechtsmodernisierungsgesetz zu § 289a HGB, Rz. 27–30; WP-Hdb I 2012, F, Rz. 1201, 1202.

322 Kleindiek, MüKo Bilanzrecht zu § 289a HGB, Rz. 14.

323 Gelhausen/Fey/Kämpfer, Rechnungslegung und Prüfung nach dem Bilanzrechtsmodernisierungsgesetz zu § 289a HGB, Rz. 32.

324 Weber/Velte, DB 2012, S. 1826 ff.

325 v. d. Linden, DCGK Wilsing zu § 289a HGB, Rz. 167.

Wird hingegen die EzU in einem gesonderten Dokument auf der Internetseite der Gesellschaft öffentlich zugänglich gemacht, entfällt der Zusammenhang mit dem (Konzern-)Abschluss; daher ist durch Datierung der Stand der EzU kenntlich zu machen und der Vorstand als Autor anzugeben. Bei unterjähriger Aktualisierung ist naturgemäß auch eine Datenangabe erforderlich.[326] Gleiches muss gelten, wenn von der Möglichkeit des § 289a Abs. 2 Nr. 3, 2. HS HGB (Verweis auf die Internetseite der Gesellschaft für Beschreibung der Arbeitsweise von Vorstand und Aufsichtsrat sowie Zusammensetzung und Arbeitsweise deren Ausschüsse) Gebrauch gemacht wird.

4. *Zuständiges Organ*

Im Gegensatz zu § 161 Abs. 1 AktG sind die Normadressaten gem. § 289a Abs. 1 HGB nicht Vorstand und Aufsichtsrat, sondern die Gesellschaften (i.d.R. AG aber auch SE und KGaA).

Die Leitungsorgane Vorstand, Board, persönlich haftender Gesellschafter handeln für die Gesellschaften und sind damit unmittelbar dazu verpflichtet, die EzU zu erstellen und zu publizieren.

Aus der Tatsache, dass Abs. 2 des § 289a HGB zum Inhalt der Erklärung die Entsprechenserklärung gem. § 161 AktG macht und Angaben über Unternehmensführungspraktiken sowie Angaben zur Arbeitsweise von Vorstand und Aufsichtsrat verlangt, folgern Teile der Literatur, dass der Aufsichtsrat ebenfalls zur Erstellung und Publizierung der EzU verpflichtet sei.[327] Andere vertreten die Auffassung, dass zu differenzieren sei, ob die EzU im Lagebericht enthalten ist oder auf der Internetseite der Gesellschaft veröffentlicht wird. Im ersten Fall sei allein der Vorstand, im zweiten Fall Vorstand und Aufsichtsrat zur Erstellung und Publizierung einer gemeinsamen Erklärung verpflichtet.[328] *Bachmann* fasst mit Recht die herrschende Meinung dahingebend zusammen, dass der Vorstand

---

326 WP-Hdb I, 2012 F Rz. 1199.

327 Weber/Velte, DB 2012, S. 824; Velte, KoR 2011, S. 121 f.; neuerdings Freidank, ZCG 2015, S. 80; ebenso Fink/Kajüter/Winkeljohann, Lageberichtserstattung, S. 253; Kozikowski/Röhm-Kottmann, Beck'scher Bilanzkommentar, 7. und 8. Auflage 2010, anders in 9. Auflage 2014 zu § 289a HGB, Rz. 9; hingegen undeutlich in 10. Auflage 2016, siehe Grottel/Röhm-Kottmann, Beck'scher Bilanzkommentar zu § 289a HGB, Rz. 20 und 21.

328 Bachmann, ZIP 2010, S. 1521f.; so auch Habersack, Gutachten DJT 2012 S. 68 und Stenger, Kodex und Entsprechenserklärung 2013, S. 221.

als alleiniges vertretungsberechtigtes Organ für die Erstellung und Veröffentlichung der EzU verantwortlich ist.[329]

Dass der Aufsichtsrat den Vorstand intern immer dort mit Kenntnissen unterstützt, wo er, der Aufsichtsrat, in den Angaben zu § 289a Abs. 2 Nr. 2 und 3 HGB angesprochen ist, versteht sich von selbst und ändert nichts an der rechtlichen Zuordnung der Erklärungspflicht zum Vorstand.

Die von *Bachmann* fürsorglicher Weise gegebene Empfehlung, den Aufsichtsrat die EzU mit unterzeichnen zu lassen, begegnet erheblichen Bedenken.[330] Die EzU ist Teil des Lageberichts, diesen hat der Aufsichtsrat gem. § 171 Abs. 1 AktG zu prüfen. Würde man den Aufsichtsrat als Mitverfasser der EzU begreifen müssen, würde dieser gegen das fundamentale Verbot der Selbstprüfung – ein Ausdruck des allgemeinen Rechtssatzes, dass keiner Richter in eigener Sache sein kann – verstoßen. Dies zeigt schon, dass alle Auffassungen, die den Aufsichtsrat zum gesetzlich verpflichteten Mitverfasser der EzU machen wollen, die Bestimmung des § 171 Abs. 1 AktG nicht berücksichtigt haben. Aber auch nur eine gemeinsam abgegebene EzU[331] würde den Aufsichtsrat inhabil machen, seinen Prüfungspflichten aus § 171 Abs. 1 zu entsprechen.

Schon eine Auslegung der Vorschrift des § 289a Abs. 1 HGB im Hinblick auf den Erklärungsverpflichteten, die „Aktiengesellschaft", ergibt nach dem Wortlaut und dem Bedeutungszusammenhang des Gesetzes, dass nur der Vorstand Erklärungsverpflichteter ist.[332]

Cervellini[333] versucht mit umfangreichen Ausführungen, den Aufsichtsrat mindestens teilweise erklärungspflichtig zu machen (S. 116), um letztlich festzustellen: „Die Prüfungskompetenz des Aufsichtsrats gegenüber dem Lagebericht schließt ihn als notwendigen Urheber aus."

Für alle Autoren, die den Aufsichtsrat als Miterklärungsverpflichteten für die EzU sehen, gilt die Vermutung, dass sie den Art. 50b der 4. Bilanz-RL (78/660/EWG) nicht beachtet haben, der mit der RL 2006/46/EG vom 14.6.2006 in die 4. Bilanzrichtlinie eingefügt wurde und wie folgt lautet:

> „Die Mitgliedstaaten stellen sicher, dass die Mitglieder der Verwaltungs-, Leitungs- und Aufsichtsorgane der Gesellschaft kollektiv die Pflicht haben, sicherzustellen, dass der

---

329 Bachmann, ZIP 2010, S. 1521f.

330 Bachmann, ZIP 2010, S. 1521f.

331 Bachmann, ZIP 2010, S. 1521f.; Gelhausen/Fey/Kämpfer, Rechnungslegung und Prüfung nach dem Bilanzrechtsmodernisierungsgesetz zu § 289a HGB, Rz. 23.

332 Larenz, Methodenlehre, S. 332 f.

333 Cervellini, Der Bericht des Aufsichtsrats, S. 112–132; ebenso Fink/Kajüter/Winkeljohann, Lageberichterstattung, S. 253.

Jahresabschluss, der Lagebericht und, soweit sie gesondert vorgelegt wird, die Erklärung zur Unternehmensführung nach Art 46a entsprechend den Anforderungen dieser Richtlinie und gegebenenfalls entsprechend den internationalen Rechnungslegungsstandards, die gemäß der Verordnung (EG) Nr. 1606/2002 angenommen wurden, erstellt und veröffentlicht werden. Diese Organe handeln im Rahmen der ihnen durch nationales Recht übertragenen Zuständigkeiten."

5. *Erklärungsinhalt*

a) *Entsprechenserklärung zum DCG-Kodex gem. § 161 AktG*

§ 289a Abs. 2 Nr. 1 HGB verlangt die wörtliche Wiedergabe der Erklärung nach § 161 AktG, sowie Vorstand und Aufsichtsrat diese gemeinsam verfasst haben und möglicherweise schon – also vor Erstellung der EzU – auf der Internetseite der Gesellschaft dauerhaft zugänglich gemacht haben. Dies ist durchaus möglich, weil die Abgabe der Entsprechenserklärung und der EzU nicht gleichzeitig erfolgen müssen, aber können, was praktikabel und damit sinnvoll ist. Dieser erste Pflichtbestandteil der EzU stellt eine regelungstechnische Verbindung zwischen der EzU einerseits und der Erklärung zum CGK andererseits her. Damit wird den Anforderungen des Art. 46a Abs. 1 lit. a) (i) und lit b) der Änderungs-RL 2006/46/EG entsprochen.[334]

Die Entsprechenserklärung ist nach den Regeln des § 161 AktG unterjährig zu aktualisieren, sofern die Voraussetzungen dafür vorliegen und dies ohne Unterschied, ob sie als Teil der EzU im Lagebericht oder auf der Internetseite der Gesellschaft veröffentlicht wird. Fällt die Erstellung der Entsprechenserklärung zeitlich nicht mit der Erstellung der EzU zusammen, sollte angegeben werden, unter welchem Datum Vorstand und Aufsichtsrat diese letzte Fassung gem. § 161 AktG abgegeben haben. Dies empfiehlt sich auch bei gebotenen Aktualisierungen.[335] Unzulässig ist es, auf der Internetseite auf die Entsprechenserklärung im Rahmen der EzU lediglich hinzuweisen, dies gibt der § 289a Abs. 2 Nr. 3, 2. HS HGB nicht her.

b) *Angaben zu Unternehmensführungspraktiken/Exkurs: Corporate Social Responsibilty (CSR)*

§ 289a Abs. 2 Nr. 2 HGB verlangt, in die EzU relevante Angaben zu Unternehmensführungspraktiken, die über die gesetzlichen Anforderungen hinaus

334 Gelhausen/Fey/Kämpfer, Rechnungslegung und Prüfung nach dem Bilanzrechtsmodernisierungsgesetz zu § 289a HGB, Rz. 45.

335 v. d. Linden, DCGK Wilsing zu § 289a HGB, Rz. 17.

angewandt werden, nebst Hinweis, wo sie öffentlich zugänglich sind, aufzunehmen. Diese gesetzliche Regelung schränkt den Umfang der angabepflichtigen Unternehmensführungspraktiken in doppelter Hinsicht ein. Einmal sind nur „relevante" Angaben zu machen, was auch mit „wesentlich" bezeichnet werden kann, zum anderen sollen die Angaben über die Unternehmensführungspraktiken hinausgehen, die die gesetzlichen Anforderungen übersteigen. Der Gesetzgeber selbst definiert diesen unscharfen Begriff nicht, sondern hat ihn schlicht aus Art. 46a Abs. a) (iii) der Abänderungs-RL 2006/46/EG übernommen, die diesen Begriff ebenfalls nicht definiert.[336] Die Folge dieser Unklarheit ist, dass sich die einschlägige Literatur ausgesprochen schwertut, die von § 289a Abs. 2 Nr. 2 HGB verlangten Angaben zu bestimmen.[337] Aus der Begründung zum Regierungsentwurf zu § 289a HGB kann entnommen werden, dass die angabepflichtigen Unternehmensführungspraktiken im Zusammenhang mit dem jeweils angewandten Unternehmensführungskodex stehen sollten. Dies kann die praktische Umsetzung des Kodex bedeuten, aber auch Regelungsbereiche abdecken, die einen solchen Kodex ausfüllen könnten. Hierzu werden genannt: unternehmensweit gültige ethische Standards, Arbeits- und Sozialstandards. Ein Bericht über alle im Unternehmen etablierten organisatorischen Regelungen oder Vorschriften soll jedoch keinesfalls erfolgen.[338] Es sind aber auch Angaben über Regeln zur Vermeidung von Informationskonflikten sowie Ausführungen zur Compliance oder Nachhaltigkeit oder besondere Qualifikationsanforderung an Organmitglieder möglich.[339] Schließlich ist darauf hinzuweisen, wo diese Angaben öffentlich zugänglich sein müssen; dies in aller Regel auf der Webseite der Gesellschaft.

Exkurs: Corporate Social Resposibility (CSR)
Zukünftig könnte die EzU auch der Ort sein, wo Angaben über die CSR zu machen sind. Die CSR-Bewegung geht auf den Report des UN-Sonderbeauftragten für Wirtschaft und Menschenrechte John G. Ruggie – einem Historiker – zurück, der im April 2008 „a framework für business and human rights" vorlegte, worin

336 v. d. Linden, DCGK Wilsing zu § 289a HGB, Rz. 18.
337 Bachmann, ZIP 2010, S. 1519.
338 Gelhausen/Fey/Kämpfer, Rechnungslegung und Prüfung nach dem Bilanzrechtsmodernisierungsgesetz zu § 289a HGB, Rz. 50 ff.; Melcher/Matheus, DB 2009 Beil. 5, S. 1; Fink/Kajüter/Winkelhohann, Lageberichterstattung, S. 257 ff. Mit einem anschaulichen Beispiel aus dem Geschäftsbericht 2012 der Deutschen Telekom AG.
339 Fink/Kajüter/Winkeljohann, Lageberichterstattung, S. 257.

er drei Begriffe, nämlich „Protect", „Respect" und „Remedy" als Säulen seiner Rahmenordnung für Wirtschaft und Menschenrechte definierte. Diese sind:[340]

- die staatliche Verpflichtung zum Schutz der Menschenrechte, auch gegen Beeinträchtigungen durch Unternehmen („Protect"),
- die unternehmerische Verantwortung, die Menschenrechte zu respektieren („Respect"), und
- die Verpflichtung, effektiven Rechtsschutz zu gewähren („Remedy")

Zu den Auswirkungen der CSR-Bewegung auf die Organpflichten, die Wirtschaftsprüfung und zu Fragen der CSR als Wettbewerbsfaktor auch in Bezug auf unlauteren Wettbewerb sowie zur Frage, ob sich CSR möglicherweise als neuer Kodex entwickelt, hat sich kritisch *Spindler* geäußert. „Dem allgemeinen Trend folgend, Selbstverpflichtungserklärungen und Compliance-Erklärungen zu Kodices als Substitut für gesetzliche Regelungen einzuführen, könnte auch CSR als Instrument zur Ersetzung von sozial-, arbeits- oder umweltrechtlichen Regelungen herangezogen werden. Einem solchen Ansatz sollte jedoch entschieden entgegengetreten werden, da sich zum einen die Überprüfbarkeit der Einhaltung solcher Standards und damit die intersubjektive Vergleichbarkeit als äußerst schwierig gestaltet, zum anderen die CSR Ziele selbst nicht einheitlich sind, sondern oftmals CSR als prozessorientierter Ansatz verstanden wird – demnach aber ohne grundlegende materielle Standards, wie sie eben nur vom materiellen Recht geleitet werden kann. Mit anderen Worten kann ein rein management-organisatorischer Ansatz keine durch den Gesetzgeber festgelegten Eckdaten ersetzen."[341] Daraus wird deutlich, dass in einer Zeit, in der verstärkt gesetzliche Regelungen durch Selbstverpflichtung im Bereich der Unternehmensführung und -kontrolle ersetzt werden sollen, darauf hinzuweisen ist, dass diese Bestrebungen ohne gesetzliche Regelungen ausufern können und deren Justiziabilität in Frage zu stellen ist.

Die EU-Kommission hat in einem Strategiepapier vom 24.10.2011 CSR als „Verantwortung von Unternehmen für ihre Auswirkungen auf die Gesellschaft" definiert und erwartet in ihrem Aktionsplan 2011–2014, dass alle europäischen Unternehmen weltweit die Menschenrechte nach den UN-Leitsätzen von *Ruggie* respektieren. Die Umsetzung in internationale Aktionspläne soll erfolgen.[342]

---

340 Spießhofer, NJW 2014, S. 2473 und 2475.
341 Spindler, FS Hommelhoff 2012, S. 1148.
342 Spießhofer, NJW 2014, S. 2474.

Spießhofer folgerte mit Recht, dass die Entwicklung der CSR nicht im Stadium der Erwartungen verharrt, sondern weist auf den Vorschlag der EU-Kommission vom 15.4.2014 hin, nach der eine verbindliche Regelung des Reportings von Unternehmen über Non-Financial-Factors wie ökologische, soziale und menschenrechtliche Aspekte und ihre Auswirkungen in einer Richtlinie festgeschrieben werden soll.[343] Dies ist in relativ kurzer Zeit durch die RL 2014/95/EU vom 22.10.2014 geschehen.[344] Zur Umsetzung dieser Richtlinie liegt ein Referentenentwurf des BMJV vom 11.03.2016 vor.

c) Gremienbezogene Angaben

§ 289a Abs. 2 Nr. 3 HGB verlangt eine Beschreibung der Arbeitsweise von Vorstand und Aufsichtsrat und seiner Ausschüsse und die Zusammensetzung der Ausschüsse. Sofern diese Beschreibung auf der Internetseite der Gesellschaft öffentlich zugänglich ist, kann darauf verwiesen werden. Diese Möglichkeit ergibt sich ausschließlich für die Informationen nach Abs. 2 Nr. 3.

Diese Bestimmung ist das Ergebnis aus der Umsetzung des Art. 46a Abs. 1 f) der Abänderungs-RL 2006/46/EG in das deutsche Recht durch das am 25.5.2009 in Kraft getretene BilMoG. Die von der Richtlinie geforderte Angabe zur Zusammensetzung von Vorstand und Aufsichtsrat musste bei der Umsetzung im Rahmen des BilMoG nicht beachtet werden, weil nach § 285 Nr. 10 HGB diese Angaben im Anhang zu machen sind, wobei für börsengängige Gesellschaften weitergehende Angaben gefordert werden. Der Begriff „Arbeitsweise" erfasst tatsächliche, regelmäßige, interne Arbeitsabläufe und Prozesse, Übungen und Gepflogenheiten; sofern diese in textlich fixierten Regelwerken verbindlich festgelegt sind, z.B. in der Satzung, Geschäftsordnung oder besonderen Informations- oder Berichtsordnungen, sind diese anzugeben.[345] Dazu ist es nicht geboten, die entsprechenden Dokumente in toto wiederzugeben; es genügt die Schwerpunkte zu beschreiben. *V. d. Linden* weist zu Recht darauf hin, dass die Geschäftsordnungen von Vorstand und Aufsichtsrat verwaltungsinterne Dokumente sind, die den Aktionären und der Öffentlichkeit nicht ohne weiteres offengelegt werden müssen.[346]

Auch über die Zusammensetzung der Organe und über Konfliktbewältigungsregelungen sollten Angaben gemacht werden sowie Beschreibungen zu Tagungshäufigkeiten, Grundsätzen von Beschlussfassungen, Selbstevaluation oder

---

343 Spießhofer, NJW 2014, S. 2477.
344 Lanfermann, WPg 2015, S. 322–326.
345 v. d. Linden, DCGK Wilsing zu § 289a HGB, Rz. 22.
346 v. d. Linden, DCGK Wilsing zu § 289a HGB, Rz. 23.

Fortbildungsmaßnahmen. Ausschüsse können von Vorstand und Aufsichtsrat gebildet werden, wobei Vorstandsausschüsse in der Praxis als „Dauereinrichtung" seltener anzutreffen sind als Aufsichtsratsausschüsse. Das deutsche AktG kennt keine Vorstandsausschüsse, gleichwohl ist ihre Bildung nicht ausgeschlossen; dies ist Ausdruck der Leitungskompetenz des Vorstandes (§ 76 AktG).

Gem. § 107 Abs. 3 Satz 1 AktG kann der Aufsichtsrat aus seinen Mitgliedern Ausschüsse bestellen, um seine Verhandlungen und Beschlüsse vorzubereiten. In Betracht kommen insbesondere Personal- und Prüfungsausschüsse, aber auch Präsidial- und Normierungsausschüsse. Insoweit gibt der DCGK Empfehlungen zur Ausschussbildung in Ziff. 5.3.1. Darüber hinaus sind Ausschüsse denkbar für Strategie, Vergütung von Vorstandsmitgliedern, Investitionen und Finanzierungen (so noch DCGK als Anregung i.d.F. 26.5.2010). Solchen Ausschüssen kann auch die Kompetenz zu Beschlüssen erteilt werden (Umkehrschluss aus § 107 Abs. 3 Satz 3 AktG), soweit diese nicht in den nichtdelegierbaren Kernbereich der Aufgaben des Aufsichtsrats eingreifen.[347] Dieses Delegationsverbot gilt demgemäß nicht für die Ausschüsse, die lediglich Beschlüsse des Aufsichtsrats vorbereiten.[348] Der Aufsichtsrat ist in der Entscheidung, Ausschüsse zu bilden, autonom, die Satzung kann eine solche Ausschussbildung weder bestimmen noch untersagen.[349] Dies gilt selbstverständlich unbeschadet der Bestimmung des § 27 Abs. 3 MitBestG, also zu einem gesetzlich vorgeschriebenen Aufsichtsratsausschuss. Bei der Angabe der Zusammensetzung der Ausschüsse sollten in Anlehnung an § 285 Nr. 10 HGB Namen, Vornamen und Positionen im Ausschuss mitgeteilt werden.[350] Nach § 100 Abs. 5 AktG muss bei einer Gesellschaft i.S. des § 264d HGB mindestens ein unabhängiges Mitglied des Aufsichtsrats über Sachverstand auf den Gebieten Rechnungslegung oder Abschlussprüfung verfügen. Dieses Mitglied muss dem Prüfungsausschuss angehören, wenn eine Gesellschaft i.S.d. § 264d HGB einen Prüfungsausschuss etabliert hat (§ 107 Abs. 4 AktG). Zu diesem Ausschussmitglied sollten nähere Ausführungen hinsichtlich Qualifikationen und Unabhängigkeit erfolgen, aber auch Angaben über Qualifikation und (Un-)Abhängigkeit der übrigen Ausschussmitglieder sind für die Kapitalmarktöffentlichkeit von Interesse.

Hinsichtlich der Angaben zur Arbeitsweise der Ausschüsse sind auch hier die vorgeschriebenen und/oder tatsächlichen Abläufe und Prozesse darzustellen.

---

347 Spindler, Spindler/Stilz zu § 107, Rz. 90.

348 Spindler, Spindler/Stilz zu § 107, Rz. 90–97.

349 Spindler, Spindler/Stilz zu § 107, Rz. 85; v. d. Linden, DCGK Wilsing zu § 289a HGB, Rz. 24.

350 Fink/Kajüter/Winkeljohann, Lageberichterstattung, S. 261.

Ausführungen über Sitzungsfrequenzen, Aufgaben und Ziele, Entscheidungsbefugnisse, Auswahl der Mitglieder und Berichterstattung an die Organe der Gesellschaft sind Angabenschwerpunkte, aber auch Ausführungen über Beschlussfähigkeit und Mehrheitserfordernisse.[351] Zur Arbeitsweise des Vorstandes geben *Fink/Kajüter/Winkeljohann* ein sehr anschauliches Beispiel aus dem Geschäftsbericht 2012 der Bayer AG.[352]

Schließlich ist nach der Art der Publizität der Beschreibung nach § 289a Abs. 2 Nr. 3 HGB zu fragen. Das Gesetz ordnet an, dass diese Informationen, sofern sie auf der Internetseite der Gesellschaft öffentlich zugänglich sind, darauf verwiesen werden kann (§ 289a Abs. 2 Nr. 3 2 HS HGB). Diese Regelung gilt nur für die gremienbezogenen Angaben und nicht für die beiden anderen Bestandteile der EzU (Entsprechenserklärung und Unternehmensführungspraktiken), diese müssen sich zwingend in der EzU selbst befinden.[353]

d) Angaben zum Frauenförderungsgesetz

Die durch das Frauenförderungsgesetz vom 24.04.2015 m. W. zum 01.05.2015[354] neu in den § 289a HGB eingefügten Angabepflichten nach den Abs. 4 und 5 gründen sich auf die Vorschriften des Art. 3 des Frauenförderungsgesetzes mit den Änderungen des AktG und zwar in: § 76 Abs. 4 AktG verpflichtet den Vorstand börsennotierter oder mitbestimmter Gesellschaften, Zielgrößen für den Frauenanteil in den beiden Führungsebenen unterhalb des Vorstandes und Fristen zu deren Erreichung festzulegen. Sofern der Frauenanteil bei Festlegung der Zielgrößen unter 30% liegt, dürfen die Zielgrößen den jeweils erreichten Anteil nicht mehr unterschreiten. Gleichzeitig hat der Vorstand Fristen zum Erreichen der Zielgrößen festzulegen, dabei dürfen die Fristen jeweils nicht länger als fünf Jahre sein.

Die erstmaligen Festlegungen hatten bis zum 30.09.2015 zu erfolgen (§ 25 Abs. 1 S. 1 EGAktG).[355]

§ 96 Abs. 2 u. 3 AktG regelt die Zusammensetzung des Aufsichtsrats und bestimmt in Abs. 2 im Wesentlichen, dass bei börsennotierten Gesellschaften, die der paritätischen Bestimmung unterliegen, der Aufsichtsrat zumindest

351 Fink/Kajüter/Winkeljohann, Lageberichterstattung, S. 260; v. d. Linden, DCGK Wilsing zu § 289a HGB, Rz. 25.

352 Fink/Kajüter/Winkeljohann, Lageberichterstattung, S. 259 f.

353 v. d. Linden, DCGK Wilsing zu § 289a HGB, Rz. 27.

354 Seibert, NZG 2016, S. 16–20.

355 Begr. RegE, BT – Drucksache 18/3784, S. 125f; Fleischer, Spindler/Stilz zu § 76 Rz. 141–150; Seibt, Schmidt/Lutter zu § 76, Rz. 43–50.

eine Geschlechterquote von 30% ausweist. Des Weiteren wird geregelt, wie sich dieser Mindestanteil bestimmt und die Folgen bei Verstoß gegen das Mindestgebot.

Abs. 3 bezieht börsennotierte Gesellschaften ein, die aus einer grenzüberschreitenden Verschmelzung hervorgegangen sind und bestimmten mitbestimmungsrechtlichen Regelungen unterliegen.[356]

§ 111 Abs. 5 AktG regelt im Rahmen der Aufgaben und Rechte des Aufsichtsrats, dass dieser für den Frauenanteil im Aufsichtsrat und im Vorstand Zielgrößen festzulegen hat. Sofern der Frauenanteil bei der Festlegung dieser Zielgrößen unter 30% liegt, dürfen die Zielgrößen den jeweils erreichten Anteil nicht mehr unterschreiten. Fristen zur Erreichung der Zielgrößen sind gleichzeitig festzulegen, diese dürfen jeweils nicht länger als fünf Jahre sein. Sollte für den Aufsichtsrat bereits eine Quote nach § 96 Abs. 2 AktG gelten, sind Festlegungen ausschließlich für den Vorstand vorzunehmen.[357]

Die nach §§ 76 Abs. 4 und 111 Abs. 5 AktG vom Vorstand bzw. Aufsichtsrat festzulegenden Zielgrößen und Fristen hatten bis spätestens 30.09.2015 zu erfolgen (§ 25 Abs. 1. EGAktG). Danach darf die erstmals festzulegende Frist nicht länger als bis zum 30.06.2017 dauern; ansonsten dürfen die Fristen höchstens fünf Jahre betragen. Der Mindestanteil einer Geschlechterquote von mind. 30% (§ 96 Abs. 2 u. 3 AktG) ist erstmals bei Aufsichtsratswahlen und -entsendungen ab dem 01.01.2016 zu beachten (§ 25 Abs. 2 EGAktG).[358] Vorstände und Aufsichtsräte der von den Umsetzungspflichten betroffenen Gesellschaften stehen relativ kurzfristig vor grundlegenden personalpolitischen Entscheidungen. Unterscheidet man sog. „harte" und „weiche" Quoten, wobei die Quote nach § 96 Abs. 2 u. 3 AktG als „harte" Quote gilt, die Zielgrößenfestlegungen (§§ 76 Abs. 4 u. 111 Abs. 5 AktG) hingegen als „weiche" Quote, so begegnet die „harte" Quote Bedenken im Hinblick auf Verfassungs- und Europarechtskonformität.[359] *Drygala* sieht die Regelungen des § 96 Abs. 2 u. 3 AktG kritisch im Hinblick auf Art. 3 GG und den Gleichbehandlungsrichtlinien der EU und dies vor allen Dingen unter dem fehlenden Vorbehalt einer gleichen Eignung, wie es bei Quotenregelungen der Fall war und zwar fast

---

356 Begr. RegE, S. 126–139; Spindler/Stilz zu § 96, Rz. 31–43; Drygala, Schmidt/Lutter zu § 96 Rz. 31–65.

357 Begr. RegE, S. 129 f, Spindler, Spindler/Stilz zu § 111, Rz. 77a-c; Drygala in Schmidt/Lutter zu § 111, Rz. 67a-m.

358 IDW FN 9/2015, Hinweise des IDW zu den erweiterten Berichtspflichten nach § 289a HGB i. Z. m. die Geschlechterquote.

359 Drygala, NZG 2015, S. 1129.

durchgängig im Arbeits- und Beamtenrecht.[360] Zum Verfassungsrecht und zur Gleichberechtigungsrichtlinie sind relativ frühe Ausführungen in der Literatur erfolgt.[361] Es könnte hier vor dem Hintergrund, dass auch der Aufsichtsrat Zielgrößen und Mindestanteile festzulegen hat, die Frage erneut gestellt werden, wer angabe-, und publizitätspflichtig für die EzU ist. Da § 289a Abs. 1. HGB unverändert geblieben ist, muss weiter davon ausgegangen werden, dass ausschließlich der Vorstand als gesetzlicher Vertreter der Gesellschaft Angabe- und Publizitätspflichten der EzU zu erfüllen hat; dass er insoweit auch der Mitarbeit des Aufsichtsrats bedarf, versteht sich im praktischen Vollzug von selbst.

6. Rechtsfolgen von Pflichtverletzungen

a) Anfechtbarkeit von Hauptversammlungsbeschlüssen

Gibt der Vorstand keine EzU ab oder veröffentlicht er eine EzU, die unzutreffende Angaben enthält oder unvollständig ist oder begeht der Vorstand Formfehler bei der Veröffentlichung, können dies Gründe für die Anfechtung von HV-Beschlüssen sein. Ein Pflichtenverstoß in diesem Zusammenhang kann in der Regel nur vom Vorstand, also von dessen Mitgliedern, begangen werden, denn nur dieser ist zu Abgabe und Veröffentlichung der EzU verpflichtet. Zu Recht weist *v.d. Linden* darauf hin, dass der Pflichtenverstoß gegen § 289a HGB in den Entlastungszeitraum fallen muss, weil über früheres oder späteres Vorstandshandeln der HV-Beschluss keine Aussage trifft.[362] Da der Lagebericht mit dem Jahresabschluss zusammen nach Ablauf des Geschäftsjahres, also im Folgejahr, erstellt wird, sich die Entlastung aber auf das abgelaufene Geschäftsjahr bezieht, ist eine Verweigerung der Entlastung des Vorstandes insoweit nicht möglich.[363] Eine Verweigerung der Entlastung des Vorstands ist für das Folgejahr, also das Jahr der Abgabe und Veröffentlichung der fehlerhaften EzU, aber möglich. Verfahrensfehler in der Veröffentlichung der EzU führen zu einem Informationsdefizit der Aktionäre, dabei kommt es nicht darauf an, zu welchem Zeitpunkt der Rechtsverstoß begangen wurde, sondern nur auf die Relevanz des Fehlers.[364] Im Weiteren ist zu prüfen,

360 Drygala, NZG 2015, S. 1130.

361 zum Verfassungsrecht und zur Gleichbehandlungsrichtlinie (RL 2006/54/EG): Papier/Heidenbach, ZGR 2011, S. 313–330; Ossenbühl, NJW 2012, S. 418f; Brandt, Ffm 2012, S. 233ff.

362 v. d. Linden, DCGK Wilsing zu § 289a HGB, Rz. 34.

363 v. d. Linden, DCGK Wilsing zu § 289a HGB, Rz. 34.

364 v. d. Linden, DCGK Wilsing zu § 289a HGB, Rz. 35; Lange, MüKo HGB BilR zu 289a HGB, Rz. 18.

ob die zutreffende (richtige) Information für einen objektiv urteilenden Aktionär wesentliche Voraussetzung dafür ist, um über die Entlastung zu entscheiden.[365]

b) Zivilrechtliche Haftung

Eine Innenhaftung von Vorstandsmitgliedern gegenüber der AG aus § 93 Abs. 2 Satz 1 AktG kann ebenso in Betracht kommen wie eine Außenhaftung gegenüber Dritten. Die Außenhaftung kann sich nur auf Deliktsrecht stützen (§ 823 Abs. 2 BGB i.V.m. § 331 Nr. 1 HGB, § 826 BGB). Grundsätzlich ist – wie auch bei der zivilrechtlichen Haftung im Rahmen der Entsprechenserklärung nach § 161 AktG – darauf hinzuweisen, dass ein Schaden entstanden sein muss, für den die Pflichtverletzung adäquat-kausal ist.[366]

c) Ordnungswidrigkeiten und strafrechtliche Konsequenzen

Nach § 334 Abs. 1 Nr. 3 HGB handelt derjenige ordnungswidrig, der bei der Aufstellung des Lageberichts den Bestimmungen des § 289a HGB zuwiderhandelt. Zuwiderhandelnde können nur Vorstandsmitglieder sein. Die Ordnungswidrigkeit kann mit einer Geldbuße bis zu 50.000 Euro geahndet werden (§ 334 Abs. 3 HGB). Außerdem kann gegen die Mitglieder des Vorstandes die Festsetzung eines Ordnungsgeldes in Höhe von mindestens 2.500–250.000 Euro erfolgen, wenn sie die Pflicht zur Offenlegung des Lageberichts – und damit auch der EzU – nicht befolgen (§ 335 Abs. 1 HGB).

Eine Straftat begeht, wer als Vorstandsmitglied die Verhältnisse einer Kapitalgesellschaft im Lagebericht mit Wissen und Wollen (Vorsatz) unrichtig wiedergibt oder verschleiert (331 Nr. 1 HGB), wobei bedingter Vorsatz (dolus eventualis) genügt. Das Strafmaß beträgt Freiheitsstrafe bis zu drei Jahren oder Geldstrafe.[367]

III. Corporate Governance Bericht

1. Grundlagen

Der CG-Bericht ist das dritte Element der CG-Publizität nach der Entsprechenserklärung und der EzU. Anders als die beiden letztgenannten gibt das deutsche Recht keine gesetzliche Norm, die Berichterstellung und -veröffentlichung bestimmt. In Abschnitt 3 des DCGK in der Fassung vom 5.5.2015,

---

365 v. d. Linden, DCGK Wilsing zu § 289a HGB, Rz. 35.

366 v. d. Linden, DCGK Wilsing zu § 289a HGB, Rz. 36; Bachmann, ZIP 2010, S. 1526.

367 Lange, MüKo HGB BilR zu § 289a, Rz. 17; Bachmann, ZIP 2010, S. 1526; v. d. Linden, DCGK Wilsing zu § 289a HGB, Rz. 17.

der mit „Zusammenwirken von Vorstand und Aufsichtsrat" überschrieben ist, lautet die Ziff. 3.10: „Über die Corporate Governance sollen Vorstand und Aufsichtsrat jährlich berichten (Corporate Governance-Bericht) und diesen Bericht im Zusammenhang mit der Erklärung zur Unternehmensführung veröffentlichen. Dabei sollte auch zu den Kodexanregungen Stellung genommen werden. Die Gesellschaft soll nicht mehr aktuelle Entsprechenserklärungen zum Kodex fünf Jahre lang auf ihrer Internetseite zugänglich halten."

Der erste und der dritte Satz dieser Verlautbarung enthalten Empfehlungen (soll), der zweite Satz eine Anregung (sollte) im Sinne des DCGK. Damit haben sich Vorstand und Aufsichtsrat im Rahmen der Entsprechenserklärung nach § 161 AktG mit diesen Empfehlungen zu befassen und diesen Empfehlungen zu folgen oder die Nichtbefolgung mit Begründung zu erklären. Nach der Studie *von v. Werder/Bartz*[368] ist die Befolgung der Sätze 1 und 3, also der Empfehlungen des CGK in der Fassung des 14.5.2013, beachtlich, weil Gesellschaften, die im DAX, TecDAX und MDAX notiert sind, Satz 1 der Ziff. 3.10 zu 100% befolgen, ebenso Gesellschaften, die neu an die Börse gegangen sind. Die Befolgung des Satzes 3 der Ziff. 3.10 liegt bei den DAX-und TecDAX-Gesellschaften ebenfalls bei 100%. Durchschnittlich befolgten alle börsennotierten Gesellschaften, die von *v. Werder/Bartz* in die Untersuchung einbezogen wurden, den Satz 1 mit 98,2%, den Satz 2 mit 52,7% (=Anregung) und den Satz 3 mit 96,4%. So gesehen kann festgestellt werden, dass die betroffenen Gesellschaften den CG-Bericht als zentrale Kapitalmarktinformation angenommen haben, obgleich die Ziff. 3.10 des CGK von 2002–2013 fünfmal geändert wurde, was im Wesentlichen die Verortung des CG-Berichts betraf. Die Fassung vom 18.6.2009 stellt fest, dass der CG-Bericht ein Teil der EzU sei; dies wurde in der Fassung vom 26.5.2010 schon wieder fallen gelassen. In der Fassung vom 15.5.2012 hieß es, der CG-Bericht sei im Zusammenhang mit der EzU zu veröffentlichen; diese Formulierung entspricht auch der aktuellen Fassung vom 13.5.2013. Der frühere Hinweis auf das Veröffentlichungsmedium Geschäftsbericht fehlt seit der Fassung 2012. Der Geschäftsbericht ist kein Informationsmedium des geltenden Rechts; gleichwohl bedient sich die Mehrheit der börsennotierten Gesellschaften dieses Mediums, um sowohl die verlangten „Pflichtangaben" (Kodex-Empfehlungen) als auch freiwillige Ausführungen und Darstellungen der eigenen Leistung den Stakeholdern zu vermitteln.

368 v Werder/Bartz, DB 2014, S. 907 f.; v. Werder/Turkali, DB 2015, S. 1360.

2. *Ziele*

Vor dem Hintergrund, Informationsasymmetrien zwischen Stakeholdern und Unternehmensleitung abzubauen, ist das Ziel des CG-Berichts, neben den gesetzlichen Informationspflichten weitere Transparenz in Bezug auf die CG des Unternehmens zu schaffen. „„*Corporate Governance*“ im vorliegenden Kontext meint den rechtlichen und faktischen Ordnungsrahmen der Gesellschaft, der zum einen die Kompetenzen und Funktionsweisen sowie das Zusammenwirken der Unternehmensorgane und zum anderen die Beziehung der Gesellschaft zu ihren Anteilseignern und Stakeholdern betrifft.“[369]

3. *Normadressaten und Berichtszeitraum*

Vorstand und Aufsichtsrat sollen jährlich über die CG berichten und den Bericht veröffentlichen. Ob diese Gremien jeweils gesondert berichten oder gemeinsam, kann der Ziff. 3.10 des DCGK nicht entnommen werden. Es kann aber davon ausgegangen werden, dass sich ein gemeinsamer Bericht in der Praxis zum Standard entwickelt hat.[370] Dabei ist es den jeweiligen Organen durchaus möglich, die in ihren jeweiligen Kompetenzbereich fallenden Teile des Berichts darzustellen und dies mit den Teilen des anderen Gremiumsberichts zu einem einheitlichen Bericht zusammenzufassen. Nachdem Ziff. 3.10 einen Zusammenhang des CG-Berichts mit der EzU herstellt, indem die Veröffentlichung im Zusammenhang mit der EzU erfolgen soll (Empfehlung 7), macht es Sinn, den Veröffentlichungszeitpunkt mit dem der EzU zusammenzulegen. Da die Empfehlungen des DCGK zum CG-Bericht durch § 161 AktG „gestützt“ werden, deckt sich der Berichtszeitraum des CG-Berichts mit dem der Entsprechenserklärung. Der CG-Bericht soll aber auch zukunftsorientiert sein und ggf. angeben, ob und wann das CG-Verhalten der Organe geändert werden soll. Wie auch bei der EzU ist eine Aktualisierung des Berichts unterjährig nicht erforderlich, wenn sich Sachverhalte des Berichts zwischen zwei turnusmäßigen Veröffentlichungsterminen ändern.[371]

4. *Konzerndimensionalität*

Mit der Fassung des DCGK vom 15.5.2012, veröffentlicht im elektronischen Bundeanzeiger am 15.6.2012, entfiel im Text der Ziff. 3.10 der Hinweis auf die CG „des Unternehmens“, der bis dahin in jeder Fassung des DCGK enthalten war.

---

369 Johannsen-Roth, DCGK Wilsing zu Ziff. 3.10, Rz. 1.

370 v. Werder, DCGK, Rz. 557.

371 v. Werder, DCGK, Rz. 548.

Damit wird deutlich, dass es Vorstand und Aufsichtsrat freisteht, den CG-Bericht für ihre Gesellschaft oder ggf. auch für den Konzern, dem ihre Gesellschaft angehört, abzugeben. Denn nach der Terminologie des DCGK bedeutet die Bezugnahme auf das „Unternehmen", dass die Bestimmungen konzerndimensional zu verstehen sind. Anderenfalls beziehen sich die Kodex-Bestimmungen auf die „Gesellschaft".[372] Die Unterscheidung muss vor dem Hintergrund verstanden werden, dass nicht wenige börsennotierte Gesellschaften Teile von Konzernen sind, größtenteils als Muttergesellschaften, aber auch börsennotierte Tochtergesellschaften neben Muttergesellschaften, die ebenfalls börsennotiert sein können.[373] Berichtet wird in der Praxis grundsätzlich „von oben nach unten", sodass im Konzern das börsennotierte Mutterunternehmen für seine börsennotierten Tochtergesellschaften berichtet; wenn die einzelnen börsennotierten Gesellschaften nicht eigene separate CG-Berichte abgeben.

5. *Inhalt und Veröffentlichung*

Der DCGK in seiner geltenden Fassung verpflichtet Vorstand und Aufsichtsrat grundsätzlich über die Corporate Governance, insbesondere aber über drei Empfehlungen, zu berichten. Dies ist zum einen unter der Hauptziff. 5. „Aufsichtsrat", Unterziff. 5.4 „Zusammensetzung und Vergütung" und dort Ziff. 5.4.1 Abs. 3 Satz 2: „Die Zielsetzung des Aufsichtsrats und der Stand der Umsetzung sollen im CG-Bericht veröffentlicht werden (Empfehlung=E66)". Zum anderen verlangt die Ziff. 6.3 Satz 2 unter der Hauptziff. 6 „Transparenz": „Übersteigt der Gesamtbesitz aller Vorstands- und Aufsichtsratsmitglieder 1% der von der Gesellschaft ausgegebenen Aktien, soll der Gesamtbesitz getrennt nach Vorstand und Aufsichtsrat im CG-Bericht angegeben werden (E92)." Letztlich unter der Hauptziff. 7 „Rechnungslegung und Abschlussprüfung" und der Unterziff. 7.1 „Rechnungslegung" die Unterziff. 7.1.3: „Der CG-Bericht soll konkrete Angaben über die Aktienoptionsprogramme ähnliche wertpapierorientierte Anreizsysteme der Gesellschaft enthalten, soweit diese Angaben nicht bereits im Jahresabschluss, Konzernabschluss oder Vergütungsbericht gemacht werden (E97)." Diese Empfehlungen sind gewissermaßen Ecksteine des CG-Berichts, deren Fehlen begründet werden muss.

Weber/Velte[374] haben 2009 eine Studie bei DAX-Investoren durchgeführt mit dem Ziel, zu evaluieren, welche Inhaltskomponenten eines von ihnen entwickelten

372 v. Werder, DCGK, Rz. 136.
373 v. Werder, DCGK, Rz. 136.
374 Weber/Velte, DStR 2011, S. 1141–1147.

CG-Reportings von den potentiellen Investoren in welchem Maße als entscheidungsrelevant angesehen werden.

Die von ihnen gewählten Inhaltskomponenten des CG-Reports sind in drei Hauptgruppen mit 4–5 Untergruppen unterteilt, nämlich:

Klassifizierung der Inhaltskomponenten des Corporate Governance-Reports	
1.	**Unternehmensführung durch den Vorstand**
1.1	Besetzung
1.2	Innere Organisation
1.3	Wertorientierte Unternehmensführung
1.4	Interessenskonflikte
1.5	Vergütung
2.	**Interne Überwachung durch den Aufsichtsrat**
2.1	Besetzung
2.2	Innere Organisation
2.3	Überwachungsaufgabe
2.4	Interessenskonflikte
2.5	Vergütung
3.	**Unterstützung des Aufsichtsrats durch den Abschlussprüfer**
3.1	Auswahl des Abschlussprüfers
3.2	Prüfungsauftrag
3.3	Unterstützungsleistungen durch den Abschlussprüfer
3.4	Prüfungshonorar

Die meisten Untergruppen sind bei Durchführung der Befragung wiederum in zwei bis sieben Inhaltskomponenten unterteilt. Der Bedeutungsgrad der Berichtskategorien sollte auf einer Skala von 1–5 (keine: bis 1,5; niedrige: bis 2,5; mittlere: bis 3,5; hohe: bis 4,5; sehr hohe: bis 5,0) angegeben werden.

Die höchsten Bedeutungsgrade (arithmetisches Mittel) entfielen auf folgende Berichtskategorien, wobei die Auswertung ergab, dass die erste Hauptgruppe der Berichtskategorien die höchsten Bedeutungsgrade erreichte.

Erste Hauptgruppe (Unternehmensführung durch den Vorstand):

1.3.5 Ausgestaltung des Risikomanagementsystems (Bewertung: 4,10)
1.5.1 Vergütungssystem für die Vorstandsmitglieder (Bewertung: 4,09)
1.3.6 Art und Weise des Zusammenwirkens des Vorstands und Aufsichtsrats (Bewertung 3,94)

Zweite Hauptgruppe (Interne Überwachung durch den Aufsichtsrat)

2.3.1 Überwachungshandlungen des Aufsichtsrats (Bewertung: 3,85)
2.5.1 Vergütungssystem für die Aufsichtsratsmitglieder (Bewertung: 3,80)

Dritte Hauptgruppe (Unterstützung des Aufsichtsrats durch den Abschlussprüfer

3.1.3 Profil des ausgewählten Abschlussprüfers insbesondere im Hinblick auf seine Unabhängigkeit und seine Maßnahmen zur Qualitätssicherung (Bewertung 3,64)
3.2.3 Maßnahmen des Aufsichtsrats, sofern Abschluss- oder Befangenheitsgründe im Berichtszeitraum tatsächlich eingetreten sind und diese nicht unverzüglich beseitigt wurden (Bewertung 3,58).

Diese Ergebnisse erscheinen signifikant für die Sicht der Investoren in Bezug auf den CG-Report.

In diesem Zusammenhang ist auch das Ergebnis einer Studie von *Böcking/Böhme/Gros*[375] interessant, die aus Sicht der berichtenden DAX-Unternehmen zeigen, welche Kodexabweichungen laut Entsprechenserklärung dieser Unternehmen am häufigsten vorkommen. Sie kommen zu dem Ergebnis, dass nicht bestätigt werden kann, „...dass eine Nichtbefolgung der Empfehlungen zwangsläufig mit einer „schlechten Corporate Governance" gleichgesetzt werden kann." Vielmehr können Abweichungsbegründungen die Qualität von Corporate Governance-Aussagen erhöhen.

In der Praxis haben sich noch weitere Inhalte für den CG-Bericht herausgebildet, sodass dem Gedanken Rechnung getragen wird, mit diesem Bericht die CG einer Gesellschaft möglichst umfassend darzustellen. Diese Vorstellung hat nicht unerhebliche Überschneidungen mit den Bestimmungen des § 285 (Anhang) und § 289 (Lagebericht) HGB zur Folge; aber auch Pflichtangaben aus § 161 AktG (Entsprechenserklärung) und aus § 289a HGB (EzU) werden tangiert. So gesehen sind Überschneidungen zwischen dem CG-Bericht und den gesetzlich bestimmten Angaben und Erklärungen unvermeidlich.

Die unternehmerische Praxis der börsennotierten Unternehmen stützt sich zur Veröffentlichung des CG-Berichts auf den Geschäftsbericht,[376] obwohl die Kodexfassung seit 2012 diesen Hinweis nicht mehr enthält.

---

375 Böcking/Böhme/Gros, AG 2012, S. 615–625.

376 Johannsen-Roth, DCGK Wilsing zu 3.10, Rz. 21; Leyens, AktG Großkommentar zu § 161 AktG, Rz. 430.

Auch einen „Geschäftsbericht“ im Rechtssinne gibt es seit dem BilRiLiG von 1985 nicht mehr, an seine Stelle sind vielmehr der Anhang und der Lagebericht getreten.[377] Nach den Ausführungen von v. *Werder* ist die Formulierung, dass der CG-Bericht in Zusammenhang mit der EzU veröffentlicht werden soll, so zu verstehen, dass der Zusammenhang von den Unternehmen frei gestaltet werden kann.[378]

Nach Ziff. 3.10 Satz 3 soll die Gesellschaft nicht mehr aktuelle Entsprechenserklärungen zum Kodex fünf Jahre lang auf ihrer Internetseite zugänglich halten. Nach *v. Werder* – als Mitglied der Kodex-Kommission – geht diese davon aus, dass eine gesetzliche Aufbewahrungsfrist die Entsprechenserklärung nicht betrifft.

Ein Zugang zu nicht mehr aktuellen Erklärungen stärkt jedoch die Transparenz der CG der betreffenden Gesellschaft, deshalb wurde die Empfehlung formuliert. Inzwischen (seit 2005) befolgen 100 % der in den vier Indizes gelisteten Gesellschaften diese Empfehlung, sodass sich insoweit diese Empfehlung als Best Practice etabliert hat. Die Empfehlung setzt mit den fünf Jahren eine Mindestfrist, die selbstverständlich ausgedehnt werden kann (Übererfüllung).[379]

6. *Sanktionen*

Werden CG-Berichte von den betroffenen Gesellschaften oder Unternehmen nicht erstellt, fehlerhaft oder unvollständig erstellt, tangiert dies die Entsprechenserklärung gem. § 161 AktG. Solche fehlenden oder mangelhaften CG-Berichte können die Entsprechenserklärung fehlerhaft machen, sodass die Haftungsfolgen für falsche Erklärungen gem. § 161 AktG ausgelöst werden.

7. *Kritik*

Es hat sich gezeigt, dass beachtliche Überschneidungen zwischen der Entsprechenserklärung, der EzU und dem CG-Bericht gegeben sind, die als Kapitalmarktinformationen gerade bei ausländischen Investoren die vom CGK gewollten und gewünschten Kenntnisvermittlungen deutscher Grundsätze der Unternehmensführung und Überwachung eher erschweren, wenn nicht gar konterkarieren.

---

377 Leyens, AktG Großkommentar zu § 161 AktG, Rz. 430.

378 v. Werder, DCGK, Rz. 544.

379 v. Werder, DCGK, Rz. 558 und 560.

Bemerkenswert ist, dass die Regierungskommission DCGK durch ihren seinerzeitigen Vorsitzenden, *Klaus Peter Müller*, unter dem 1.2.2012 über die Plenarsitzung vom 17.1.2012 berichtet und dort erklärt, es sei beabsichtigt, „... den bislang vom Kodex empfohlenen CG-Bericht in Ziff. 3.10 zu streichen." Dazu ist es bekanntermaßen nicht gekommen. *Habersack* vertritt in seinem Gutachten zum 69. DJT (Seite 68 f.) die Auffassung, dass auf den CG-Bericht verzichtet werden sollte mit der Begründung: „Das Nebeneinander von Corporate Governance-Bericht und Erklärung zur Unternehmensführung ist verwirrend, zumal sich beide in inhaltlicher Hinsicht zwar überlappen, aber nicht decken...". Demgemäß hat der 69. DJT mit überwiegender Mehrheit (77:4:6) beschlossen: „Die Berichterstattung über Corporate Governance ist zu vereinfachen. Das Nebeneinander von § 161 AktG, § 289a HGB und Ziff. 3.10 DCGK ist zu beseitigen."[380] Diese Forderung würde auch die berichts- und erklärungspflichtigen Unternehmen entlasten und auch dem Transparenzgebot in Bezug auf die Information des Kapitalmarkts fördern. Die „Verschlankung" des DCGK ist eine deutliche Forderung des 69. DJT, die bisher eine eindeutige Antwort in der Praxis noch nicht gefunden hat.[381]

Die Abschaffung des CG-Berichts wird damit begründet, dass er gegenüber der EzU keinen inhaltlichen „Mehrwert" bietet und zu erheblichen inhaltlichen Abgrenzungsschwierigkeiten führt.[382]

Eine sehr weitgehende Kritik des DCGK trägt *Theissen* vor; dies vor der von der Regierungskommission geäußerten Absicht, sie wolle zukünftig schwerpunktmäßig nationale und internationale Regulierer beraten und den Kodex bewahren und nur zurückhaltend verändern.[383]

Wenn diese Absicht der Regierungskommission umgesetzt würde, wäre einem Großteil der geäußerten Kritiken entsprochen. Allerdings dürfte der von Theissen geäußerten Vermutung der Abschaffung des DCGK in Anbetracht der internationalen Entwicklung des CG-Gedankens kein Erfolg beschieden sein.

---

380 S. 23 der Beschlüsse des 69. DJT, Abteilung Wirtschaftsrecht, II Deutscher Corporate Governance Kodex, 7. Verschlankung d).

381 Habersack, Gutachten DJT 2012, S. 57 ff.; Beschlüsse des 69. DJT, Abteilung Wirtschaftsrecht, II Deutscher Corporate Governance Kodex, 7. Verschlankung, a) und c); Handelsrechtsausschuss des DAV, NZG 2012, S. 335–339 und NZG 2015, S. 508; Peltzer, NZG 2012, S. 368–371.

382 Bredol/Schäfer, NZG 2013, S. 568–571.

383 Theissen, DB 2014, S. 2057–2064.

IV. Zusammenfassung

Der DCGK kennt drei Publizitätselemente:

- die Entsprechenserklärung gem. § 161 AktG
- die Erklärung zur Unternehmensführung gem. § 289a HGB
- Corporate Governance-Bericht gem. Ziff. 3.10 des DCGK.

Während die Erklärungen auf gesetzlichen Vorschriften beruhen, folgt der CG-Bericht dem Prinzip der Selbstverpflichtung, dessen Abgabe durch § 161 AktG gestützt wird. Die Entsprechenserklärung hat einen doppelten zeitlichen Bezug, einmal für die Vergangenheit (Wissenserklärung) und zum anderen für die Zukunft (Absichtserklärung). Erklärungspflichtig sind Vorstand und Aufsichtsrat der betroffenen Gesellschaften (AG, KGaA, SE) als Organe gemeinsam. Der gemeinsame Beschluss der Organe ist jährlich zu erklären und zu veröffentlichen. Diese sind verpflichtet, die interne Umsetzung der Verhaltensempfehlung umzusetzen. Die Rechtsfolgen von Pflichtverstößen reichen von – heftig diskutierten – Anfechtungen von HV-Schlüssen bis zu zivilrechtlicher Haftung und strafrechtlichen Sanktionen.

Die EzU verdankt ihre Entstehung der Änderungs-RL 2006/46/EG, die vor dem Hintergrund internationaler Bilanzskandale gesetzgeberische Maßnahmen nötig machten. National erfolgte die Umsetzung dieser RL durch das BilMoG vom 25.05.2009. Normadressaten sind die „Aktiengesellschaften" (sowie KGaA und SE), nicht wie bei § 161 AktG die Organe, so die herrschende Lehre. Gleichwohl vertreten einige Autoren bis heute unter dem Eindruck des § 161 AktG die Auffassung, dass Vorstand und Aufsichtsrat zur Abgabe und Veröffentlichung verpflichtet seien.

Die EzU hat zum Inhalt:

- die Entsprechenserklärung gem. § 161 AktG
- Angaben zu Unternehmensführungspraktiken, die über die gesetzlichen Anforderungen hinausgehen
- gremienbezogene Angaben, wie Beschreibung der Arbeitsweise von Vorstand und Aufsichtsrat, seiner Ausschüsse und deren Zusammensetzung.
- die Festlegungen nach § 76 Abs. 4 und § 111 Abs. 5 AktG
- die Angaben, ob die Gesellschaft bei der Besetzung des Aufsichtsrats die Geschlechterquote eingehalten hat.

Dabei kann die EzU nach Wahl der erklärungspflichtigen Gesellschaft als gesonderter Teil des (Konzern-)Lageberichts aufgenommen und veröffentlicht werden oder auf der Internetseite der Gesellschaft öffentlich zugänglich gemacht werden;

in diesem Fall ist im (Konzern-)Lagebericht auf die entsprechende Fundstelle auf der Internetseite hinzuweisen. Die Rechtsfolgen bei Verletzung der Erklärungspflichten entsprechen im Wesentlichen denen, wie sie für Verletzung der Entsprechenserklärung gelten. Mit der EzU wird vom Gesetzgeber im erhöhten Maße die Vorstellung von Transparenz für den Kapitalmarkt verbunden.

Der CG-Bericht als drittes Publizitätsinstrument des DCGK beruht ausschließlich auf Ziff. 3.10 des DCGK, da dieser von der Regierungskommission (Kodexkommission) geschaffen wurde. Er ist kein Akt staatlicher Rechtssetzung und damit kein Gesetz i.S.d. Art. 2 EGBGB. Seine Durchsetzungsfähigkeit in der Praxis beruht auf dem Prinzip des „Comply or Explain", das durch die Vorschrift des § 161 AktG gesetzlich gestützt wird.

Die Ziff. 3.10 enthält zwei Empfehlungen, die zu beachten sind, sowie eine Anregung. Sodann ist über drei Empfehlungen zu berichten, ansonsten ist der Inhalt des CG-Berichts weder vorgeschrieben noch empfohlen.

Vorstand und Aufsichtsrat sollen jährlich den CG-Bericht gemeinsam erstellen und damit über die Corporate Governance ihres Unternehmens berichten mit dem Ziel, die Transparenz über Funktionen und Zusammenwirken der Gesellschaftsorgane für den Kapitalmarkt zu erhöhen. Diesem Ziel dient auch die Mitteilung über Befolgung und Nichtbefolgung der Empfehlungen und Anregungen des DCGK und ggf. den Begründungen für Nichtbefolgung.

Im Schrifttum ist eine Fülle an Anregungen für den konkreten Inhalt des CG-Berichts zu finden. In der Praxis, die sich ganz überwiegend für ihre Publizitätszwecke des Geschäftsberichts bedient, ist der CG-Bericht häufig als Bestandteil im Konzernlagebericht enthalten, der wiederum Bestandteil des Geschäftsberichts ist. So gesehen wird der CG-Bericht mit dem Konzernlagebericht veröffentlicht.

B. Prüfungspflichten de lege lata

I. Entsprechenserklärung gem. § 161 AktG

1. Prüfung durch den (Konzern-)Abschlussprüfer

a) Die Prüfung der Entsprechenserklärung

§ 316 HGB schreibt vor, dass der Abschlussprüfer den Jahresabschluss, ggf. auch den Konzernabschluss sowie den Lagebericht bzw. Konzernlagebericht zu prüfen hat. Darüber hinaus hat er gem. § 317 Abs. 4 HGB im Rahmen der Jahresabschlussprüfung zu beurteilen, „…ob der Vorstand die ihm nach § 91 Abs. 2 des Aktiengesetzes obliegenden Maßnahmen in einer geeigneten Form getroffen hat und ob das danach einzurichtende Überwachungssystem seine Aufgaben erfüllen kann.“ Der Jahresabschluss besteht aus der Bilanz, der Gewinn- und Verlustrechnung sowie dem Anhang (§ 264 Abs. 1 S. 1 HGB). Die handelsrechtliche Publizität verlangt im Anhang gem. § 285 Ziffer 16 HGB die Angabe, „… dass die nach § 161 des Aktiengesetzes vorgeschriebene Erklärung abgegeben und wo sie öffentlich zugänglich gemacht worden ist.“ Da § 161 Abs. 2 AktG ausdrücklich normiert, dass die Entsprechenserklärung auf der Internetseite der Gesellschaft dauerhaft öffentlich zugänglich zu machen ist, kann die Regelung des § 285 Ziffer 16 HGB nur so verstanden werden, dass die Internetseite den genauen Pfad enthalten muss, unter dem die Erklärung öffentlich zugänglich ist; dabei sind weitere Seitenverweisungen unzulässig.[384] Obwohl grundsätzlich alle Angaben im Anhang auch Gegenstand der aktienrechtlichen Jahresabschlussprüfung sind, ordnet § 317 Abs. 2 S. 4 HGB an, dass Angaben nach §§ 289a, 315 Abs. 5 HGB nicht in die Prüfung einzubeziehen sind. Zu diesen Angaben gehört die Erklärung gem. § 161 AktG. Es ist zu fragen, was den Gesetzgeber veranlasst hat, die hier in Rede stehende Angabe von der gesetzlichen Prüfungspflicht auszunehmen.

Alle vier hier in Rede stehenden Vorschriften § 161 AktG, §§ 285 Ziffer 16, 314 Abs. 1 Nr. 8 HGB und § 317 Abs. 2 S. 4 HGB sind durch das BilMoG und damit bei der Umsetzung der Bilanzrichtlinie i.d.F. der Abänderungsrichtlinie 2006/46/EG und dort Art. 46 a verändert worden.

Eine Begründung für die Ausnahme von der gesetzlichen inhaltlichen Prüfungspflicht der Entsprechenserklärung ist weder aus den Erwägungsgründen der EU-Richtlinien noch aus der RegBegr zum BilMoG zu ersehen. Die RegBegr zitiert kommentarlos insoweit nur die EU-Richtlinien. In der Literatur wird überwiegend vermutet, dass der EU und dem nationalen Gesetzgeber nicht an einer Geschäftsführungsprüfung gelegen war.[385]

Einen interessanten Aspekt zeigen die Ausführungen der Regierungskommission CG, die anfänglich auch die Auffassung in Anlehnung an das KonTraG vertrat, die Jahresabschlussprüfung müsse sich zu einer Prüfung der Ordnungsmäßigkeit der Geschäftsführung weiterentwickeln; wobei der § 53 des HGrG Pate stand. Nach eingehenden Beratungen der Regierungskommission CG wurde diese Vorstellung nicht weiter verfolgt mit der Begründung, die Geschäftsführungsprüfung sei gem. § 111 Abs. 1 AktG die ureigene und zentrale Aufgabe des Aufsichtsrats; dieser könne sich bei einer gesetzlich angeführten Geschäftsführungsprüfung von seiner Überwachungspflicht entlastet oder gar verdrängt

384 Gelhausen/Fey/Kämpfer, PwC-Komm. zu § 285 HGB, Rz. 68.
385 Freidank/Velte, Rechnungslegung, S. 819.

sehen.[386] Die Entscheidung der Regierungskommission CG folgt damit der klassischen Funktionsteilung der aktienrechtlichen Organe. Die weitere Begründung der Reg.Komm. CG, der § 53 HGrG würde auch nur dann zur Anwendung kommen, wenn die Gebietskörperschaft eine Prüfung der Geschäftsführung verlange, geht davon aus, dass die betroffene Gebietskörperschaft ein Wahlrecht dahingehend hat, im Rahmen der Abschlussprüfung die Ordnungsmäßigkeit der Geschäftsführung prüfen zu lassen oder nicht. Diese Auffassung trifft nicht die geltende Rechtslage. *Gelhausen/Hermesmeier* machen deutlich: „Die „kann"-Vorschrift des § 53 Abs. 1 HGrG ist nicht als Wahlrecht gestaltet, sondern ist als „muss"-Vorschrift bzw. im Hinblick auf die Verzichtsregelung des § 68 BHO/LHO als zwingende „Gebotsnorm mit Ausnahmevorbehalt" zu verstehen."[387]

Damit besteht unter den Voraussetzungen des § 53 HGrG die haushaltsrechtliche Pflicht zur Erweiterung der Prüfung im Rahmen der Abschlussprüfung.[388]

Es ist praktisch nicht vorstellbar und entspricht auch nicht der Erfahrung, dass eine Gebietskörperschaft bei ihren Tochtergesellschaften auf eine solche Prüfung verzichtet. Andererseits räumt die Kommission zu Recht ein, dass eine Tendenz zu erkennen ist, dem Abschlussprüfer durch Gesetz weitere Prüfungspflichten zu übertragen. Sie macht dies an den Bestimmungen der §§ 317 Abs. 4 und 323 Abs. 4 fest (Prüfung von Risikoüberwachungssystemen und Berichterstattung hierüber).[389] Tatsächlich ist festzustellen, dass mit Veröffentlichung des DCGK Empfehlungen zu gesetzlichen Bestimmungen mutieren, wie zum Bsp. Vorstandvergütung und neuerdings die Frauenquote,[390] was bedeutet, dass aus ursprünglichen Selbstverpflichtungen gesetzliche Zwänge werden und dies auch im Hinblick auf eine gesetzliche Prüfungspflicht.

Aus § 317 Abs. 2 S. 4 HGB ergibt sich, dass die Entsprechenserklärung nicht Gegenstand der Abschlussprüfung ist. Der Abschlussprüfer hat nicht zu prüfen, ob und inwieweit den Empfehlungen des DCGK tatsächlich gefolgt wurde und ob die Abweichungen von den Empfehlungen zutreffend dargestellt und begründet

---

386 Reg. Komm. CG, Rz. 285.

387 Gelhausen/Hermesmeier, WPg 2015, S. 635; so auch nur für NRW Lanfermann/Tebben, Prüfung kommunaler Unternehmen, S. 31.

388 Gelhausen/Hermesmeier, WPg 2015, S. 635; so auch nur für NRW Lanfermann/Tebben, Prüfung kommunaler Unternehmen, S. 31.

389 Reg. Komm. CG, Rz. 285.

390 Gesetz für die gleichberechtigte Teilhabe von Frauen und Männern an Führungspositionen in der Privatwirtschaft und im öffentlichen Dienst vom 24.04.2015, BGBl I 2015, Nr. 17 vom 30.04.2015.

sind.[391] Macht ein Unternehmen aufgrund der DCGK freiwillig Angaben im Lagebericht, die über die Angaben gem. § 289 HGB hinausgehen, werden diese im Rahmen der Abschlussprüfung prüfungspflichtig.[392] Andererseits ist die Entsprechenserklärung auch dann nicht Gegenstand der inhaltlichen Abschlussprüfung, wenn sie zusammen mit der Erklärung zur Unternehmensführung veröffentlicht oder, wenn der CG-Bericht als gesonderter Bericht im Geschäftsbericht aufgenommen oder wenn die Entsprechenserklärung in den Anhang oder Lagebericht aufgenommen wird.[393]

Im Rahmen der Jahresabschlussprüfung handelt es sich im Hinblick auf die Entsprechenserklärung um eine rein formelle Vollständigkeitsprüfung durch den Abschlussprüfer.[394] Die Vollständigkeit hat sich gem. § 285 Ziff. 16 HGB ausschließlich darauf zu erstrecken, „...ob die Angabe sowohl eine Aussage zur Abgabe der Entsprechenserklärung als auch dazu enthält, ob und wo die Entsprechenserklärung öffentlich zugänglich gemacht wurde".[395] Die Prüfung hat sich sinngemäß darauf zu fokussieren, ob die Einhaltung der Empfehlungen des DCGK für die Vergangenheit, also in den letzten 12 Monaten seit Abgabe der letzten Erklärung und auch zukunftsorientiert erklärt ist; weiterhin, dass Abweichungen von den Empfehlungen des DCGK im Einzelnen aufgeführt und begründet sind.[396]

Sodann ist zu prüfen, ob die Angabe zur Veröffentlichung der Entsprechenserklärung zutrifft, also wo sie öffentlich dauerhaft zugänglich gemacht wurde. Bei der Prüfung des Konzernanhangs hat sich die Prüfung darauf zu erstrecken, ob für jedes in den Konzernabschluss einbezogene börsennotierte Unternehmen die Entsprechenserklärung abgegeben und zutreffend ist, was Befolgung oder Nichtbefolgung der Empfehlungen, ggf. mit Begründungen, anlangt. Weiterhin ist zu prüfen, wo die Erklärungen öffentlich zugänglichgemacht worden sind (§ 314 Abs. 1 Ziff. 8 HGB). Sind die in den Konzernabschluss einbezogenen börsennotierten Unternehmen von anderen Abschlussprüfern geprüft worden, hat der Konzernabschlussprüfer deren Arbeit zu überprüfen und dies zu dokumentieren (§ 317 Abs. 3 S. 2 HGB).[397] In diesen Fällen findet also eine „Doppelprüfung" statt, was in der Praxis dazu geführt hat, dass in aller Regel die Abschlussprüfer der Tochtergesellschaften ihrer Mandate verlustig gegangen sind, nachdem durch

391 IDW PS 345, Rz. 22.
392 IDW PS 345, Rz. 22.
393 IDW PS 345, Rz. 22a; Leyens, Großkommentar AktG zu § 161, Rz. 439.
394 Leyens, Großkommentar AktG zu § 161, Rz. 428.
395 IDW PS 345, Rz. 23.
396 IDW PS 345, Rz. 25.
397 IDW PS 345, Rz. 29.

das BilMoG die Bestimmung des § 317 Abs. 3 S. 2 HGB eingeführt wurde und damit eine konzentrierende Wirkung auf dem Prüfermarkt erzeugte.

Wenn auch eine inhaltliche Prüfung der Entsprechenserklärung gesetzlich ausgeschlossen ist, hat der (Konzern-)Abschlussprüfer die Erklärung kritisch zu lesen. Kritisches Lesen ist keine Prüfungsart.[398] Die Entsprechenserklärung ist eine zusätzliche Information, die zusammen mit dem (Konzern-)Abschluss veröffentlicht wird (§ 325 Abs. 1 Ziff. 2 HGB). Nach IDW PS 202 Rz. (7) hat der (Konzern-) Abschlussprüfer eine solche Information kritisch zu lesen und bei wesentlichen Unstimmigkeiten oder sonstigen falschen Angaben entsprechende Maßnahmen nach Rz. 13 bis 16 und Rz. 29f. zu ergreifen, die von Erörterungen mit den gesetzlichen Vertretern bis zur Versagung des Bestätigungsvermerks reichen können.

b) Reaktionen des (Konzern-)Abschlussprüfers auf fehlende oder fehlerhafte Entsprechenserklärungen

Stellt der (Konzern-)Abschlussprüfer fest, dass die nach §§ 285 Ziff. 16, 314 Abs. 1 Ziff. 8 HGB geforderten Angaben zur Entsprechenserklärung nicht vorhanden, unvollständig oder unzutreffend sind, hat er seinen Bestätigungsvermerk einzuschränken. Werden hingegen bei der Prüfung des (Konzern-)Abschlusses unzutreffende (inhaltliche) Aussagen durch den (Konzern-)Abschlussprüfer festgestellt, hat dies keine Auswirkungen auf den Bestätigungsvermerk. Der (Konzern-)Abschlussprüfer hat jedoch entsprechend seiner Redepflicht gem. § 321 Abs. 1 S. 3 HGB davon im Prüfungsbericht zu berichten, weil inhaltliche Mängel der Entsprechenserklärung stets als schwerwiegende Verstöße i. S. § 321 Abs. 1 S. 3 HGB zu bewerten sind.[399] *Leyens* begründet diese Auffassung mit der Bedeutung der gesetzlichen Erklärungspflicht für die Steuerungswirkung des DCGK.[400] *Bormann* stellt fest, dass nach dem eindeutigen Wortlaut des § 321 Abs. 1 S. 3 HGB Verstöße von Mitgliedern des Aufsichtsrats nicht berichtspflichtig sind. Die von ihnen gegebene Erklärung, dass der (Konzern-)Abschlussprüfer Gehilfe des Aufsichtsrats bei der Überwachung der Geschäftsführung sein soll, überzeugt vor

398 IDW PS 202, Die Beurteilung von zusätzlichen Informationen, die von Unternehmen zusammen mit dem Jahresabschluss veröffentlicht werden (09.09.2010).

399 IDW PS 345, Rz. 31 und 33, hier werden auch drei anschauliche Bsp. für die Einschränkung des Bestätigungsvermerks dargestellt, Habersack/Mülbert/Schlitt, Hdb. Kapitalmarktinformation zu § 13, Rz. 101; Hoffmann/Lüdenbach, NWB Komm. Bilanzierung zu § 321, Rz. 45; Schmidt/Poullie in Beck'scher Bilanzkommentar zu § 321, Rz. 31; WP Handbuch I. 2012, Q, Rz. 132.

400 Leyens, Großkommentar AktG zu § 161, Rz. 447.

dem Hintergrund des § 161 AktG nicht.[401] Adressaten des § 161 AktG sind Vorstands- und Aufsichtsrat. Beide haben sich im aktiven Zusammenwirken zu einer gemeinsamen Entsprechenserklärung zu verständigen. Hat die gemeinsame Erklärung Mängel, kann nicht davon ausgegangen werden, dass ein solcher Verstoß dem Vorstand oder Aufsichtsrat angelastet werden kann.[402] Regelmäßig sind beide Organe Verursacher des Verstoßes mit der Folge, dass im Prüfungsbericht gem. § 321 Abs. 1 S. 3 HGB zu berichten ist.

IDW PS 345 macht deutlich, dass die Abschlussprüfung, insbesondere nach Art und Umfang der Prüfungshandlung, weder auf die Einhaltung der Empfehlung des DCGK noch darauf gerichtet ist, ob die Entsprechenserklärung inhaltlich zutrifft. Abweichungen vom Erklärungsinhalt sind naturgemäß nur von vergangenheitsbezogenen und von zukunftsbezogenen Erklärungen im Zeitraum zwischen Abgabe der zukunftsgerichteten Erklärung und Durchführung der Abschlussprüfung feststellbar. Nach Schluss der Abschlussprüfung sind inhaltliche Abweichungen von der Entsprechenserklärung für die weitere Zukunft nicht im Voraus erkennbar. Der „wirkliche Wille" der Organe ist dem Abschlussprüfer verborgen. Das gleiche gilt für subjektive Beurteilungen durch die Organe der zu prüfenden Gesellschaft für Sachverhalte außerhalb der Rechnungslegung, die Eingang in die Entsprechenserklärung gefunden haben.[403]

c) Auftragsgemäße Erweiterung der Berichtspflichten des (Konzern-)Abschlussprüfers

Gem. 7.2.3 des DCGK wird dem Aufsichtsrat (ggf. dem Prüfungsausschuss) empfohlen:

1. „Der Aufsichtsrat soll vereinbaren, dass der Abschlussprüfer über alle für die Aufgaben des Aufsichtsrats wesentlichen Feststellungen und Vorkommnisse unverzüglich berichtet, die sich bei Durchführung der Abschlussprüfung ergeben.
2. Der Aufsichtsrat soll vereinbaren, dass der Abschlussprüfer ihn informiert bzw. im Prüfungsbericht vermerkt, wenn er bei Durchführung der Abschlussprüfung Tatsachen feststellt, die eine Unrichtigkeit der von Vorstand und Aufsichtsrat abgegeben Erklärung zum Kodex ergeben."

---

401 Bormann, Müko BilR zu § 321, Rz. 46.
402 So IDW PS 345, Ziff. 33.
403 IDW PS 345, Ziff. 34.

Wird diesen Empfehlungen entsprochen, hat die zu prüfende Gesellschaft, vertreten durch den Aufsichtsrat, mit dem Abschlussprüfer eine Vereinbarung geschlossen, die zum einen die gesetzliche Redepflicht des Abschlussprüfers gegenüber dem Aufsichtsrat deutlich erweitert. Zum anderen wird der (Konzern-) Abschlussprüfer gegenüber dem Aufsichtsrat verpflichtet, alle Tatsachen, die im Rahmen der gesetzlichen Abschlussprüfung festgestellt werden und Unrichtigkeiten der Entsprechenserklärung betreffen, im Prüfungsbericht zu vermerken bzw. den Aufsichtsrat darüber zu informieren.[404] Damit erweitert Abs. 2 der Ziff. 7.2.3. des DCGK die gesetzliche, nur begrenzte Prüfung der Anhangangaben nach §§ 285 Ziff. 16 bzw. 314 Abs. 1 Nr. 8 HGB, da eine Einschränkung des Bestätigungsvermerks (§ 322 Abs. 4 HGB) nur dann gerechtfertigt ist, wenn die Entsprechenserklärung fehlt oder nicht publiziert wurde.[405] Der Abschluss dieser Offenlegungsvereinbarung bedarf auf Seiten der Gesellschaft einer Beschlussfassung des Aufsichtsrats bzw. bei Delegation auf den Prüfungsausschuss einer Beschlussfassung dieses Gremiums. Sinnvollerweise sollte die Offenlegungsvereinbarung Bestandteil des Prüfungsauftrages sein (§ 111 Abs. 2 S. 3 HGB).[406] Anderenfalls hat der Aufsichtsrat über § 111 Abs. 2 S. 2 HGB auch die Möglichkeit, den (Konzern-)Abschlussprüfer mit den Offenlegungspflichten nach Abs. 1 und 2 des Abschnitts 7.2.3. DCGK als Sachverständiger zu mandatieren, was einen Beschluss des Aufsichtsrats gem. § 108 Abs. 1 AktG voraussetzt.[407] Nach den Ermittlungen von *v. Werder/Bartz*[408] folgen fast 100% aller DAX-Unternehmen (DAX, Tec-DAX, M-DAX, S-DAX) den Empfehlungen aus Abs. 1 und 2 des Abschnitts 7.2.3 des DCGK. Das zeigt das Bemühen der Aufsichtsorgane dieser Gesellschaften, Möglichkeiten zur Effektivitätssteigerung ihrer Kontrollaufgaben zu nutzen, wobei die Erkenntnisse des (Konzern-)Abschlussprüfers besonders geschätzt sind.

2. Prüfung durch den Aufsichtsrat

Der Aufsichtsrat hat die Geschäftsführung zu überwachen (§ 111 Abs. 1 AktG). Die Überwachung der Geschäftsführung des Vorstandes durch den Aufsichtsrat orientiert sich an den Maßstäben: Rechtmäßigkeit, Zweckmäßigkeit und

404 Kremer, DCGK, Rz. 1241–1243.
405 Marsch/Barner, DCGK Wilsing, S. 573.
406 Kremer, DCGK, Rz. 1244.
407 Leyens, Großkommentar AktG zu § 161, Rz. 454; Spindler, Spindler/Stilz, § 111, Rz. 43.
408 von Werder/Turkali, DB 2015, S. 1363.

Wirtschaftlichkeit.[409] Die Überwachung der Geschäftstätigkeit kann in drei Stufen gesehen werden. Erstens wird der Aufsichtsrat in die Lage versetzt, sich ständig und umfassend über die Lage und Entwicklung des Unternehmens zu unterrichten. Zweitens werden dem Aufsichtsrat Rechte zugebilligt, mit denen er auf den Vorstand beratend und gestaltend Einfluss nehmen kann. Drittens wird dem Aufsichtsrat für bestimmte Fälle ein Mitentscheidungsrecht eingeräumt.[410] *Henze/Hartwig* ordnen den drei Stufen die Rechte zu, die dem (Konzern-)Abschlussprüfer zur Erfüllung seiner Aufgaben zur Seite stehen. Dies sind naturgemäß überwiegend Normen des AktG, aber auch solche des HGB, soweit es die Erteilung des Prüfungsauftrags an den (Konzern-)Abschlussprüfer und die Prüfungsberichtsübersendung angeht.[411]

Aus § 111 Abs. 2 S. 1 AktG würde der Aufsichtsrat in die Lage versetzt, die Entsprechenserklärung gem. § 161 AktG zu prüfen, wäre er nicht Mitverfasser dieser Erklärung. Dieser Umstand macht ihn inhabil für eine solche Prüfung; es ist hier das Selbstprüfungsverbot angesprochen, das eine solche Prüfung ausschließt.

3. Prüfung durch den Betreiber des elektronischen Bundesanzeigers

§ 325 Abs. 1 S. 3 HGB bestimmt, dass die Entsprechenserklärung gleichzeitig und zusammen mit dem Jahresabschluss beim Betreiber des elektronischen Bundesanzeigers elektronisch einzureichen ist und mit den anderen Unterlagen nach § 325 Abs. 1 HGB durch den Vorstand unverzüglich nach Einreichung im Bundesanzeiger bekannt zu machen ist (§ 325 Abs. 2 HGB). Die Einreichungsfrist, die üblicherweise zwölf Monate nach dem Bilanzstichtag beträgt (§ 325 Abs. 1 S. 2 HGB), verkürzt sich für Kapitalgesellschaften i. S. des § 264d HGB auf vier Monate (§ 325 Abs. 4 HGB). Die Offenlegung ist Korrelat der Marktteilnahme.[412] Sie dient dem Funktionsschutz des Marktes und auch dem Individualschutz der Marktteilnehmer.[413] Vor dem Hintergrund der Empfehlungen der Regierungskommission CG und der EG-Transparenzrichtlinie 2004/109/EG wurde das Gesetz über elektronisches Handelsregister und Genossenschaftsregister sowie das Unternehmensregister (EHUG) erlassen, das am 01.01.2007 in

409 Spindler, Spindler/Stilz zu § 111, Rz. 14.

410 Henze/Hartwig, BB 2000, S. 213.

411 Henze/Hartwig, BB 2000, S. 213.

412 Regierungskommission Corporate Governance, Rz. 251.

413 Merkt, Baumbach/Hopt HGB zu § 325, Rz. 1.

Kraft getreten ist.[414] Es fragt sich, wer prüft, wie der gesetzlich vorgegebene Prozess der Offenlegung (Einreichung und Bekanntmachung) sich vollzieht.

Bis zum Inkrafttreten des EHUG hatten große Kapitalgesellschaften (§ 267 Abs. 3 HGB) als ersten Schritt der Offenlegung die in § 325 Abs. 1 HGB a.F. bezeichneten Unterlagen im Bundesanzeiger bekannt zu machen und sodann diese zusammen mit dem Belegexemplar des Bundesanzeigers dem Handelsregister einzureichen (§ 325 Abs. 2 HGB a. F.). Die gleiche Art der Offenlegung galt für den Konzernabschluss und die diesem beizufügenden Unterlagen (§ 325 Abs. 3 HGB a.F.).[415]

Während noch bis zum Inkrafttreten des BiRiLiG vom 29.12.1985 das Registergericht zu prüfen hatte, ob die Formerfordernisse beachtet wurden und ob der Jahresabschluss offensichtlich nichtig ist, was als ein unzumutbarer Prüfungsaufwand angesehen wurde, trat mit dem BiRiLiG die inhaltliche Prüfung des Jahresabschlusses im Offenlegungsverfahren außer Kraft. Die Prüfung hatte sich danach nur noch darauf zu erstrecken, ob die zum Handelsregister einzureichenden Unterlagen vollständig sind und, sofern vorgeschrieben, bekannt gemacht worden sind (§ 329 Abs. 1 HGB a.F.). Daraus folgt, dass das Registergericht „...auch erkennbar fehlerhafte Unterlagen, deren Einreichung gesetzlich vorgeschrieben ist, anzunehmen hat, sofern die Unrichtigkeit die Vollzähligkeit nicht berührt."[416]

Weder die EG-Richtlinie noch der nationale Gesetzgeber (EHUG) haben das Bestreben erkennen lassen, dem Registergericht oder dem Betreiber des elektronischen Bundesanzeigers eine materielle Prüfungspflicht aufzuerlegen. Demgemäß bleibt es bei einer beschränkten Prüfungspflicht des Betreibers des elektronischen Bundesanzeigers. Diese erstreckt sich auf die Vollzähligkeit der eingereichten Unterlagen und die Einhaltung der jeweils maßgebenden Frist. Somit ist der Betreiber des Bundesanzeigers weder berechtigt noch verpflichtet, die materielle Rechtmäßigkeit der Unterlagen zu prüfen; selbst wenn z. B. ein nicht festgestellter Jahresabschluss eingereicht wird, sollen Beanstandungen unterbleiben.[417] Daraus erhellt, dass eine inhaltliche Prüfung der Entsprechenserklärung durch den Betreiber des elektronischen Bundesanzeigers nicht gesetzlich vorgeschrieben ist und nicht erfolgt. Stellt der Betreiber des Bundesanzeigers jedoch fest, dass die Entsprechenserklärung fehlt, hat er dies der zuständigen Verwaltungsbehörde (Bundesamt für

414 Drinhausen, MüKo BilR HGB zu § 352, Rz. 1 bis 3.

415 ADS, § 325 Rz. 5 bis 7.

416 Biener/Berneke, BiRiLiG, § 329 HGB a. F., Erläuterungen, S. 461 ff.; ADS, § 329 HGB, Rz. 4, 5.

417 Fehrenbacher, Müko HGB BilR, § 329 Rz. 1, 4, 8.

Justiz) zu melden (§ 329 Abs. 4 HGB). Diese leitet von Amtswegen ein eigenständiges Ordnungsgeldverfahren ein (§ 335 Abs. 1 und 2 HGB). Das Ergebnis eines solchen Verfahrens können Ordnungsgelder von 2.500,00–25.000,00 Euro sein, wobei die Vorstandsmitglieder zur Entrichtung des Ordnungsgeldes mit herangezogen werden können.[418]

4. *Prüfung durch die Deutsche Prüfstelle für Rechnungslegung / das Bundesamt für Finanzdienstleistungsaufsicht*

In ihrem Bericht stellte die Regierungskommission CG fest, dass vor dem Hintergrund mehrerer Unternehmenskrisen der jüngeren Zeit die Mechanismen zur Sicherung der Ordnungsmäßigkeit der Rechnungslegung (Enforcement) unzureichend seien.[419] Sie schlug nach britischem Vorbild eine privatwirtschaftlich organisierte und getragene Einrichtung vor, im Gegensatz zum US-amerikanischen staatlichen Modell der SEC.[420]

Baetge/Lutter[421] sprachen von einer „Enforcement-Lücke" im deutschen Recht und machten einen Vorschlag zur Einführung eines § 342b ins HGB, der keine ausschließlich behördliche Lösung für ein zweistufiges Enforcement-Verfahren vorsah, wobei in der zweiten Stufe eine Behörde (BaFin) eingeschaltet werden sollte. Damit waren strukturelle Vorarbeiten geleistet, die dazu führten, dass diese Vorschriften der §§ 342b-342e HGB mit dem BilKoG vom 21.12.2004 in das HGB eingeführt werden konnten.

Danach hat der Bundesminister der Justiz im Einvernehmen mit dem Bundesminister der Finanzen eine privatrechtlich organisierte Einrichtung (Verein) durch Vertrag anerkannt und diese beauftragt, Prüfungen von Verstößen gegen die Rechnungslegungsvorschriften durchzuführen. Damit obliegt der „Deutschen Prüfstelle für Rechnungswesen DPR e. V." seit dem 01.07.2005 die Überprüfung der Unternehmensabschlüsse auf der ersten, privatrechtlichen Stufe.[422]

Die Prüfstelle prüft auf dieser Stufe kapitalmarktorientierte Unternehmen (§ 342b Abs. 2 Satz 2 HGB), soweit konkrete Anhaltspunkt für Verstöße gegen Rechnungslegungsvorschriften vorliegen (Anlassprüfung), auf Verlangen der Bundesanstalt für Finanzdienstleistungsaufsicht (BaFin) sowie ohne besonderen Anlass stichprobenartig (Stichprobenprüfung) gem. § 342b Abs. 2 S. 3 HGB. Die

418 Habersack/Mülbert/Schlitt, Hdb. der Kapitalmarktinformation zu § 13, Rz. 104.
419 Bericht Regierungskommission CG, Rz. 277.
420 Bericht Regierungskommission CG, Rz. 278.
421 Baetge/Lutter, S. 17 ff.
422 Paal, MüKo HGB BilR zu § 342 b Rz. 1, 2.

Prüfstelle unterlässt eine Anlassprüfung, wenn offensichtlich kein öffentliches Interesse an der Prüfung besteht (§ 342b Abs. 2 S. 4 HGB). Eine Enforcement-Prüfung wird generell nicht durchgeführt, solange eine Klage auf Nichtigkeit gem. § 256 AktG anhängig ist, wenn ein Sonderprüfer nach § 142 Abs. 1 oder 2 oder § 258 Abs. 1 des AktG bestellt worden ist, soweit der Gegenstand der Sonderprüfung, der Prüfungsbericht oder eine gerichtliche Entscheidung gem. § 260 AktG reichen (§ 342b Abs. 3 HGB). Die Prüfstelle prüft nicht oder stellt ihre Prüfung ein, wenn das zu prüfende Unternehmen die Bereitschaft zur Mitwirkung verweigert oder aufgibt. In diesen Fällen wird die BaFin unterrichtet, die dann nach pflichtgemäßem Ermessen auf der zweiten Stufe des Enforcements eine behördliche Prüfung anordnet (§ 342b Abs. 6 S. 1 Nr. 2 und 3 HGB).[423]

Auf beiden Stufen, freiwillige Prüfung durch die Prüfstelle einerseits und staatliche Prüfung durch die BaFin andererseits, wird die Entsprechenserklärung inhaltlich nicht geprüft. Die Verfahren entsprechen der formellen Vollständigkeitsprüfung durch den WP.[424] Die die BaFin nach § 37n WpHG treffende Prüfungspflicht von Unternehmensabschlüssen und -berichten zeigt im Hinblick auf die Prüfung der Entsprechenserklärungen kein anderes Bild. Danach ist lediglich zu prüfen, ob die nach §§ 285 Nr. 16, 314 Abs. 1 Nr. 8 HGB zu machenden Angaben, dass die Entsprechenserklärungen abgegeben und wo diese öffentlich zugänglich sind, vorliegen.[425]

II. Erklärung zur Unternehmensführung gem. § 289a HGB

1. Prüfung durch den (Konzern-)Abschlussprüfer

Die Erklärung zur Unternehmensführung (EzU) wurde durch Art. 1 Nr. 35 BilMoG vom 25.05.2009 m.W.z. 29.05.2009 mit § 289a in das HGB eingefügt; damit hat der deutsche Gesetzgeber Art. 46a BilR 78/660/EG in der Fassung der Abänderungsrichtlinie 2006/46/EG vom 14.06.2006 in materielles Recht umgesetzt.[426] Nach § 289a Abs. 2 HGB sind in die Erklärung aufzunehmen:

423 DPR, Informationen zum Prüfungsverfahren, S. 2 f.

424 Leyens, Großkommentar AktG zu § 161, Rz. 464–466.

425 Leyens, Großkommentar AktG zu § 161, Rz. 467; so auch Strenger, Kodex und Entsprechenserklärung, S. 173.

426 v. d. Linden, DCGK Wilsing zu § 289a, Rz. 1.

- die Entsprechenserklärung gem. § 161 AktG,
- Nennung von Unternehmensführungspraktiken, die über die gesetzlichen Anforderungen hinaus angewandt werden und wo sie öffentlich zugänglich gemacht sind,
- Beschreibung der Arbeitsweise von Vorstand und Aufsichtsrat sowie die Zusammensetzung und Arbeitsweise von deren Ausschüssen; sind diese Informationen auf der Internetseite der Gesellschaft öffentlich zugänglich, kann darauf verwiesen werden,
- bei börsennotierten AG die Festlegungen nach §§ 76 Abs. 4 und 111 Abs. 5 des AktG und die Angabe, ob diese festgelegten Zielgrößen während des Berichtszeitraums erreicht worden sind und wenn nicht, Angaben zu den Gründen,
- die Angabe, ob die Gesellschaft bei der Besetzung des Aufsichtsrats mit Frauen und Männern jeweils Mindestanteile in Berichtszeitraum eingehalten hat und wenn nicht, Angaben zu den Gründen, sofern es sich um folgende Gesellschaften handelt:
  börsennotierte AG, die aufgrund von § 96 Abs. 2 und 3 des AktG Mindestanteile einzuhalten haben oder
  börsennotierte Europäische Gesellschaften (SE), die aufgrund von §§ 17 Abs. 2 und 3 oder 24 Abs. 3 des SE-Einführungsgesetzes Mindestanteile einzuhalten haben.

Die letzten beiden Angabepflichten wurden durch das Frauenförderungsgesetz vom 24.4.2015 in das HGB und in das SEAG eingefügt.

Es stellt sich die Frage, was und wie der (Konzern-)Abschlussprüfer im Rahmen der (Konzern-)Abschlussprüfung zu prüfen hat. Ebenfalls durch das BilMoG wurde § 317 Abs. 2 HGB um einen dritten Satz erweitert, der bestimmt, dass die Angaben nach § 289a nicht in die Jahresabschlussprüfung einzubeziehen sind. Durch das BilRUG vom 17.7.2015 wurde diese Bestimmung textlich erweitert und bildet seither den 4. Satz in § 317 Abs. 2 HGB mit folgendem Wortlaut: „Die Angaben nach § 289a Absatz 2 und § 315 Absatz 5 sind nicht in die Prüfung einzubeziehen; insoweit ist im Rahmen der Prüfung lediglich festzustellen, ob diese Angaben gemacht wurden.“ Damit ist nunmehr der Prüfungsumfang gesetzlich normiert. Diese Ausnahme von der Prüfungspflicht ergibt sich aus der Umsetzung des Art. 46a Abs. 2 der geänderten Bilanzrichtlinie. Dies ist umso verwunderlicher, weil die EzU als besonderer Abschnitt in den Lagebericht aufzunehmen ist (1. Alternative); sie kann aber auch auf der Internetseite der Gesellschaft öffentlich zugänglich gemacht werden, dann ist in den Lagebericht eine Bezugnahme aufzunehmen, welche die Angabe der Internetseite enthält (2. Alternative). Dieses Wahlrecht gewährt § 289a Abs. 1 S. 2 und

3 HGB. Eine dritte Alternative der Veröffentlichung ergibt sich für die Angaben nach § 289a Abs. 2 Ziff. 3 HGB. Sind diese Angaben auf der Internetseite der Gesellschaft öffentlich zugänglich, kann darauf im Lagebericht verwiesen werden.

Normadressaten des § 289a HGB sind zum einen börsennotierte AG (§ 3 Abs. 2 AktG) und zum anderen AG i. S. von § 161 Abs. 1 S. 2 AktG. Von der zweiten Gruppe der AG gilt, dass der nationale Gesetzgeber bestrebt war, Art. 46a der BilRL in der Fassung der Abänderungsrichtlinie möglichst wortgetreu umzusetzen.[427] In den Regelungsbereich des § 289a HGB ist der Konzernlagebericht neuerdings durch das BilRUG einbezogen.[428] Allerdings unterliegen auch alle die gesetzlichen Voraussetzungen erfüllenden Tochterunternehmen eines Konzerns der Erklärungspflicht, selbst wenn sie in den Konzernabschluss eines seinerseits erklärungspflichtigen Mutterunternehmens einbezogen sind.[429] *Gelhausen/Fey/Kämpfer* gehen zu Recht der Fragen nach, ob § 317 Abs. 2 S. 3 HGB (die Ausnahme von der Pflicht zur Prüfung) umfassend zu verstehen ist oder nur die inhaltliche Prüfung ausgeschlossen sein soll, der (Konzern-)Abschlussprüfer aber verpflichtet ist, weiterhin zu prüfen, ob die vorgeschriebenen Angaben entweder im Lagebericht enthalten oder im Internet zugänglich sind.[430] Ausgehend von Art. 46a Abs. 2. S. 4 der BilRL i. d. F. der Abänderungsrichtlinie, die verlangt, dass der Abschlussprüfer nachzuprüfen hat, ob die EzU erstellt worden ist, kommen sie bei richtlinienkonformer Auslegung des § 317 Abs. 2 S. 3 HGB zu folgenden Pflichten des Abschlussprüfers:

Wählt die Gesellschaft die Alternative 1, nimmt also die EzU in den Lagebericht auf, hat der (Konzern-)Abschlussprüfer zu beurteilen, ob der Lagebericht auch die Pflichtangaben nach § 289a Abs. 2 HGB enthält und ob diese in einem gesonderten Abschnitt des Lageberichts zusammengefasst und klar von den anderen zu prüfenden Teilen des Lageberichts abgegrenzt sind.[431] Wir haben es hier mit dem Phänomen zu tun, dass weite Teile des (Konzern-)Lageberichts geprüft werden und ein anderer nicht; ein Umstand, der verwirrend und damit geeignet ist, die Erwartungslücke bei den Adressaten des Prüfungsberichts in Bezug auf die Prüfung des Lageberichts durchaus zu vergrößern. Gleichwohl wird nicht verlangt, den ungeprüften Teil des Lageberichts auch so zu bezeichnen; dies zu tun, wird aber auch nicht, z. B. in einer Fußnote, als unzulässig angesehen.[432]

427 Gelhausen/Fey/Kämpfer, Rechnungslegung und Prüfung, S. 449.
428 Grottel Beck'scher Bilanzkommentar zu § 315, Rz. 250.
429 Kleindiek, MüKo BilR zu § 289a, Rz. 8.
430 Gelhausen/Fey/Kämpfer, Rechnungslegung und Prüfung § 317, Rz. 12.
431 Gelhausen/Fey/Kämpfer, Rechnungslegung und Prüfung zu § 317, Rz. 13.
432 Gelhausen/Fey/Kämpfer, Rechnungslegung und Prüfung zu § 317, Rz. 16.

Niemeier (ehemals Leiter der Abteilung Handels- und Wirtschaftsrecht des BMJ)[433] weist darauf hin, dass die EU-Kommission ursprünglich die EzU als Teil des Lageberichts in allen Teilen der Abschlussprüfung unterwerfen wollte und zwar als sog. „Einklangprüfung" im Sinne des Art. 51 Abs. 1 zweiter Unterabsatz der 4. Richtlinie des Rates vom 25. Juli 1978 (78/660/EWG). Dies soll von deutscher Seite verhindert worden sein, mit der Begründung, eine materielle Prüfung vertrage sich nicht mit dem Freiwilligkeitsprinzip des CGK. Der geltende bedenkliche und kritisierte Rechtszustand zur eingeschränkten Prüfung der EzU wird zementiert durch das BilRUG.

Wählt die Gesellschaft die Alternativen 2 und 3, nach denen die Angaben der EzU statt im Lagebericht im Internet zur Verfügung gestellt werden, ist das Vorhandensein der erforderlichen Hinweise gem. § 289a Abs. 1 S. 3 bzw. Abs. 2. Nr. 3, 2. Halbsatz HGB zu prüfen.[434] Die Prüfung hat sich weiter darauf zu erstrecken, ob die EzU auf der angegebenen Internetseite tatsächlich öffentlich zugänglich gemacht worden ist.[435] Es bleibt die Frage, ob der (Konzern-)Abschlussprüfer, wenn er die als besonderen Teil des Lageberichts veröffentlichte EzU nicht zu prüfen hat, zum kritischen Lesen der EzU verpflichtet ist. Dies wird zu bejahen sein auch für die Fälle der Internetveröffentlichungen. Dies vor dem Hintergrund, dass selbst die materiell ungeprüften Angaben der EzU als zusätzliche Informationen anzusehen sind mit der Folge, dass der (Konzern-)Abschlussprüfer zum kritischen Lesen verpflichtet ist.[436] *Gelhausen/Fey/Kämpfer* verneinen die kritische Lesepflicht des (Konzern-)Abschlussprüfers bei Internetveröffentlichung der EzU, auf die im (Konzern-)Lagebericht verwiesen wird, weil dadurch die Angaben nicht zu einem textlichen Bestandteil des Lageberichts geworden sind, vor allem aber, weil in diesen Fällen die Angaben nicht zusammen mit dem Jahresabschluss veröffentlicht werden, sondern eben auf der Internetseite der Gesellschaft.[437] Die Auffassung ist dogmatisch interessant, hat sich aber nicht durchgesetzt, wie dem IDW PS202, Anm. 10a zu entnehmen ist.[438] Stellt der (Konzern-)Abschlussprüfer beim kritischen Lesen des ersten Teils der EzU, also auf die Entsprechenserklärung gem. § 161 AktG bezogene Unstimmigkeiten fest, hat er schon aufgrund seiner Redepflicht nach § 321 Abs. 1 S. 3 HGB sowie ggf. aufgrund vertraglicher Pflicht

---

433 Niemeier, WPg 2006, S. 182.

434 Gelhausen/Fey/Kämpfer, Rechnungslegung und Prüfung zu § 317, Rz. 14.

435 IDW PS 350, Rz. 9a; Gelhausen/Fey/Kämpfer, Rechnungslegung und Prüfung zu § 317 Rz. 14; Grottel/Röhm-Kottmann, Beck'scher Bilanzkommentar zu § 289a, Rz. 30.

436 IDW PS 202, Rz. 10a.

437 Gelhausen/Fey/Kämpfer, Rechnungslegung und Prüfung § 289a HGB, Rz. 42.

438 So auch Grottel/Röhm-Kottmann, Beck'scher Bilanzkommentar zu § 289a, Rz. 64.

nach Ziffer 7.2.3 DCGK zu berichten. Abgesehen davon gilt, dass sich aus dem kritischen Lesen des (Konzern-)Abschlussprüfers eigenständige Handlungspflichten ergeben.[439] Sollten sich jedoch Unstimmigkeiten zwischen der EzU und dem geprüften (Konzern-)Abschluss oder (Konzern-)Lagebericht ergeben, können die Glaubwürdigkeit von Jahresabschluss und Lagebericht in Frage gestellt werden. Eine Unstimmigkeit liegt immer dann vor, wenn die EzU im Widerspruch zu den Informationen besteht, die in den Jahresabschluss oder Lagebericht eingegangen sind. Eine wesentliche Unstimmigkeit liegt hingegen vor, wenn der (Konzern-) Abschlussprüfer Zweifel hegen muss, ob seine Prüfungsaussagen aufgrund der zuvor von ihm gewonnenen Prüfungsnachweise und damit die Grundlage der Bestätigung oder Berichtserstattung zutreffend sind.[440] Erweckt die EzU einen falschen Eindruck von der Situation des Unternehmens, hat er eine Richtigstellung zu veranlassen.[441] Die wesentlichen Unstimmigkeiten hat der (Konzern-) Abschlussprüfer durch erweiterte Prüfungshandlungen aufzuklären, gelingt ihm das nicht, liegt eine Prüfungshemmung vor, aufgrund derer der Bestätigungsvermerk einzuschränken oder zu versagen ist.[442] Bevor eine solche Konsequenz durch den (Konzern-)Abschlussprüfer gezogen wird, gehen ihr Gespräche mit Vorstand und Aufsichtsrat/Prüfungsausschuss voraus, wie dies bei wesentlichen Unstimmigkeiten geschieht, die keinen Bezug zu (Konzern-)Abschluss und (Konzern-) Lagebericht haben, aber von (Konzern-)Abschlussprüfer beim kritischen Lesen festgestellt werden. Den Weg dieses Verfahrens soll der (Konzern-)Abschlussprüfer schriftlich dokumentieren.[443]

2. *Prüfung durch den Aufsichtsrat*

Die Frage der Prüfungspflicht des Aufsichtsrats in Bezug auf die EzU unterscheidet sich danach, wer für die Erstellung und Veröffentlichung der EzU verantwortlich ist. Wäre auch der Aufsichtsrat erklärungsverpflichtet, würde seine Inhabilität zur Prüfung der EzU auf der Hand liegen, weil damit eine ähnliche Konstellation im Hinblick auf die Erklärungspflicht wie bei der Entsprechenserklärung gegeben ist. Entgegen dem klaren Wortlaut des § 289a HGB und der herrschenden Meinung meinen einige Autoren, den Aufsichtsrat neben dem

439 IDW PS 202, Rz. 10a.
440 IDW PS 202, Rz. 7 und 8.
441 IDW PS 350, Rz. 12.
442 IDW PS 202, Rz. 16.
443 IDW PS 202, Rz. 19 und 20.

Vorstand als Erklärungsverpflichteten sehen zu müssen.[444] Soweit diese Autoren eine Parallele in § 161 AktG sehen wollen, wird übersehen, dass der Aufsichtsrat Innenorgan und zu Erklärungen nach außen nicht berechtigt ist. § 161 AktG muss insoweit als eine gesetzliche Ausnahmevorschrift verstanden werden.[445] Die Unternehmensverfassung der AG im dualen System ordnet gesetzlich den Organen Aufgaben und ihren Wirkungskreis zu. Danach hat der Aufsichtsrat grundsätzlich keine Erklärungspflichten für die AG. Es drängt sich der Eindruck auf, dass nicht durchgängig zwischen gebotener interner Mitwirkung des Aufsichtsrats bei Ermittlung der den Angaben zu Grunde liegenden Tatsachen für die EzU und einer Erklärungspflicht des Aufsichtsrats unterschieden wird.

Es versteht sich von selbst, dass der Aufsichtsrat dem Vorstand dann Unterlagen zur Verfügung stellt, die seine Aufgabengebiete betreffen, wenn dem Vorstand aus eigener Kenntnis diese Angaben fehlen, was in der Realität ausgesprochen selten sein dürfte. Dazu ist die Zusammenarbeit zwischen Vorstand und Aufsichtsrat bzw. ihrer Vorsitzenden in der Praxis viel zu eng und zu vielfältig. Es kann also davon ausgegangen werden, dass der Vorstand Erklärungsverpflichteter ist und der Aufsichtsrat intern dem Vorstand die Kenntnisse vermittelt, die dem Vorstand über die Arbeitsweise des Aufsichtsrats und seiner Ausschüsse fehlen sollten. Unter dieser Voraussetzung ist der Aufsichtsrat berechtigt und verpflichtet, die EzU zu prüfen. § 171 Abs. 1 AktG verpflichtet den Aufsichtsrat, den Jahresabschluss, den Lagebericht sowie den Gewinnverwendungsvorschlag, bei Konzernmutterunternehmen auch den Konzernabschluss und Konzernlagebericht, zu prüfen. Da bei allen börsennotierten Gesellschaften externe Prüfungspflicht für Jahresabschluss und Lagebericht besteht, hat der Vorstand dem Aufsichtsrat gem. § 170 Abs. 3 AktG auch die Prüfungsberichte des Abschlussprüfers zur Verfügung zu stellen, sofern nicht der Aufsichtsrat den Prüfungsauftrag erteilt hat. Bei der Erfüllung seiner Prüfungspflicht kann sich der Aufsichtsrat ergänzend auf das ihm zustehende Einsichts- und Prüfungsrecht nach § 111 Abs. 2 AktG und die Berichtspflicht des Vorstandes stützen.[446] Während die Prüfung nach § 111 Abs. 2 AktG aktuelle Prüfungsrechte vermittelt, ist die Prüfung nach § 171 Abs. 1 AktG vergangenheitsorientiert. Die Aufzählung, was im Sinne des § 111 Abs. 1 AktG Prüfungsobjekte sind, mutet überholt an; abgesehen davon, dass die Posten der gesamten Passivseite nach dem Wortlaut nicht zu prüfen sind, ist es in der Realität schwer vorstellbar, dass ein Aufsichtsrat eine physische Kassenprüfung (sich Geld

---

444 Cervellini, Der Bericht des Aufsichtsrats, S. 114.

445 Melcher/Matheus, DB 2009, Beil. 5/2009, S. 80.

446 Hüffer/Koch, Aktiengesetz zu § 171, Rz. 2; Drygala, Schmidt/Lutter zu § 111, Rz. 32.

vorzählen lassen) vornimmt, es sei denn, man wolle die „Kassenprüfung" in eine Prüfung der Liquiditätslage der Gesellschaft umdeuten.

In der Tat geht die herrschende Meinung davon aus, dass „...der an sich überholte Wortlaut des § 111 Abs. 2 unschädlich ist und in der Praxis kompensiert werden kann".[447] Was bedeutet, dass das Einsichtsrecht des Aufsichtsrats nicht beschränkt ist und gerade in heutiger Zeit auch die elektronischen Informationssysteme einschließt.[448] Damit hat der Aufsichtsrat ein weitreichendes Instrumentarium zur Prüfung der EzU zur Verfügung. Diese Prüfung erstreckt sich naturgemäß auf Form; Inhalt und Veröffentlichung der EzU; eine Beschränkung auf die formelle Prüfung, wie sie gem. § 317 Abs. 2 S. 4 HGB für die Jahresabschlussprüfung gilt, hat für den Aufsichtsrat keine Bedeutung; weil der Aufsichtsrat nach § 171 Abs. 1 AktG zwar primär den Jahresabschluss prüft, ist er aber gleichzeitig in der Lage und in der Pflicht, nach § 111 Abs. 1 AktG auch die Geschäftsführung zu überwachen. Dies kann der Aufsichtsrat selbstverständlich auch außerhalb der Prüfung des Jahresschlusses tun, da aber die EzU Bestandteil des Lageberichts ist, bietet es sich an, im Rahmen der Jahresabschluss die formellen und materiellen Kriterien sowie die Veröffentlichung der EzU zu prüfen.

Die korrekte Abgabe und Veröffentlichung der EzU gehören zu den Leitungsaufgaben des Vorstandes, also zu den Aufgaben, die der Aufsichtsrat zu überwachen hat, denn nicht jede Geschäftsführungsmaßnahme kann und soll vom Aufsichtsrat überwacht werden, zumal dann auch Kompetenzüberschreitungen in Rede stehen können. Die Geschäfte des normalen Betriebsablaufes fallen eindeutig in die Kompetenz des Vorstands und können somit nicht der Überwachung des Aufsichtsrats unterliegen.[449] Allerdings ist die unterstützende Funktion des (Konzern-)Abschlussprüfers bei der Prüfung der EzU durch den Aufsichtsrat auch deswegen eingeschränkt, weil der Abschlussprüfer lediglich formell geprüft hat, es sei denn, er hat gem. § 321 Abs. 1 S. 3 HGB zu bestimmten Sachverhalten seiner Redepflicht entsprochen oder gem. Ziff. 7.2.3 DCGK auftragsgemäß berichtet.

Über das Ergebnis seiner Prüfung hat der Aufsichtsrat der Hauptversammlung schriftlich zu berichten, wobei er auch zu dem Ergebnis der Jahresabschlussprüfung durch den Abschlussprüfer Stellung zu nehmen hat. Schließlich hat er zu erklären, ob nach dem abschließenden Ergebnis seiner Prüfung Einwendungen

447 Spindler, Spindler/Stilz zu § 111, Rz. 38.

448 Spindler, Spindler/Stilz zu § 111, Rz. 38; ähnlich Hüffer/Koch, Aktiengesetz zu § 111, Rz. 19; Drygala, Schmidt/Lutter zu § 111, Rz. 32; Cervellini, Der Bericht des Aufsichtsrats, S. 39 f.

449 Spindler, Spindler/Stilz zu § 111, Rz. 6–8; Hüffer/Koch, Aktiengesetz zu § 111, Rz. 2; Drygala, Schmidt/Lutter zu § 111, Rz. 13.

zu erheben sind und ob er den vom Vorstand aufgestellten Jahresabschluss billigt (§ 171 Abs. 2 AktG).

Die Frage der Inhabilität des Aufsichtsrats zur Prüfung der EzU stellt sich grundsätzlich nicht, selbst wenn er dem Vorstand intern Mitteilungen und Angaben nach § 289a Abs. 2 Nr. 3 HGB gemacht hat. Die Prüfungstätigkeit des Aufsichtsrats würde sich dann und insoweit auch darauf zu erstrecken haben, ob seine Mitteilungen vom Vorstand verstanden und korrekt in die EzU eingeflossen sind.[450]

3. *Prüfung durch den Betreiber des Bundesanzeigers*

Die EzU bildet einen gesonderten Abschnitt im Lagebericht der kapitalmarktorientierten Gesellschaft, gleich in welcher Alternative sie öffentlich zugänglich gemacht wird.[451] Damit ist sie Lageberichtsbestandteil und gem. § 325 Abs. 1 Satz 3 HGB durch die gesetzlichen Vertreter beim Betreiber des Bundesanzeigers elektronisch einzureichen. Dessen Prüfungspflicht ergibt sich aus § 329 HGB, ebenso seine Unterrichtungspflicht, wenn die einzureichenden Unterlagen nicht fristgemäß und vollständig eingereicht worden sind (§ 329 Abs. 4 HGB).

Zur gesetzlichen Offenlegungspflicht gehört die unverzügliche Pflicht der Bekanntmachung der eingereichten Unterlagen im Bundesanzeiger (§ 325 Abs. 2 HGB). Diese Offenlegungspflicht trifft auch die gesetzlichen Vertreter von Kapitalgesellschaften, die einen Konzernabschluss und einen Konzernlagebericht aufzustellen haben (§ 325 Abs. 3 HGB).

Eine inhaltliche Prüfung der nach § 325 Abs. 1 HGB einzureichenden Unterlagen durch den Betreiber des Bundesanzeigers sieht das Gesetz nicht vor. Um die Nichtbefolgung der Erklärungspflicht im Hinblick auf § 289a HGB zu erkennen, wäre eine intensive Prüfung des Inhalts des Lageberichts nötig, was weder das Recht noch die Pflicht des Betreibers ist.

4. *Prüfung durch DPR/BaFin*

Ausgehend von der Tatsache, dass die EzU ein Teil des Lageberichts ist, gleich in welcher Form sie publiziert wird, kann ihr Fehlen, ihre Unvollständigkeit oder ihre Fehlerhaftigkeit ein Enforcement-Verfahren auslösen, weil solche Sachverhalte die Beurteilung des Lageberichts tangieren. Bei Bekanntwerden solcher Sachverhalte kann die DPR eine Anlassprüfung durchführen oder die BaFin

450 a. A. Cervellini, Der Bericht des Aufsichtsrats, S. 132.

451 Lange, MüKo HGB BilR zu § 289a,Rz 2.

verlangt von der DPR eine solche Prüfung. Für die Anlassprüfung, wie für die Prüfung nach § 342b Abs. 3 S. 3 Nr. 2 HGB, ist Voraussetzung, dass konkrete Anhaltspunkte für einen Vorstoß gegen Rechnungslegungsvorschriften vorliegen. Bloße Vermutungen reichen nicht aus. Im Übrigen muss ein öffentliches Interesse zur Prüfung durch die DPR gegeben sein.[452]

Für die Stichprobenprüfung legt die DPR in aller Regel für ein Jahr Prüfungsschwerpunkte fest, „...um gezielt kritische Rechnungslegungsthemen oder Abschlussposten anzusprechen, bei denen Zweifel hinsichtlich der Rechtmäßigkeit eines Abschlusses bestehen können."[453] Am 28.10.2014 gab die DPR ihre Prüfungsschwerpunkte für 2015 bekannt. Dies sind:

1. Aufstellung und Darstellung von Konzernabschlüssen und dazugehörigen Anhangangaben (IFRS 10, IFRS 12)
2. Rechnungslegung von Unternehmen mit „joint arrangements" (gemeinsame Vereinbarungen) und dazugehörige Anhangangaben (IFRS 11, IFRS 12)
3. Ansatz und Bewertung von latenten Steueransprüchen (IAS 12)
4. Abbildung von Rechtsstreitigkeiten und damit verbundenen Prozessrisiken (IAS 37, DRS 20)
5. Konsistente und transparente Berichterstattung über die bedeutsamsten finanziellen und nichtfinanziellen Leistungsindikatoren im Konzernlagebericht (§ 315 HGB, DRS 20, DRS 17).[454]

„Der Umfang der Anlassprüfung beschränkt sich auf jene Sachverhalte, hinsichtlich derer Anhaltspunkte für eine fehlerhafte Behandlung im Rahmen der Rechnungslegung vorliegen."[455] Dies bedeutet aber nicht, dass die DPR gehindert wäre, wenn sich bei der Prüfung Anhaltspunkte für weitere Verstöße gegen Rechnungslegungsvorschriften ergeben, diesen auch nachzugehen und insoweit ihre Prüfung zu erweitern.[456] Daraus erhellt, dass die DPR-Prüfungen vom Umfang her gesehen keine zweiten Jahresabschlussprüfungen sein sollen.[457] Man muss mit *Bachmann* zu dem Ergebnis kommen, dass § 317 Abs. 2 S. 4 HGB

---

452 Wiedmann/Böcking/Gros, Bilanzrecht zu § 342b HGB, Rz. 7; Grottel, Beck'scher Bilanzkommentar zu § 342b, Rz. 20, 21.

453 DPR-FREP, S. 5.

454 DPR-FREP, Prüfungsschwerpunkte 2015, ausgegeben am 28.10.2014.

455 DPR-FREP, S. 5.

456 DPR-FREP, S. 5.

457 Ebke, MüKo HGB BilR zu § 342b, Rz. 19; Kleindiek/Schmidt-Versteyl, MüKo BilR, § 342b, Rz. 28.

auch für das Enforcement zu beachten ist, sodass im Ergebnis die EzU auch nur formell und nicht materiell beurteilt wird.[458]

In ihrer Pressemitteilung vom 28.01.2015, dem Tätigkeitsbericht 2014, erklärt die DPR, dass sie in 2014 104 Prüfungen (Vorjahr 110) abgeschlossen hat. Diese setzen sich zusammen aus 99 Stichprobenprüfungen, drei Anlassprüfungen und zwei, die auf Verlangen der BaFin durchgeführt wurden. Seit November 2009 bietet die DPR im Rahmen ihrer präventiven Arbeit den Unternehmen, die dem Enforcement unterfallen, sogenannte fallbezogene Voranfragen (Pre-Clearance-Anfragen) an. Mit diesem Instrument wird Vorständen der Unternehmen die Möglichkeit geboten, individuelle, äußerst komplizierte und komplexe Sachverhalte der Rechnungslegung schon vor der Bilanzierung darzulegen und zu erörtern, damit Fehler und Prüfungen durch die DPR vermieden werden können.[459]

Voraussetzung ist, dass das anfragende Unternehmen:

- den rechnungslegungsbezogenen Sachverhalt hinreichend konkretisiert
- das Unternehmen seine eigene Auffassung von der Lösung des Problems darstellt und begründet
- der zuletzt bestellte Abschlussprüfer eine Stellungnahme zum in Rede stehenden Sachverhalt abgibt.

Dies sind Mindestvoraussetzungen, die eine Annahme der Anfrage noch nicht garantieren. Darüber hinaus hat das anfragende Unternehmen zu einer Reihe von Bedingungen der DPR ihre Zustimmung zu erteilen.[460]

Es liegt nahe, in dem Institut „fallbezogene Voranfrage" eine Parallele zur „bindenden Steuerauskunft" (§ 289 Abs. 2 AO i. V. m. Steuer-Auskunftsverordnung vom 30.11.2007) zu sehen. Dies ist jedoch nicht zutreffend. Die Antwort, die das anfragende Unternehmen von der DPR erhält, ist aus rechtlichen Gründen nicht bindend und auch nicht abschließend. Da die DPR als privatrechtliche Institution (e.V.) tätig wird und auf die freiwillige Mitarbeit der zu prüfenden Unternehmen angewiesen ist, kann eine hoheitsrechtliche Bindung nicht erfolgen.[461] So gesehen hat das Institut der fallbezogenen Voranfragen den Sinn der Diskussion von Rechnungslegungsproblemen auf hohem Niveau und der Fehlervermeidung bei Prüfung durch die DPR. Ob die Probleme in letzter Konsequenz richtig gelöst sind, kann nur ein Gericht entscheiden. Die Resonanz auf

---

458 Bachmann, ZIP 2010, S. 1523.

459 Wiedmann/Böcking/Gros, Bilanzrecht zu § 342d, Rz. 25; Grottel, Beck'scher Bilanzkommentar zu § 342b, Rz. 80.

460 Grottel, Beck'scher Bilanzkommentar zu § 342b, Rz. 82.

461 Grottel, Beck'scher Bilanzkommentar zu § 342b, Rz. 84.

die fallbezogene Anfrage ist nach den bisherigen Erfahrungen außerordentlich schwach. *Grottel* berichtet vom Tätigkeitsbericht der DPR aus 2012; danach wurden 2009 elf Anfragen gestellt, bei sieben von diesen schloss sich die DPR der Meinung der anfragenden Unternehmen an, hielt aber in vier Fällen die Auffassung der Unternehmen für nicht vertretbar.[462] *Wiedmann/Böcking/Gros* berichten davon, dass 2010 nur sechs Fälle angefragt wurden, von denen vier von der DPR in der Begründung für vertretbar gehalten wurden, 2011 sei es nur zu einer einzigen Anfrage gekommen.[463]

III. Corporate Governance-Bericht

1. *Prüfung durch den (Konzern-)Abschlussprüfer*

Der CG-Bericht nach 3.10 des DCGK ist gesetzlich nicht normiert, sondern schon in sämtlichen Fassungen des DCGK von 2002 bis 2015 in Abschnitt 3 des DCGK enthalten, der das Zusammenwirken von Vorstand und Aufsichtsrat beschreibt. Er gewinnt über § 161 AktG eine dem DCGK eigene gesetzliche Stütze, weil die Ziffer 3.10 in der aktuellen Fassung zwei Empfehlungen enthält. Somit hat das die Entsprechenserklärung abgebende Unternehmen gem. § 161 AktG zu erklären, ob es diesen Empfehlungen folgt oder nicht und bei Nichtbefolgung dieses zu begründen. Eine gesetzliche Prüfungspflicht des (Konzern-)Abschlussprüfers kann sich aus dieser DCGK-Norm nicht ergeben.

Da der CG-Bericht jährlich erstellt und im Zusammenhang mit der EzU veröffentlicht werden soll, ist er als eine zusätzliche Information anzusehen, die zusammen mit dem (Konzern-)Abschluss veröffentlicht wird.

Mit der Qualifizierung des CG-Berichts als zusätzliche Information werden die Kriterien des IDW PS 202 erfüllt mit der Folge, dass der (Konzern-) Abschlussprüfer den CG-Bericht kritisch zu lesen hat und Maßnahmen ergreifen muss, wenn Unstimmigkeiten oder wesentliche Unstimmigkeiten auftreten. Eine Berichtspflicht des (Konzern-)Abschlussprüfers nach § 321 Abs. 1. S. 3 HGB ist in diesem Zusammenhang nur schwer vorstellbar.

Hat sich der (Konzern-)Abschlussprüfer vertraglich, z. B. nach Absatz 2 der Ziff. 7.2.3 DCGK verpflichtet, erweitert sich seine Redepflicht gegenüber dem Aufsichtsrat.[464] Damit soll die Information des Aufsichtsrats während der (Konzern-)Abschlussprüfung gestärkt werden. Außerdem reagiert der Kodex

---

462 Grottel, Beck'scher Bilanzkommentar zu § 342b, Rz. 84.
463 Wiedmann/Böcking/Gros, § 342 d, Rz. 25; Grottel, Beck'scher Bilanzkommentar zu § 342b, Rz. 80.
464 Marsch-Barner, DCGK Wilsing, S. 573.

mit der Empfehlung in Absatz 2 der Ziff. 7.2.3 auf die vom Gesetzgeber eingeführte begrenzte Prüfung der gesetzlichen Entsprechenserklärung nach § 161 AktG.[465] Im Ergebnis handelt es sich bei der Vereinbarung nach Ziffer 7.2.3 aber nicht um gesetzliche Prüfungspflichten des (Konzern-)Abschlussprüfers.

2. Prüfung durch den Aufsichtsrat

Der Aufsichtsrat ist zweifelsfrei zusammen mit dem Vorstand Adressat der Ziff. 3.10 DCGK. Das macht ihn inhabil für die Prüfung des CG-Berichts. Insoweit dürfte dem Aufsichtsrat Abs. 2 der Ziff. 7.2.3 DCGK hilfreich sein, weil der Abschlussprüfer unverzüglich informiert, wenn er Tatsachen feststellt, die eine Unrichtigkeit der vom Vorstand und Aufsichtsrat abgegebenen Erklärung zum Kodex darstellt.

Zwar heißt es in 7.2.3 Abs. 2 DCGK zu vom Vorstand und Aufsichtsrat abgegebenen „Erklärungen zum Kodex"; dies meint in erster Linie die Entsprechenserklärung. Sinnvollerweise müsste aber auch der vom Vorstand und Aufsichtsrat erstellte CG-Bericht in diese Regelung mit einbezogen werden.

3. Prüfung durch den Betreiber des elektronischen Bundesanzeigers

Der CG-Bericht ist keine einzureichende Unterlage i.S. des § 325 Abs. 1 HGB. Die Aufzählung dieser Unterlagen ist enumerativ.[466] Damit kann es zu einer Prüfung des CG-Berichts durch den Betreiber des elektronischen Bundesanzeigers nicht kommen.

4. Prüfung durch DPR/BaFin

Der CG-Bericht ist kein gesetzlich normiertes Kommunikationselement für die Öffentlichkeitsarbeit der Unternehmen (externe CG). Die BaFin nach § 37n ff. WpHG und die DPR nach § 342b HGB haben den gesetzlichen Auftrag zu prüfen, ob die dem Enforcement unterworfenen kapitalorientierten Unternehmen den jeweils anzuwendenden Rechnungslegungsnormen (z.B. HGB und GOB, IAS/IFRS oder US-GAAP) entsprechen.[467]

Gegenstand der Prüfung sind ausschließlich der zuletzt festgestellte Jahresabschluss und Lagebericht oder der zuletzt gebilligte Konzernabschluss oder

465 Kremer, DCGK, S. 387.

466 Fehrenbacher, MüKo BilR, § 325 HGB, Rz. 20; Grottel, Beck'scher Bilanzkommentar zu § 325, Rz. 6.

467 Scheffler/Zempel, Beck'sches Handbuch der Rechnungslegung, B620, Rz. 80.

Konzernlagebericht. Durch das BilRUG wurde ein Abs. 2a in den § 342b HGB eingefügt. Danach können auch Abschlüsse und Berichte zum Prüfungsgegenstand gemacht werden, die sich auf das Geschäftsjahr beziehen, das unmittelbar vor dem gemäß § 342b Abs. 2 Satz 1 HGB eigentlich zu prüfenden Geschäftsjahr liegt[468]. Das Prüfungsziel der DPR ist es, festzustellen, ob die für das Unternehmen und den zu prüfenden Jahresabschluss und Lagebericht geltenden Rechnungslegungsvorschriften richtig und vollständig angewandt wurden, und zwar in Bezug auf:

- Ansatz und Bewertung der bilanzierten Vermögenswerte und Verbindlichkeiten
- Ertragsrealisation
- Inhalt und Gliederung der Abschlussposten
- Anhangangaben
- zutreffende Darstellung im Lagebericht
- Konsolidierung, Bilanzierung und Bewertung im Konzernabschluss[469]

Der gesetzlich festgelegte Prüfungsgegenstand und die bestimmten Prüfungsziele lassen eine Prüfung des CG-Berichts durch die DPR nicht zu.

IV. Zusammenfassung

Es hat sich gezeigt, dass eine inhaltliche gesetzliche Pflichtprüfung der Entsprechenserklärung, der Erklärung zu Unternehmensführung und des CG-Berichts de lege lata in Deutschland nicht vorgeschrieben ist, mit der einzigen Ausnahme, dass der Aufsichtsrat die vom Vorstand abzugebende Erklärung zur Unternehmensführung im Rahmen seiner Überwachungspflichten zu prüfen hat.

Deutlich ist, dass die drei CG-Publizitätselemente sich in ihren Auslegungen überschneiden und damit den Stakeholdern, also auch den Kapitalmarktakteuren, Zumutungen zum Verständnis bereiten. Damit verstärkt sich die Erwartungslücke, was deutlich gegen die immer wieder beschworene Transparenz von Unternehmensführung und -kontrolle verstößt.

Ein eklatantes Beispiel für die Vergrößerung der Erwartungslücke ist die gesetzliche Regelung, dass eine Erklärung zur Unternehmensführung, die in den (Konzern-)Lagebericht als besonderer Abschnitt aufgenommen ist, vom (Konzern-) Abschlussprüfer nicht inhaltlich geprüft werden darf (§ 317 Abs. 2 S. 4 HGB), was

468 Zwirner/Boecker, BilRUG, S. 657.

469 Scheffler/Zempel, Beck'sches Handbuch der Rechnungslegung, B620, Rz. 80.

im Ergebnis bedeutet, dass Teile des (Konzern-)Lageberichts inhaltlich geprüft werden und Teile nicht, ohne dass dies deutlich gemacht werden muss.

Da in Wissenschaft und Praxis der gegenwärtige Zustand des deutschen CG-Reportings deutlich kritisch gesehen wird, ist de lege ferenda – wohl auch durch Bestrebungen der EU-Kommission – damit zu rechnen, dass Änderungen in Bezug auf die CG-Publizitätselemente und deren Prüfung durchaus erfolgen können.

Dies schon vor dem Hintergrund, dass ständig insbesondere von der EU neue Berichtspflichten für die Unternehmen zur Steigerung der Transparenz kreiert werden. Diese Bestrebungen führen, ohne dass diese gestiegenen Berichtspflichten durch externe, gesetzliche inhaltliche Prüfungen begleitet werden, zu einer Vergrößerung der Erwartungslücken; eine Tendenz, die dem Bemühen um größere Transparenz entgegenwirkt.

Dritter Hauptteil: Prüfung der Publizitätselemente des DCGK de lege ferenda

A. Forderungen nach externer, gesetzlicher, inhaltlicher Prüfung

I. Verlautbarungen der EU-Kommission

1. Grünbuch „Europäischer Governance-Rahmen" vom 05.04.2011

Das Grünbuch thematisiert die Art und Weise der Anwendung des Grundsatzes „mittragen oder begründen" („comply or explain"). Dieser Grundsatz stellt nach Auffassung der EU-Kommission die Basis des EU Corporate Governance-Rahmens dar.

Aufgrund einer Studie[470] geht die EU-Kommission davon aus, „...dass die Informationsqualität der Erläuterungen, die von Unternehmen veröffentlicht werden, die von den Empfehlungen im Corporate Governance-Kodex abweichen, in den meisten Fällen nicht zufriedenstellend ist und dass viele Mitgliedsstaaten die Anwendung der Kodizes nicht ausreichend überwachen."[471]

Die EU-Kommission meint, der Grundsatz „comply or explain" könnte wesentlich besser funktionieren, wenn eine Prüfung darüber stattfinden würde, ob die Informationen, insbesondere die Erläuterungen, ausreichend informativ und verständlich sind. Sie stellt daher die Frage:

> *„(25) Sollten ihrer Auffassung nach die Aufsichtsbehörden befugt sein, die Informationsqualität der Erläuterungen in den Corporate Governance-Erklärungen zu überprüfen und die Unternehmen zu einer eventuellen Vervollständigung dieser Erläuterungen aufzufordern? Wenn ja, wie sollte ihre Rolle im Einzelnen aussehen?"*[472]

Als CG-Erklärungen sind einmal die Entsprechenserklärung gem. § 161 AktG und zum anderen die EzU gem. § 289a HGB, aber auch der CG-Bericht gem. 3.10 DCGK zu verstehen, mithin das CG-Reporting.[473]

470 Grünbuch vom 05.04.2011, S. 4, FN 11.

471 Grünbuch vom 05.04.2011, S. 4.

472 Grünbuch vom 05.04.2011, S. 23.

473 v. Werder, Axel, DB 2015, S. 847–854, dort FN 14; Stenger, Kodex, S. 233; Anzinger, NZG 2015, S. 970–972; Bredol/Schäfer, NZG 2013, S. 569 f.

2. Grünbuch der EU-Kommission „Weiteres Vorgehen im Bereich der Abschlussprüfung: Lehren aus der Krise“ vom 13.10.2010

Vor dem Grünbuch „Europäischer Governance-Rahmen vom 05.04.2011“ hatte die EU-Kommission ein Grünbuch „Weiteres Vorgehen im Bereich der Abschlussprüfung: Lehren aus der Krise“ am 13.10.2010 veröffentlicht.[474] Anlass dieses Grünbuches war die Feststellung der Kommission, dass nach der Finanzkrise in Europa und in anderen Teilen der Welt der Frage, wie die Abschlussprüfung verbessert werden könne, um zu einer erhöhten Finanzstabilität zu gelangen, bisher zu wenig Beachtung geschenkt worden ist.

Die Kommission hielt es für sinnvoll, sowohl die Rolle als auch den Umfang der Abschlussprüfung im Hinblick auf die Finanzmarktreform zu erörtern und zu prüfen.

Sie ging dabei von der Vorstellung aus, dass eine solide Abschlussprüfung Voraussetzung sei, um Zuversicht und Marktvertrauen wieder herzustellen, den Anlegerschutz zu stärken und die Kapitalkosten für die Unternehmen zu senken.

Vor diesem Hintergrund sollte eine Diskussion zu folgenden Themen eröffnet werden:

- Rolle des Abschlussprüfers
- Governance und Unabhängigkeit von Prüfungsgesellschaften
- Beaufsichtigung von Abschlussprüfern
- Konstellation des Marktes für Abschlussprüfungen
- Schaffung eines Binnenmarkts für Prüfungsleistungen
- Internationale Zusammenarbeit bei der Beaufsichtigung weltweit tätiger Prüfungsnetze[475]

Dieses Grünbuch ist für die europäische Entwicklung der Abschlussprüfung und der Abschlussprüfer von nicht zu unterschätzender Bedeutung gewesen. Der seinerzeitige Kommissar für Dienstleistungen der Europäischen Kommission, *Michael Barnier*, stellte dazu einige ihn besonders bewegende Fragen:

- „Ist es in Ordnung, dass dieselben Prüfungsgesellschaften sowohl Abschlüsse prüfen als auch beratend tätig sind?
- Führt dies nicht zu Unklarheit oder sogar Interessenkonflikten?
- Ist es statthaft, dass Gesellschaften dieselben Mandanten über Jahrzehnte behalten?

---

474 KOM (2010) 561 endgültig.

475 Grünbuch vom 13.10.2010, S. 5.

- Und, dass es die Mandanten sind, die ihre Prüfungsgesellschaften selbst auswählen und bezahlen?
- Ist unter diesen Umständen eine völlige Unabhängigkeit wirklich möglich?“[476]

Dieser Fragenkatalog macht deutlich, in welche Richtung die EU-Kommission zukünftig gehen wollte. *Barnier* erklärte kategorisch: „Angesichts der Auswirkungen der Finanzmarktkrise in finanzieller, ökonomischer, menschlicher, sozialer und politischer Hinsicht ist die Aufrechterhaltung des Status Quo keine Option für die Kommission.“[477] Daraus ergibt sich, dass mit den Vorstellungen der EU-Kommission, die in diesem Grünbuch manifestiert sind, die Grundlagen für die neueren Rechtsakte der Kommission zur Abschlussprüfung, Abschlussprüfungsaufsicht und die Abschlussprüfer gelegt wurden, auch wenn einige Vorstellungen der EU-Kommission nicht realisiert worden sind, weil aus der Praxis fundierte Einwendungen kamen. Ein Beispiel hierfür ist die sehr umfangreiche Stellungnahme der WPK.[478] In dieser Stellungnahme konnte die WPK mit Recht darauf hinweisen, dass im deutschen Recht schon heute Regelungen gelten, die erst durch die Kommission diskutiert wurden, so insbesondere auch berufsrechtliche Regelungen und das Verhältnis von Prüfungsbericht und Bestätigungsvermerk.

3. *Weitere EU-Verlautbarungen*

Am 09.04.2014 machte die EU-Kommission den Vorschlag für eine Änderungsrichtlinie, die sowohl die Aktionärsrichtlinie (2007/36/EG) als auch die Bilanzrichtlinie (2013/34/EU) ändern sollte. Interessant sind hier die Änderung der Bilanzrichtlinie und die Änderung des Artikels 20 dieser Richtlinie, die die Erklärung zur Unternehmensführung betrifft. Dieser Vorschlag stützt sich auf das Grünbuch vom 05.04.2011 und den „Europäischen Corporate Governance-Rahmen“ sowie die durchgeführten Konsultationen.[479]

Das Ergebnis dieses Vorschlags ist die Richtlinie 2014/95/EU des europäischen Parlaments und des Rates vom 22.10.2014 zur Änderung der Richtlinie 2013/34/EU im Hinblick auf die Angabe nichtfinanzieller und die Diversität betreffender

476 Barnier, WPg 2010, 21/2010, S. I.

477 Barnier, WPg 2010, 21/2010, S. I.

478 Stellungnahme der WPK zum Grünbuch der EU-Kommission, Weiteres Vorgehen im Bereich der Abschlussprüfung: Lehren aus der Krise vom 08.12.2010.

479 Vorschlag für eine Änderungs-Richtlinie vom 09.04.2014, KOM (2014) 213 final, S. 2, dazu Seibt, DB 2014, S. 1918.

Informationen durch bestimmte große Unternehmen und Gruppen.[480] Mit dieser Änderungsrichtlinie haben in Kapitel 5 der Bilanzrichtlinie (2013/34/EU) die nichtfinanzielle Erklärung (Art. 19a) und die konsolidierte nichtfinanzielle Erklärung (Art. 29a) Eingang in den Lagebericht gefunden.

Ebenfalls unter dem 09.04.2014 veröffentlichte die EU-Kommission eine Empfehlung zur Qualität der Berichtserstattung über die Unternehmensführung („comply or explain").[481] Diese Empfehlung bezieht sich ebenfalls auf das Grünbuch 05.04.2011 und den Europäischen CG-Rahmen und knüpft an die nach Art. 20 der Richtlinie 2013/34/EU abzugebende Erklärung zur Unternehmensführung an. Die Kommission stellt fest, dass sich zwar seit dem Jahre 2010 Verbesserungen in den Mitgliedsstaaten in Bezug auf die Qualität der Begründungen der Unternehmen für Abweichungen vom CG erkennen lassen, gleichwohl sei die Situation aber nach wie vor verbesserungsfähig.[482] Es folgen dann Empfehlungen zur Kodex-Gestaltung, zur Qualität der Erklärung zur Unternehmensführung und zur Qualität der Begründung bei Abweichungen von einem Kodex. Es kann festgestellt werden, dass die Empfehlungen, was die Kodex-Gestaltung anlangt, bereits im DCGK realisiert sind. Die Empfehlungen zur Begründungsintensität übersteigen allerdings die geltenden deutschen Bestimmungen. Jedoch ist darauf hinzuweisen, dass diese Empfehlungen nach Art. 288 Abs. 5 AEUV unverbindlicher Natur sind.[483]

Aus den Äußerungen der EU-Kommission wird deutlich, dass die Kommission die externe, gesetzliche, inhaltliche Prüfung der Berichtserstattung über die Unternehmensführung vorzugswürdig findet (vgl. Erwägungsgrund 19 der Empfehlung vom 9.4.2014 und Art 48 der RL 2013/34/EU).

Dem stehen offensichtlich politische Gründe entgegen, die weitere Belastungen von den durch die erhöhten Erklärungs- und Berichtspflichten betroffenen Unternehmen vermeiden wollen.

Dabei wird nicht bedacht, dass sich durch dieses Verhalten die Erwartungslücken vergrößern; denn ständige steigende Erklärungs- und Berichtspflichten der Unternehmen ohne entsprechende externe und inhaltliche Prüfungen zeigen ein deutliches Defizit bei den Kapitalmarktinformationen.

---

480 Richtlinie 2014/95/EU vom 22.10.2014.

481 Empfehlung 2014/208/EU.

482 FN 591, S. L109, 44.

483 Seibt, DB 2014, S. 1918.

Wenn man weiter bedenkt, dass nur Großunternehmen von öffentlichem Interesse von solchen Anforderungen betroffen sind, für die ein weiterer Prüfungsaufwand keine Rolle spielen dürfte, ist die offizielle Haltung der EU und des nationalen Gesetzgebers nicht nachzuvollziehen.

II. Nationale Reaktionen

1. Kritik

Die Frage 25 des Grünbuchs vom 05.04.2011, ob die Aufsichtsbehörden befugt sein sollten, die Informationsqualität der Erläuterungen in CG-Erklärungen zu prüfen und ggf. die Unternehmen zur Vervollständigung dieser Erläuterungen aufzufordern, hat ein beachtliches Echo ausgelöst. Dies schlägt sich in den Reaktionen anlässlich der öffentlichen Konsultationen zum Grünbuch nieder.

In einem Schreiben vom 07.07.2011 nimmt der seinerzeitige Vorsitzende der *Regierungskommission Deutscher Corporate Governance-Kodex*, *Klaus-Peter Müller*, Stellung zum Grünbuch und erklärt zur Frage 25 die Ablehnung der Kommission. Gleichzeitig macht er deutlich, dass die Kommission auch nicht für eine eventuelle Prüfung der Entsprechenserklärung zur Verfügung steht.

Die Stellungnahme der *Wirtschaftsprüferkammer* (vom 22.07.2011), die an einen vielschichtigen Adressenkreis gerichtet ist, lehnt ebenfalls eine verpflichtende Prüfung der Informationsqualität der CG-Erklärung ab, weil dies dem Verständnis eines Verhaltenskodex widerspricht.

Der Bundesverband der Deutschen Industrie e.V. und die Vereinigung der Deutschen Arbeitgeberverbände weisen interessanterweise auf Ziff. 7.2.3 des DCGK hin, nach der der Aufsichtsrat mit dem Jahresabschlussprüfer besondere Berichtspflichten in Bezug auf die CG-Erklärung vereinbaren soll und erklären dann: „Eine Überprüfung der Erfüllung der Erklärungspflichten der Unternehmen durch eine Aufsichtsbehörde oder eine andere externe Stelle lehnen wir daher nachdrücklich ab, da sie weder erforderlich noch mit dem Prinzip der freiwilliger Selbstverpflichtung zu vereinbaren ist. Eine zusätzliche staatliche oder quasi-staatliche Prüfung hätte zudem den negativen Effekt, dass künftig nur noch standardisierte, von der Kontrollstelle als akzeptiert empfundene Kodex-Erklärungen abgegeben würden, eine lebende Governance-Kultur immer mehr eingeschränkt würde.“[484]

Der *Deutsche Gewerkschaftsbund* (DGB) beantwortet in seiner Stellungnahme vom 25.07.2011 die Frage 25 mit einem kategorischen „nein“ unter Bezugnahme

484 Schreiben des BDI/BDA vom 21.07.2011, S. 21.

auf die Beantwortung der Frage 24, die ebenfalls grundsätzlich mit dem Hinweis auf die Natur der Bestimmung des § 161 AktG abgelehnt wird.

Wie der DGB so äußert sich auch (teilweise fast wörtlich) die *Hans-Böckler-Stiftung.*[485]

Die Stellungnahme des Berufsverbands der rund 25.000 Fach-Führungskräfte in Deutschland – *die Führungskräfte DFK (undatiert)* – kommt ebenfalls zu einer negativen Aussage zur Frage 25 unter Hinweis auf den Empfehlungscharakter der CG-Regelung und der Befürchtung auf mehr Bürokratisierung im CG-Verfahren.

Es ist davon auszugehen, dass die Resonanz auf die Frage 25 nicht nur in Deutschland ablehnend war; andernfalls hätte die EU-Kommission nicht die Empfehlung vom 09.04.2014 (2014/208/EU) veröffentlicht. Eine vehemente Kritik zum Grünbuch äußert *Theissen*, der die Gefahr einer Bürokratisierung des CG-Modellwettbewerbs in Europa sieht, mit der Konsequenz, dass nicht der Markt reguliert, sondern ein Plan.[486]

2. *Zustimmung*

Während aus der Praxis überwiegend verneinende Antworten auf die Frage 25 des Grünbuches der EU-Kommission zu verzeichnen waren, gab es von Anfang an Stimmen aus der Wissenschaft, die eine externe, inhaltliche Prüfung des CG-Reportings befürworten.[487] *Bachmann* weist zutreffend darauf hin, dass es für die Kapitalmarktkommunikation weniger auf die „Informationsqualität", wie sie das Grünbuch fordert, ankommt, sondern darauf, ob die Information der Wahrheit entspricht.[488] Dass eine solche Kommunikation auch ausreichend informativ und verständlich sein muss, dürfte sich von selbst verstehen.

Der von *Habersack,*[489] der ein Anhänger der externen, gesetzlichen, inhaltlichen Prüfung ist, geäußerte Einwand, dass die Änderungsrichtlinie 2006/46/EG eine Prüfungspflicht nicht zulasse, begegnet *Stenger*[490] mit dem Hinweis, dass sich ein Pflichtprüfungsverbot aus den Bestimmungen dieser Richtlinie nicht herleiten lasse. Aber selbst, wenn man der Auffassung *Habersacks* folgen

---

485 Schreiben vom 14.07.2011, aber auch Köstler (Hans-Böckler-Stiftung), DB 2011 (Standpunkte), S. 69f.

486 Theissen, WPg 2011, Nr. 13, S. I, auch seine weitergehende Kritik, DB 2014, S. 2057–2064.

487 Spindler, FS Hüffer 2010; Bachmann, Georg, WM 2011, S. 1308, Stenger, Kodex und Entsprechenserklärung, S. 173.

488 Bachmann, Georg, WM 2011, S. 1308.

489 Habersack, Gutachten, DJT 2012, S. 64.

490 Stenger, Kodex und Entsprechenserklärung, S. 263.

wollte, ist darauf hinzuweisen, dass bei Vorliegen des entsprechenden politischen Willens eine Richtlinienänderung durchaus möglich wäre. Die Vielzahl der Änderungsrichtlinien, gerade auf dem Gebiet der Rechnungslegung und Abschlussprüfung, zeigen, dass politisch gewollte Regelungen frühere verändern, wenn nicht gar aufheben.

Neuerdings nehmen die Stimmen für eine externe, gesetzliche, inhaltliche Prüfung des Corporate Governance-Reportings zu,[491] weil vor dem Hintergrund sich ständig ausweitender Berichts- und Erklärungspflichten der Unternehmen die Adressaten (stakeholder) Gewissheit über die veröffentlichten Informationen haben müssen, weil ihre Entscheidungen, insbesondere Investitionsentscheidungen, davon abhängen. Die Folge von extern, gesetzlich und inhaltlich nicht geprüften Informationen lässt Erwartungslücken entstehen bzw. sich vergrößern. Die interne Unternehmensüberwachung durch den Aufsichtsrat lässt die externe, inhaltliche Prüfung des CG nicht unnötig erscheinen. Hinzu kommt, dass eine beträchtliche Anzahl von Unternehmen dazu übergehen, externe, inhaltliche Prüfungen des CG-Reportings durchführen zu lassen. Dies hat wiederum zur Folge, dass es geprüfte und nichtgeprüfte CG-Reportings gibt, ohne, dass dies den Stakeholdern immer bewusst ist; hinzukommt, dass die Prüfungsart und damit die Prüfungstiefe nicht bekannt sind.

B. Prüfung der Publizitätselemente

I. Grundsätzliches

Ausgehend von der Frage Nr. 25 des Grünbuchs vom 05.04.2011 begründet die EU-Kommission diese mit der Feststellung: „Der Grundsatz „mittragen oder begründen" (comply or explain) könnte wesentlich besser funktionieren, wenn es den Überwachungsbehörden, wie den Wertpapieraufsichtsbehörden, den Börsen oder anderen Behörden, gestattet wäre, nachzuprüfen, ob die verfügbaren Informationen (vor allem die Erläuterungen) ausreichend informativ und verständlich sind." (S. 22 des Grünbuches)

Die Kommission meint weiter, dass die CG-Erklärungen als vorgeschriebene Erklärung i. S. von Art. 2 Abs. 1 k der RL 2004/109/EG vom 15.12.2004 (sog. Transparenzrichtlinie) definiert werden und damit den Befugnissen der zuständigen Behörden gem. Art. 24 Abs. 4 der RL unterworfen werden können.[492]

491 Velte, Die Berichte werden immer verwirrender, FAZ 20.07.2015, S. 16.

492 Grünbuch vom 05.04.2011, S. 23.

Von dieser Hypothese hat die EU-Kommission bisher aber keinen Gebrauch gemacht.

Auch die Empfehlung der EU-Kommission vom 09.04.2014 (Erwägungsgrund 19) zeigt deutlich, dass nach den Vorstellungen der Kommission die CG-Erklärungen (also das CG-Reporting) extern und inhaltlich geprüft werden sollten.[493] Daraus ergeben sich zwei Fragen: Welchen Grad der Prüfungssicherheit verlangt die Kommission und wer soll diese Prüfung durchführen? Über die Prüfungssicherheit ist den Ausführungen der Kommission nichts zu entnehmen.

Nach nationalem und internationalem Verständnis sind zwei Grade der Prüfungssicherheit zu unterscheiden, die Prüfung mit begrenzter oder mit hinreichender Sicherheit. Die „mildeste" Form der Prüfung ist die prüferische Durchsicht (review). Diese zeichnet sich dadurch aus, dass mit begrenzter Sicherheit geprüft wird. Die Prüfungsintensität ist geringer als bei der Prüfung mit hinreichender Sicherheit. Die Prüfungshandlungen erstrecken sich auf Plausibilitätsbeurteilen, analytische Prüfungshandlungen und Befragungen. Die prüferische Durchsicht ist keine reduzierte Abschlussprüfung.[494] Allerdings muss der Beurteilungsgegenstand (Ist-Objekt) einer betriebswirtschaftlichen Prüfung zugänglich sein, anderenfalls ist weder eine Prüfung mit hinreichender noch mit begrenzter Sicherheit möglich.[495] Das Ergebnis eines review konkretisiert sich üblicherweise in einem schriftlichen Bericht und einer Bescheinigung des Prüfers.

Mit der prüferischen Durchsicht wird eine begrenzte Prüfungssicherheit angestrebt (limited assurance), demgemäß erfolgt die Bescheinigung stets in Form einer doppelten Verneinung (negative assurance), so dass bescheinigt wird, „... dass im Rahmen der prüferischen Durchsicht keine Sachverhalte bekannt geworden sind, die zur Annahme veranlassen, dass der Gegenstand der prüferischen Durchsicht nicht in Übereinstimmung mit dem Soll-Objekt steht."[496]

Die Prüfung mit hinreichender Sicherheit zeichnet sich dadurch aus, dass durch verschiedene, dem Prüfungsgegenstand (Ist-Objekt) angemessene Prüfungshandlungen so viel an Prüfungsnachweisen gewonnen wird, dass eine Prüfungsaussage mit hinreichender Sicherheit erfolgen kann. Im IDW-PS 200 heißt es dazu:

493 Niemeier, WPg 2006, S. 182.

494 IDW-PS 900, Rz. 17 ff.; WP-Hdb. II 2014, J, Rz. 16 ff.; Velte, NZG 2013, S. 290.

495 Naumann/Schmidt, Integrated Reporting, S. 411.

496 IDW WP-Hdb. II 2014, J, Rz. 62 ff.; Wirtz, WPg 2012, S. 1248; Wirtz, WPg 2012, S. 1248; Almeling, WPg 2011, S. 607–617, 653–661.

„(24) Eine Abschlussprüfung ist darauf auszurichten, dass die Prüfungsaussagen mit hinreichender Sicherheit getroffen werden können. Das Konzept der hinreichenden Sicherheit bezieht sich auf die für diese Beurteilung erforderliche Gewinnung von Prüfungsnachweisen und somit auf die gesamte Prüfung. Die Prüfung dient nicht dem Ziel, unwesentliche Fehler festzustellen.
(25) Hinreichende Sicherheit bedeutet nicht absolute Sicherheit, die bei der Abschlussprüfung nicht zu erreichen ist. Aufgrund der jeder Abschlussprüfung innewohnenden begrenzten Erkenntnis- und Feststellungsmöglichkeiten besteht auch bei ordnungsmäßiger Planung und Durchführung ein unvermeidbares Risiko, dass der Abschlussprüfer wesentliche falsche Aussagen nicht entdeckt. Aus der nachträglichen Entdeckung eines Fehlers kann daher nicht zwingend auf berufliches Fehlverhalten des Abschlussprüfers geschlossen werden."

Die hinreichende Sicherheit ist die Sicherheit, die bei der (Konzern-)Abschlussprüfung angestrebt wird. Damit sind die Anforderungen an die Prüfungstiefe deutlich höher als bei einem review, was sich in der Prüfungsplanung, der Prüfungsdurchführung, den Prüfungshandlungen und Prüfungsnachweisen, der Berichtserstattung und Beurteilung (Bestätigungsvermerk) manifestiert.

Das Ergebnis einer Prüfung mit hinreichender Sicherheit ist die Beurteilung des Ist-Objektes regelmäßig in Form einer Positivaussage (positive assurance). Voraussetzung dafür ist, dass der Prüfer zuvor eine ausreichende Prüfungssicherheit (reasonable assurance)[497] erreicht hat.

Die Unterscheidung von Prüfungsaufträgen mit begrenzter Sicherheit und solchen mit hinreichender Sicherheit ist für den Nutzer der Prüfungsergebnisse nicht unerheblich.

Nicht selten werden Prüfer beauftragt, Prüfungen mit gewisser Prüfungssicherheit (meaningful level of assurance) durchzuführen. Bei diesen Prüfungen werden Prüfungsumfang und Prüfungstiefe im Prüfungsvertrag bestimmt. Es versteht sich, dass gesetzliche Prüfungen solchen Vereinbarungen nicht zugänglich sind.

Vor dem Hintergrund der nachdrücklich von der EU-Kommission geforderten Transparenz für Kapitalmarktinformationen und zur Vermeidung von weiteren die Erwartungslücken vergrößernden Faktoren darf davon ausgegangen werden, dass die EU-Kommission nur externe, inhaltliche Prüfungen mit hinreichender Sicherheit fordern kann, weil ohne eine solche Prüfung eine optimale Transparenz der Unternehmensberichterstattung am Kapitalmarkt nicht zu erreichen ist.

497 Wirtz, WPg 2012, S. 1248.

Das Ergebnis einer Prüfung mit hinreichender Sicherheit ist die Beurteilung des Ist-Objektes regelmäßig in Form einer Positivaussage (positive assurance). Voraussetzung dafür ist, dass der Prüfer zuvor eine ausreichende Prüfungssicherheit (reasonable assurance) erreicht hat.[498]

II. Potenzielle Prüfer

1. Behörden

In Frage 25 des Grünbuches vom 05.04.2011 apostrophiert die EU-Kommission die Aufsichtsbehörden als potentielle Prüfer. Nach deutschem Rechtsverständnis kann dies nur die Bundesanstalt für Finanzdienstleistungsaufsicht (BaFin) sein, die durch Gesetz vom 22.04.2002 errichtet wurde und die Funktionen der bis dahin tätigen Bundesämter für Kreditwesen, für das Versicherungswesen und für den Wertpapierhandel übernommen hat (§ 1 Abs. 1 FinDAG). Damit obliegt der BaFin nach Abschnitt 11 (§§ 37n–37z) des WpHG die Überwachung von Unternehmensabschlüssen und die Veröffentlichung von Finanzberichten. Dabei sind die Bestimmungen des § 342b Abs. 2 S. 3 Nr. 1 bis 3 HGB (Aufgaben der Prüfstelle, DPR) zu beachten.

Würden die Publizitätselemente des CG-Reportings de lege ferenda prüfungspflichtig i.S. einer externen, gesetzlichen und inhaltlichen Prüfung, könnte erwogen werden, ob die DPR diese Prüfung durchführt, zumal der gebotene Sachverstand bei den 16 fachlichen Mitgliedern der DPR vorhanden ist, die fast ausschließlich die WP-Qualifikation besitzen. Die DPR ist de lege lata Teil des Enforcement-Verfahrens, bei dem nur „...der zuletzt festgestellte Jahresabschluss und der zugehörige Lagebericht oder der zuletzt gebilligte Konzernabschluss und der dazugehörige Konzernlagebericht..." (§ 342 b Abs. 2 S. 1 HGB) geprüft werden. Durch das BilRUG wurde ein neuer Absatz 2a in den § 242b HGB eingefügt, nachdem der Prüfungsumfang auch auf das jeweils vorangegangene Geschäftsjahr erweitert wird.[499] Diese Prüfung entspricht nicht einer Prüfung nach § 316 HGB, weil beim Enforcement Einzelprüfungen im Vordergrund stehen und die Buchführung und das Risikomanagement nicht Gegenstand dieser Prüfung sind.[500]

Ein zweites Argument, das gegen die DPR als potentiellen Prüfer des CG-Reportings spricht, ist, dass die DPR aperiodisch prüft und damit über die Kenntnisse eines mehrjährig tätigen Abschlussprüfers, was Tätigkeit und Umfeld der

498 Wirtz, WPg 2012, S. 1248.

499 Zwirner/Boecker, BilRUG, S. 657.

500 Böcking/Gros, Bilanzrecht zu § 342 b HGB, Rz. 13.

zu prüfenden Unternehmung betrifft, nicht verfügt. So gesehen ist die DPR im Rahmen ihrer Enforcement-Einbindung für eine Prüfung des CG-Reportings nicht geeignet. Würde eine Pflichtprüfung im hier verstanden Sinne Realität, wäre ein Enforcement nach den Regeln des § 342b Abs. 2 HGB durch die DPR/BaFin insoweit durchaus möglich, weil (Konzern-)Anhang und (Konzern-)Lagebericht Prüfungsgegenstände des Enforcements sind.

2. *Private*

Zu den grundsätzlichen Bestrebungen der EU-Kommission gehört die Deregulierung, d. h. das Aufbrechen von Marktstrukturen auf Anbieter- und Nachfragerseite, um allen (potentiellen) Marktteilnehmern den Marktzugang zu erleichtern.

Diese Bestrebungen beziehen auch die freien Berufe mit ein, insbesondere was Vorbehaltsaufgaben anlangt, von denen eine gewisse Eignung zur Monopolbildung angenommen wird. So gesehen könnte überlegt werden, das CG-Reporting als besonderen Komplex des (Konzern-)Abschlusses und der Prüfung des (Konzern-)Lageberichts einer getrennten Pflichtprüfung durch private, also nicht professionelle Abschlussprüfer, wie den WP, zu unterziehen. Hier könnte an Unternehmensberater im weitesten Sinne gedacht werden, aber auch an Juristen und Wirtschaftswissenschaftler ohne Befähigung für einen qualifizierten (verkammerten) Beruf, die sich auf solche Prüfungen spezialisieren wollen. Rechtsanwälte und Steuerberater liegen wohl nicht im Fokus solcher Bestrebungen, weil zu ihren beruflichen Aufgaben betriebswirtschaftliche Prüfungen nicht gehören.

Bei Beantwortung der Frage, ob auch Private neben WP de lege ferenda Prüfungen des CG-Reportings durchführen sollen, ist Folgendes zu bedenken: Das CG-Reporting ist nach dem Verständnis insbesondere der EU-Kommission eine wichtige Kapitalmarktinformation, die von ausschließlich börsennotierten sowie in § 161 Abs. 1 S. 2 AktG genannten Gesellschaften kommuniziert wird. Getragen von dem Grundanliegen, die Transparenz am Kapitalmarkt zu erhöhen, fordert die EU-Kommission vorrangig eine qualitätsvolle Darstellung von Kodexabweichungen,[501] mithin eine aussagefähige Abweichungskultur.[502]

Es kann davon ausgegangen werden, dass die Prüfung des CG-Reportings de lege ferenda nur in die Hände solcher Prüfer gelegt wird, die nach Vor- und Ausbildung entsprechend qualifiziert sind, ein anspruchsvolles Berufsstaatsexamen abgelegt haben, gesetzlich reglementiert sind, eine Fortbildungsverpflichtung erfüllen müssen,

501 Lanfermann/Maul, BB 2014, S. 13.
502 v. Preen/Pacher/Raible, ZCG 2015, S. 165.

staatlicher Aufsicht unterliegen und über hinreichende praktische Prüfungserfahrung verfügen. Hinzu kommt, dass die Kenntnis von den Geschäftsfeldern und dem geschäftlichen Umfeld der zu prüfenden Unternehmungen sowie ihrer Organisationsgrundsätze und Organisationsstruktur für jeden Prüfer von ausschlaggebender Bedeutung ist. Diese Kenntnisse erlangt der (Konzern-)Abschlussprüfer durch meistens langjährige Mandatsbeziehung besser als jeder andere. So gesehen wäre in aller Regel der (Konzern-)Abschlussprüfer (WP) der geeignete Prüfer für das CG-Reporting.

III. Prüfung durch den (Konzern-)Abschlussprüfer

1. Vorbemerkung

Vor dem Hintergrund, dass es sich bei der potenziellen externen, gesetzlichen, inhaltlichen Prüfung des CG-Reportings um Prüfungsgegenstände handelt, die ausschließlich für kapitalmarktorientierte Unternehmen (§ 264d HGB) gelten, ist es sinnvoll, mit einer solchen Prüfung ausschließlich den Berufsstand der WP zu beauftragen, der die dafür erforderlichen Qualifikationen besitzt. Dabei kann an dieser Stelle offen bleiben, ob der (Konzern-)Abschlussprüfer diese Prüfung im Rahmen der (Konzern-)Abschlussprüfung oder als Sonderprüfung durchführt. Zur Beurteilung der Frage, warum der (Konzern-)Abschlussprüfer der geeignete und berufene Prüfer für das CG-Reporting ist, muss ein Blick auf das ihn in personeller und fachlicher Hinsicht bindende Normengefüge geworfen werden.

2. Grundzüge des Berufsrechts des Wirtschaftsprüfers

Die WPO vom 24.07.1961, zuletzt geändert durch Gesetz vom 31.03.2016 (APAREG), regelt die Berufsausübung der Wirtschaftsprüfer. § 1 Abs. 1 WPO definiert zum einen, wer WP ist („öffentlich bestellt“), und zum anderen, welche Voraussetzungen für die öffentliche Bestellung zu erfüllen sind. Wirtschaftsprüfungsgesellschaften bedürfen der Anerkennung; diese setzt voraus, dass die Gesellschaft von Wirtschaftsprüfern verantwortlich geführt wird (§ 1 Abs. 3 WPO). Die Anerkennung erfolgt durch die Wirtschaftsprüferkammer (§ 29 Abs. 1 WPO). § 2 WPO beschreibt den Inhalt der Tätigkeit des WP und damit sein Aufgabengebiet wie folgt:

> *„(1) Wirtschaftsprüfer haben die berufliche Aufgabe, betriebswirtschaftliche Prüfungen, insbesondere solche von Jahresabschlüssen wirtschaftlicher Unternehmen, durchzuführen und Bestätigungsvermerke über die Vornahme und das Ergebnis solcher Prüfungen zu erteilen.*

(2) Wirtschaftsprüfer sind befugt, ihre Auftraggeber in steuerlichen Angelegenheiten nach Maßgabe der bestehenden Vorschriften zu beraten und zu vertreten.
(3) Wirtschaftsprüfer sind weiter nach Maßgabe bestehender Vorschriften befugt.

1. *unter Berufung auf ihren Berufseid auf den Gebieten der wirtschaftlichen Betriebsführung als Sachverständige aufzutreten;*
2. *in wirtschaftlichen Angelegenheiten zu beraten und fremde Interessen zu wahren;*
3. *zur treuhänderischen Verwaltung.*"

Kernaufgabe ist demgemäß die Vornahme betriebswirtschaftlicher Prüfungen, insbesondere von Jahresabschlüssen wirtschaftlicher Unternehmen, wovon einige als Vorbehaltsaufgaben des Wirtschaftsprüfers bestimmt sind; so die hier interessierenden Prüfungen von kapitalmarktorientierten Kapitalgesellschaften.

Wirtschaftsprüfer haben einen Berufseid vor der Wirtschaftsprüferkammer zu leisten (§ 17 Abs. 1 WPO) und führen ein Siegel, so auch die Wirtschaftsprüfungsgesellschaften (§ 48 Abs. 1 WPO), insbesondere bei der Erfüllung von Vorbehaltsaufgaben. Wirtschaftsprüfer und Wirtschaftsprüfungsgesellschaften, die beabsichtigen, gesetzlich vorgeschriebene Abschlussprüfungen (§ 316 HGB) durchzuführen, haben dies der WPK anzuzeigen und sich einer Qualitätskontrolle zu unterziehen (§ 57a Abs. 1 WPO), die von Wirtschaftsprüfern in eigener Praxis oder Wirtschaftsprüfungsgesellschaften, die bei der Wirtschaftsprüferkammer als Prüfer für Qualitätskontrolle registriert sind, durchgeführt werden (sog. peer-review gem. § 57a Abs. 3 WPO). Zuständig für die Qualitätskontrolle ist die Kommission für Qualitätskontrolle (§ 57e WPO), die ein Organ der WPK ist (§ 59 Abs. 1 WPO) und aus Berufsangehörigen der WPK gebildet wird (§ 57 e WPO). Die beruflichen Selbstverwaltungsaufgaben erfüllt die WPK in mittelbarer Staatsverwaltung (§ 4 Abs. 1 S1Hs2 WPO); sie ist eine Körperschaft des öffentlichen Rechts. Ihre Zuständigkeit für die Berufsaufsicht ergibt sich aus § 61a WPO. Diese Qualitätskontrolle findet auf der Grundlage einer Risikoanalyse, hier insbesondere Angemessenheit und Wirksamkeit des Qualitätssicherungssystems der zu prüfenden Praxis gem. § 55b WPO, mindestens alle sechs Jahre statt (§ 57 Abs. 2 WPO).

Für Wirtschaftsprüfer und Wirtschaftsprüfungsgesellschaften, die Prüfungen nach § 319a HGB (Unternehmen von öffentlichem Interesse, sog. PIE – public interest entities) durchführen, sind mit § 62b WPO besondere Regelungen zur Durchführung von Inspektionen betr. des Qualitätssicherungssystems geschaffen worden. Durchgeführt werden solche Inspektionen von der APAS (Abschlussprüferaufsichtsstelle), und zwar sowohl anlassbezogen als auch anlassunabhängig.[503]

503 Boecker/Zwirner, DStR 2016, S. 90–93; Weis, WPg 2016, S. 4–10; Kelm/Schneiß/Schmitz-Herkendell WPg 2016, S. 60–67; Farr, WPg 2016, S. 188–294.

Die APAS nach § 66a WPO ist eine beim Bundesamt für Wirtschaft und Ausfuhrkontrolle (BAFA), die ihrerseits dem BMWi nachgelagert ist, eingerichtete Stelle, die von Nicht-Wirtschaftsprüfern geleitet wird und die die öffentliche und fachbezogene Aufsicht über die WPK führt (§ 66a Abs. 1 S. 1 WPO).

Die Qualitätskontrolle der Wirtschaftsprüfungspraxen, die gem. § 319a HGB prüfen, führt die APAS mit eigenen beamteten Inspektoren aus. Damit unterliegen die Prüfer von PIEs einer robusten behördlichen Berufsaufsicht, die nach deutschem Rechtsverständnis ungewöhnlich ist und die berufliche Selbstverwaltung erheblich einschränkt;[504] ein in Deutschland ungewöhnlicher Vorgang im Bereich der gehobenen, verkammerten freien Berufe.

Diese berufsrechtliche Entwicklung in Deutschland ist erkennbar angloamerikanischen Einflüssen geschuldet. Dabei ist festzustellen, dass Finanz- und Bilanzskandale in Deutschland seit Geltung der WPO nur in wenigen Fällen ihre Ursache im „Prüferversagen" hatten. Die im internationalen Vergleich traditionell hohe Vor- und Ausbildung der Wirtschaftsprüfer in Deutschland mag hier ihre Wirkung gezeigt haben.[505]

3. *Grundzüge der Berufspflichten des Wirtschaftsprüfers*

a) *Allgemeines*

Bei der Erfüllung seiner Prüfungspflichten ist der Wirtschaftsprüfer an die Bestimmungen des HGB im Wesentlichen §§ 316–324a und der EU-VO Nr. 537/2014 sowie des Berufsrechts §§ 43–56 WPO und der Satzung der WPK über die „Rechten und Pflichten bei der Ausübung des Berufs des Wirtschaftsprüfers und vereidigten Buchprüfers vom 06.12.2012" gebunden. § 323 Abs. 1 S. 1 HGB verpflichtet den Wirtschaftsprüfer zur gewissenhaften, unparteiischen Prüfung und zur Verschwiegenheit. Ein tragender Berufsgrundsatz ist die Gewissenhaftigkeit, die durch die §§ 4–8 der Berufssatzung (BS) konkretisiert wird. Ein Ausdruck gewissenhafter Berufsausübung ist die Bindung an das Gesetz und die Beachtung der die Berufsausübung regelnden Bestimmungen und der fachlichen Regeln (§ 4 Abs. 1 BS).

Es fragt sich aber, wo der Abschlussprüfer die fachlichen Regeln findet, die eine ordnungsgemäße und damit gewissenhafte Berufsausübung ausmachen. Das Berufsrecht verweist ihn auf die Äußerungen der WPK und des IDW. Die WPK als Körperschaft des öffentlichen Rechts ist der öffentlich-rechtliche Pflichtverband aller Wirtschaftsprüfer; sie wird in mittelbarer Staatsverwaltung tätig (§ 4 Abs. 1

504 Tilian, ZGR 2004, S. 189–226, hier S. 207 ff.; Beul, DStR 2014, S. 2410–2416, dieser machte gegen die VO auch verfassungsrechtliche Bedenken geltend.

505 Biener, FS Havermann 1995, S. 43ff.

S1 Hs2 WPO).[506] Den Inhalt und den Umfang ihrer Aufgaben bestimmt im Wesentlichen § 57 WPO. Insbesondere ist sie zum Erlass von Berufsausübungsregeln (§§ 57 Abs. 3, 57c WPO) berechtigt. Die Berufssatzung vom 11.06.1996 hat den aktuellen Stand vom 12.10.2012 und regelt in fünf Teilen die allgemeinen und besonderen Berufspflichten. Die WPK hat mit dem IDW eine gemeinsame Stellungnahme „Anforderungen an die Qualitätssicherung in der WP-Praxis" (VO 1/2006 vom 27.03.2006) abgegeben. Diese Stellungnahme richtet sich an die Mitglieder der WPK und des IDW und befasst sich mit der Einrichtung, Durchsetzung und Überwachung eines Qualitätssicherungssystems sowie mit der Regelung zur Steuerung und Überwachung der Qualität in der WP-Praxis. Sie berücksichtigt auch internationale Grundsätze und ist abgestimmt mit dem International Standard on Quality Controll I (ISQC 1) und den International Standard on Auditing (ISA 220). Anders als die Berufssatzung und die Satzung für Qualitätskontrolle, die Rechtsverordnungen sind, hat die VO 1/2006 keinen Normcharakter; dies schon deswegen nicht, weil das IDW als Mitherausgeber auftritt, also ein privater Verein mitgewirkt hat. Aus Sicht der WPK handelt es sich um eine Selbstbindung, die damit zum Ausdruck bringt, dass jedes Kammermitglied berufsrechtlich nicht belangt werden kann, soweit es die Regeln der VO 1/2006 einhält.[507]

b) Exkurs: Erfordernis der Unabhängigkeit des Wirtschaftsprüfers

Wenn davon auszugehen ist, dass der WP in seiner Eigenschaft als (Konzern-) Abschlussprüfer der geeignete Prüfer für das CG-Reporting ist, ist zuvörderst nach seiner Unabhängigkeit zu fragen. § 43 Abs. 1 WPO bestimmt: „Der Wirtschaftsprüfer hat seinen Beruf unabhängig, gewissenhaft, verschwiegen und eigenverantwortlich auszuüben. Er hat sich insbesondere bei der Erstattung von Prüfungsberichten und Gutachten unparteiisch zu verhalten." Daraus erhellt, dass die Unabhängigkeit die elementare Pflicht für jeden Wirtschaftsprüfer darstellt; sie ist gewissermaßen die „Kardinaltugend" des WP.[508] Röhricht sieht die Sicherung der inneren und äußeren Unabhängigkeit des WP nach dem Vorbild richterlicher Unabhängigkeit und weist darauf hin, dass die innere Unabhängigkeit weitgehend mit der in § 49 WPO geforderten Unbefangenheit übereinstimmt.[509] Die BS der WP/vBP (Stand: 12.10.2012) normiert in § 2 Abs. 1:

506 Goltz, WPO Komm. zu § 57, Rz. 1 ff.

507 Kühl/Oeltze in WPO Komm. zu § 43, Rz. 38 ff.

508 Röhricht, Volker, WPg 2001 Sonderheft S81; Hennig, Precht in Hense/Ulrich, WPO zu § 43, Rz. 1–15.

509 Röhricht; WPg 2001 Sonderheft S. 80.

„WP/vBP dürfen keine Bindungen eingehen, die ihre berufliche Entscheidungsfreiheit beeinträchtigen oder beeinträchtigen könnten. Sie haben ihre persönliche und wirtschaftliche Unabhängigkeit gegenüber jedermann zu bewahren", und erklärt in Abs. 2 sechs Sachverhalte, die in Ansehung der Unabhängigkeit als berufswidrig gelten. *Hennrichs*[510] weist auf die Neuregulierung der Abschlussprüfung durch den Unionsgesetzgeber hin, der mit den Rechtsakten RL 2014/56/EU und VO (EU) Nr. 537/2014 insbesondere auch die Unabhängigkeit des Abschlussprüfers stärken will.

Anzinger[511] diskutiert die Frage, ob der Abschlussprüfer – die inhaltliche Prüfung der EzU vorausgesetzt – zur Vornahme einer solchen Prüfung hinreichend unabhängig ist. Er kommt zu dem Ergebnis: „Zwar hat sich die Auffassung durchgesetzt, dass der Abschlussprüfer weder Organ der Gesellschaft, noch wie ein Organ für die Gesellschaft tätig ist, sondern als unabhängiger und eigenverantwortlicher Sachverständiger anzusehen ist. Er bleibt der Gesellschaft aber durch seine Bestellung kooperationsrechtlich verbunden und ist Teil des Systems der Unternehmensführung."

Dabei stützt er sich auf *Weber,*[512] der meint, dass die EzU als Prüfungsobjekt der (Konzern-)Abschlussprüfung die Unabhängigkeit des Abschlussprüfers gefährdet, weil der Aufsichtsrat als Auftraggeber des Abschlussprüfers am CG-Reporting originär mitgewirkt hat. *Weber* geht dabei von der unzutreffenden Auffassung aus, dass Vorstand und Aufsichtsrat das CG-Statement (also die EzU) gemeinsam zu erstellen haben.[513] Aufgrund dieser unzutreffenden Auffassung folgert *Anzinger,*[514] dass Aufsichtsrat und Abschlussprüfer in einem besonderen „Näheverhältnis" zueinander stünden und damit Befürchtungen an die Unabhängigkeit des Abschlussprüfers rechtfertigten. Dies aus dem kooperationsrechtlichen Status des Abschlussprüfers herzuleiten und daraus eine besondere Verbundenheit abzuleiten, die die Unabhängigkeit des (Konzern-)Abschlussprüfers gefährdet, erscheint überkonstruiert.

Die von *Anzinger* vorgetragene Auffassung verdient aus folgenden Gründen keine Beachtung:

---

510 Hennrichs, ZGR 2015, S. 265.

511 Anzinger, NZG 2015, S. 975.

512 Weber, Externes Corporate Governance-Reporting börsennotierter Publikumsgesellschaften, S. 440 f.

513 Velte/Weber, StuB 2011, S. 256.

514 Anzinger, NZG 2015, S. 975.

In seiner Funktion ist der Abschlussprüfer in der CG ausschließlich der Unternehmenskontrolle (Überwachung) zuzuordnen.[515]

Die Empfehlungen der Ziff. 7.2.3 des DCGK wären absolut unverständlich, wenn die Befürchtungen *Anzingers* zuträfen. Ziff. 7.2.3 DCGK geht davon aus, dass im Sinne einer ordnungsgemäßen Governance bestimmte prüferische Feststellungen des (Konzern-)Abschlussprüfers zu Sonderberichten führen sollen, deren Empfänger der Aufsichtsrat ist. Wenn Ziff. 7.2.3 Abs. 2 DCGK von „Erklärungen" spricht, die vom Vorstand und Aufsichtsrat abzugeben sind, so ist damit in erster Linie die Entsprechenserklärung gemeint, aber auch der CG-Report. Die EzU ist hingegen dem Ziff. 7.2.3 Abs. 1 DCGK zuzuordnen, weil für diese ausschließlich der Vorstand zuständig ist und deren Prüfung gem. § 111 Abs. 1 AktG in die Überwachung durch den Aufsichtsrat fällt.

Ohne Zweifel ist die Unabhängigkeit des (Konzern-)Abschlussprüfers die conditio sine qua non. Sie gilt national und international für jede Prüfung.[516]

Es ist richtig, dass der Aufsichtsrat gemäß § 124 Abs. 3 Satz 1 AktG der HV zur Bestellung des (Konzern-)Abschlussprüfers einen Beschlussvorschlag macht; bei kapitalmarktorientierten Gesellschaften ist gemäß § 124 Abs. 2 Satz 2 AktG der Vorschlag des Aufsichtsrats auf die Empfehlung des Prüfungsausschusses (sofern vorhanden) zu stützen. Die HV beschließt nach § 119 Abs. 2 Nr. 4 AktG über die Bestellung und der Aufsichtsrat erteilt dem (Konzern-)Abschlussprüfer nach § 111 Abs. 2 Satz 3 AktG den Prüfungsauftrag.

Die letztgenannte Bestimmung ist mit dem KontraG in das AktG eingefügt worden; interessanterweise mit der Begründung, dass die bisherige Regelung (§ 318 Abs. 1 Satz 4 HGB a. F.) den Eindruck einer zu großen Nähe des Prüfers zum Vorstand entstehen ließe. Der Prüfer soll dadurch eine größere Distanz zum Management entwickeln.[517]

Vor diesem Hintergrund und der Tatsache, dass weltweit die Unabhängigkeit der (Konzern-)Abschlussprüfer gesetzlich sowohl im Interesse der zu prüfenden Gesellschaften als auch der (Konzern-)Abschlussprüfungsgesellschaft geregelt ist und ständig überprüft wird, ist die Auffassung von Anzinger und Weber nicht nachzuvollziehen.

515 Mattheus, ZGR 1999, S. 686; dieselbe, Hdb. Corporate Governance, A. 570 ff.; Schindler, BB 1998, S. 1886–1893, Doppelaufsatz, S. 1939–1944; Hommelhoff, BB 1998, S. 2568ff.

516 Schmidt/Nagel in Beck'scher Bilanzkommentar vor § 319 HGB, Rz. 7–9.

517 Ernst/Seibert/Stuckert, Düsseldorf 1998, S. 3, S. 57 f. Begründung RegE.; Lutter/Krieger/Verse, Hdb. Aufsichtsrat 2014, § 5 Rz. 173 ff.

Es ist zugestanden, dass *Weber* zum Zeitpunkt seiner Arbeit die aktuelle Reform der Abschlussprüfung und ihre Entwicklung nicht endgültig beurteilen konnte. Es ist eindrucksvoll, mit welcher Ausführlichkeit insbesondere die EU-Abschlussprüfungsverordnung vom 16.04.2014, die unmittelbar anzuwendendes nationales Recht ist, die Frage der Unabhängigkeit des (Konzern-)Abschlussprüfers regelt. So stellt Titel II der VO die Bedingungen auf, die für die Durchführung von Abschlussprüfungen bei Unternehmen von öffentlichem Interesse zu beachten sind (Art. 4–15). Diese enthalten Normen zur Wahrung der Unabhängigkeit des (Konzern-)Abschlussprüfers von der Vorbereitung und Durchführung der Abschlussprüfung bis zum Bestätigungsvermerk.

Hervorzuheben ist der jährliche Transparenzbericht nach Art. 13 der VO, der von dem (Konzern-)Abschlussprüfer von Unternehmen von öffentlichem Interesse verlangt, öffentlich umfassende Angaben zu sich selbst und den von ihm befolgten Grundsätzen (insbesondere denen zur Unabhängigkeit) zu machen und zu veröffentlichen. In Titel III der VO bestimmt Art. 16, dass der Prüfungsausschuss dem Aufsichtsrat zwei Empfehlungen für (Konzern-)Abschlussprüfer gibt und dies nachdem ein Ausschreibungsverfahren durchführt worden ist (Art. 16 Abs. 2 und 3 der VO),[518] aber auch das Verbot von Nichtprüfungsleistungen (Art. 5 der VO) sowie die Regelungen in den §§ 319 und 319a HGB in der Fassung nach dem AREG.[519]

Zur Illustration des Themas „Unabhängigkeit des (Konzern-)Abschlussprüfers" sei angemerkt, dass schon gegenwärtig (die VO gilt ab 17.06.2016) international aufgestellte große Wirtschaftsprüfungsgesellschaften von ihren im Prüfungseinsatz stehenden Mitarbeitern täglich neben der Zeiterfassung eine schriftliche Erklärung über ihre Unabhängigkeit zum jeweiligen Mandanten verlangen.

Nach alledem verdient die Auffassung, der (Konzern-)Abschlussprüfer sei wegen mangelnder Unabhängigkeit zur Prüfung des CG-Statements ungeeignet, keine Beachtung.

c) Die Bedeutung des IDW für die Berufsarbeit des Wirtschaftsprüfers

Von größtem Interesse für den Berufsstand der WP ist die Facharbeit des IDW, die auch der Aus- und Fortbildung dient. Unter den Publikationen des IDW sind es vor allen Dingen die „IDW-Prüfungsstandards" und die „IDW-Stellungnahmen zur Rechnungslegung", deren Einfluss weit über die Berufsarbeit der WP hinaus Wirkung entfalten. Das IDW vertritt den deutschen Berufsstand der WP in einer

518 Schmidt/Heinz in Beck'scher Bilanzkommentar zu § 318 HGB, Rz. 50–52.

519 Petersen/Zwirner/Boecker, DStR 2016, S. 984–987.

Reihe von internationalen Gremien, die sich mit Rechnungslegung und Prüfung beschäftigen und gilt damit als deutscher „Trend-Setter". Weitere fachliche Verlautbarungen des IDW sind: IDW-Fachgutachten (IDW-FG), IDW-Prüfungsstandards (IDW-PS), IDW-Stellungnahmen zur Rechnungslegung (IDW-RS) und IDW-Standards (IDW-S). Diese gründen sich auf Beratungsergebnisse des IDW-Hauptfachausschusses (HFA) zu Fragen von grundsätzlicher Bedeutung und zu Fragen aus speziellen Tätigkeitsgebieten oder Wirtschaftszweigen. Weiterhin finden Beratungen in sog. Fachausschüssen statt. Sämtliche Ausschüsse sind mit Berufsangehörigen und Wissenschaftlern besetzt, die für die zu lösenden Fragen kompetent und erfahren sind. Das IDW hat die von ihm herausgegebenen Prüfungsstandards und die diese ergänzenden Prüfungshinweise so strukturiert, dass sie im Wesentlichen den Ablauf einer Prüfung abbilden: PS 120–199 Qualitätssicherung, PS 200–249 Prüfungsgegenstand und -auftrag, PS 250–299 Prüfungsansatz, PS 300–399 Prüfungsdurchführung und PS 400–499 Bestätigungsvermerk, Prüfungsbericht, Bescheinigungen, Arbeitspapiere, Grundsätze für die Kommunikation des Abschlussprüfers mit den Aufsichtsorganen.[520]

Die IDW-Standards und IDW-Prüfungshinweise sind rechtlich nicht verbindlich, ebenso die sonstigen Verlautbarungen. So formuliert *Bormann*: „Dem IDW fehlt es als privatrechtlichem Verein ohne öffentlichen Auftrag bereits an der Befugnis, Rechtsvorschriften verbindlich zu interpretieren. Damit haben die Stellungsnahmen des IDW allein den Charakter von Rechtsmeinungen. Sie sind daher zu behandeln wie jede andere publizierte Rechtsmeinung auch; zu ihren Gunsten greifen weder (gesetzliche) Vermutungen, noch gelten sie als antizipierte Sachverständigengutachten."[521] In dieser Absolutheit trifft *Bormann* nicht das Wesen und die Bedeutung der IDW-Standards und -Stellungnahmen. Zum einen sind sie das Beratungsergebnis besonders erfahrener und sachverständiger Berufsangehöriger[522] und zum anderen gelten die Berufsstandards, solange die EU-Kommission keine ISA angenommen hat, weiter als nationale Prüfungsgrundsätze.[523] Wobei davon auszugehen ist, dass das IDW ständig seine Standards an die ISA

520 Freidank, Unternehmensüberwachung, S. 243 ff.; Ebke, MüKo HGB BilR zu § 317, Rz. 31–38; Schmidt, Handbuch, der seine Schrift ebenfalls an der Struktur der PS des IDW aufbaut; Hoffmann/Lüdenbach, NWB Komm. zu § 317, Rz. 16.

521 Bormann in MüKo BilR zu § 317, Rz. 32; Müller, Rezeption privater Rechnungslegungsstandards durch den Staat.

522 ADS, Rz. 22 zu § 323 HGB.

523 Ebke, MüKo HGB BilR zu § 317 HGB, Rz. 21.

angleicht und damit im Ergebnis keine grundlegenden Abweichungen zu internationalen Prüfungsgrundsätzen bestehen.[524]

Das IDW selbst geht davon aus, dass die IDW FG, IDW PS und die IDW RS die Erfahrungen des Berufsstandes wiedergeben und insofern antizipierte Sachverständigengutachten über die Berufspflichten des WP darstellen.[525] *Krein* kommt in seiner Arbeit zu einem ähnlichen Ergebnis, wenn er die Verlautbarungen des IDW mit den überbetrieblichen technischen Normen gleichsetzt und insoweit eine vergleichbare rechtliche Qualität für die IDW Verlautbarungen feststellt.[526] „Denn eine Gleichwertigkeit mit den technischen Regelwerken führt dazu, sie als Maßstab für die anzuwendende Sorgfalt zu behandeln, eine Funktion, die den Verlautbarungen in Ermangelung einer Rechtsnormqualität ansonsten nicht beigemessen werden könnte."[527]

Dieser Rechtsauffassung ist zu widersprechen. Zuvor ist festzustellen, dass sich z.B. die DIN-Normen auf technisch-naturwissenschaftliche Verfahren und Prozesse gründen, die jederzeit mit gleichem Ergebnis wiederholt werden können und damit jedem Anwender einen nicht individuell auslegbaren Maßstab bieten. Die Prüfungsstandards sind dagegen Normen zu Prüfungsgegenständen, Prüfungsfeldern und Prüfungshandlungen. Der Anwender hat seinen Fall darunter zu subsumieren. Naturgemäß sind die Ergebnisse solcher Subsumtionen individuell und regelmäßig mit gleichen Ergebnissen nicht wiederholbar.[528]

Hinzu kommt, dass die Bundesrepublik sich vertraglich mit dem Deutschen Institut für Normung (DIN) verpflichtet hat, dieses als die zuständige Normenorganisation für die BRD anzuerkennen. Demgemäß hat sich das DIN verpflichtet, das öffentliche Interesse bei der Normung zu berücksichtigen und darauf zu achten, dass die Normen bei der Gesetzgebung, der Verwaltung und im Rechtsverkehr als Umschreibungen technischer Anforderungen herangezogen werden.[529].

Neben die IDW-Prüfungsstandards treten die IDW-Prüfungshinweise, die einen geringeren Verbindlichkeitswert als die IDW PS haben.[530] Sie stellen weder zusätzliche Anforderungen zur Ergänzung der IDW PS noch verbindliche

524 Ebke, MüKo HGB BilR zu § 317 HGB, Rz. 21; Gelhausen/Fey/Kämpfer zu § 317 HGB, Rz. 25; Merkt, ZGR 2015, S. 222.

525 WP Hdb I 2012, S. 237; Merkt, ZGR 2015, S. 221.

526 Krein, Haftung des Abschussprüfers, S. 201 ff.

527 Krein, Haftung des Abschussprüfers, S. 202.

528 Spindler, Schmidt/Lutter AktG zu § 161, Rz. 68.

529 Spindler, Unternehmensorganisationspflichten, S. 487 ff., insbesondere S. 495; Hommelhoff/Schwab, BFuP 1998, S. 38–56.

530 Ebke, MüKo HGB BilR zu § 317, Rz. 21.

Hinweise zur Auslegung der PS dar; es sind ausschließlich Handlungsempfehlungen.[531] Es kann also davon ausgegangen werden, dass die Beachtung der IDW Verlautbarungen, die für die IDW Mitglieder satzungsgemäß Vereinspflicht ist, vom deutschen WP-Berufsstand allgemein als Ausdruck gewissenhafter Prüfung beachtet wird und dies schon aus haftungsrechtlichen Gründen.[532]

4. Abschlussprüfungsrecht

a) Bilanzrichtlinie – Umsetzungsgesetz (BilRUG)

Das BilRUG ist am 17.07.2015 im BGBl I, S. 1245 bekannt gemacht worden und am 23.07.2015 in Kraft getreten. Es ist, was die geänderten HGB-Vorschriften angeht, gem. Art. 75 Abs. 1 S. 1 EGHGB grundsätzlich erstmals auf Geschäftsjahre anzuwenden, die am 01.01.2016 beginnen und betrifft damit (Konzern-)Abschlüsse und (Konzern-)Lageberichte für Zeiträume, die nach dem 31.12.2015 liegen; eine frühere, voll umfängliche Anwendung ist ausgeschlossen.[533] Mit dem BilRUG wurde die RL 2013/34/EU vom 26.06.2013 in nationales Recht umgesetzt.

Für die Prüfung des CG-Reportings sind zwei Regelungen des BilRUG von besonderem Interesse. Einmal ist dem § 315 HGB (Inhalt des Konzernlageberichts) ein neuer Abschnitt, Abs. 5 angefügt, der wie folgt lautet: „Ein Mutterunternehmen i. S. des § 289a Abs. 1 hat für den Konzern eine Erklärung zur Unternehmensführung zu erstellen und als gesonderten Abschnitt in den Konzernlagebericht aufzunehmen. § 289a ist entsprechend anzuwenden." Damit wird die Konzerndimensionalität, die schon für die Entsprechenserklärung und den CG-Bericht gilt, nunmehr auch für die EzU eingeführt.

Nach der Begründung im Regierungsentwurf des Gesetzes (S. 93) soll das Mutterunternehmen im (Konzern-)Lagebericht für sich selbst und für den Konzern die gleichen Unternehmensführungsgrundsätze zugrunde legen. Dem Mutterunternehmen wird das Wahlrecht gem. § 289a Abs. 1 Satz 2 HGB gewährt, die Angaben gesondert auf einer Internetseite zu veröffentlichen, wobei im Konzernlagebericht eine Bezugnahme auf die Internetseite, die die Angaben enthält, aufzunehmen ist. Zum anderen ist der § 317 Abs. 2 S. 4 HGB inhaltlich unverändert geblieben, bis auf die Einbeziehung des neuen § 315 Abs. 5 HGB. Der Gesetzgeber folgt damit

---

531 IDW PH, hier: Fragen und Antworten: Zur Festlegung der Wesentlichkeit und der Toleranzwesentlichkeit nach ISA 320 bzw. IDW PS 250 n. F, S. 1; Ebke, MüKo HGB BilR zu § 317, Rz. 21.

532 Böcking/Gros/Rabenhorst, in: Wiedmann/Böcking/Gros, Rz. 5 zu § 323 HGB; Zimmer, Großkomm. Bilanzrecht zu § 323 HGB, Rz. 9.

533 IDW-FN 8/2015, S. 446.

den Regelungen des Art. 20 der RL 2013/34/EU, die eine inhaltliche Prüfung der EzU nicht vorsehen. Damit wird deutlich, dass der EU an der externen, gesetzlichen, inhaltlichen Prüfung des CG-Reportings nicht gelegen ist. Da die EzU als ein aussagefähiges Instrument für Unternehmensführung und -kontrolle gesehen werden muss, kann hier von einer Vergrößerung der Erwartungslücke in Form des Normenversagens ausgegangen werden, weil damit im Ergebnis ein Teil des Lageberichts von Unternehmen des öffentlichen Interesses gesetzlich, inhaltlich ungeprüft bleibt. Dies vor der Tatsache, dass der Erwägungsgrund (26 der RL 2013/34/EU) den (Konzern-)Lagebericht als wichtiges Element der Finanzberichterstattung bezeichnet.

Ein weiterer Aspekt im Hinblick von neuen Berichtspflichten vermittelt das BilRUG durch Einführung eines dritten Unterabschnitts im vierten Abschnitt des dritten Buches des HGB. In den §§ 341q-341y HGB werden ergänzende Vorschriften für bestimmte Unternehmen des Rohstoffsektors normiert. Diese Regelungen stellen das Ergebnis der Umsetzung des Kap. 10 (Art. 41–48) der RL 2013/34/EU dar.

Adressaten sind gem. § 341q HGB große Kapitalgesellschaften (§ 267 Abs. 3 HGB) mit Sitz im Inland, die in der mineralgewinnenden Industrie tätig sind oder den Holzeinschlag in Primärwäldern betreiben. Diese haben gem. § 341s Abs. 1 HGB jährlich einen Zahlungsbericht für Zahlungen über 100.000,00 Euro zu erstellen, in dem nach Staaten gegliedert anzugeben ist, welche Zahlungen im Berichtszeitraum im Zusammenhang mit ihrer Geschäftstätigkeit an staatliche Stellen geleistet wurden (§§ 341t, 341u HGB). Mutterunternehmen (§ 290 HGB) haben jährlich einen Konzernzahlungsbericht zu erstellen (§ 341v HGB). Die Zahlungsberichte sind elektronisch in deutscher Sprache beim Betreiber des elektronischen Bundesanzeigers einzureichen und zu veröffentlichen (§ 341w HGB).

Während der Gesetzentwurf der Bundesregierung zu den Zielen dieser neuen Bestimmung schweigt, ergibt sich die ratio dieser Bestimmung aus den Erwägungsgründen (44–53) der RL. Daraus wird deutlich, dass unter anderem die Korruptionsprävention im Blickpunkt des Interesses der EU steht.

Die Frage der externen Prüfung der Zahlungsberichte wird im BilRUG nicht angesprochen. Der Art. 48 der RL enthält jedoch den Hinweis auf eine Überprüfung des gesamten Kapitels 10 (Bericht über Zahlungen an staatliche Stellen) durch die EU-Kommission. Diese Überprüfung soll spätestens am 21.07.2018 abgeschlossen sein. Mit dem bis dahin zu erstellenden Bericht geht die Kommission auch auf die Frage ein, ob der Bericht über die Zahlungen an staatliche Stellen einer „Abschlussprüfung“ unterzogen werden soll. Die Formulierung „Abschlussprüfung“ gibt zu der Frage Anlass, ob damit eine gesetzliche, inhaltliche Prüfung oder eine solche Prüfung im Rahmen der Abschlussprüfung gemeint sein kann.

Bedeutung für die Prüfung des CG-Reportings gewinnt dieser Themenkomplex nur dann, wenn er dem CG zugeordnet werden kann. Eine Zuordnung zur Unternehmensführung und -kontrolle ist über die Kodex-Bestimmung 4.3.2 und über den Bereich „compliance" (vgl. Ziff. 4.1.3, 5.2 und 5.3.2) denkbar.

So gesehen könnte über eine Einbeziehung einer möglichen Prüfung der Berichte über Zahlungen an staatliche Stellen in die Prüfung des CG-Reportings diskutiert werden.

b) AReG

Ziel dieses Gesetzes vom 10.05.2016 ist, ausgehend vom Grünbuch „Weiteres Vorgehen im Bereich der Abschlussprüfung: Lehren aus der Krise" vom 13.10.2010 „*...eine Verbesserung der Qualität der Abschlussprüfungen sowie eine Steigerung der Aussagekraft des Prüfungsergebnisses und damit letztlich eine Stärkung des Binnenmarktes*"[534].

Es zeigt sich, dass der nationale Gesetzgeber die gegebenen Mitgliedsstaatenwahlrechte ausgeübt hat, insbesondere was die Möglichkeit zur Verlängerung der Höchstlaufzeiten von Mandaten zur Abschussprüfung bei Unternehmen von öffentlichem Interesseanlangt. Bei diesen Unternehmen wurde auch die Möglichkeit zu Steuerberatungsleistungen und zu Bewertungsleistungen durch den Abschlussprüfer durchgesetzt. Weiterhin erfolgte die Ausnahme von der Verpflichtung zur Errichtung von Prüfungsausschüssen bei diesen Unternehmen. Unmittelbare Auswirkungen für die Prüfung des CG-Reportings bzw. seiner Publizitätselemente sind durch die geplanten Regelungen des Referentenentwurfes des AReG nicht erkennbar.

IV. Hypothetische inhaltliche Prüfung der Publizitätselemente im Rahmen der (Konzern-)Lageberichtsprüfung

1. Grundsätzliches

§ 316 Abs. 1 und 2 HGB ordnen an, dass der (Konzern-)Abschluss und der (Konzern-)Lagebericht durch einen Abschlussprüfer zu prüfen ist, wenn die Kapitalgesellschaft nicht nach § 267 Abs. 1 HGB zu den sog. kleinen Kapitalgesellschaften zählt; somit besteht die Prüfungspflicht insbesondere für kapitalmarktorientierte Kapitalgesellschaften und deren Konzerne.

Gegenstand und Umfang der Prüfung werden durch § 317 HGB bestimmt. Unterstellt man den Wegfall der § 317 Abs. 2 S. 4 HGB, wären sowohl die EzU für

534 Referentenentwurf, S. 19.

den Einzelabschluss als auch die EzU für den Konzernabschluss vollen Umfangs, also auch inhaltlich, prüfungspflichtig, weil sie Bestandteile des (Konzern-)Lageberichts sind, wenn auch als gesonderter Abschnitt (§ 289a Abs. 1 S. 1 HGB).

Der (Konzern-)Abschlussprüfer hätte dann im Rahmen der (Konzern-)Lageberichtsprüfung die Erklärungen des Mutterunternehmens und der Tochtergesellschaften des CG-Reportings zu prüfen, nämlich die EzU (§§ 289a und 315 Abs. 5 HGB) und die Entsprechenserklärungen gem. § 161 AktG. Für die Angaben nach § 289a Abs. 2 Nr. 1 HGB (Entsprechenserklärung) ist eine identische Erklärung nicht denkbar, weil für den Konzern (§ 315 Abs. 5 HGB) die Angaben für alle einbezogenen Gesellschaften zu machen sind und damit gesellschaftsindividuelle Angaben, wie für die Einzelerklärung, nach § 289a HGB nicht möglich sind.

Auch bei den Angaben nach § 289a Abs. 2 Nr. 2 HGB ist zu differenzieren. Während für die Einzelerklärung eine gewisse Informationstiefe zu fordern ist, verlangt die Konzernerklärung eine größere Informationsbreite, weil die Unternehmensführungspraktiken im Konzern differieren können. Die Angaben nach § 289a Abs. 2 Nr. 3 HGB, die sich auf die Beschreibung der Arbeitsweise von Vorstand und Aufsichtsrat sowie die Zusammensetzung und Arbeitsweise von deren Ausschüssen beziehen, sind in der Einzelerklärung zu machen; für den Konzern können die für das Mutterunternehmen geltenden Angaben ausreichen. Damit liegen dann identische Erklärungen vor.[535] Die Angaben nach § 289a Abs. 2 Nr. 4 und 5 HGB sind ihrem Wesen gemäß nicht für die Konzernerklärung geeignet; hier könnte allenfalls in Grundzügen über die im Konzern üblichen Praktiken berichtet werden.

An dieser Stelle ist noch einmal darauf hinzuweisen, dass die bisher fehlende Konzerndimensionalität des § 289a HGB[536] durch das BilRuG beendet wurde; gem. § 315 Abs. 5 HGB hat nunmehr ein Mutterunternehmen i. S. des § 289a Abs. 1 HGB für den Konzern eine EzU zu erstellen und als gesonderten Abschnitt in den Konzernlagebericht aufzunehmen, wobei § 289a HGB entsprechend anzuwenden ist. Diese Regelung ist das Ergebnis der Umsetzung des Art. 29 i.V.m. dem Art. 20 der Bilanzrichtlinie (2013/34/EU). Dabei stellt sich das Problem, in welchem Umfang sich die unternehmensindividuellen Erklärungen von der konzernweiten Erklärung nach dem Willen des Gesetzgebers unterscheiden oder ob davon

535 Grottel, Beck'scher Bilanzkommentar zu § 315, Rz. 250–265; Russ/Janßen/Götze, BilRUG, Rz. 50 f.; Busch/Zwirner, BilRUG, S. 601 ff.

536 Lange, MüKo HGB BilR, § 289a Rz. 2.

auszugehen ist, dass die Erklärungen nach § 289a HGB und die nach § 315 Abs. 5 HGB für das jeweilige Unternehmen bzw. den Konzern inhaltlich identisch sind.

Das dritte Publizitätselement „CG-Bericht" würde durch einen angenommenen Wegfall der Bestimmung des § 317 Abs. 2 S. 4 HGB nur dann prüfungspflichtig, wenn das Unternehmen in seinen Entsprechenserklärungen die Befolgung der Empfehlung Ziff. 3.10 DCGK erklärt hat.

Würde dagegen die totale Nichtbefolgung der Empfehlung Ziff. 3.10 DCGK und die Begründung der Nichtbefolgung erklärt, wäre eine Prüfungspflicht des CG-Berichts durch den Abschlussprüfer des (Konzern-)Lageberichts für die Begründung der Nichtbefolgung gegeben. Das Gleiche gilt sinngemäß bei einer teilweisen Nichtbefolgung der Empfehlungen.

Die unterstellte materielle Prüfungspflicht für die Erklärungen zur Unternehmensführung (EzU) bedingt die Einhaltung der Prüfungsgrundsätze für den Lagebericht durch den Abschlussprüfer. Diese Grundsätze sind in IDW PS 350 (Stand: 09.09.2009) festgelegt, sowohl für die Prüfung des Lageberichts als auch für die Prüfung des Konzernlageberichts.[537]

Die gesetzlichen Anforderungen an den Konzernlagebericht ergeben sich aus dem „DRS Nr. 20 Konzernlagebericht."[538] Werden diese Grundsätze angewendet, trägt dies die gesetzliche Vermutung, dass die die Konzernrechnungslegung betreffenden Grundsätze ordnungsmäßiger Buchführung beachtet worden sind (§ 342 Abs. 2 HGB). Diese Vermutung gilt für den Jahresabschluss nicht; jedoch formuliert IDW PS 350 Rz. 2: „Soweit es sich beim DRS 20 um Auslegungen der allgemeinen gesetzlichen Grundsätze zur Lageberichtserstattung handelt, haben diese auch Bedeutung für den Lagebericht nach § 289 HGB." Wird eine DRS 20-Konzernanforderung im Konzernlagebericht nicht beachtet, kann dies zur Einschränkung (oder Versagung) des Prüfungsurteils im Bestätigungsvermerk und in der Berichterstattung hierüber im Konzernprüfungsbericht führen.[539]

---

537 Große Beachtung verdient der Entwurf einer Neufassung des IDW PS, Prüfung des Lageberichts im Rahmen der Abschlussprüfung (IDW EPS 350 n.F.) Stand 13.01.2016, IDW-FN 3/2016, S. 139–168.

538 Dieser Deutsche Rechnungslegungsstandard wurde vom DRSC am 14.09.2012 verabschiedet und am 04.12.2012 vom BMJ im Bundesanzeiger bekannt gemacht. Zur Kritik: Lorson/Melcher/Müller/Velte/Wulf/Zürndorf, ZGR 2015, S. 887–917.

539 IDW-FN 3/2016, S. 167; vgl. auch Grottel, Beck'scher Bilanzkommentar zu § 315, Rz. 25 ff., aber auch Rz. 6.

Der gesonderte Abschnitt des Lageberichts steht auch unter dem Verdikt, dass er mit der gleichen Sorgfalt wie der (Konzern-)Lagebericht zu prüfen ist, was IDW PS 350 Rz. 13 auch von dem (Konzern-)Lagebericht in Bezug auf den Jahresabschluss verlangt.

Mithin würde sich die Prüfung des (Konzern-)Lageberichts de lege lata um die Prüfung der Angaben nach § 285a Abs. 2 HGB erweitern. Damit ist der gesonderte Abschnitt (EzU) des (Konzern-)Lageberichts in die Prüfungsplanung, die Festlegungen des Prüfungsumfangs, den Prüfungsgegenstand, die Prüfungsweise und den Prüfungsablauf sowie die Berichtserstattung der Prüfung (Prüfungsbericht und Bestätigungsvermerk) mit einzubeziehen.

Hinderlich, insbesondere im Hinblick auf die Wirtschaftlichkeit der Prüfung, aber auch im Hinblick auf den Grundsatz der Transparenz, wirken sich Erklärungen zur Unternehmensführung aus, die so umfänglich ausgestaltet sind, dass eine Prüfung zeitlich erschwert wird und die Transparenz leidet. In der Regel sind 2–5 Seiten der übliche und ausreichende Umfang einer EzU; darüber hinausgehende Erklärungen erfüllen in aller Regel den Sachverhalt des „windowdressing“ oder „greenwashing“ und verfehlen damit den Sinn und Zweck der Erklärung als sinnvolles Kommunikationselement für den Kapitalmarkt. So gesehen verstoßen solche ausufernden Erklärungen gegen die Regeln des DRS 20 und stellen gleichzeitig eine Behinderung der Prüfung dar.

2. *Prüfung der Publizitätselemente*

a) *Erklärung zur Unternehmensführung*

(1) Entsprechenserklärung gem. § 161 AktG

Die Entsprechenserklärung gem. § 161 AktG ist nach § 289a Abs. 2 Nr. 1 HGB Bestandteil der EzU und damit Teil des gesonderten Abschnitts des Lageberichts. Mit dem unterstellten Wegfall der Bestimmungen des § 317 Abs. 2 S. 4 HGB sind die Entsprechenserklärungen in die Prüfung der Erklärungen zur Unternehmensführung im Rahmen der Prüfung des (Konzern-)Lageberichts einzubeziehen. Zuvor hat der Abschlussprüfer bei der Prüfung des Einzelabschlusses im Rahmen der Prüfung des Anhangs nach geltendem Recht zu prüfen, ob die Angaben der Gesellschaft nach § 285 Nr. 16 HGB vorliegen, d. h. dass die Entsprechenserklärung gem. § 161 AktG abgegeben und wo sie öffentlich zugänglich gemacht wurde. Für den (Konzern-)Abschluss ist zu prüfen, ob die Angaben nach § 314 Abs. 1. Nr. 8 HGB gemacht worden sind. Danach ist für jedes in dem (Konzern-)Abschluss einbezogene Unternehmen anzugeben, dass die nach § 161 AktG vorgeschriebene Erklärung abgegeben und wo sie öffentlich zugänglich ist.

Soll-Objekt des (Konzern-)Abschlussprüfers ist die Vorschrift des § 161 AktG, Ist-Objekt die jeweilige von Vorstand und Aufsichtsrat einer Gesellschaft abgegebene Erklärung gem. § 161 AktG, sowie Zeitpunkt und Veröffentlichung derselben.

Die formale Prüfung hat der inhaltlichen vorauszugehen und entspricht den Anforderungen, die schon de lege lata gelten. Das sind:

- die jährliche Abgabe der Erklärung
- die Beachtung des jeweils geltenden DCGK so, wie er vom BMJ im amtlichen Teil des Bundesanzeigers bekannt gemacht worden ist
- die Erklärung, dass auch in Zukunft die Empfehlungen befolgt, teilweise befolgt oder ausnahmslos nicht befolgt werden (Absichtserklärung)
- Erklärungen über die Befolgung oder Nichtbefolgung der Empfehlungen des DCGK und bei Nichtbefolgung Darlegung der Gründe.

Besonders zu prüfen ist, ob die Erklärung auf der Internetseite der Gesellschaft veröffentlicht ist, der Zugang im Internet darauf sowie die dauerhafte öffentliche Zugänglichkeit der Erklärung (§ 161 Abs. 2 AktG).

Nicht prüfbar ist ihrem Wesen nach die Absichtserklärung, weil nicht geprüft werden kann, wie sich der zukünftige Wille von Vorstand und Aufsichtsrat entwickelt; insbesondere aufgrund der Tatsache, dass Änderungen der personellen Zusammensetzungen dieser Gremien in der Zukunft möglich sind, wobei der Begriff „Zukunft" sich auf einen unbestimmten Zeitraum (längstens ein Jahr) und allein auf die Fassung desjenigen Kodex bezieht, der im Zeitpunkt der Erklärungsabgabe gilt. Eine Änderung des Kodex zwingt die Organe nicht, ihre Erklärung unterjährig zu aktualisieren. Andererseits ist eine Aktualisierung einer in die Zukunft gerichteten Erklärung unbedingt geboten, wenn der Erklärungsinhalt nicht mehr vom Willen der Organe getragen wird.[540]

Die materielle Prüfung hat sich auf den inhaltlichen Teil der Entsprechenserklärung zu erstrecken; dies sind die Angaben der Gesellschaft zur Befolgung oder Nichtbefolgung, einschließlich der Begründung für die Nichtbefolgung der Empfehlungen des DCGK.

Hat die Gesellschaft die gänzliche Nichtbefolgung der Empfehlung des DCGK erklärt, erstreckt sich die materielle Prüfung auf die Begründung der Nichtbefolgung.

Begründet die Gesellschaft die Nichtbefolgung mit einem Hinweis auf einen eigenen „Hauskodex", ist zu verlangen, dass sie darlegt, warum dieser geeignet

540 Für Viele: Spindler, Schmidt/Lutter zu § 161, Rz. 40.

ist, die CG der Gesellschaft bzw. des Konzerns besser gegenüber dem Kapitalmarkt zu kommunizieren.

Die Begründung hat der Prüfer inhaltlich zu prüfen, was ohne die bei der Prüfung des (Konzern-)Abschlusses und des (Konzern-)Lageberichts gewonnenen Erkenntnisse praktisch unmöglich erscheint; insbesondere auch in Ansehung des Grundsatzes der Wirtschaftlichkeit einer Prüfung. Der Prüfer hat im Fall der totalen Nichtbefolgung und Bezugnahme des Unternehmens auf einen „Hauskodex" zu prüfen, ob dieser die Informationsqualität wie der DCGK hat. Hierfür kann geprüft werden, ob sich sämtliche Empfehlungen des geltenden DCGK im Wesentlichen, d.h. nach Sinn und Zweck, im „Hauskodex" wiederfinden. Anderenfalls wären wesentliche Abweichungen vom DCGK vom Unternehmen offenzulegen und dies wäre vom Prüfer zu prüfen.

Darüber hinaus ist selbstverständlich die Befolgung des „Hauskodex" zu prüfen.

Bei einer erklärten partiellen Nichtbefolgung der Empfehlungen sind die erklärten Begründungen und die Einhaltung der übrigen Empfehlungen zu prüfen. Im Fall der erklärten ausnahmslosen Befolgung der Erklärung unterliegen sämtliche Empfehlungen des DCGK der inhaltlichen Prüfung durch den Abschlussprüfer.

In allen drei Fällen: totale Nichtbefolgung (Ablehnungsmodell), teilweise Nichtbefolgung (Selektionsmodell) und totale Befolgung (Übernahmemodell)[541] hätte der Abschlussprüfer sämtliche Empfehlungen oder bei Nichtbefolgung die Begründungen der Nichtbefolgung statt der Empfehlung inhaltlich zu prüfen. Dies bedeutet, dass sich der Prüfungsumfang stets aus der Summe der zu befolgenden Empfehlungen zuzüglich der Summe der Begründungen für nichtbefolgte Empfehlungen ergibt.

Ein sinnvolles Vorgehen bei der Prüfung der Kodexempfehlungen sollte sich an der Gliederung des Kodex, also an den sieben Abschnitten orientieren, wobei der erste Abschnitt, die Präambel, keine Empfehlung erhält.

Damit sind der Prüfungsgegenstand und der Prüfungsablauf bestimmt. Der Prüfungsumfang hat sich an den Grundsätzen der Prüfung des Lageberichts zu orientieren, wozu der IDW PS 350 Rz. 10–13 die entsprechenden Anforderungen formuliert.

Das Prüfungsziel, die Prüfungsplanung und die Prüfungsdurchführung sind so anzulegen, dass der Prüfer ein Urteil mit hinreichender Sicherheit darüber

541 v. d. Linden, DCGK Wilsing zu § 161 AktG, Rz. 23–29.

abgeben kann, dass das Unternehmen die im DCGK gegeben Empfehlungen beachtet bzw. bei Nichtbeachtung, ob ihre Begründungen zu akzeptieren sind.

Abschnitt 2 des DCGK, der mit „*Aktionäre und Hauptversammlung*“ überschrieben ist, enthält, wie alle weiteren Abschnitte, neben den Empfehlungen Hinweise und Wiedergaben einschlägiger gesetzlicher Normen und Anregungen, deren Einhaltung nicht Gegenstand der angenommenen gesetzlichen, inhaltlichen Prüfung sind.

In diesem Abschnitt sind zwei Empfehlungen zu prüfen: Erstens, der Vorstand hat den Aktionären die persönliche Wahrnehmung ihres Stimmrechts in der Hauptversammlung zu erleichtern; zweitens, er hat für die Bestellung eines Vertreters für die weisungsgebundene Ausübung des Stimmrechts der Aktionäre zu sorgen.

Diese Empfehlungen ergeben sich aus Ziff. 2.3.2 DCGK. Sie fordern ein aktionärsfreundliches Verhalten, ohne präzise Vorgaben zu machen; allerdings sollen die Maßnahmen über das schon gesetzlich bestimmte Mindestmaß hinausgehen.[542] Dazu können schon Zeit und Ort der Hauptversammlung gehören sowie die Art und Weise ihrer Bekanntmachung. Im Fall der nicht persönlichen Ausübung des Stimmrechts soll die Gesellschaft rechtzeitig vor der Hauptversammlung weisungsgebundene Vertreter zur Verfügung stellen.[543]

Prüfungsnachweise für den (Konzern-)Abschlussprüfer sind die schriftlichen Verlautbarungen des Unternehmens, die im Hinblick auf die Empfehlungen des DCGK zu beurteilen sind. Schwierigkeiten dürfte eine Beurteilung vor dem Hintergrund der Grundsätze des aktionärsfreundlichen Verhaltens und der in aller Regel gegeben Berufserfahrung des (Konzern-)Abschlussprüfers, insbesondere im Hinblick auf die Gepflogenheiten anderer vergleichbarer Unternehmen, nicht bereiten.

Abschnitt 3 beschreibt das *Zusammenwirken von Vorstand und Aufsichtsrat*; hier sind fünf Empfehlungen angesprochen. Zum einen wird dem Aufsichtsrat empfohlen, zu seiner Information dem Vorstand Informations- und Berichtspflichten aufzuerlegen und zum anderen soll bei einer D&O-Versicherung für den Aufsichtsrat ein entsprechender Selbstbehalt vereinbart werden. Schließlich sollen Vorstand und Aufsichtsrat jährlich über die CG schriftlich berichten und den Bericht im Zusammenhang mit der EzU veröffentlichen. Eine weitere Empfehlung geht dahin, nicht mehr aktuelle Entsprechenserklärungen fünf Jahre lang auf der

542 Kremer in DCGK, Rz. 405ff.; Gosslar, DCGK Wilsing, S. 155.
543 Kremer in DCGK, Rz. 407 ff.

Internetseite der Gesellschaft zugänglich zu halten. Bei Bedarf soll der Aufsichtsrat auch ohne den Vorstand tagen.

Prüfungsnachweise sind hier die schriftlichen Festlegungen des Aufsichtsrats, die D&O-Verträge sowie der CG-Bericht und die Internetseite der Gesellschaft, auf der die nicht mehr aktuellen Entsprechenserklärungen zugänglich gehalten werden. Die inhaltliche und wertende Prüfung dürfte auch hier keine Schwierigkeiten bereiten.

Geprüft werden muss auch, ob den Empfehlungen entsprochen ist, die verlangen, dass bestimmte Sachverhalte in den CG-Bericht aufgenommen werden, dies sind Ziff. 5.4.1 DCGK betreffend die Satzung und Umsetzung von Zielen des Aufsichtsrats in Bezug auf seine Zusammensetzung, Ziff. 6.2 DCGK, die unter dem Gesichtspunkt der Transparenz Aktienbesitz des Vorstands und des Aufsichtsrats an der eigenen Gesellschaft betrifft und sodann Ziff. 7.1.3 DCGK, die fordert, dass im DCGK-Bericht konkrete Angaben über Aktienprogramme und ähnliche Anreizsysteme der Gesellschaft gemacht werden, soweit sie nicht bereits im (Konzern-)Abschluss oder Vergütungsbericht gemacht wurden.

Die Empfehlungen dieses Abschnitts sind so deutlich, dass die Anforderungen des DCGK vom (Konzern-)Abschlussprüfer ohne weiteres nachvollzogen werden können. Ob und wann der Aufsichtsrat ohne den Vorstand getagt hat, ergibt sich aus den Aufsichtsratsprotokollen.

Abschnitt 4 des DCGK behandelt Belange des Vorstands in drei Unterabschnitten, nämlich: Ziff. 4.1, die sich mit *Aufgaben und Zuständigkeiten* befasst und nur eine Empfehlung enthält; danach soll der Vorstand „...bei der Besetzung von Führungspositionen im Unternehmen auf Vielfalt (diversity) achten und dabei insbesondere eine angemessene Berücksichtigung von Frauen anstreben“ (Ziff. 4.1.5). Diversity bezieht sich aber auch auf die Internationalität und auf die fachlichen Voraussetzungen der Vorstandsmitglieder. Prüfungsnachweise sind die schriftlichen Festlegungen des Vorstands zu dieser Empfehlung. Zur Beurteilung können die Bestimmungen des Gesetzes für die gleichberechtigte Teilhabe von Frauen und Männern an Führungspositionen in der Privatwirtschaft und im öffentlichen Dienst (Frauenförderungsgesetz) vom 24.04.2015 herangezogen werden.

Ziff. 4.2 des DCGK betrifft die *Zusammensetzung und Vergütung des Vorstands* und enthält 18 Empfehlungen. Zwei Empfehlungen befassen sich mit der Zusammensetzung bzw. mit der Geschäftsordnung des Vorstands, sodann soll der Aufsichtsrat das Verhältnis der Vorstandsvergütungen zur Vergütung des oberen Führungskreises und der Belegschaft insgesamt berücksichtigen und bei externer Beratung zu Vergütungsfragen auf die Unabhängigkeit des möglicherweise eingeschalteten externen Beraters achten. Die Vergütung soll fixe und variable Teile enthalten, wobei positive und negative Entwicklungen der Gesellschaft bei der Bemessung der variablen Vergütungsteile berücksichtigt werden sollen.

Es sollen Höchstgrenzen für die Gesamtvergütung und für die variablen Vergütungsteile betragsmäßig festgelegt werden; diese sollen auf anspruchsvolle Vergleichsparameter bezogen sein. Nachträgliche Änderungen der Vergleichsparameter und der Erfolgsziele sollen ausgeschaltet sein.

Beim Abschluss von Vorstandsverträgen sollen sich Versorgungszusagen an dem angestrebten Versorgungsniveau und der Dauer der Vorstandszugehörigkeit orientieren sowie den jährlichen und langfristigen Aufwand für das Unternehmen berücksichtigen.

Bei vorzeitiger Beendigung der Vorstandstätigkeit sollen Zahlungen an die betroffenen Vorstandsmitglieder einschließlich der Nebenleistungen den Wert von zwei Jahresbezügen nicht übersteigen (Abfindungscap) und nicht mehr als die Restlaufzeit vergüten. Dabei soll das Abfindungscap auf der Basis der Vergütung für das abgelaufene und ggf. der Vergütung für das laufende Geschäftsjahr ermittelt werden. Bei einem Kontrollwechsel (change of control), z.B. Eintritt eines neuen Großaktionärs, soll die Vergütung des ausscheidenden Vorstandsmitglieds 150% des Abfindungscaps nicht überschreiten; dabei muss gesehen werden, dass die Beendigung der Vorstandstätigkeit nicht der Sphäre des ausscheidenden Vorstandsmitglieds zuzurechnen ist.

Der Aufsichtsratsvorsitzende soll einmalig die Hauptversammlung in allgemein verständlicher Form über die Grundsätze des Vergütungssystems informieren und später auch über deren Veränderungen. Dabei sollen auch Angaben zur Art der Nebenleistungen von der Gesellschaft im Vergütungsbericht gemacht werden. Für die Geschäftsjahre, die nach dem 31.12.2013 beginnen, soll für jedes Vorstandsmitglied angegeben werden:

- die für das Berichtsjahr gewährten Zuwendungen, einschließlich der Nebenleistungen, ergänzt bei variablen Vergütungsteilen um die erreichten Maximal- und Minimalvergütungen
- die Zahlungen für das Berichtsjahr aus Fixvergütungen, kurzfristiger variabler Vergütung und langfristiger variabler Vergütung mit Angabe, auf welche Jahre die langfristige Vergütung entfällt
- der Versorgungsaufwand bei den Alters- und sonstigen Versorgungsleistungen im bzw. für das Berichtsjahr.

Für diese Darstellungen sollen die dem Kodex als Anlage beigefügten Tabellen verwandt werden, die sich in der Praxis bewährt haben, weil sie im Zeitvergleich wie auch im zwischenbetrieblichen Vergleich ausgesprochen hilfreich sind.

Prüfungsnachweise für die Empfehlungen Ziff. 4.1 und 4.2 sind schriftliche Festlegungen des Vorstandes über Ziele und Maßnahmen der diversity, seine Zusammensetzungen, die Geschäftsordnung, Ressortzuständigkeiten, Bestimmung eines Vorsitzenden oder Sprechers sowie die schriftlichen Bestimmungen des Aufsichtsrats zum Vergütungssystem des Vorstandes und seiner Mitglieder unter der Beachtung der Kodexempfehlungen und der Anlagen zum Kodex. Auch der Bericht des Aufsichtsratsvorsitzenden an die Hauptversammlung über die Grundsätze des Vergütungssystems für den Vorstand und seiner späteren Veränderungen sind beachtenswerte Prüfungsnachweise, wie auch die Protokolle über die Vorstands- und Aufsichtsratssitzungen. Neben diesen schriftlichen Nachweisen von Vorstand und Aufsichtsrat steht dem (Konzern-)Abschlussprüfer die Möglichkeit der Befragung der zuständigen Organmitglieder zur Verfügung.

Dies geschieht regelmäßig durch die Forderung des (Konzern-)Abschlussprüfers an die zuständigen Organmitglieder durch die berufsübliche Vollständigkeitserklärung. „Die Vollständigkeitserklärung ist eine umfassende Versicherung der gesetzlichen Vertreter des geprüften Unternehmens über die Vollständigkeit der erteilten Aufklärungen und Nachweise. Sie ist an den (Konzern-)Abschlussprüfer zu adressieren, zu datieren und zu unterzeichnen.“[544] Mit der herrschenden Meinung ist davon auszugehen, dass der (Konzern-)Abschlussprüfer einen Rechtsanspruch aus § 320 Abs. 2 und 3 HGB auf Erteilung einer Vollständigkeitserklärung nicht hat.[545] *Ebke* weist zutreffend darauf hin, dass dies in der Prüfungspraxis keine Bedeutung hat, weil nach Ziff. 3 Abs. 2 der Allgemeinen Auftragsbedingungen für Wirtschaftsprüfer und Wirtschaftsprüfungsgesellschaften vom 01.01.2002, die den Prüfungsaufträgen regelmäßig zugrunde gelegt werden, die zu prüfenden Gesellschaften „auf Verlangen“ des (Konzern-)Abschlussprüfers eine Vollständigkeitserklärung abzugeben haben[546]. Aus der Sicht des (Konzern-)Abschlussprüfers stellt sich die Einholung einer Vollständigkeitserklärung als Grundsatz ordnungsmäßiger Durchführung von Abschussprüfungen dar.[547] Eine Vollständigkeitserklärung hat nicht den Zweck, Prüfungshandlungen des (Konzern-)Abschlussprüfers zu ersetzen oder abzukürzen; eine solche Erklärung hindert auch nicht die zivilrechtliche Verantwortung, wie *Ebke* zutreffend ausführt. Er zitiert

544 IDW PS 303 n.F. Rz; IDW WP-Hdb. I, R, Rz. 883.

545 ADS, § 320 HGB, Rz. 34; WP-Hdb. I, R Rz. 886; Bormann, MüKoBilR zu § 320, Rz. 22; Ebke, MüKo HGB BilR zu § 320, Rz. 16; Schmidt/Heinz, Beck'scher Bilanzkommentar, § 320 Rz. 13.

546 Ebke, MüKo HGB BilR, § 320, Rz. 16.

547 IDW WP-Hdb. I, R Rz. 883; Schmidt/Heinz, Beck'scher Bilanzkommentar zu § 320, Rz. 13; IDW PS 303 n.F. Rz. 23; Ebke, MüKoBilR, § 320 Rz. 16.

eine Entscheidung des OLG Düsseldorf vom 27.06.1976.[548] In den Urteilsgründen wird ausgeführt, dass die Vollständigkeitserklärung die Versicherung ist, „… daß alle erlangten Auskünfte und Nachweise erbracht wurden und ist somit Teil des Nachweises der Prüfungshandlungen."

Die Vollständigkeitserklärung soll Lücken schließen, die selbst bei fachgerechter Prüfung und kritischer Untersuchung offen bleiben; dies gilt für Sachverhalte, die sich nicht aus der Buchführung ergeben, sondern aus Unterlagen des Unternehmens, die der (Konzern-)Abschlussprüfer von sich aus nicht durcharbeiten kann und aus Sachverhalten, die von Absichten der gesetzlichen Vertreter abhängen (z. B. geschäftspolitische Maßnahmen, die sich auf die Bewertung von Bilanzpositionen auswirken).[549]

Hilfreich für den (Konzern-)Abschlussprüfer sind seine Beurteilungen des im Rahmen der Prüfung des Lageberichts geprüften Vergütungsberichts gem. § 289 Abs. 2 Nr. 4 HGB sowie die Angaben, die gem. § 315 Abs. 2 Nr. 4 HGB bei der Prüfung des Konzernlageberichts zu prüfen waren. Die vorhergehende Prüfung des Vergütungsberichts erleichtert mit Sicherheit die Prüfung der Empfehlungen des DCGK zu Ziff. 4.2 durch den Abschlussprüfer.[550] Die Prüfung dieser Sachverhalte ist in aller Regel kaum mit Schwierigkeiten verbunden. Sofern die Mustertabellen des DCGK herangezogen werden (Anlage 1 und 2 des Kodex) ist vom (Konzern-)Abschlussprüfer ein Abgleich zwischen den Mustertabellen und den erstellten Tabellen der Gesellschaft vorzunehmen. Bei Heranziehung eines externen Vergütungsberaters muss die geforderte Unabhängigkeit geprüft werden. Fragen der Angemessenheit kann der (Konzern-)Abschlussprüfer im Wege des Fremdvergleichs prüfen und ggf. aus seiner Berufserfahrung beurteilen.

Ziff. 4.3 des DCGK hat das *Thema „Interessenkonflikte"* zum Gegenstand, dazu gibt der Kodex drei Empfehlungen. Danach soll jedes Vorstandsmitglied unverzüglich den Aufsichtsrat über Interessenkonflikte informieren und diese offenlegen und auch die übrigen Vorstandsmitglieder darüber informieren.[551] Wesentliche Geschäfte mit Personen, die einem Vorstandsmitglied nahestehen,

548 Ebke, MüKo BilR zu § 320 Rz. 16; OLG Düsseldorf, 5U11/76, BB 1996, S. 2614.

549 IDW WP-Hdb. I, R, Rz. 884.

550 zu Fragen des Vergütungsberichts siehe Kleindiek, MüKo BilR zu § 289 HGB, Rz. 97–103; Lange, MüKo HGB BilR zu § 289 HGB, Rz. 121–125; Grottel, Beck'scher Bilanzkommentar zu § 289 HGB, Rz. 93–99, Fink/Kajüter/Winkeljohann, Lageberichtserstattung, S. 217–233.

551 dazu Bachmann, DCGK, Rz. 1095 ff.

sollen nur mit Zustimmung des Aufsichtsrats vorgenommen werden.[552] Sofern Vorstandsmitglieder Nebentätigkeiten, insbesondere Aufsichtsratsmandate, außerhalb des Unternehmens ausüben wollen, soll dies nur mit Zustimmung des Aufsichtsrats möglich sein.[553]

Zu diesen Empfehlungen gestaltet sich eine externe inhaltliche Prüfung naturgemäß schwieriger. Prüfungsnachweise können nur dann gegeben sein, wenn Interessenkonflikte auch offenbart werden; dann sind sie dokumentiert in Sitzungsprotokollen des Vorstands und Aufsichtsrats und ggf. in schriftlichen Mitteilungen. Das gleiche gilt sinngemäß für wesentliche Geschäfte mit Personen oder Unternehmen, die einem Vorstandsmitglied nahestehen. Die Stellungnahme des Aufsichtsrats setzt eben die Anzeige solcher Sachverhalte voraus. Dies gilt auch für Nebentätigkeiten und Aufsichtsratsmandate von Vorstandsmitgliedern außerhalb des Unternehmens. Sind solche Sachverhalte dem Aufsichtsrat bekannt geworden, liegen Sitzungsprotokolle und schriftliche Mitteilungen vor, die als Prüfungsnachweise dienen können. Gleichwohl wird der (Konzern-)Abschlussprüfer verlangen, dass in der vom Vorstand üblicherweise abzugebenden Vollständigkeitserklärung versichert wird, dass alle hier in Rede stehenden Sachverhalte genannt wurden oder nicht gegeben waren. Der (Konzern-)Abschlussprüfer hat sich auch mit den Wertungen und Reaktionen des Aufsichtsrats zu diesen Sachverhalten zu befassen. In quantitativer Hinsicht hat sich der (Konzern-)Abschlussprüfer von der Wesentlichkeit von Geschäften mit nahestehenden Personen zu überzeugen. Was „wesentlich" ist, definiert der DCGK nicht, ebenso wie den Begriff des „Nahestehens". Der (Konzern-)Abschlussprüfer könnte zur Beurteilung des „Nahestehens" auf die Regelungen des Steuerrechts zurückgreifen (§ 15 AO, § 1 AStG), insbesondere auf den Drittvergleich. Dazu wären als Prüfungsnachweise Auskünfte und Unterlagen der Kostenrechnung nötig, wobei nicht verkannt werden darf, dass Preisvergleichs- und Verrechnungspreisprüfungen in der Praxis insbesondere auch im Steuerrecht zu den anspruchsvolleren Prüfungen gehören.

Andererseits hat der (Konzern-)Abschlussprüfer im Rahmen der (Konzern-) Abschlussprüfung ständig auch mit Fragen der Kostenrechnung zu tun und dies insbesondere bei der Prüfung der Bewertung von Vorräten und selbst erstellten Anlagevermögen. So gesehen stellt die Prüfung von Vergleichs- und Verrechnungspreisen keine außergewöhnliche Prüfung dar.

552 dazu Bachmann, DCGK, Rz. 1110 ff.
553 dazu Bachmann, DCGK, Rz. 1128 ff.

Abschnitt 5 DCGK stellt den *Aufsichtsrat* in den Mittelpunkt der Betrachtung, und zwar mit 23 Empfehlungen.

Ziff. 5.1 DCGK befasst sich mit *Aufgaben und Zuständigkeiten* des Aufsichtsrats mit fünf Empfehlungen.

Bei der Zusammensetzung des Vorstandes soll die Vielfalt (diversity) durch den Aufsichtsrat beachtet werden. Aufsichtsrat und Vorstand sollen gemeinsam für eine langfristige Nachfolgeregelung sorgen. Die Wiederbestellung von Vorstandsmitgliedern vor Ablauf eines Jahres vor dem Ende der Bestelldauer bei gleichzeitiger Aufhebung der laufenden Bestellung soll nur bei Vorliegen besonderer Umstände erfolgen. Für Vorstandsmitglieder soll eine Altersgrenze festgelegt werden. Auch der Aufsichtsrat soll sich eine Geschäftsordnung geben.

Ziff. 5.2 DCGK thematisiert die *Aufgaben und Befugnisse des Aufsichtsratsvorsitzenden* in drei Empfehlungen. Dieser soll nicht den Vorsitz im Prüfungsausschuss übernehmen. Er soll zwischen den Sitzungen mit dem Vorstand, insbesondere mit dem Vorstandsvorsitzenden bzw. Vorstandssprecher regelmäßig Kontakt halten und dabei Fragen der Strategie, der Planung, der Geschäftsentwicklung, der Risikolage, des Risikomanagements und der compliance des Unternehmens beraten. Der Aufsichtsratsvorsitzende wird durch den Vorstandsvorsitzenden oder Vorstandssprecher über wichtige Ereignisse, die für die Beurteilung der Lage und Entwicklung sowie für die Leitung des Unternehmens von wesentlicher Bedeutung sind, unterrichtet; seinerseits hat er den Aufsichtsrat zu unterrichten und soll erforderlichenfalls diesen zu einer außerordentlichen Sitzung einberufen.

Ziff. 5.3 DCGK regt die *Bildung von Ausschüssen* an mit fünf Empfehlungen. Danach soll der Aufsichtsrat in Ansehung der spezifischen Gegebenheiten des Unternehmens und der Anzahl seiner Mitglieder fachlich qualifizierte Ausschüsse bilden, insbesondere einen Prüfungsausschuss, „…der sich, soweit kein anderer Ausschuss damit betraut ist, insbesondere mit der Überwachung des Rechnungslegungsprozesses, der Wirksamkeit des internen Kontrollsystems, des Risikomanagementsystems und des internen Revisionssystems, der Abschlussprüfung, hier insbesondere der Unabhängigkeit des Abschussprüfers, der vom Abschlussprüfer zusätzlich erbrachten Leistungen, der Erteilung des Prüfungsauftrages an den Abschlussprüfer, der Bestimmung von Prüfungsschwerpunkten und der Honorarvereinbarung sowie der compliance befasst."

Der Vorsitzende des Prüfungssauschusses soll in der Weise qualifiziert sein, dass er über besondere Kenntnisse und Erfahrungen in der Anwendung von Rechnungslegungsgrundsätzen und internen Kontrollverfahren verfügt. Er soll unabhängig sein und darf dem Vorstand des Unternehmens innerhalb der letzten zwei

Jahre nicht angehört haben. Es soll vom Aufsichtsrat ein Nominierungsausschuss gebildet werden, der ausschließlich mit Vertretern der Anteilseigner besetzt ist und dem Aufsichtsrat für dessen Vorschläge an die Hauptversammlung zur Wahl von Aufsichtsratsmitgliedern geeignete Kandidaten vorschlägt.

Prüfungsnachweise für die Zusammensetzung und Vielfalt des Aufsichtsrats, der Nachfolgeregelung, des Prozedere bei Wiederbestellung und Altersgrenze ergeben sich regelmäßig aus der Geschäftsordnung, den Verträgen mit den Aufsichtsratsmitgliedern und den Aufsichtsratsprotokollen. Für die Aufgaben und Befugnisse des Aufsichtsratsvorsitzenden und seinem Kontakt zum Vorstandsvorsitzenden bzw. Vorstandssprecher sind die gleichen Prüfungsnachweise wichtig. Weiterhin liegen die Aufzeichnungen über die Treffen der Organspitzen und die Geschäftsordnung des Vorstandes vor. Als Prüfungsnachweise für die Bildung, Zusammensetzung und Qualifizierung von Ausschussmitgliedern und Ausschussvorsitzenden liegen zusätzlich in aller Regel schriftliche Vorgaben, Sitzungsprotokolle und Unterlagen über Qualifikationen vor (Personalakten). Hinzu treten Befragungen der betroffenen Personen durch den (Konzern-)Abschlussprüfer.

Die inhaltliche Prüfung, ob die Empfehlungen zu den Ziff. 5.1–5.3 befolgt wurden, dürfte anhand der Prüfungsnachweise nicht schwerfallen.

Ziff. 5.4 DCGK befasst sich mit *der Zusammensetzung und Vergütung des Aufsichtsrats* mit 19 Empfehlungen. Für seine Zusammensetzung soll der Aufsichtsrat konkrete Ziele benennen, die sich zu orientieren haben an:

- der unternehmensspezifischen Situation
- der internationalen Tätigkeit des Unternehmens
- potentiellen Interessenkonflikten
- der Anzahl unabhängiger Aufsichtsratsmitglieder.

Die Kodexempfehlungen sehen die Unabhängigkeit dann als nichtgegeben an, wenn ein Aufsichtsratsmitglied in einer persönlichen oder geschäftlichen Beziehung zur Gesellschaft oder ihren Organen, einem kontrollierenden Aktionär oder einem mit diesem verbundenen Unternehmen steht, die einen wesentlichen, nicht nur vorübergehenden Interessenkonflikt begründen können.

Die Ziele des Aufsichtsrats und deren Umsetzung sollen im CG-Bericht veröffentlicht werden sowie die Ziele bei Vorschlägen des Aufsichtsrats an die zuständigen Wahlgremien benannt werden. Bei Vorschlägen zur Wahl von Aufsichtsratsmitgliedern an die HV soll die Gewissheit vorliegen, dass der Kandidat den zu erwartenden Zeitaufwand aufbringen kann. Dem Aufsichtsrat sollen nicht mehr als zwei ehemalige Mitglieder des Vorstands der Gesellschaft angehören. Aufsichtsratsmitglieder sollen weder Organfunktionen noch Beratungsaufgaben bei wesentlichen Wettbewerbern der Gesellschaft ausüben. Die Wahl zum Aufsichtsrat soll als Einzelwahl erfolgen. Sämtliche Vorschläge für Kandidaten soll den Aktionären bekannt gegeben werden.

Im Fall der Wahl eines Aufsichtsratsmitglieds nach § 100 Abs. 2 Nr. 4, 2. Hs AktG zum Aufsichtsratsvorsitzenden soll der Hauptversammlung gegenüber eine Begründung erfolgen, mit dem Hinweis, dass diese Wahl eine Ausnahme bedeutet.

Das Vorstandsmitglied einer börsennotierten Gesellschaft soll nicht mehr als drei Aufsichtsratsmandate an konzernexternen börsenorientierten Gesellschaften wahrnehmen. Gleiches gilt für Kontrollgremien in konzernexternen Gesellschaften, soweit die Tätigkeit vergleichbare Anforderungen wie an eine Aufsichtsratstätigkeit stellt. Bei der Bemessung der Vergütung von Aufsichtsratsmitgliedern sollen Vorsitz, stellvertretender Vorsitz, Vorsitz und Mitgliedschaft in Ausschüssen Berücksichtigung finden. Die Gesellschaft soll Aus- und Fortbildungsmaßnahmen der Aufsichtsratsmitglieder unterstützen.

Eine erfolgsorientierte Vergütung der Aufsichtsratsmitglieder soll auf eine nachhaltige Unternehmensentwicklung ausgerichtet sein. Die Vergütung soll individualisiert im Anhang oder Lagebericht nach Bestandteil aufgegliedert angegeben sein; das gleiche gilt für gezahlte Vergütungen an Aufsichtsratsmitglieder für persönliche Leistungen an die Gesellschaft, z. B. Beratungs- und Vermittlungsleistungen. Diese sollen ebenfalls individualisiert angegeben werden.

Sofern ein Aufsichtsratsmitglied im Laufe eines Geschäftsjahres nur an der Hälfte der Aufsichtsratssitzungen oder der Aufsichtsratsausschüsse teilgenommen hat, soll dies im Bericht des Aufsichtsrats vermerkt werden.

Hinsichtlich der Prüfung von Zusammensetzung und Vergütung des Aufsichtsrats, insbesondere der Benennung von Zielen für die Zusammensetzung, sind spezielle schriftliche Festlegungen und Beschlussunterlagen des Aufsichtsrats und seine ggf. erfolgte Kommunikation mit der Hauptversammlung hilfreich. Für die Prüfung des Vergütungssystems für den Aufsichtsrat sind die Beurteilungen des (Konzern-)Abschlussprüfers, die er bei der Prüfung des (Konzern-)Lageberichts in Bezug auf den Vergütungsbericht gem. § 289 Abs. 2 Nr. 4 HGB bzw. § 315 Abs. 2 Nr. 4 HGB getroffen hat, von erheblicher Bedeutung.

Ziff. 5.5 DCGK behandelt *Interessenkonflikte* in drei Empfehlungen. Danach soll jedes Aufsichtsratsmitglied Interessenkonflikte, die aufgrund einer Beratungs- oder Organfunktion bei Kunden, Lieferanten, Kreditgebern oder sonstigen Dritten entstehen können, dem Aufsichtsrat gegenüber offenbaren. Sind solche Interessenkonflikte aufgetreten, soll der Aufsichtsrat der HV gegenüber berichten und dabei die Behandlung dieser Konflikte darlegen. Liegen wesentliche und nicht nur vorübergehende Interessenkonflikte in der Person eines Aufsichtsratsmitglieds vor, sollen diese zur Beendigung des Mandats führen. Für die Prüfung der Empfehlung Ziff. 5.5 DCGK gilt das Gleiche wie zu Ziff. 4.3 (Interessenkonflikte). Sofern solche vorgelegen haben, existieren schriftliche Unterlagen über die Sachverhalte und deren Behandlung. Gleichwohl sollte der (Konzern-)Abschlussprüfer eine schriftliche Erklärung vom Aufsichtsratsvorsitzenden verlangen, dass weitere Fälle von Interessenkonflikten nicht vorgelegen haben.

Bei der Prüfung der Vergütung von Organmitgliedern muss sich der (Konzern-)Abschlussprüfer auch bei der inhaltlichen Prüfung der Kodexempfehlungen bewusst sein, dass es sich hier um ein Prüfungsfeld handelt, das häufig zu Kontroversen nicht nur zwischen (Konzern-)Abschlussprüfer und den Organen der Unternehmen führt, sondern seit geraumer Zeit in erhöhtem Maße auch im Fokus der Öffentlichkeit steht.

Ziff. 5.6 des DCGK fordert eine *Effizienzprüfung des Aufsichtsrats*; danach soll der Aufsichtsrat regelmäßig die Effizienz seiner Tätigkeit überprüfen. In der Praxis geschieht dies nicht selten durch externe spezialisierte Berater.

Die Prüfung der Ziff. 5.6 des DCGK dürfte sich ebenfalls als nicht schwierig erweisen, weil fast immer externe Berater darüber geurteilt haben und deren Berichte nach kritischer Prüfung durch den (Konzern-)Abschlussprüfer als Prüfungsnachweise dienen. Eine Selbstprüfung des Aufsichtsrats sollte vom (Konzern-)Abschlussprüfer moniert werden und hätte eine intensive Prüfung des Berichts über die Selbstprüfung durch den (Konzern-)Abschlussprüfer zur Folge.

Der Abschnitt 6 (Transparenz) behandelt das *Ziel der deutschen CG*, so heißt es in der Präambel zum Kodex Abs. 1 S. 2: „Der Kodex hat zum Ziel, das deutsche Corporate Governance System transparent und nachvollziehbar zu machen." Dazu enthält dieser Abschnitt vier Empfehlungen. So soll die Gesellschaft den Aktionären unverzüglich sämtliche wesentlich neue Tatsachen, die Finanzanalysten und vergleichbaren Adressaten mitgeteilt worden sind, zur Verfügung stellen.

Abgesehen von der gesetzlichen Pflicht der Vorstands- und Aufsichtsratsmitglieder, unverzüglich mitzuteilen und zu veröffentlichen, wenn sie Geschäfte in Aktien der Gesellschaft tätigen, soll der Besitz von Aktien der Gesellschaft oder sich darauf beziehender Finanzinstrumente angegeben werden, wenn er direkt oder indirekt größer als 1% der von der Gesellschaft ausgegebenen Aktien ist. Ist der Gesamtbesitz aller Vorstands- und Aufsichtsratsmitglieder mehr als 1% der von der Gesellschaft ausgegebenen Aktien, soll der Gesamtbesitz getrennt nach Vorstand und Aufsichtsrat im CG-Bericht angegeben werden. Im Rahmen der Öffentlichkeitsarbeit sollen alle wiederkehrenden Veröffentlichungen und Termine in einem „Finanzkalender" publiziert werden; dies sind einmal z.B.

Geschäftsberichte und Zwischenberichte und zum anderen Hauptversammlung und Bilanz-, Presse- und Analystenkonferenzen. Dabei ist darauf zu achten, dass die Termine des „Finanzkalenders“ mit dem nötigen Zeitvorlauf auf der Internetseite der Gesellschaft publiziert werden.

Dieser Abschnitt des DCGK, der sich im Wesentlichen mit der informationellen Gleichbehandlung der Aktionäre befasst, ergibt als Prüfungsnachweise für den (Konzern-)Abschlussprüfer im Wesentlichen die schriftlichen Mitteilungen des Unternehmens an die Finanzanalysten und vergleichbare Adressaten sowie die schriftliche Mitteilung an die Aktionäre.

Aus dem zeitlichen Vergleich wird deutlich, ob unverzüglich die Aktionäre unterrichtet wurden; ob die Tatsachen neu und wesentlich sind, ist durch weitere Prüfungshandlungen festzustellen. Diese sind darauf auszurichten, ob Dritte (also Nicht-Aktionäre) schneller und ggf. umfangreicher informiert worden sind oder ob eine unterschiedliche Behandlung der Aktionärsgruppen untereinander vorliegt, z. B. ob sog. Großaktionäre oder ausländische bzw. inländische Anteilseigner von der Verwaltung informationell unterschiedlich behandelt werden. Denn schon § 53a AktG bestimmt, dass Aktionäre unter gleichen Voraussetzungen gleich zu behandeln sind. Prüfungsnachweise sind die schriftlichen Mitteilungen an die Aktionäre sowie die Veröffentlichungen über den Besitz von Aktien der Gesellschaft durch die Verwaltungs- und Kontrollorgane, wenn dieser Besitz größer als 1% ist. Auch die daraufhin im CG-Bericht zu erfolgenden Aufteilungen auf Vorstand und Aufsichtsrat lassen sich ohne weiteres prüfen, wobei Prüfungsnachweis der CG-Bericht ist. Ob der sog. „Finanzkalender“ rechtzeitig und am rechten Ort publiziert wurde, ist anhand der Daten, die auch dem (Konzern-)Abschlussprüfer zur Verfügung stehen, unschwer zu prüfen.

Der Abschnitt 7 DCGK beinhaltet neun Empfehlungen und gliedert sich in zwei Abschnitte.

Ziff. 7.1 DCGK betrifft die *Rechnungslegung* mit vier Empfehlungen. Danach soll der Vorstand Halbjahres- und etwaige Quartalsberichte vor Veröffentlichung mit dem Aufsichtsrat oder dessen Prüfungsausschuss erörtern. Binnen 90 Tagen nach Geschäftsjahresende soll der Konzernabschluss und binnen 40 Tagen nach Ende des Berichtszeitraums sollen die Zwischenberichte öffentlich zugänglich sein.

Konkrete Angaben über Aktienoptionsprogramme und ähnliche wertpapierorientierte Anreizsysteme der Gesellschaft sollen im CG-Bericht enthalten sein, es sei denn, dass diese Angaben bereits im Konzernabschluss oder Vergütungsbericht gemacht wurden.

Beziehungen zu Aktionären, die im Sinne der anwendbaren Rechnungslegungsvorschriften als nahestehende Personen zu qualifizieren sind, sollen im Konzernabschluss erläutert werden.

Prüfungsnachweise zu Ziff. 7.1 Rechnungslegung sind der Konzernabschluss, Zwischenberichte und ggf. der CG-Bericht, auch insoweit, wie es Veröffentlichungsfristen anlangt. Angaben über Aktienprogramme und ähnliche wertpapierorientierte Anreizsysteme des Unternehmens und auch die Beziehungen zu Aktionären, die als der Gesellschaft nahestehend zu qualifizieren sind, sind dokumentiert und erläutert, sodass insoweit ausreichende Prüfungsnachweise für den (Konzern-)Abschlussprüfer zur Verfügung sind. Weiterhin ist zu prüfen, ob die Halbjahres- bzw. Quartalsberichte fristgemäß veröffentlicht wurden und wo sie öffentlich zugänglich sind. Regelmäßig ist dies die Internetseite der Gesellschaft.

Ziff. 7.2 DCGK betrifft die *Abschlussprüfung* mit fünf Empfehlungen. Der Aufsichtsrat bzw. der Prüfungsausschuss soll vor Unterbreitung des Wahlvorschlags eine Erklärung des vorgesehenen Prüfers einholen, „…ob und ggf. welche geschäftlichen, finanziellen, persönlichen oder sonstigen Beziehungen zwischen dem Prüfer und seinen Organen und Prüfungsleitern einerseits und dem Unternehmen und seinen Organmitgliedern andererseits bestehen, die Zweifel an seiner Unabhängigkeit begründen können."

Inhalt dieser Erklärung soll auch sein, in welchem Umfang der vorgesehene Prüfer im vorangegangenen Geschäftsjahr andere Leistungen, insbesondere Beratungsleistungen, erbracht hat bzw. für das folgende Jahr vertraglich vereinbart worden sind.

Mit dem Abschlussprüfer soll durch den Aufsichtsrat vereinbart werden, dass der Vorsitzende des Aufsichtsrats bzw. des Prüfungsausschusses über während der Prüfung auftretende mögliche Ausschluss- oder Befangenheitsgründe unverzüglich unterrichtet wird, soweit diese nicht unverzüglich beseitigt werden. Der Aufsichtsrat soll weiter mit dem Abschlussprüfer vereinbaren, dass dieser über alle für die Aufgaben des Aufsichtsrats wesentlichen Feststellungen und Vorkommnisse unverzüglich berichtet, die sich bei Durchführung der Abschlussprüfung ergeben.

Darüber hinaus soll der Aufsichtsrat mit dem Abschlussprüfer vereinbaren, dass dieser ihn informiert bzw. im Prüfungsbericht vermerkt, wenn er bei Durchführung der Abschlussprüfung Tatsachen feststellt, die eine Unrichtigkeit der vom Vorstand und Aufsichtsrat abgegebenen Erklärung zum Kodex ergeben.

Zur Prüfung der Empfehlung Ziff. 7.2.1 Abschlussprüfung ergibt sich die Frage, ob der (Konzern-)Abschlussprüfer für die Prüfungen seiner Erklärung und Vereinbarungen mit dem Aufsichtsrat inhabil ist; dies vor dem Hintergrund, dass er selbst die Erklärungen zu seiner Unabhängigkeit abgegeben hat und Partei der mit dem Aufsichtsrat geschlossenen Vereinbarungen ist.

Eine weitergehende Frage wäre, ob der (Konzern-)Abschlussprüfer darüberhinaus auch für die Prüfung des (Konzern-)Lageberichts und damit in aller Regel auch für die Prüfung des (Konzern-)Abschlusses ausgeschlossen ist.

Gesetzliche Ausschlussgründe ergeben sich aus § 319 Abs. 2–5 HGB und §§ 319a, 319b HGB, wobei die letzteren Bestimmungen hier ausscheiden, ebenso die absoluten Ausschlussgründe nach § 319 Abs. 3–5 HGB. Somit ist nach § 319 Abs. 2 HGB zu prüfen, ob Gründe vorliegen, nach denen die Besorgnis der Befangenheit besteht. Berufsrechtlich ist sedes materiae der § 49 WPO. Danach hat der WP seine Tätigkeit zu versagen, wenn „...die Besorgnis der Befangenheit bei der Durchführung eines Auftrages besteht." Diese Formulierung kann sich nur auf Prüfungsaufträge und auf Aufträge zur Erstellung von Gutachten beziehen, nicht auf andere Aufträge (vgl. § 2 Abs. 2 und 3 WPO). Insoweit ist die Formulierung des § 49 2. Hs WPO misslungen, zumal § 43 Abs. 1 S. 2 WPO absolut deutlich ist.[554] Die BS WP/vBP zählt einen Katalog von Tatbeständen auf, die die Unabhängigkeit des (Konzern-)Abschlussprüfers gefährden können (§ 21 Abs. 2 BS). Dies sind Eigeninteresse (§ 23), Selbstprüfung (§ 23a), Interessenvertretung (§ 23b) sowie persönliche Vertrautheit (§ 24); solche Umstände können sich insbesondere aus geschäftlicher, finanzieller oder persönlicher Art des (Konzern-)Abschlussprüfers zum Unternehmen und/oder seinen Verwaltungsorganen ergeben.

Nach § 21 Abs. 2 S. 2 BS führte das Vorliegen solcher Umstände nicht zu einer Beeinträchtigung der Unbefangenheit, „...wenn die Umstände selbst für die Urteilsbildung offensichtlich unwesentlich sind oder zusammen mit Schutzmaßnahmen (§ 22) insgesamt unbedeutend sind."

Nach § 21 Abs. 3 S. 1 BS liegt die Besorgnis der Befangenheit vor, „...wenn Umstände i. S. von Abs. 2 S. 2 gegeben sind, die aus Sicht eines verständigen Dritten geeignet sind, die Urteilsbildung unsachgemäß zu beeinflussen." Besorgnis der Befangenheit liegt dagegen nicht vor, sofern die Gefährdung der Unbefangenheit nach § 21 Abs. 2 S. 3 unbedeutend ist. Schutzmaßnahmen i. S. § 22 Abs. 1 BS (Safe-Guards) sind solche Maßnahmen oder Verfahren, „...die geeignet sind, eine Gefährdung der Unbefangenheit der WP/vBP soweit abzuschwächen, dass aus Sicht eines verständigen Dritten die Gefährdung insgesamt als unwesentlich zu beurteilen ist." Hierzu können, je nach den vorliegenden

554 Henning/Precht, WPO-Komm. zu § 49, Rz. 1.

Umständen, aus denen sich die Gefährdung ergibt, insbesondere gehören: Erörterungen mit Aufsichtsgremien des Auftraggebers (§ 22 Abs. 1 Ziff. 1 BS).[555]

Nach alledem sind Gründe für die Annahme mangelnder Unabhängigkeit oder der Besorgnis der Befangenheit des (Konzern-)Abschlussprüfers nicht zu erkennen, wenn er die in Ziff. 7.2.1 des DCGK genannten Erklärungen und Vereinbarungen in seine Beurteilung und Berichterstattung einschließt.

Dabei ist zu bedenken, dass die von ihm abgegebene Erklärung ihm vom Aufsichtsrat bzw. vom Prüfungsausschuss inhaltlich vorgeschrieben wurde und dass die Vereinbarungen, die er mit dem Aufsichtsrat/Prüfungsausschuss geschlossen hat, inhaltlich von den Empfehlungen des DCGK vorgegeben sind. Die Schutzmaßnahme nach § 22 Abs. 1 Ziff. 1 BS wirkt mit dem Ergebnis, dass die Gefährdung der Unbefangenheit als unwirksam zu beurteilen ist.

Stellt man sich jedoch gleichwohl auf den Standpunkt, der (Konzern-)Abschlussprüfer könne beide Dokumente nicht prüfen, bleibt die Frage, ob durch diese prüferische Inhabilität der Prüfung dieser Empfehlungen der gesamte (Konzern-)Abschluss betroffen ist. Dazu ist festzustellen, der (Konzern-)Abschlussprüfer darf beide Dokumente in seine Beurteilung einbeziehen, sowie er auch im Rahmen der Abschlussprüfung Erklärungen Dritter (z.B. Bank-, Rechtsanwalts-, Salden- und Lagerhaltungsbestätigungen) ungeprüft in seine Beurteilung des Prüfungsgegenstands einbezieht.[556] Das gleiche muss für die Erklärung und die Vereinbarung des (Konzern-)Abschlussprüfers mit dem Aufsichtsrat/Prüfungsausschuss gelten.

Diese Lösung scheint vertretbar, weil es letzten Endes auf die Wahrheit der Prüfungsnachweise ankommt, die der Beurteilung, ob den Empfehlungen in Ziff. 7.2.1 des DCGK entsprochen worden ist, zugrunde liegen. Hinzu kommt, dass der Aufsichtsrat/Prüfungsausschuss verpflichtet ist, die Erklärung des (Konzern-)Abschlussprüfers zu prüfen.

Man könnte vor dem Hintergrund, dass der (Konzern-)Abschlussprüfer die in Ziff. 7.2.1 DCGK angesprochene Erklärung und Vereinbarungen nicht prüfen kann, insoweit von einem Prüfungshemmnis ausgehen. Ein solches liegt vor,

555 Zur Besorgnis der Befangenheit: BS WP/vBP, Begründungen zu §§ 20–24; Henning/Precht, WPO-Komm. zu § 49, Rz. 117 ff; WP-Hdb. I 2012, A, Rz. 276–322; Ebke, MüKo HGB BilR zu § 318 Rz. 53–62, § 319 Rz. 20–44; Bormann, MüKo BilR zu § 319, Rz. 32–69; Schmidt, Beck'scher Bilanzkommentar zu § 319, Rz. 20–31.

556 IDW PS 302 n.F. Bestätigungen Dritter, insbes. Rz. 8.2, 8.3; Schmidt, Hdb. Risikoorientierte Abschlussprüfung, Rz. 202–213; WP-Hdb. I 2012, R Rz. 116–118.

wenn der (Konzern-)Abschlussprüfer abgrenzbare Teile der Rechnungslegung nicht mit hinreichender Sicherheit beurteilen kann.[557]

Ein Prüfungshemmnis kann zu einer Einschränkung des Bestätigungsvermerks führen (§ 322 Abs. 4 S. 3 HGB). Selbst, wenn man zu dem Ergebnis kommen sollte, dass in der mangelnden Prüfungsfähigkeit der Erklärung und der Vereinbarung ein Prüfungshemmnis gegeben ist, führt dies nicht zu einer Einschränkung des Bestätigungsvermerks. Eine solche Einschränkung würde voraussetzen, dass der nichtprüfungsfähige Bereich wesentlich ist. Davon ist auszugehen, wenn damit zu rechnen ist, dass die gegebene mangelnde Prüfbarkeit wegen ihrer relativen Bedeutung zu einer unzutreffenden Beurteilung der Rechnungslegung führen könnte.[558] Dies trifft im vorliegenden Fall nicht zu. Die fünf Empfehlungen sind gemessen an der Gesamtzahl der Empfehlungen ein geringer Bruchteil, die Empfehlungen selbst sind einer von fünf Teilen der EzU, diese wiederum bildet einen besonderen Teil des (Konzern-)Lageberichts. So gesehen und in Ansehung der Tatsache, dass Aufsichtsrat/Prüfungsausschuss und (Konzern-)Abschlussprüfer den Inhalt der Erklärung und der Vereinbarung kennen, kann von einem wesentlichen Prüfungsnachweis nicht ausgegangen werden.

Selbst, wenn man die beiden oben genannten Lösungen ablehnen sollte, bleibt eine letzte Möglichkeit, die Prüfung der Kodex-Empfehlungen aus Ziff. 7.2.1 zu gewährleisten. Dies würde bedeuten, dass ein Dritter (z.B. WP oder RA), der unabhängig von der zu prüfenden Gesellschaft und vom (Konzern-)Abschlussprüfer ist, die Prüfung dieser Kodex-Empfehlung durchführt.[559]

(2) Relevante Angaben zu Unternehmensführungspraktiken

Mit dieser Vorschrift sind Praktiken angesprochen, die über die gesetzlichen Anforderungen hinaus angewandt werden, mit dem Hinweis, wo sie öffentlich zugänglich sind (§ 289a Abs. 2 Ziff. 2 HGB).

Diese Bestimmung ist das Ergebnis der Umsetzung des Art. 46a Abs. 1 S. 2 lit. a (iii) der Bilanzrichtlinie in der Fassung der Abänderungsrichtlinie durch das BilMoG. Die formale Prüfung, wo die hier in Rede stehenden Angaben zu den Unternehmungsführungspraktiken öffentlich zugänglich sind, ist eine schon nach geltendem Recht zu prüfende Angabe. In aller Regel ist dies die Internetseite des Unternehmens, was sich unschwer, auch was die „Zugänglichkeit" anbelangt,

557 IDW PS 400 Rz. 50.

558 IDW PS 400, Rz. 50, 51; WP-Hdb. I 2012, Q, Rz. 470–481.

559 Vgl. Eberhartinger/Hirschbök/Höller, Corporate Governance-Bericht, S. 205 für die Prüfung des Österreichischen Corporate Governance-Kodex.

verifizieren lässt. Für die materielle, also die inhaltliche Prüfung, ist zur Bestimmung des Prüfungsgegenstands wichtig, dass die Berichterstattung in dreifacher Hinsicht begrenzt ist. Zuvor ist festzustellen, dass der Vorstand ausschließlich zur Benennung der relevanten Unternehmensführungspraktiken, nicht aber zu ihrer Erläuterung, verpflichtet ist. Sodann wird durch das Tatbestandsmerkmal der Relevanz die Angabepflicht materiell eingeschränkt. Schließlich folgt aus der Regelungssystematik des Art. 46a Abs. 1 der Bilanzrichtlinie in der Fassung der Änderungsrichtlinie, dass die hier interessierenden Praktiken im Zusammenhang mit dem angewandten Unternehmensführungskodex stehen sollen, wobei sie diesen umsetzen oder zu diesem gehörende Regelungsbereiche betreffen.[560]

Daraus wird deutlich, dass die gesetzlichen Vorschriften zur CG des Unternehmens aus der Angabepflicht herausfallen. Damit sind Angaben zu unternehmensweit gültigen ethischen Standards, Arbeits- und Sozialstandards sowie Richtlinien zur Compliance und zur Nachhaltigkeit angesprochen. Für den (Konzern-)Abschlussprüfer eröffnet sich hier ein Prüfungsfeld, das ausschließlich von sog. „weichen Faktoren" der Leistungserstellung bestimmt wird, was bedeutet, dass quantifizierbare Auswirkungen dieser Indikatoren auf die Leistung der Gesellschaft (Umsatz, Gewinn) nicht beurteilt werden können. Wenn auch der Vorstand über die Angemessenheit, Akzeptanz und Einhaltung dieses unternehmenseigenen Regelwerks nicht berichten muss,[561] so ist er doch gehalten, intern dieses Regelwerk darzustellen und zu bewerten, dies schon im Rahmen seiner Berichtspflichten gegenüber dem Aufsichtsrat (§ 90 AktG). Auch dieser wird sich mit den Angaben des Vorstands gemäß § 111 AktG befassen, was zu entsprechenden Niederlegungen in den Aufsichtsratsprotokollen führt. Letztlich ist auch die Prüfung des Lageberichts durch den Aufsichtsrat hier angesprochen (§ 171 Abs. 1 AktG).

So gesehen stehen dem (Konzern-)Abschlussprüfer ausreichend Prüfungsnachweise zur Verfügung, die z.B. durch Interviews ergänzt und verdichtet werden können.

Die Beurteilung des (Konzern-)Abschlussprüfers muss sich auf die Angemessenheit und die Einhaltung des Regelwerks beziehen.

560 Lange, MüKo HGB BilR zu § 289a, Rz. 11.
561 Lange, MüKo HGB BilR zu § 289a, Rz. 10.

(3) Angaben zur Arbeitsweise von Vorstand und Aufsichtsrat sowie der Zusammensetzung und Arbeitsweise von deren Ausschüssen

Prüfungsgegenstand sind die Beschreibungen des Vorstands über seine und die Arbeitsweise des Aufsichtsrats und über die Zusammensetzung und Arbeitsweise von Vorstand- und Aufsichtsratsausschüssen.

Prüfungsfelder sind

- Arbeitsweise von Vorstand und Aufsichtsrat
- Zusammensetzung der Ausschüsse
- Arbeitsweise der Ausschüsse

Als Prüfungsnachweise kommen in Betracht: Geschäftsordnungen von Vorstand und Aufsichtsrat, Verhaltenskodizes, schriftliche Aufzeichnungen über gemeinsame Sitzungen und Protokolle über Treffen der Vorstandsvorsitzenden/Vorstandssprecher mit dem Aufsichtsratsvorsitzenden. Dabei spielen auch Angaben über Sitzungshäufigkeit, die Teilnehmer oder auch schriftliche Niederlegungen über wesentliche Punkte der Zusammenarbeit, z.B. der Umgang mit Interessenkonflikten[562], eine Rolle. Auch die durchgeführten Fortbildungsmaßnahmen sind anzugeben.

Darüber hinaus ist es dem (Konzern-)Abschlussprüfer unbenommen, weitere sachdienliche Prüfungsnachweise anzufordern oder auch Interviews mit Organmitgliedern bzw. den Vorsitzenden der Organe zu führen.

Für den (Konzern-)Abschlussprüfer kann es sinnvoll sein, gewissermaßen im Quervergleich, zur Beurteilung des Prüfungsfelds „Arbeitsweise von Vorstand und Aufsichtsrat" die Entsprechenserklärung, insbesondere Abschnitt 3 (Zusammenarbeit von Vorstand und Aufsichtsrat) und auch entsprechende Passagen des CG-Berichts heranzuziehen.

Mit Recht weist *v.d. Linden* darauf hin, dass bei der Abfassung der drei CG-Publizitätselemente doppelte oder gar dreifache Darstellungen zu vermeiden sind.[563] Dies würde auch zu mehrfacher Prüfung gleicher Sachverhalte durch den (Konzern-)Abschlussprüfer führen, was schon aus wirtschaftlichen Gründen unbedingt zu vermeiden ist.

Gleichwohl ist festzustellen, dass gleiche Angaben mehrfach von den Unternehmen in Entsprechenserklärung, EzU und CG-Bericht gemacht werden, weil eine klare und eindeutige Zuordnung der Angaben zu den drei CG-Publizitätselementen fehlen.

---

562 Fink/Kajüter/Winkeljohann, Lageberichterstattung, S. 259 f.

563 v.d. Linden, DCGK Wilsing zu § 289a HGB, Rz. 18 f.

Bei der Prüfung des Prüfungsfeldes „Zusammenarbeit der Ausschüsse" ist zuvor festzustellen, wie viele Ausschüsse der Vorstand und der Aufsichtsrat gemäß §§ 77 Abs. 1 bzw. 107 Abs. 3 AktG gebildet haben. Vorstandsausschüsse werden häufig für Corporate Finance, Koordination, Lenkung und Synergie eingerichtet.[564]

Die die Arbeit des Aufsichtsrats unterstützenden Ausschüsse sind solche für Personal, Finanzen, Investitionen, Kreditvergabe, für Nominierungen zur Vorbereitung der Aufsichtsratswahlen, aber auch der Vermittlungsausschuss nach § 27 Abs. 2 MitBestG. Von besonderer Bedeutung und Gewicht ist der Prüfungsausschuss gemäß § 107 Abs. 1 Satz 2 AktG.[565]

Welche Bedeutung die EU und der nationale Gesetzgeber dem Prüfungsausschuss beimessen, ergibt sich einmal aus § 107 Abs. 4 AktG, nach dem kapitalmarktorientierte Gesellschaften (§ 264d HGB) mindestens ein Mitglied in den Prüfungsausschuss berufen müssen, der ein unabhängiger Finanzexperte i.S. des § 100 Abs. 5 AktG ist. Die Zusammensetzung des Vorstands und Aufsichtsrats ist dem (Konzern-)Abschlussprüfer aus den Anhangangaben gemäß § 285 Nr. 10 HGB bekannt. Diese Vorschrift identifiziert die Organmitglieder nach Vor- und Zunamen, Beruf, Mitgliedschaft in anderen Aufsichtsräten bzw. Kontrollgremien sowie nach der Stellung im jeweiligen Organ (Vorsitzender oder Stellvertreter des Aufsichtsrats bzw. Vorsitzender des Vorstandes). Ein weiterer Prüfungsnachweis liegt in dem Bericht des Aufsichtsrats gemäß § 171 Abs. 2 AktG an die HV, indem darüber zu berichten ist, welche Ausschüsse der Aufsichtsrat gebildet hat und über deren Sitzungsfrequenzen.

Die Prüfungsnachweise über die Arbeitsweise der Ausschüsse ergeben sich aus den schriftlichen Darstellungen der Tätigkeitsbereiche und der Ziele der Ausschüsse sowie aus den Geschäftsordnungen von Vorstand und Aufsichtsrat, Protokollen und Berichten an die für sie zuständigen Organe.

(4) Angaben zu den Zielgrößen für den Frauenanteil im Vorstand und in den oberen Führungsebenen

Angaben über die Festlegungen nach §§ 76 Abs. 4 und 111 Abs. 5 AktG, ob die festgelegten Zielgrößen im Bezugszeitraum erreicht wurden und ggf. warum nicht, sind Prüfungsgegenstand für den (Konzern-)Abschlussprüfer.

---

564 Ihrig/Schäfer, Rechte und Pflichten des Vorstandes, § 16, Rz. 433–443; Fleischer, Spindler/Stilz zu § 77, Rz. 41, 44.

565 Spindler, Spindler/Stilz zu § 107, Rz. 81–156; Lutter/Krieger/Verse, Rechte und Pflichten des Aufsichtsrats, § 11, Rz. 743–792; Drygala, Schmidt/Lutter zu § 107, Rz. 35–94.

Dem (Konzern-)Abschlussprüfer ist zu empfehlen, sich mit Art. 3 und 4 des Regierungsentwurf (RegE) vom 20.01.2015 zum Frauenförderungsgesetz und dessen Begründung (S. 125–131) auseinanderzusetzen, insbesondere um die ratio leges zu erfassen, zumal dieses Gesetz erstmalig Geschlechterquoten für die Zusammensetzung von Vorstand und Aufsichtsrat regelt. Es gilt, dass die Rechtsanwender keinerlei Erfahrung auf diesem neuen Rechtsgebiet haben können, was wiederum eine Herausforderung für den Prüfer ist.

Der (Konzern-)Abschlussprüfer hat zuvor festzustellen, ob Vorstand und Aufsichtsrat die Geschlechterverteilung in ihren Gremien in den beiden Führungsebenen unterhalb des Vorstandes und im Aufsichtsrat ermittelt hat, denn nur dann sind Zielgrößenfestlegungen möglich und sinnvoll. Die Feststellungen von Vorstand und Aufsichtsrat lassen sich unschwer verifizieren, dazu dienen als Prüfungsnachweise die schriftlich dokumentierten Feststellungen von Vorstand und Aufsichtsrat, Organigramme und Unterlagen der Personalabteilung.

Prüferisch anspruchsvoller ist die Beurteilung der vom Vorstand und Aufsichtsrat festgelegten Zielgrößen und ihre Begründung sowie die Realisierung der Zielgrößen in der Zeit.

Hier hat der (Konzern-)Abschlussprüfer nur die Möglichkeit, die Prämissen der Zielgrößenfestlegungen und ihre geplante zeitliche Realisierung auf ihre Schlüssigkeit zu prüfen. Dabei kommen ihm in der Regel seine berufliche Erfahrung und die ggf. durch längere Mandatsdauer erlangten Kenntnisse über die Führungs- und Kontrollorgane und das nachgeordnete Management der jeweiligen Gesellschaft zugute. Darüber hinaus werden Diskussionen des Prüfers mit den Organen zu den hier in Rede stehenden Problemen stattzufinden haben.

Die rein arithmetischen Festlegungen für die einzelnen Gremien ergeben sich aus dem Gesetz, der Begründung des RegE und der Literatur und sind damit prüferisch leicht nachzuvollziehen.[566]

(5) Angaben zum Mindestanteil von Frauen und Männern im Aufsichtsrat

Prüfungsgegenstand ist die Verpflichtung des Aufsichtsrats aus § 96 Abs. 2 und 3 AktG dafür Sorge zu tragen, dass Frauen und Männer zumindest mit jeweils 30 % im Aufsichtsrat vertreten sind (harte Quote). Diese Mindestquote ist einzuhalten, und ist das im Bezugszeitraum nicht der Fall, so ist dies unter Angabe

566 BM f. Fam./BMJV – Fragen und Antworten 13.05.2015; Knoll/Lochner, DB 2014, S. 495–499; Jung, DStR 2014, S. 960–965; Herb, DB 2015, S. 964–970; Stüber, DStR 2015, S. 947–954; Drygala, NZG 2015, S. 1129–1136; Röhm-Kottmann/Gundel, WPg 2015, S. 1110–1115.

von Gründen zu erklären. Adressaten sind ausschließlich börsennotierte AG, SE und KGaA und dort die Aufsichtsräte bzw. Verwaltungsorgane. Diese haben über die Festlegung der Ziele zum Geschlechteranteil und zur Erreichung der Fristen einen Beschluss zu fassen, der eine taugliche Grundlage für die spätere Veröffentlichung ist, aber auch die Berichterstattung über den Umsetzungsstand.[567] Dieser Beschluss stellt einen wichtigen Prüfungsnachweis dar.

Die Prüfung dieser Angaben dürfte regelmäßig keine Schwierigkeiten bereiten, wobei allerdings die Gründe für die Nichteinhaltung der Mindestquote einen höheren Prüfungsumfang erfordert.

Dem (Konzern-)Abschlussprüfer kommen regelmäßig seine durch langjährige Mandatsbeziehung erworbenen Kenntnisse der Unternehmensinterna, insbesondere der Personalpolitik des Aufsichtsrats auf Arbeitgeber- und Arbeitnehmerseite, zugute. Hinzu kommt, dass der (Konzern-)Abschlussprüfer und der Aufsichtsrat durch ihre unternehmensinterne Zusammenarbeit in einem besonderen Kommunikationsverhältnis stehen, das den (Konzern-)Abschlussprüfer Ziele und Absichten des Aufsichtsrats besser erkennen lässt.[568] Dadurch ist der (Konzern-)Abschlussprüfer in der Lage, Erklärungen des Aufsichtsrats zur Einhaltung der Mindestquoten und Begründungen für die Nichteinhaltung besser zu beurteilen.

(6) Rechtsfolgen von Zielverfehlungen

Drygala weist zu Recht darauf hin, dass der RegE des Frauenförderungsgesetzes von dem Prinzip der Selbstbindung im Rahmen des soft law ausgeht. Das bedeutet, „…dass Regelungen geschaffen werden, die nicht normativ verbindlich sind, aber dennoch Verhaltenserwartungen bestimmen und trotz ihrer Unverbindlichkeit praktische Auswirkungen herbeiführen sollen."[569]

Den Vorständen und Aufsichtsräten wird zwar die Zielgrößenfestlegung auferlegt, aber diese können, abgesehen vom Verschlechterungsverbot, selbst bestimmen, wie hoch die Zielgrößen sein sollen. Die so selbst festgelegten Zielgrößen und die ggf. erfolgten Abweichungen werden bekannt gemacht und damit der Einschätzung der Öffentlichkeit preisgegeben, woraus die Erwartung folgt, dass die Unternehmen einem gewissen Reputationsdruck bei der Erreichung der selbst

567 Begründung des RegE, BT-Drucksache, S. 130.

568 Ohne dass daraus ein Näheverhältnis zu konstruieren sei, das den (Konzern-) Abschlussprüfer inhabil für die Prüfung der EzU mach, wie Anzinger in NZG 2015, S. 975, meint.

569 Drygala NZG 2015, S. 1134; derselbe, Schmidt/Lutter zu § 76 Rz. 49–50 und § 111, Rz. 67 h und 67 i; Fleischer, Spindler/Stilz zu § 76, Rz. 150.

gesteckten Ziele nachgeben. Dies sind Mechanismen, die an das „Comply or Explain-Prinzip" und damit an die Regelung des § 161 AktG erinnern.[570]

Zielverfehlungen zeitigen in aller Regel keine Rechtsfolgen, es sei denn, dass es sich um schwerwiegende Pflichtverletzungen handelt; insoweit könnte auch an eine Anfechtung von Entlastungsbeschlüssen gedacht werden. Jedoch sind Schadenersatzpflichten oder Anfechtbarkeit von Wahlbeschlüssen nach Meinung von *Drygala* abzulehnen.[571]

(7) Prüfung der Offenlegung

Die unterstellte Prüfungspflicht der EzU ändert nichts an den Offenlegungspflichten nach § 325 Abs. 1 Ziff. 1 HGB. Der Vorstand hat die EzU als Bestandteil des (Konzern-)Lageberichts elektronisch beim Betreiber des Bundesanzeigers einzureichen. Sodann hat der Vorstand die eingereichten Unterlagen unverzüglich im Bundesanzeiger bekannt machen zu lassen (§ 325 Abs. 2 HGB). Damit werden auch die Angaben nach dem Frauenförderungsgesetz (vgl. 4 und 5) der Öffentlichkeit bekannt gemacht. Die Prüfung der Offenlegung erfolgt durch Einholung der Dokumente der Einreichung und Veröffentlichung.

(8) Verletzung von Berichtspflichten

Die Verletzung von Berichtspflichten nach § 289a HGB ziehen die Folgerungen aus §§ 331–335b HGB nach sich.[572] Diese Normen stellen das Bilanzstrafecht des HGB (besser noch Rechnungslegungsstrafrecht) dar,[573] das durch das BiRiLiG vom 19.12.1985 und das KapCoRiLiG vom 24.02.2000 (§ 335 a und b HGB) in das HGB eingefügt wurde.[574]

Während die §§ 331–333 HGB Vorschriften des Strafrechts sind, ist § 334 HGB eine Bußgeldvorschrift und die §§ 335–335 b HGB sanktionieren die Verletzungen von Offenlegungspflichten.[575]

Für die EzU ist § 331 Ziff. 1 HGB als Strafnorm einschlägig, die Mitglieder des Vorstandes oder Aufsichtsrats treffen kann, wenn diese Verhältnisse der Gesellschaft u.a. im Lagebericht unrichtig wiedergeben oder verschleiern und dies

570 Drygala, NZG 2015, S. 1134.
571 Drygala, NZG 2015, S. 1135 f.
572 Fleischer, Spindler/Stilz zu § 76, Rz. 149, 150.
573 Waßmer, MüKo BilR vor §§ 331–335b, Rz. 1.
574 Quedenfeld, MüKo HGB BilR, vor § 331 Rz. 1; Biener/Berneke, BiRiLiG, S. 469–483.
575 Waßmer, MüKo BilR vor. 331–335b, Rz. 1.

vorsätzlich tun, wobei der dolus eventuales genügt; eine Täuschungsabsicht setzt der Tatbestand nicht voraus.[576]

Obwohl § 289a Abs. 1 Satz 2 HGB bestimmt, dass die EzU ein besonderer Teil des Lageberichts ist und Satz 2 lediglich die öffentliche Zugänglichkeit auf der Internetseite möglich macht, gleichzeitig aber die Angabe der Internetseite im Lagebericht verlangt, kommt *Waßmer* zu dem Schluss, dass, wenn „...die Erklärung ausschließlich im Internet zugänglich gemacht ist, sie nicht Bestandteil des Lageberichts und damit kein Tatgegenstand ist."[577] Diese Auffassung steht eindeutig gegen die herrschende Meinung und verdient keine Beachtung.[578] *Waßmers* Auffassung zu Ende gedacht würde bedeuten, dass jedes Vorstandsmitglied, das absichtlich EzU-Angaben unrichtig oder verschleiert darstellen will, dies im Internet tun müsste, um der Strafandrohung des § 331 HGB zu entgehen. Gemäß § 334 Abs. 1 Ziff. 3 HGB verwirkt derjenige, der als Vorstands- oder Aufsichtsratsmitglied bei der Aufstellung des Lageberichts einer Vorschrift des § 289a HGB zuwiderhandelt, eine Geldbuße bis zu 50.000,00 Euro (§ 334 Abs. 3 HGB). Auch hier muss der Täter vorsätzlich handeln, wobei der dolus eventuales ausreicht. Hingegen ist der Unrechtsgehalt (krimineller Gehalt) der Tat geringer als im Fall des § 331 Abs. 1 HGB.

Letztlich riskieren die Mitglieder des Vorstandes einer Gesellschaft die Festsetzung eines Ordnungsgeldes gegen sich, wenn sie die Pflicht zur Offenlegung u.a. des Lageberichts nach § 325 HGB nicht befolgen (§ 335 Abs. 1 Ziff. 1 HGB). Das Ordnungsgeld beträgt mindestens 2.500,00 Euro und höchstens 25.000,00 Euro (§ 325 Abs. 1 Satz 4 HGB).

Stellt der (Konzern-)Abschlussprüfer solche Tatbestände fest, ist er aufgrund der Redepflicht des § 321 Abs. 1 S. 3 HGB verpflichtet, darüber zu berichten. Gleichwohl ist die (Konzern-)Abschlussprüfung nicht auf die Aufdeckung solcher Tatbestände ausgelegt. Der Wirtschaftsprüfer ist ein „watchdog" und kein „bloodhound".

b) Corporate Governance-Bericht

(1) Empfehlung

Eine angenommene, gesetzliche, inhaltliche Prüfung durch den (Konzern-)Abschlussprüfer des CG-Berichts muss davon ausgehen, dass der Vorstand und der

576 Waßmer MüKo BilR vor. 331–335b, Rz. 55; Quedenfeld a.a.O. Rz. 83.

577 Waßmer MüKo BilR vor. 331–335b, Rz. 32; undeutlich Hefendehl in Spindler/Stilz, 3. Aufl, § 400 AktG Rz. 63.

578 Bachmann, ZIP 2010, S. 1521; Kleindiek, MüKo BilR zu § 289a HGB Rz. 24; Lange MüKo HGB BilR, § 289a Rz. 7 und 17.

Aufsichtsrat die uneingeschränkte Befolgung der DCGK-Empfehlungen in der Entsprechenserklärung erklärt haben; anderenfalls hätte sich der (Konzern-)Abschlussprüfer mit den Gründen der Nichtbefolgung zu befassen. Im Folgenden wird davon ausgegangen, dass die Befolgung der Empfehlungen aus Ziff. 3.10 erklärt und auch tatsächlich umgesetzt worden ist.

Ziff. 3.10 DCGK unterfällt dem Abschnitt 3 des DCGK, der mit „Zusammenwirken von Vorstand und Aufsichtsrat“ überschrieben ist.

Zwei Empfehlungen sind, neben einer Anregung, Inhalt der Ziff. 3.10 DCGK:

> *„Über die Corporate Governance sollen Vorstand und Aufsichtsrat jährlich berichten (Corporate Governance Bericht) und diesen Bericht im Zusammenhang mit der Erklärung zur Unternehmensführung veröffentlichen. Dabei sollte auch zu den Kodexanregungen Stellung genommen werden. Die Gesellschaft soll nicht mehr aktuelle Entsprechenserklärungen zum Kodex fünf Jahre lang auf ihrer Internetseite zugänglich halten“.*

Drei weitere Empfehlungen des DCGK sollen im CG-Bericht veröffentlicht werden:

- Ziff. 5.4.1 Abs. 3: Diese Empfehlung ist dem Abschnitt 5 „Aufsichtsrat“ und dort der Hauptziffer 5.4 „Zusammensetzung und Vergütung“ zuzuordnen. „Vorschläge des Aufsichtsrats an die zuständigen Wahlgremien sollen diese Ziele (für seine Zusammensetzung, der Verfasser) berücksichtigen.“ Die Zielsetzung des Aufsichtsrats und der Stand der Umsetzung sollen im Corporate Governance-Bericht veröffentlicht werden
- Ziff. 6.2 S. 2: Diese Empfehlung ist dem Abschnitt 6 „Transparenz“ zuzuordnen. „Übersteigt der Gesamtbesitz aller Vorstands- und Aufsichtsratsmitglieder 1 % der von der Gesellschaft ausgegebenen Aktien, soll der Gesamtbesitz getrennt nach Vorstand und Aufsichtsrat in Corporate Governance Bericht angegeben werden.“
- Ziff. 7.1.3: Diese Empfehlung ist dem Abschnitt 7 „Rechnungslegung und Abschlussprüfung“ und dort der Hauptziff. 7.1 „Rechnungslegung“ zuzuordnen. „Der Corporate Governance Bericht soll konkrete Angaben über Aktienoptionsprogramme und ähnliche wertpapierorientierte Anreizsysteme der Gesellschaft enthalten, soweit diese Angaben nicht bereits im Jahresabschluss, Konzernabschluss oder Vergütungsbericht gemacht werden.“

Die Prüfung, ob Ziff. 5.4.1 Abs. 3 DCGK diese Empfehlung vom Aufsichtsrat hinsichtlich Inhalt und von Vorstand und Aufsichtsrat im CG-Bericht zutreffend dargestellt wurde, knüpft vom Inhalt her an Abs. 2 der Ziff. 5.4.1 und an die Angaben der Gesellschaft nach § 289a Abs. 2 Ziff. 5 HGB an.

Eine Prüfung der hier zu beurteilenden Ziele des Aufsichtsrats kann immer nur bei den Prämissen ansetzen und den darauf aufbauenden Zielen. Die Beurteilung muss sich darauf beziehen, ob sie sich widerspruchsfrei aus den gesetzten Prämissen herleiten lassen.

Prüfungsnachweise sind die Vorschläge des Aufsichtsrats an die HV und die Beschlüsse des Aufsichtsrats, die diesen Vorschlägen vorausgehen, und zusätzlich die Unterlagen über die Angaben der Frauenquote in der EzU, wenn zum Stand der Umsetzung der Ziele Beurteilungen zu treffen sind.

Ziff. 6.2 S. 2 DCGK spricht die Mitteilungs- und Veröffentlichungspflichten des Vorstands und des Aufsichtsrats an, deren Ziel es ist, die Transparenz auf den Kapitalmärkten zu erhöhen. Ein weiterer Aspekt ist, dem verbotenen Insiderhandel vorzubeugen und damit das Vertrauen in die ordnungsmäßige Funktion der Kapitalmärkte zu stärken.[579]

Ziff. 6.2 S. 1 DCGK verweist auf die gesetzliche Pflicht, unverzüglich Mitteilung und Veröffentlichung von Geschäften in Aktien der Gesellschaft durch Vorstand und Aufsichtsrat zu machen und spricht damit den § 21 Abs. 1 S. 1 WpHG an. Nach dieser Norm ist jeder, der durch Erwerb, Veräußerung oder auf sonstige Weise 3, 5, 10, 15, 20, 25, 30, 50 oder 75 % der Stimmrechte an einen Emittenten, für den die BRD der Herkunftsstatt ist, erreicht, überschreitet oder unterschreitet, zur unverzüglichen Meldung an den Emittenten und gleichzeitig an die BaFin verpflichtet.

Gegenstand der Meldung sind ausschließlich börsennotierte Aktien (§ 21 Abs. 2 WpHG). Der DCGK verlangt darüber hinaus in der Empfehlung zu Ziff. 6.2 S. 1, dass schon ein Besitz von Aktien oder sich darauf beziehender Finanzinstrumente, wenn diese direkt oder indirekt größer als 1 % der von der Gesellschaft ausgegebenen Aktien sind, angegeben werden muss.

Ist diese Größe des Gesamtbesitzes erreicht, soll diese getrennt nach Vorstand und Aufsichtsrat im CG-Bericht angegeben werden (Ziff. 6.2 S. 2 DCGK).

Mit dieser Ziff. des DCGK ist insbesondere auch das Director's Dealing angesprochen, das in § 15 a WpHG geregelt ist und zwar im 3. Abschnitt des Gesetzes über den Wertpapierhandel vom 09.09.1998, der der Insiderüberwachung gewidmet ist. Diese Vorschrift dient der Publizität von Beteiligungen und damit

579 Pfüller, Habersack/Mülbert/Schlitt, Handbuch Kapitalmarktinformation, S. 527; Ihrig/ Schäfer, Rechte und Pflichten des Vorstandes, § 24 Rz. 725.

der Beteiligungstransparenz. Damit wird die Anonymität und Fungibilität der Aktie zugunsten des Kapitalmarkts eingeschränkt.[580]

Die Mitteilungspflicht gemäß § 15a Abs. 1 WpHG besteht nur, wenn die Gesamtsumme der Geschäfte einer Führungskraft und der zu dieser in einem Näheverhältnis stehenden Person insgesamt einem Betrag von über 5.000,00 Euro bis zum Ende des Kalenderjahres erreicht hat. Den Führungspersonen gleichgestellt sind Personen, die regelmäßig Zugang zu Insiderinformationen haben und zu wesentlichen unternehmerischen Entscheidungen ermächtigt sind (§ 15a Abs. 2 WpHG). Liegt eine Information nach § 15a Abs. 1 WpHG vor, hat der Inlandsemittent unverzüglich diese Information zu veröffentlichen und gleichzeitig der BaFin die Veröffentlichung mitzuteilen. Er ist weiter verpflichtet, unverzüglich, aber nicht vor der Veröffentlichung, dem Unternehmensregister im Sinne des § 8b HGB die Information zur Speicherung mitzuteilen.

Neben den besonderen Pflichten aus § 15a WpHG haben die Führungskräfte selbstverständlich die alle Marktteilnehmer treffenden Mitteilungspflichten nach § 21 WpHG zu beachten. Diese Pflichten sind durch das am 25.11.2015 verkündete Gesetz zur Umsetzung der Transparenzrichtlinie-Änderungsrichtlinie[581] gerade im Bereich der Beteiligungstransparenz, hier die Bestimmungen über die Mitteilung, Veröffentlichung und Übermittlung von Veränderungen des Stimmrechtsanteils an das Unternehmensregister (§§ 21–30 WpHG), wesentlich verändert worden. So ist nunmehr auch der Meldezeitpunkt auf den Abschluss des schuldrechtlichen Verpflichtungsgeschäfts, wie bei § 15a WpHG, gelegt worden.[582]

Prüfungsnachweise stehen zu dieser Empfehlung regelmäßig in Form von schriftlichen Meldungen, Bankbestätigungen und Interviews zur Verfügung. Die gesetzlichen Pflichten zur Mitteilung und Veröffentlichung der Führungskräfte und der Emittenten sowie ihre Behandlung in den Sitzungen von Vorstand und Aufsichtsrat ergeben regelmäßig ausreichende Prüfungsnachweise für die Beurteilung dieses Prüfungsfelds. Besondere Beachtung hat der (Konzern-)Abschlussprüfer auch den Veröffentlichungspflichten zu schenken, denn gerade die sind es, die die Kommunikation mit dem Kapitalmarkt mit dem Ziel der Beteiligungstransparenz in Bezug auf Beteiligungsbesitz der Führungskräfte an ihrem Unternehmen begründen.

580 Langenbucher, Aktien- und Kapitalmarktrecht, S. 384, Rz. 104; Habersack/Mülbert/Schlitt, Handbuch Kapitalmarktinformation, S. 529 Rz. 7; Ihrig/Schäfer, Rechte und Pflichten des Vorstandes, § 24, Rz. 723.

581 BGBl 1 2015, S. 2029.

582 Buchheim/Schmidt/Ulbrich, WPg 2016, S. 106.

Die Kodexnorm der Ziff. 7.1.3 DCGK steht in einem unmittelbaren Zusammenhang mit dem Abschnitt 4 „Vorstand“ und dort mit der Hauptziff. 4.2 „Zusammensetzung und Vergütung“ im Einzelnen mit den Ziff. 4.2.2, 4.2.3, 4.2.4 und 4.2.5. Damit betreffen diese Kodexregelungen ausschließlich Vorstandsmitglieder; für Aufsichtsratsmitglieder sind solche Aktienoptionsprogramme und ähnliche wertpapierorientierte Anreizsysteme der Gesellschaft unzulässig.[583] Begünstigt können aber durchaus Mitarbeiter der Gesellschaft sein, die unterhalb des Vorstandes angesiedelt sind.[584] Nach Ziff. 7.1.3 DCGK sollen konkrete Angaben zu den hier in Rede stehenden Programmen und Systemen im CG-Bericht nur dann gemacht werden, soweit nicht bereits der (Konzern-)Abschluss oder der Vergütungsbericht diese Angaben enthalten. Der (Konzern-)Anhang verlangt bereits in §§ 285 Nr. 9, 314 Abs. 1 Nr. 6 HGB solche Angaben. Börsennotierte Gesellschaften haben die Grundzüge ihres Vergütungssystems für die in § 285 Nr. 9 HGB genannten Gesamtbezüge im (Konzern-)Lagebericht gemäß §§ 289 Abs. 2 Ziff. 5, 315 Abs. 2 Ziff. 4. HGB einzugehen. Soweit dabei auch Angaben entsprechend §§ 285 Nr. 9 lit. a S. 5–8, § 314 Abs. 1 Nr. 6 lit. a S. 5–8 HGB gemacht werden, können diese im (Konzern-)Anhang unterbleiben.

Andererseits dürfen aber die Angaben des Anhangs nach § 285 Nr. 9 lit. a S. 1–4 nicht in den Lagebericht (Vergütungsbericht) übernommen werden.[585] Dies gilt entsprechend für den Konzernlagebericht (Vergütungsbericht).[586]

Alle börsennotierten Mutterunternehmen sind verpflichtet, einen IFRS-Konzernabschluss zu erstellen. Die vom Kodex geforderten Angaben über Aktienoptionsprogramme und ähnliche wertpapierorientierte Anreizsysteme sind regelmäßig aufgrund der Regelungen des IFRS 2 (anreizbasierte Vergütung) im Konzernabschluss oder Konzernlagebericht anzugeben.

Die Ziff. 7.1.3 DCGK hat in der Praxis wenig Relevanz, weil die hier in Rede stehenden Gesellschaften schon gesetzlich verpflichtet sind, die hier geforderten Angaben in ihrem Konzernlagebericht anzugeben, der der gesetzlichen Prüfungspflicht de lege lata unterfällt.

583 Spindler, Spindler/Stilz zu § 113, Rz. 49 ff.; Drygala, Schmidt/Lutter zu § 113, Rz. 34; Hüffer/Koch, Aktiengesetz zu § 113 Rz. 12; Lutter/Krieger/Verse, Rechte und Pflichten des Aufsichtsrates, Rz. 849 ff.; Marsch-Barner, DCGK Wilsing zu 7.1.3, Rz. 9.

584 Ringleb, DCGK, Rz. 1183; Marsch-Barner in DCGK Wilsing, 7.1.3 Rz. 8.

585 Lange, MüKo HGB BilR zu § 289, Rz. 125; Kleindiek, MüKo BilR zu § 289, Rz. 103.

586 Senger/Bruhne, MüKo BilR zu § 315, Rz. 40 ff.; Fülbier/Pellens, MüKo HGB BilR, § 315, Rz. 55 ff.

(2) Anregungen

In aller Regel nehmen die Unternehmen auch zu den *Kodex-Anregungen* Stellung, wie Ziff. 3.10 DCGK fordert. Der aktuelle DCGK vom 05.05.2015 enthält sieben Anregungen, deren Befolgung oder Nichtbefolgung weder erklärt noch begründet werden muss; sie sind im Text durch die Verwendung des Wortes „sollte" gekennzeichnet (Abs. 10 der Präambel des DCGK).

Auch bei einer gesetzlichen, inhaltlichen Prüfung des CG-Berichts wären die Anregungen nicht Gegenstand dieser Prüfung, denn ausschließlich Empfehlungen des DCGK sind Prüfungsgegenstand. Würde man die Anregung gleichwohl in die Prüfung einbeziehen wollen, setzt dies voraus, dass der CG-Bericht Ausführungen über die Angaben enthält, zu denen Stellung genommen worden ist.

Die Angaben betreffen:

- Ziff. 2.2.4: Eine ordentliche HV sollte nicht länger als vier bis sechs Stunden dauern.
- Ziff. 2.3.2: Stimmrechtsvertreter der Aktionäre sollten während der HV erreichbar sein.
- Ziff. 2.3.3: Den Aktionären sollte die Verfolgung der HV über moderne Kommunikationsmedien möglich sein.
- Ziff. 3.7: Im Falle eines Übernahmeangebots sollte eine a. o. HV einberufen werden.
- Ziff. 3.10.Satz 2: Es sollte auch zu den Kodexanregungen Stellung genommen werden.
- Ziff. 5.1.2: Bei Erstbestellungen zum Aufsichtsrat sollte die max. mögliche Bestelldauer von fünf Jahren nicht die Regel sein.
- Ziff. 5.4.7: Die mögliche Teilnahme an Aufsichtsratssitzungen über Telefon- oder Videokonferenzen sollte nicht die Regel sein.

Die Prüfung der Angaben im CG-Bericht dürfte keine Schwierigkeiten bereiten. Soweit es den Abschnitt 2 (Aktionäre und HV) anbelangt, stehen die Unterlagen des Vorstandes zur Vorbereitung, Einberufung und Durchführung der HV und ggf. das notarielle Protokoll gemäß § 130 AktG als Prüfungsnachweise dem (Konzern-)Abschlussprüfer zur Verfügung. Für die Angaben nach Abschnitt 5 (Aufsichtsrat) sind die Beschlüsse und Sitzungsprotokolle des Aufsichtsrats die einschlägigen Prüfungsnachweise.

Die Prüfung der zweiten Empfehlung der Ziff. 3.10, die fünfjährige Zugänglichhaltung der Entsprechenserklärungen auf der Internetseite der Gesellschaft, stellt keine erhöhten Anforderungen an den (Konzern-)Abschlussprüfer, die nötigen Prüfungsnachweise hat die Gesellschaft zu erbringen.

(3) Exkurs: Compliance

Es ist festzustellen, dass in den CG-Berichten der Unternehmen häufig auch über die Compliance berichtet wird. Dies einmal vor dem Hintergrund, dass dieses Thema im letzten Jahrzehnt geradezu ungewöhnlich an Bedeutung gewonnen hat und zum anderen die Verortung im Berichtswesen der Unternehmungen nicht einheitlich gehandhabt wird.

Zuvor soll jedoch der Begriff und der Inhalt dessen, was Compliance ausmacht, geklärt werden. Sodann ist die Verortung im unternehmenseigenen Leitungs- und Überwachungssystem und daraus folgend die Obliegenheitszuweisung an die Gesellschaftsorgane darzustellen.

Corporate Compliance, als ein „Legal Transplant" aus dem anglo-amerikanischen Rechtskreis, hat seit Beginn dieses Jahrhunderts in Deutschland rasant an Bedeutung gewonnen.[587] Die Zahl der Publikationen zum Thema „Compliance" hat sich bis heute geradezu explosionsartig vermehrt.

Seit der Fassung vom 14.06.2007 enthält der DCGK die Ziff. 4.1.3 mit folgendem Wortlaut:

> *„Der Vorstand hat für die Einhaltung der gesetzlichen Bestimmungen und der unternehmensinternen Richtlinien zu sorgen und wirkt auf deren Beachtung durch die Konzernunternehmen hin (Compliance)."*

Aus dieser Definition ergeben sich drei Aspekte. Zum einen ist es die organschaftliche Legalitätspflicht der Vorstandsmitglieder, die die Befolgung des deutschen und anwendbaren ausländischen Rechts betrifft. Zum anderen haben die Leitungsorgane dafür Sorge zu tragen, dass die ihnen nachgeordneten Mitarbeiter sich rechtskonform verhalten (Legalitätskontrollpflicht); daraus folgt eine gesellschaftsrechtliche Überwachungspflicht des Vorstands. Zum dritten hat der Vorstand eine grundsätzliche Compliance-Organisationspflicht, die sich dogmatisch aus der allgemeinen Leitungssorgfalt gemäß §§ 76 Abs. 1, 93 Abs. 1 AktG herleitet.[588] Daraus folgt, dass der Vorstand verpflichtet ist, unter Beachtung der Erforderlichkeit und Zumutbarkeit ein Compliance-Management-System (CMS) zu installieren.[589] Für börsennotierte AG muss die Pflicht zur Einrichtung eines CMS generell angenommen werden.

---

587 Bürkle, BB 2005, S. 565; Bergmoser/Theusinger/Gushurst, BB-Spezial Compliance 5/2008, S. 1 f.

588 Bicker, AG 2012, S. 543 f.; Bürkle, BB 2007, S. 1798; Seibt, Schmidt/Lutter zu § 76, Rz. 10 ff.; Fleischer, Spindler/Stilz zu § 93, Rz. 12, 14; Spindler, MüKo AktG zu § 91 Rz. 35–38.

589 Fleischer, Spindler/Stilz zu § 93, Rz. 56.

Fleischer diskutiert zu Recht die Frage der dogmatischen Ableitungsbasis, indem er fragt, ob die Compliance-Pflicht sich bereits aus § 91 Abs. 2 AktG oder aus der allgemeinen Leitungspflicht der §§ 76 Abs. 1, 93 Abs. 1 AktG herzuleiten ist.[590] Diese Frage hat u.a. auch auf die Reichweite der Prüfungspflichten des (Konzern-)Abschlussprüfers nach § 317 Abs. 4 HGB Bedeutung.[591] Wäre die dogmatische Ableitung aus § 91 Abs. 2 AktG anzunehmen, würde das CMS der Pflichtprüfung durch den (Konzern-)Abschlussprüfer unterfallen. Es kann aber mit der überwiegenden Lehre angenommen werden, dass sich die Compliance-Verantwortung aus der allgemeinen Leitungssorgfalt der Vorstandsmitglieder gemäß §§ 76 Abs. 1, 93 Abs. 1 AktG ableitet.[592]

Daraus folgt, dass de lege lata eine gesetzliche Prüfungspflicht durch den (Konzern-)Abschlussprüfer nicht besteht.[593]

Nach dieser Auffassung kann die Compliance-Pflicht nicht aus § 91 Abs. 2 AktG hergeleitet werden, weil diese Norm ein Überwachungssystem fordert, das bestandsgefährdende Entwicklungen früh erkennt. Nun wird eingewandt, dass selbst massive Gesetzesverstöße ein bestandsgefährdendes Risiko regelmäßig nicht darstellen.[594] Es ist zu fragen, ob sich diese Auffassung nach neueren Erfahrungen halten lässt, wenn man sich die Ereignisse des „Dieselgate" des VW-Konzerns und die Affären der Deutschen Bank AG vor Augen führt.[595] Vor diesem Hintergrund ist es unbefriedigend, die Vorstandsvorsorgepflichten nach § 91 Abs. 2 AktG de lege lata einer gesetzlichen, inhaltlichen, externen Prüfung zu unterziehen (§ 317 Abs. 4 HGB), die immer bedeutsam werdende Compliance-Pflicht davon aber auszunehmen.

So gesehen stellt sich die Frage, in welchem Verhältnis das Risikomanagement-System (RMS) und das CMS zueinander stehen. Die Einrichtung solcher Systeme ist Ausfluss der öffentlich-rechtlichen Organisationspflichten des Vorstandes für das Unternehmen.[596] Unter diese Organisationspflichten fallen

---

590 Fleischer, Spindler/Stilz zu § 93, Rz. 49.

591 Fleischer, Spindler/Stilz zu § 93, Rz. 47.

592 Fleischer, NZG 2014, S. 322; WP-Hdb. II, 2014, M, Rz. 1; Seibt, Schmidt/Lutter zu § 76, Rz. 10–20; Reichert, FS Hoffmann-Becking 2013, S. 946; Oppenheim, DStR 2014, S. 1065; Merkt, DB 2014, S. 2272; Bergmoser/Theusinger/Gusthurst, BB-Spezial 07/2008, S. 3; Lutter, FS Goette 2011, S. 291; Bunting, ZIP 2012, S. 1543.

593 Kremer/Klaholdt, ZGR 2010, S. 120; IDW PS 980, Rz. 1; Merkt, DB 2014, S. 2274 f.

594 Merkt, DB 2014, S. 2272; Fleischer, NZG 2014, S. 322; a. A. Spindler, FS Ballwieser 2014, S. 852 ff.; Freidank, Unternehmensüberwachung, S. 406 f.

595 Schneider, NJW-Editorial 2015.

596 Spindler, Unternehmensorganisationspflichten, S. 381 ff.

grundsätzlich die §§ 76, 93 AktG, aber auch die daraus abgeleitete Vorschrift des § 91 Abs. 2 AktG. Die Compliance-Pflicht sieht *Spindler* gegen die herrschende Lehrmeinung als Ausfluss der Organisationspflichten.[597] In diesem Sinne führt das WP-Handbuch II 2014 aus: „Die gesetzlichen Vertreter von Unternehmen haben auf der Grundlage der allgemeinen Unternehmensziele die strategische Ausrichtung des Unternehmens festzulegen sowie eine ordnungsgemäße Geschäftstätigkeit, die Einhaltung der relevanten Vorschriften und eine verlässliche interne und externe Berichterstattung sicherzustellen. Hierzu werden in den Unternehmen Systeme und Prozesse eingerichtet, die auf die Erreichung dieser Ziele ausgerichtet sind. Treten Ereignisse ein, die sich auf die Erreichung der Unternehmensziele negativ auswirken, entstehen dem Unternehmen Schäden oder Verluste. Die Maßnahmen – einschließlich der Systeme und Prozesse, die im Unternehmen zur Vermeidung solcher Schäden eingerichtet sind – können unter den Begriff „Risikomanagement" oder „Risikomanagementsystem" zusammengefasst werden.

> „Im *System der Corporate Governance* sind diese Grundgedanken dadurch verankert, dass dem Vorstand die Verantwortung zugewiesen ist, unternehmensweite Rechnungslegungs-, Risikomanagement-, Compliance- und Revisionssysteme einzuführen. Der AR muss überwachen, dass der Vorstand dieser Verantwortung nachkommt."[598]

Dies ergibt sich aus zwei die Gesetzeslage referierenden Ziffern des DCGK, nämlich Ziff. 3.4 und 4.1.3 und zwei Empfehlungen Ziff. 5.2 und 5.3.2, wobei Informationspflichten des Vorstands und Überwachungspflichten des Aufsichtsrats sich auf Fragen der Strategie, der Planung, der Geschäftsentwicklung, der Risikolage, des Risikomanagements und der Compliance des Unternehmens beziehen.

Bedeutsam ist auch die Tätigkeit des Committee of Sponsoring Organisations of Treadway Commission, einer US-amerikanischen, auf freiwilliger Basis errichteten privatwirtschaftlichen Organisation, die 2004 ein Rahmenkonzept für ein unternehmensweites Risikomanagement entwickelt hat, das die im deutschen System der Corporate Governance verankerten Organisationspflichten von Vorstand und Aufsichtsrat abdeckt, mithin auch die Compliance-Pflicht.[599] Das unternehmensweite Risikomanagement setzt sich aus acht Komponenten zusammen, die miteinander verknüpft sind.[600]

---

597 Spindler, MüKo AktG zu § 91, Rz. 3.

598 WP-Hdb. II 2014, M, Rz. 10.

599 WP-Hdb. II 2014, M, Rz. 12 und 13.

600 WP-Hdb. II 2014, M, Rz. 16.

Ein angemessenes CMS, so wie es der IDW PS 980 versteht, weist sieben Grundelemente auf, die zueinander in Wechselwirkung stehen, nämlich: Compliance-Kultur, -Organisation, -Ziele, -Risiken, -Programm, -Kommunikation, -Überwachung und -Verbesserung.[601]

So gesehen kann davon ausgegangen werden, dass das CMS als Bestandteil des unternehmensweiten RMS auch der gesetzlichen, inhaltlichen, externen Prüfung unterfallen müsste. Theorie und Praxis gehen diesen Weg noch nicht.

Hier soll aber davon ausgegangen werden, dass §§ 317 Abs. 4 und 321 Abs. 4 HGB auf die Prüfung des CMS anzuwenden sind, weil die externe, gesetzliche, inhaltliche Prüfung des Corporate Governance-Berichts unterstellt wird.

Für börsennotierte Gesellschaften dürfte außer Frage stehen, dass die Implementierung eines CMS zu den Obliegenheiten des Vorstands zählt; insoweit kann auch nicht die Bedeutung der Business Judgement Rule nach § 93 Abs. 1 Satz 2 AktG in diesem Zusammenhang diskutiert werden.

Die Bedeutung und das Wirken eines CMS stehen unter dem Akkord: Vorbeugen (Prevent), Erkennen (Detect), Reagieren (Respond) und fortlaufende Verbesserung (Continuous Improvement)."[602]

Dem (Konzern-)Abschlussprüfer steht zur Prüfung des CMS der IDW PS 980 „Grundsätze ordnungsmäßiger Prüfung von Corporate Management Systemen" (Stand 11.03.2011) zur Verfügung. Dieser PS hat in Theorie und Praxis ein lebhaftes Echo gefunden, weil nicht zuletzt hier erstmals fundiert und mit der fachlichen Autorität des IDW gewissermaßen ein neues Geschäftsfeld für Rechtsanwälte und Wirtschaftsprüfer kreiert worden ist.[603]

Der IDW PS 980 erfüllt alle Anforderungen, die an einen PS zu stellen sind, der eine Pflichtprüfung durch den (Konzern-)Abschlussprüfer begleiten soll.

Eine CMS-Prüfung kann sich nicht auf sämtliche Aspekte eines unternehmensweiten CMS beziehen, dies wäre praktisch nicht darzustellen.[604] Damit können nur abgegrenzte Teilbereiche als Prüfungsgegenstand in Betracht kommen. Dies sind z.B. verschiedene Rechtsgebiete, aber auch Geschäftsbereiche bzw. Unternehmensprozesse, die Prüfungsgegenstand werden. Darüber hinaus konnen auch regionale Abgrenzungen z.B. nach Ländern eine Rolle spielen, je

601 WP-Hdb. II 2014, M, Rz. 26; IDW PS 980 Rz. 23.

602 Moosmayer, Compliance, S. 110–116.

603 Goette, WPg 2011, Editorial; Hommelhoff WPg 2013 Editorial; Schmidt WPg 2013 Editorial; Merkt, DB 2014, S. 2271–2276, 2331–2336; Eichler, WPg 2015, S. 7–15; Schefold, ZRFC 2012, S. 2009–2013; Withus, WPg 2015, S. 2061–2068; Böttcher, NZG 2011, S. 1054–1058.

604 WP-Hdb. II 2014, M, Rz. 71.

nach Bestimmung des Vorstands der Gesellschaft und abhängig von den rechtlichen und wirtschaftlichen Rahmenbedingungen und der Organisationsstruktur des Unternehmens.[605]

Prüfungsgegenstand ist die Beschreibung des CMS durch den Vorstand. Dieser sollte sich zu den o. g. CMS-Grundelementen des IDW PS 980 äußern.[606]

Es kommen drei Prüfungsarten in Betracht: die Konzeptionsprüfung, die Angemessenheitsprüfung und die Wirksamkeitsprüfung.

Die Konzeptionsprüfung hat das Ziel, mit hinreichender Sicherheit beurteilen zu können, ob die in der CMS-Beschreibung getroffenen Aussagen zur Konzeption des CMS in allen wesentlichen Belangen angemessen dargestellt sind.[607] Eine solche Prüfung steht naturgemäß zeitlich an erster Stelle bei der Einführung eines CMS. Nach der Umsetzung der Konzeption und nachdem die Implementierung der Grundsätze und der Maßnahmen in die Regelprozesse des Unternehmens erfolgt sind, ist eine Angemessenheitsprüfung sinnvoll. Eine solche Prüfung erfolgt als reine Aufbauprüfung ohne Funktionsprüfung; sie gibt daher keine Nachweise über das tatsächliche Funktionieren des Systems. Ziel der Angemessenheitsprüfung ist es, beurteilen zu können, ob die Aussagen in der CMS-Beschreibung geeignet sind, wesentliche Regelverstöße mit hinreichender Sicherheit aufzudecken und zukünftig zu verhindern.[608]

Die dritte Prüfungsart, die Wirksamkeitsprüfung, schließt die erstgenannten Prüfungsarten ein und kann sinnvollerweise erst dann erfolgen, wenn das CMS konzipiert und im Unternehmen eingeführt ist und die Grundsätze und Maßnahmen einer internen Überwachung unterliegen; außerdem muss das System nachprüfbar dokumentiert sein.[609] Als wirksam kann ein CMS dann bezeichnet werden, wenn seine Grundsätze und Maßnahmen von den Betroffenen entsprechend ihrer Verantwortung zur Kenntnis genommen und bei ihrer täglichen Arbeit beachtet werden.[610] Eine Wirksamkeitsprüfung hat das Ziel, dem Prüfer eine Aussage mit hinreichender Sicherheit darüber zu ermöglichen, ob anhand der von dem Unternehmen zugrunde gelegten CMS-Grundsätze die in der CMS-Beschreibung enthaltenen Aussagen zu Grundsätzen und Maßnahmen des CMS in allen wesentlichen Belangen angemessen dargestellt sind; weiterhin, dass diese Grundsätze und Maßnahmen geeignet sind, mit hinreichender Sicherheit

605 IDW PS 980, Rz. A 3.
606 WP-Hdb. II 2014, M, Rz. 76; IDW PS 980, Rz. A 11.
607 IDW PS 980, Rz. 16.
608 WP-Hdb. II 2014 M, Rz. 82.
609 WP-Hdb. II 2014, M, Rz. 77.
610 WP-Hdb. II 2014, M, Rz. 78.

sowohl Risiken für wesentliche Regelverstöße möglichst früh zu erkennen bzw. solche Verstöße zu verhindern. Von Wichtigkeit ist auch, dass die Grundsätze und Maßnahmen zu einem bestimmten Zeitpunkt implementiert und während eines bestimmten Zeitraums wirksam sind.[611]

Für alle CMS-Prüfungen gilt, dass sie als Systemprüfungen nicht darauf ausgerichtet sind, Regelverstöße aufzudecken, sondern sie zielen auf eine separate Beurteilung des Prüfungsgegenstandes (CMS-Beschreibung) mit hinreichender Sicherheit.[612]

Sofern der CMS-Prüfer anlässlich der Systemprüfung Regelverstöße feststellt, hat er die zuständigen Stellen im Unternehmen davon in Kenntnis zu setzen. Das Unternehmen hat auf diese ihm mitgeteilten Feststellungen angemessen zu reagieren, indem es eine Ursachenanalyse zur Klärung der Regelverstöße durchführt, das CMS verbessert, um Wiederholungen der Verstöße zu vermeiden.[613]

Bei der CMS-Prüfung nach IDW PS 980 handelt es sich um eine betriebswirtschaftliche Prüfung zur Erlangung hinreichender Sicherheit, die im Einklang mit dem International Framework for Assurance Engagements und dem International Standard on Assurance Engagement (ISAE) 3000 „Assurance Engagements other than audits or review of historical financial Information" steht. Die dort entwickelten Grundsätze sind zu beachten; sie finden sich im IDW PS 980 mit Erläuterungen wieder.[614] Das Vorgehen bei der Prüfung von CMS, der Ablauf einer solchen Prüfung bis zur Dokumentation und Berichterstattung durch den (Konzern-)Abschlussprüfer ergeben sich aus dem IDW PS 980 und sind erläuternd im WP-Handbuch II 2014 M Rz. 91–133 dargestellt. Besonderes instruktiv ist die Darstellung der kritischen Aspekte einer CMS-Prüfung (Rz. 134). Die Prüfung eines CMS zählt zu den anspruchsvolleren Prüfungen, bei der aber dem(Konzern-)Abschlussprüfer durch den ungewöhnlich umfangreichen und ausführlichen IDW PS 980 eine angemessene Hilfestellung geboten wird.

3. Prüfung durch den Aufsichtsrat

a) Entsprechenserklärung

Nach § 161 Abs. 1 AktG sind Vorstand und Aufsichtsrat gemeinsam erklärungsverpflichtet. Damit ist der Aufsichtsrat zur Prüfung der Entsprechenserklärung

611 WP-Hdb. II 2014, Rz. 79.

612 Eibelhäuser/Schmidt, WPg 2011, S. 944.

613 WP-Hdb. II 2014, Rz. 89.

614 IDW PS 980, Rz. 4; Eibelhäuser/Schmidt, WPg 2011, S. 944; Wirtz WPg 2012, S. 1248; Almeling, WPg 2011, S. 653 ff.

inhabil, weil das Selbstprüfungsverbot einer solchen Prüfung durch den AR entgegensteht.

b) Erklärung zur Unternehmensführung

Schon de lege lata hat der Aufsichtsrat die EzU nach § 289a HGB als besonderen Teil des (Konzern-)Lageberichts nach § 171 Abs. 1 AktG zu prüfen und gemäß § 161 Abs. 2 AktG über das Ergebnis an die HV zu berichten.

Die hypothetische Prüfung der EzU durch den (Konzern-)Abschlussprüfer dürfte den Aufsichtsrat bei seiner Prüfung entlasten, so wie es der Prüfungsbericht des (Konzern-)Abschlussprüfers nach geltendem Recht auch vermag.

c) Corporate Governance Bericht

Ziff. 3.10 DCGK fordert, dass Vorstand und Aufsichtsrat jährlich über die CG schriftlich berichten. Insoweit ist der Aufsichtsrat für eine mögliche Prüfung des CG-Berichts ohnehin inhabil.

4. Prüfung durch die DPR/BaFin

a) Grundsätzliches

Nach geltendem Recht prüft die Prüfstelle für die Rechnungslegung gemäß § 342b Abs. 2 HGB anlassbezogen oder stichprobenartig u.a., ob der zuletzt festgestellte Jahresabschluss und der zugehörige Lagebericht oder der zuletzt gebilligte Konzernabschluss und der zugehörige Konzernlagebericht den gesetzlichen Vorschriften einschließlich der Grundsätze ordnungsmäßiger Buchführung oder den sonstigen durch Gesetz zugelassenen Rechnungslegungsstandards entsprechen.

Durch das BilRUG wurde in den § 342b HGB ein Abs. 2a eingefügt, nachdem auch die Abschlüsse und Berichte geprüft werden können, die das Geschäftsjahr betreffen, das den zuletzt festgestellten bzw. gebilligten Abschlüssen und Berichten vorrausgegangen ist. Allerdings ist eine stichprobenartige Prüfung insoweit nicht zulässig.

b) Entsprechenserklärung

Die Entsprechenserklärung ist Bestandteil der EzU und diese gesonderter Bestandteil des (Konzern-)Lageberichts. Durch den angenommenen Wegfall der Bestimmung des § 317 Abs. 2 Satz 4 HGB wird die EzU prüfungspflichtig und auch damit die Entsprechenserklärung.

c) *Erklärung zur Unternehmensführung*

Durch die angenommene gesetzliche Prüfung der EzU, die dem gesonderten Teil des Lageberichts zuzuordnen ist, ist ein Enforcement durch die DPR/BaFin gegeben.

d) *Corporate Governance-Bericht*

Der CG-Bericht ist mit seinen Empfehlungen Bestandteil der Entsprechenserklärung und diese wiederum Bestandteil der EzU. Entfällt § 317 Abs. 2 Satz 4 HGB, wird die EzU prüfungspflichtig, damit auch der CG-Bericht. Daraus folgt, dass auch eine Prüfung der DPR/BaFin durch einen fehlerhaften CG-Bericht ausgelöst werden kann.

5. *Prüfung durch den Betreiber des Bundesanzeigers*

Gemäß § 329 Abs. 1 HGB ist nur zu prüfen, ob alle einzureichenden Unterlagen (hauptsächlich die nach § 325 Abs. 1 HGB) fristgemäß und vollständig eingereicht worden sind. Besteht Anlass zu der Annahme, die Gesellschaft hat größenabhängige Erleichterungen oder solche nach § 327 a HGB zu Unrecht in Anspruch genommen, können insoweit Ermittlungen durch den Betreiber angestellt werden (§ 329 Abs. 2 HGB). Weitere materielle Prüfungshandlungen sind dem Betreiber des Bundesanzeigers nicht zugestanden.

6. *Offenlegung*

An den Offenlegungspflichten (Einreichung und Bekanntmachung) nach § 325 Abs. 1 und 2 HGB ändert sich, was die Erklärungen zu §§ 161 AktG und 289a HGB anlangt, durch die unterstellte externe, gesetzliche, inhaltliche Prüfung durch den (Konzern-)Abschlussprüfer nichts. Eine gesetzliche Offenlegungspflicht für den CG-Bericht besteht de lege lata nicht, auch nicht durch die Empfehlung der Ziff. 3.10 Satz 1, den CG-Bericht zusammen mit der EzU zu veröffentlichen. Dazu würde es einer gesetzlichen Anordnung bedürfen.

7. *Organisatorische Probleme*

a) *Zeitliche Einordnung der Prüfung*

Die Prüfung der drei Elemente des CG-Reportings im Rahmen der (Konzern-) Abschlussprüfung führt ohne Zweifel zu einer zeitlichen Ausdehnung dieser Prüfung. Ausgehend von der Identität von Kalender- und Geschäftsjahr und den durch das BilRUG vom 17.07.2015 geänderten Bestimmungen des vierten Unterabschnitts (§§ 325–329 Offenlegung, Prüfung durch den Betreiber des

Bundesanzeigers) des zweiten Abschnitts des dritten Buches des HGB ist zu untersuchen, welche zeitlichen Auswirkungen sich auf die Erstellungs-, Prüfungs-, Einberufungs- und Offenlegungsfristen für die börsennotierte AG auch in ihrer Eigenschaft als Mutterunternehmen (§ 290 Abs. 1 HGB) ergeben. Dabei ist die Frage zu beantworten, ob die de lege lata gesetzlich bestimmten Fristen unter diesen veränderten Umständen eingehalten werden können.

Auszugehen ist von der Offenlegungsfrist als letzte der oben genannten Fristen. Diese beträgt gemäß § 325 Abs. 4 HGB für kapitalmarktorientierte Gesellschaften vier Monate nach dem Abschlussstichtag des Geschäftsjahres.

In diesen vier Monaten hat der Vorstand den (Konzern-)Abschluss gem. §§ 264 Abs. 1, 290 Abs. 1 HGB aufzustellen. Dem von der HV bzw. von der HV des Mutterunternehmens gemäß § 318 Abs. 1 HGB gewählten und vom Aufsichtsrat gemäß § 111 Abs. 2 Satz 3 AktG beauftragten (Konzern-)Abschlussprüfer hat der Vorstand den aufgestellten (Konzern-)Abschluss und den (Konzern-)Lagebericht unverzüglich zur Prüfung vorzulegen (§ 320 Abs. 1 HGB).

Der (Konzern-)Abschlussprüfer hat nun nach der Regelung des § 317 HGB den (Konzern-)Abschluss und den (Konzern-)Lagebericht zu prüfen einschließlich der Prüfung des Risikofrüherkennungssystems nach § 91 Abs. 2 AktG (§ 317 Abs. 4 HGB). Nach der hier angenommenen externen, gesetzlichen, inhaltlichen Prüfung des CG-Reportings sind auch dessen Elemente in die (Konzern-)Abschlussprüfung einzubeziehen. Der (Konzern-)Abschlussprüfer hat über Art und Umfang sowie über das Ergebnis der Prüfung schriftlich und mit der gebotenen Klarheit zu berichten (§ 321 Abs. 1 Satz 1 HGB). Er hat den Bericht zu unterzeichnen und dem Aufsichtsrat vorzulegen, nicht ohne dem Vorstand vorher Gelegenheit zur Stellungnahme zu geben (§ 321 Abs. 5 HGB). Das Ergebnis der Prüfung ist vom (Konzern-)Abschlussprüfer mit einem Bestätigungsvermerk zum (Konzern-)Abschluss zusammenzufassen.

Der Aufsichtsrat hat sodann den (Konzern-)Abschluss und den (Konzern-)Lagebericht zu prüfen; ebenso den ihm vom Vorstand nach § 170 Abs. 2 AktG mitgeteilten Ergebnisverwendungsvorschlag (§ 171 Abs. 1 AktG) und über das Ergebnis dieser Prüfung der HV schriftlich zu berichten. Der Aufsichtsrat hat u.a. auch zum Prüfungsergebnis des (Konzern-)Abschlusses Stellung zu nehmen und schließlich zu erklären, ob er den vom Vorstand aufgestellten (Konzern-)Abschluss billigt (§ 171 Abs. 2 AktG). Mit der Billigung des Abschlusses durch den Aufsichtsrat ist dieser festgestellt, es sei denn, Vorstand und Aufsichtsrat beschließen gemeinsam, die Feststellung der HV zu überlassen (§ 172 AktG).

Wird die Feststellung des Abschlusses der HV zugewiesen oder ist der (Konzern-)Abschluss vom Aufsichtsrat nicht gebilligt worden, hat die HV über die

Feststellung des Jahresabschlusses bzw. über die Billigung des (Konzern-)Abschlusses zu entscheiden (§ 173 Abs. 1 AktG). Dies bedeutet, dass die HV durch den Vorstand mit einer Frist von 30 Tagen einzuberufen ist (§§ 121 Abs. 2, 123 Abs. 1 AktG), anderenfalls hätte schon nach der Billigung des (Konzern-)Abschlusses durch den Aufsichtsrat die Offenlegung nach § 325 HGB erfolgen können.

Die Prüfungspraxis reagiert auf solche zeitlichen Restriktionen im Rahmen der Zeitplanung des (Konzern-)Abschlusses mit der Festlegung von Prüfungshandlungen bereits vor dem Abschlussstichtag. Solche Vor- und Zwischenprüfungen finden ihre rechtliche Grundlage in § 320 Abs. 2 HGB.[615] Bei Großunternehmen ist es nicht unüblich, dass der (Konzern-)Abschlussprüfer eine Prüfungscrew ständig beim Mandanten unterbringt, mit dem Ziel, trotz geringer zeitlicher Vorgaben eine qualitativ hoch anzusetzende Prüfung zu gewährleisten.

Hier ist zu fragen, ob eine Ausweitung der (Konzern-)Abschlussprüfung durch die Einbeziehung des CG-Reportings aus zeitlichen Gründen realistisch erscheint. Grundsätzlich ist festzustellen, dass die hier in Rede stehenden Unternehmen kapitalmarktorientiert und in aller Regel auch solche von öffentlichem Interesse sind. Diese Unternehmen werden ganz überwiegend von den vier großen international aufgestellten Prüfungseinheiten geprüft (sog. § 319a HGB-Praxen), deren drei größten in Deutschland jeweils Gesamtumsätze von rd 1,5 Mrd. Euro erzielen. Solche Prüfungseinheiten verfügen über genügend Ressourcen (insbesondere Personal), auch zeitlich gestiegene Prüfungsanforderungen ihrer Mandanten angemessen zu bewältigen. Dies gilt auch für WPG und Netzwerke, die die wenigen verbliebenen „Großmandate" prüfen und die den „Big Four" größenmäßig nachgeordnet sind.

So gesehen kann die zeitliche Einordnung einer umfangreicheren (Konzern-)Abschlussprüfung keine nicht zu lösenden Schwierigkeiten bereiten.

b) *Wirtschaftlichkeit der Prüfung*

Hier ist vorweg festzustellen, dass jede Ausweitung einer gesetzlichen (Konzern-)Abschlussprüfung mit einer Aufwandserhöhung für das zu prüfende Unternehmen sowohl intern (Prüfungsvorbereitung) als auch extern (Prüfungshonorar des Prüfers) unweigerlich verbunden ist. Daraus ergibt sich die Frage, worin das Äquivalent für den höheren Aufwand gesehen werden kann, der durch die Prüfung des CG-Reportings entsteht.

615 WP-Hdb. 2012, R, Rz. 146; Freidank, Unternehmensüberwachung, S. 256 f.

Grundsätzlich wird man sagen können, dass quantitative, messbare Vorteile regelmäßig nicht erkannt werden können, weil die CG ausschließlich auf Verhaltensbeeinflussung der Unternehmensführung und -kontrolle angelegt ist. Ob die dadurch sich entwickelnde „Best Praxis" später einmal zu messbaren Unternehmenserfolgen führt, kann dahinstehen. Wichtig ist, dass mit dem Ziel größerer Transparenz die Kommunikation zwischen den Akteuren auf dem Kapitalmarkt verstärkt wird und die vielfältigen Erwartungslücken in der Öffentlichkeit wenn schon nicht geschlossen, so doch verringert werden. Dieses Bestreben zeigt sich in den Veröffentlichungen der EU-Kommission.[616] Wenn aber die EU-Kommission eine größere Transparenz der Emittenten auf dem Kapitalmarkt anstrebt, hätte sie eine externe, gesetzliche, inhaltliche Prüfung der Elemente des CG-Reportings anstreben müssen; denn ohne eine solche Prüfung ist ein Mehr an Transparenz nicht zu erreichen.

Es kann vermutet werden, dass die negative Resonanz auf die Frage 25 des Grünbuches vom 05.04.2011 die EU-Kommission veranlasst hat, die Frage einer gesetzlichen, externen, inhaltlichen Prüfung des CG-Reportings bis heute nicht mehr aufzugreifen.

Es sind aber Bestrebungen der Unternehmen erkennbar, Elemente des CG-Reportings freiwillig prüfen zu lassen; dies einmal vor dem Hintergrund, dass Ziff. 7.2.3 des DCGK und zum anderen durch die Tatsache, dass der CG-Bericht und dort die Compliance immer bedeutsamer für die Unternehmen werden. So gesehen kann die Frage nach der Wirtschaftlichkeit der externen gesetzlichen inhaltlichen Prüfung des CG-Reportings dahin beantwortet werden, dass eine solche Prüfung Vorstand und Aufsichtsrat bei ihren Führungs- und Kontrollpflichten entlasten kann und andererseits das Unternehmen am Kapitalmarkt als transparenter wahrgenommen wird.

8. *Haftung des (Konzern-)Abschlussprüfers*

Nach § 328 Abs. 1 HGB sind der (Konzern-)Abschlussprüfer, seine Gehilfen und die bei der Prüfung mitwirkenden gesetzlichen Vertreter einer Prüfungsgesellschaft zur gewissenhaften und unparteiischen Prüfung und zur Verschwiegenheit verpflichtet. Sofern sie bei ihrer Tätigkeit Geschäfts- und Betriebsgeheimnisse erfahren haben, dürfen sie diese nicht unbefugt verwerten. Wer diese Pflichten vorsätzlich oder fahrlässig verletzt, ist der Kapitalgesellschaft und auch einem

---

616 EU-Kommission: Grünbuch vom 05.04.2011 Abschn. 3, S. 21 ff.; EU-Kommission: Mitteilung vom 12.12.2012, Abschn. 2., Verstärkte Transparenz; EU-Kommission: Empfehlung vom 09.04.2014.

geschädigten verbundenen Unternehmen zum Ersatz des daraus entstehenden Schadens verpflichtet. Sind mehrere Personen Schädiger, haften sie als Gesamtschuldner.

Nach § 323 Abs. 2 HGB beträgt die Ersatzpflicht von Personen, die bei der Prüfung einer börsennotierten AG fahrlässig gehandelt haben, 4,0 Mio. Euro für eine Prüfung. Dabei spielt es keine Rolle, ob an der Prüfung mehrere Personen beteiligt waren oder mehrere zum Ersatz verpflichtende Handlungen begangen worden sind oder ob andere Beteiligte vorsätzlich gehandelt haben. Ist eine Wirtschaftsprüfungsgesellschaft(Konzern-)Abschlussprüfer, besteht die Verpflichtung zur Verschwiegenheit auch gegenüber dem eigenen Aufsichtsrat und dessen Mitgliedern (§ 323 Abs. 3 HGB).

Es handelt sich bei § 323 HGB um eine sonderprivatrechtliche Haftungsnorm, die den allgemeinen schuldrechtlichen Regeln über Schadenersatz wegen Pflichtverstößen bei der Erfüllung des Prüfungsauftrags vorgeht. Dies zeigt sich schon daran, dass

- die Vertragsautonomie der Parteien durch die gesetzliche Festlegung von Haftungsbeträgen für fahrlässige Pflichtverletzungen begrenzt wird
- neben der Vertragspartei (WPG) deren Gehilfen und an der Prüfung mitwirkende gesetzliche Vertreter in den Kreis der Anspruchsverpflichteten einbezogen werden
- mit der prüfungspflichtigen Gesellschaft verbundene Unternehmen in den Kreis der Anspruchsberechtigten aufgenommen werden
- die Ersatzpflicht durch Vertrag weder ausgeschlossen noch beschränkt werden kann.[617]

Es ist eine Regelung, die, was die persönliche Haftung von Prüfungsgehilfen (Erfüllungsgehilfen) und gesetzliche Vertreter anbelangt, den im sonstigen Haftungsrecht geltenden Grundsatz durchbricht (§ 278 BGB).[618] Der § 323 HGB gilt nur für Pflichtprüfungen, insbesondere für solche gemäß § 316 HGB.[619]

Wird der Umfang der Prüfung (§ 317 HGB) durch den Prüfungsvertrag erweitert, gilt § 323 HGB auch für die erweiterte Prüfung. Solche Erweiterungen

617 Ebke, MüKo HGB BilR zu § 323, Rz. 14; Bormann/Greulich, MüKo BilR zu § 323, Rz. 3.

618 Schmitz/Lorey/Harder, S. 239.

619 Schmidt/Feldmüller, in Beck'scher Bilanzkommentar zu § 320, Rz. 1; Ebke, MüKo HGB BilR zu § 323, Rz. 15; Bormann/Greulich, MüKo BilR zu § 323, Rz. 19–23 die weitere Prüfungen mit gesetzlich festgelegtem Inhalt, die ebenfalls in den Anwendungsbereich des § 323 HGB fallen, aufzählen.

bestimmen zu einzelnen Prüfungsgegenständen die Art und Weise der Prüfung, z.B. Erhöhung der Prüfungsintensität, der Prüfungshandlung über die gesetzlichen Mindestanforderungen hinaus, durch Absprache mit dem Aufsichtsrat / Prüfungsausschuss.[620]

Dagegen gilt § 323 HGB nicht für Ergänzungen des Prüfungsauftrags, dies sind Vereinbarungen, die über den Umfang der gesetzlichen Prüfung hinausgehen, z.B. Vereinbarungen im Rahmen der (Konzern-)Abschlussprüfungen, die Ordnungsmäßigkeit der Geschäftsführung zu prüfen oder Ergänzungen der Prüfung im Hinblick auf Gesetzesverstöße (Unterschlagungsprüfung). Dies gilt auch, wenn eine solche ergänzende Vereinbarung im Pflichtprüfungsauftrag enthalten ist oder anderweitig angeboten oder beauftragt wird.[621] Damit unterfällt die hier unterstellte erweiterte, externe, gesetzliche, inhaltliche (Konzern-)Abschlussprüfung für das CG-Reporting auch dem § 323 HGB.

Es liegt auf der Hand, dass das Haftungsrisiko des (Konzern-)Abschlussprüfers sich erhöht, weil nunmehr die Entsprechenserklärung, die EzU, und der CG-Bericht in die Prüfung einbezogen werden. Das Prüfungsvolumen steigt, die Prüfungsgegenstände und Prüfungsfelder nehmen an Zahl und Umfang zu. Hier ist wiederum darauf hinzuweisen, dass weniger quantitative als vielmehr qualitative Merkmale die Prüfungsgegenstände prägen. So erfordert z.B. die Prüfung von Zielgrößen (§ 289a Abs. 2 Ziff. 4 HGB), Handlungsweisen des Vorstandes und Aufsichtsrat bei Interessenskonflikten (Ziff. 4.3.3 und 5.5.2 DCGK) oder die Beurteilung der Effizienzprüfung nach Ziff. 5.6 DCGK besondere Prüfungshandlungen, um tragfähige Prüfungsnachweise zu gewinnen. Gleichwohl kann davon ausgegangen werden, dass eine umfänglichere (Konzern-)Abschlussprüfung, die das CG-Reporting einschließt, das Haftungsrisiko für den (Konzern-)Abschlussprüfer nicht unangemessen erhöht.

Gegen das Haftungsrisiko steht die gesetzliche Pflicht für WP und WPG, eine Berufshaftpflichtversicherung zur Deckung der sich aus der Berufstätigkeit ergebenden Haftpflichtgefahren abzuschließen und diese Versicherung während der Dauer ihrer Bestellung bzw. Anerkennung aufrechtzuerhalten (§ 54 Abs. 1 WPO). Vor dem Hintergrund, dass der WP durch öffentliche Bestellung und Vereidigung eine im besonderen öffentlichen Interesse bestehende Tätigkeit unter erhöhter Verantwortung ausübt und im Vergleich zu anderen freien Berufen einem

620 Ebke, MüKo HGB BilR zu § 323, Rz. 19; Bormann/Greulich, MüKo BilR zu § 323, Rz. 25.

621 Bormann/Greulich, MüKo BilR zu § 323, Rz. 24; Ebke, MüKo HGB BilR zu § 323, Rz. 17.

überdurchschnittlichen hohen zivilrechtlichem Haftungsrisiko ausgesetzt ist, hat bereits das Reichswirtschaftsministerium 1940/1941 die Pflicht zum Abschluss einer Berufshaftpflichtversicherung für WP und WPG eingeführt.[622] Aufgrund gesetzlicher Ermächtigung (§ 54 Abs. 2 WPO a.F.) hat die Bundesregierung die Verordnung über die Berufshaftpflichtversicherung der Wirtschaftsprüfer und der vereidigten Buchprüfer (Wirtschaftsprüfer – Berufshaftpflichtversicherungsverordnung – WPBHV) v. 18.12.1998 erlassen, deren Weitergeltung sich nach § 137 WPO bestimmt. Die VO regelt im Einzelnen den Abschluss, die Aufrechterhaltung, den Inhalt und den Umfang der WPBHV sowie Haftungsausschlüsse durch Versicherungsvertrag.[623] Die nach § 54 a WPO geregelte vertragliche Begrenzung von Ersatzansprüchen kann der (Konzern-)Abschlussprüfer für sich nicht in Anspruch nehmen; auch § 16 BS WPG/vBP bestimmt: „Eine gesetzliche Haftungsbegrenzung darf nicht abbedungen werden." Nach § 134 BGB sind Vereinbarungen, die gegen § 323 Abs. 4 HGB verstoßen, nichtig.[624] Damit hat der § 54 a WPO ausschließlich Bedeutung für alle anderen Berufstätigkeiten des WP außer der gesetzlichen Pflichtprüfung.

Die WPK überwacht gemäß § 54 WPO die Erfüllung der Berufspflichten der WP und der WPG, eine WPBHV abzuschließen und diese aufrechtzuerhalten. Verstöße ahndet die WPK als Berufspflichtverletzung. Wird ein Verstoß endgültig nicht behoben, hat dies den Widerruf der Bestellung bzw. Anerkennung zur Folge (§§ 20 Abs. 2 Nr. 4, 34 Abs. 1 Nr. 2 WPO).

Für (Konzern-)Abschlussprüfer ist regelmäßig die Frage von Bedeutung, ob und in welchem Umfang sich aus ihrer Tätigkeit Haftungsansprüche Dritter gegen sie ergeben können. Die klassischen Fälle sind solche, in denen finanzierende Banken und andere regelmäßig auch Empfänger der (Konzern-)Abschlüsse des kreditnehmenden Unternehmens sind. Daraus wird nicht selten die Auffassung vertreten, dass die Kreditgeber in den Schutzbereich der (Konzern-)Abschlussprüferhaftung einbezogen werden müssen.

Dazu werden die Rechtsinstitute: Vertrag mit Schutzwirkung zugunsten Dritter, Auskunftsvertrag oder Verschulden bei Vertragsverhandlungen bemüht, um unter den Schirm der (Konzern-)Abschlussprüferhaftung zu gelangen. Die Rechtsprechung verfolgt insoweit eine restriktive Linie in Bezug auf die Dritthaftung des (Konzern-)Abschlussprüfers. Sie versucht vielmehr Lösungen nach

622 Maxl, Hense/Ulrich WPO Komm., § 54 Rz. 1.
623 Maxl, Hense/Ulrich WPO Komm., § 54 Rz. 6.
624 Ebke, MüKo HGB BilR zu § 323, Rz. 73.

Deliktsrecht (§§ 823 Abs. 1 und 2, 826 BGB), das neben § 323 HGB anwendbar ist, wobei die Haftsummenbegrenzung nach Abs. 2 ausscheidet.[625]

So gesehen ist es denkbar, dass Dritte versuchen, den (Konzern-)Abschlussprüfer wegen Schäden in Anspruch zu nehmen, die ihnen aus Prüfungsfehlern des (Konzern-)Abschlussprüfers bei der Prüfung des CG-Reportings entstanden sind. Dazu müssten die Anspruchsteller die Ursächlichkeit des pflichtwidrigen Prüferverhaltens für den behaupteten Schaden beweisen und diesen beziffern. Dies bereitet in der Praxis nicht selten erhebliche Probleme. Die Vielzahl der zu prüfenden sog. (weichen Angaben), allein 106 Empfehlungen in der Entsprechenserklärung, die der EzU und des CG-Berichts (hier der sensible Komplex der Corporate Compliance) bieten durchaus Möglichkeiten prüferischen Fehlverhaltens.

9. Zusammenfassung und Ergebnis

Ausgehend von den „Grünbüchern" der EU-Kommission: „Europäischer Governance-Rahmen" vom 05.04.2011 und „Weiteres Vorgehen im Bereich der Abschlussprüfung: Lehren aus der Krise" vom 13.10.2010 sowie weiterer nachfolgender Äußerungen der EU-Kommission sind die Fragen nach einer möglichen externen, gesetzlichen, inhaltlichen Prüfung des CG-Reportings und nach einer Reform der (Konzern-)Abschlussprüfung und der (Konzern-) Abschlussprüfer intensiv diskutiert worden.

Das Ergebnis dieser Bestrebungen zeigt sich in der RL 2013/34/EU, die durch das BilRUG in nationales Recht umgesetzt wurde. Die RL 2014/56/EU und EU-VO Nr. 537/2014 haben Eingang in das Abschlusssprüferaufsichtsreformgesetz (APAREG) gefunden. Das Abschlussprüfungsreformgesetz (AReG) setzte die prüfungsbezogenen Regelungen der RL 2014/56/EU um und führte die Vorgaben der EU-VO Nr. 537/2014 im Hinblick auf die Abschlussprüfung bei Unternehmen von öffentlichem Interesse aus.

Es zeigt sich, dass die Reform des Abschlussprüfungsrechts wie auch die des Abschlussprüferrechts im Fokus der EU-Bestrebungen stehen. Die Frage der Einbeziehung des CG-Reportings in den Bereich der externen, gesetzlichen, inhaltlichen Prüfung bleibt aber von der EU-Kommission ausgespart, obgleich festzustellen ist, dass die Stimmen, die eine solche Prüfung für sinnvoll halten,

---

625 Bormann/Greulich, MüKo BilR zu § 323, Rz. 18; Ebke in MüKo HGB BilR zu § 323 Rz. 92; Schmidt/Feldmüller, Beck'scher Bilanzkommentar zu § 323, Rz. 170 ff.; ADS, § 323 HGB, Rz. 176 ff.

nicht verstummen. Dies mag auch eine Folge davon sein, dass das CG-Reporting als eine Kapitalmarktinformation von nichtfinanziellem Inhalt immer mehr als Ergänzung zu den finanziellen Informationen mit dem Ziel größerer Transparenz gesehen wird.

Geht man davon aus, dass der EU-Kommission an einer externen, gesetzlichen, inhaltlichen Prüfung des CG-Reportings gelegen ist, kann das Interesse nur an einer Prüfung mit hinreichender Sicherheit, durchgeführt von hochqualifizierten Prüfern, sein. Dies kann aus nationaler Sicht nur der Berufsstand der Wirtschafsprüfer sein, der nach Vor- und Ausbildung und dem Unterworfensein eines immer strengeren Berufsrechts, das insbesondere hohe Anforderungen an die Qualität der Berufsausübung stellt, die Gewähr für eine gewissenhafte und unparteiische Prüfung (§ 323 Abs. 1 Satz 1 HGB) bietet. Hinzu kommt, dass die Wirtschaftsprüfer verkammert sind und die WPK neuerdings einer verstärkten Staatsaufsicht unterstellt ist. Die Darstellung des aktuellen Berufs- und Abschlussprüferrechts macht deutlich, dass eine andere Prüfer-Instanz für die Prüfung des CG-Reportings nicht angemessen wäre.

Unter der Annahme des Wegfalls des § 317 Abs. 2 S. 4 HGB wären die Entsprechenserklärung, die EzU und bei Befolgung der Ziff. 3.10 CGCK auch der CG-Bericht in die Pflichtprüfung mit einzubeziehen.

Die Darstellung der Prüfung des CG-Reportings orientiert sich an den Elementen des Abs. 2 des § 289a HGB (Ziff. 1–5).

Dabei ist das Prüfungsziel, die Prüfungsplanung und die Prüfungsdurchführung so anzulegen, dass die Prüfungsgegenstände aufgrund der gewonnenen Prüfungsnachweise eine Beurteilung mit hinreichender Sicherheit ermöglichen. Prüfungsgegenstände sind die in § 289a Abs. 2 HGB geforderten Erklärungen, Angaben und Festlegungen sowie der CG-Bericht. Es hat sich gezeigt, dass die Prüfung durch den (Konzern-)Abschlussprüfer besondere prüferische Herausforderungen nicht zeitigt, selbst vor dem Hintergrund, dass die Prüfungsgegenstände überwiegend nicht quantitativer Natur sind und damit die Gewinnung von Prüfungsnachweisen nicht selten intensivere Prüfungshandlungen erfordert.

So sind geäußerte Absichten (vgl. Zukunftserklärung im Rahmen des § 161 AktG) absolut nicht prüfbar, erklärte Ziele und festgelegte Zielgrößen aber durchaus. Unbestimmte Rechtsbegriffe, wie Angemessenheit, Unabhängigkeit oder Eignung sind im Kontext zu beurteilen, indem sie verwandt werden. Auch de lege lata hat sich der (Konzern-)Abschlussprüfer prüfend und beurteilend mit nichtfinanziellen Leistungsindikatoren zu befassen, so die in den §§ 289 Abs. 1 Satz 3 i.V.m. Abs. 3, 317 Abs. 4 und 321 Abs. 4 HGB genannten Prüfungsgegenstände.

Es hat sich gezeigt, dass auch die Prüfungen durch den Aufsichtsrat, der DPR/BaFin und dem Betreiber des Bundesanzeigers keine Besonderheiten vermitteln. Auch die organisatorischen Probleme der Einbeziehung des CG-Reportings in die (Konzern-)Abschlussprüfung erscheinen durchaus lösbar.

Allerdings ist deutlich geworden, dass eine solche Ausweitung des(Konzern-) Abschlusses eine Fülle von Überschneidungen der Elemente des CG-Reportings aufzeigt,[626] was auch den Prüfungsaufwand signifikant erhöht, andererseits die Qualität der Kapitalmarktinformation im Sinne größerer Transparenz nicht fördert und mit Sicherheit nicht zur Verminderung der Erwartungslücken beiträgt.

Ein besonders deutliches Beispiel für die Unabgestimmtheit der Veröffentlichungsmodalitäten der Entsprechenserklärung ist die Tatsache, dass deren Veröffentlichung auf der Internetseite der Gesellschaft als Bestandteil der EzU der Regelung des § 161 Abs. 1 AktG entspricht. Erfolgt die Veröffentlichung der EzU im Lagebericht, muss die Entsprechenserklärung nach § 161 Abs. 2 AktG weiterhin auf der Internetseite der Gesellschaft veröffentlicht werden, was zu einer Doppelangabe führt. Zudem ist im (Konzern-)Anhang nach §§ 285 Nr. 16, 314 Abs. 1 Nr. 8 HGB anzugeben, ob die Erklärungen nach § 161 AktG abgegeben und wo sie öffentlich zugänglich gemacht worden sind.[627] Die Ursache für die inhaltlichen Redundanzen bei den drei Elementen des CG-Reportings liegt wohl darin begründet, dass die Inhalte der Entsprechenserklärung und auch der EzU bestimmt sind. Für die Entsprechenserklärung gibt die Kodex-Kommission den Inhalt in der jeweils geltenden Fassung vor; für die EzU erfolgt dies durch den Gesetzgeber.

Der CG-Bericht verdankt seine Existenz der Kodex-Kommission, die ihn von Anfang an (2002) als Empfehlung mit dem Ziel, jährlich über die Corporate Governance des Unternehmens durch Vorstand und Aufsichtsrat berichten zu lassen, kreiert hat. So gesehen ist der CG-Bericht ein Element des CG-Reportings, das den gleichen Ursprung hat wie die Entsprechenserklärung.

Die EzU (§ 289a HGB) wurde erst durch das BilMoG vom 25.05.2009 in das HGB eingefügt, gleichzeitig wurde § 161 Abs. 1 AktG dahingehend geändert, dass die Nichtbefolgung von Kodex-Empfehlungen einem Begründungszwang unterworfen wurden. Gleichwohl wurde noch in der Kodex-Fassung vom 26.05.2010 in Ziff. 3.10 DCGK formuliert, dass der CG-Bericht auch Erläuterungen zu eventuellen Abweichungen von den Empfehlungen des Kodex enthalten müsste. Dies zeigt, dass die Kodex-Kommission sich nur unzureichende

---

626 Habersack, Gutachten DJT 2012, S. 69; v. d. Linden, DCGK Wilsing zu § 289a Rz. 31, 32; v. Werder, DCGK 5. Auflage, Rz. 544; v Werder, DCGK, Rz. 709; Anzinger, NZG 2015, S. 976 f. Schmalenbach-Gesellschaft AKEIÜ, DB 2016, S. 400 f.

627 Lange, MüKo HGB BilR zu § 289a Rz. 9.

Vorstellungen über den Inhalt des CG-Berichts gemacht hat; aber auch über Wesen und Veröffentlichung des CG-Berichts hat sich die Kodex-Kommission im Laufe der Zeit sehr unterschiedlich geäußert. Während die Kodex-Fassung vom 18.07.2009 den CG-Bericht als Bestandteil bezeichnete und die Veröffentlichung im Geschäftsbericht erfolgen sollte, wurde ab der Kodex-Fassung vom 15.05.2012 bestimmt, dass der CG-Bericht im Zusammenhang mit der EzU zu veröffentlichen sei.

Wenn immer häufiger zu beobachten ist, dass die Compliance, die unstreitig eine immense Bedeutung für die Unternehmen gewonnen hat, Bestandteil des CG-Berichts geworden ist, so kann festgestellt werden, dass dieses Thema gleichermaßen auch zu der EzU passt. Mit Recht stellt *Bachmann*[628] fest, dass das Neben- und Miteinander der verschiedenen Kommunikationselemente für den Kapitalmarkt die Berichterstattung für die Emittenten nicht leichter macht. Es darf ergänzt werden, dass auch die übrigen Marktteilnehmer diese teilweise nicht abgestimmte Informationsflut nicht nützlich finden können.

Vor diesem Hintergrund kann nicht geraten werden, die Elemente des CG-Reportings unverändert in die (Konzern-)Abschlussprüfung einzubeziehen. Vielmehr bedarf es Überlegungen, wie eine externe, gesetzliche, inhaltliche Prüfung des CG-Reportings zukünftig gestaltet werden kann und dabei die deutlich gewordenen Restriktionen vermieden werden. So gesehen, ist eine Prüfung zu fordern, die nach wirtschaftlichen Grundsätzen durchgeführt wird und das Ziel hinreichender Sicherheit des Prüfungsurteils beachtet. Mit einer solchen Prüfung muss eine eindeutige Mitteilung an den Kapitalmarkt gegeben sein, die die Berichtsadressaten nicht überfordert und damit dem Gebot der Transparenz entspricht.

628 Bachmann WM 2011, S. 1308.

Vierter Hauptteil: Reformvorschläge

A. Vorbemerkung

Es hat sich gezeigt, dass eine angenommene externe, gesetzliche, inhaltliche Prüfung des CG-Reportings im Rahmen der (Konzern-)Abschlussprüfung grundsätzlich keine besonderen prüferischen Herausforderungen zeitigt. Gleichwohl ist eine Einbeziehung der Elemente des CG-Reportings in die (Konzern-)Abschlussprüfung ohne Beseitigung der nicht unerheblichen Redundanzen der drei Elemente nicht zu empfehlen, weil sie die Gesellschaften, den (Konzern-) Abschlussprüfer und insbesondere die Stakeholder vor unnötige Probleme im Verständnis der CG-Reporting-Elemente stellt und damit Transparenz und Verständnis für die CG beeinträchtigt. Damit muss in einem ersten Schritt versucht werden, das Zusammenwirken der Elemente des CG-Reportings im Sinne einer verständlichen Kapitalmarktinformation so zu gestalten, dass Doppelangaben und inhaltliche Überschneidungen vermieden werden. Dies gilt auch im Hinblick auf die Prüfung des CG-Reportings.

Nachdem das Grünbuch vom 05.04.2011 die Frage Nr. 25 nach der externen, gesetzlichen, inhaltlichen Prüfung der Entsprechenserklärung und der EzU aufgeworfen hatte, waren Stimmen laut geworden, die eine solche Prüfung z.B. durch den WP befürworten, ohne im Einzelnen darzulegen, ob eine solche Prüfung im Rahmen der (Konzern-)Abschlussprüfung oder als Sonderprüfung ausgestaltet werden sollte.[629] Als weitere potentielle Prüfer wurden auch andere private und öffentliche Stellen genannt und insbesondere das Enforcement-Verfahren nach §§ 342b ff. HGB und §§ 37n WpHG hervorgehoben.[630]

Es wurde gezeigt, dass es sinnvoll erscheint, ausschließlich den entsprechend vor- und ausgebildeten und öffentlich bestellten und beaufsichtigten Berufsstand der Wirtschaftsprüfer in seiner Eigenschaft als (Konzern-)Abschlussprüfer mit solchen Prüfungen zu betrauen. Dafür spricht die optimale Nutzung der Wissensressourcen des (Konzern-)Abschlussprüfers im Hinblick auf eine wirtschaftliche Gestaltung der Prüfung des CG-Reportings.

629 Bachmann, WM 2011, S. 1308; Spindler, NZG 2011, S. 1013.
630 Bachmann, WM 2011, S. 1308; Spindler, NZG 2011, S. 1013.

Es ist deutlich, dass die Reformvorschläge in der Regel davon ausgehen, dass die Prüfung des CG-Reportings durch den (Konzern-)Abschlussprüfer erfolgt. Dass dabei die drei Elemente des CG-Reportings einer kritischen Beurteilung unterzogen werden, die inhaltliche Veränderungen und sogar den Wegfall von Elementen bedeuten können, wird sich zeigen.

B. Einbeziehung des aktuellen Corporate Governance-Reportings in die (Konzern-)Abschlussprüfung

I. EU- und nationalrechtliche Bestrebungen

Ziel dieser Bemühung ist die Qualitätssteigerung der Berichterstattung über die Unternehmensführung und -kontrolle, also das CG, wie es noch einmal nachdrücklich in der Empfehlung der EU-Kommission vom 09.04.2014 (2014/208/EU) zum Ausdruck kommt. So heißt es im Erwägungsgrund 19:

> *„Ein wirksamer „Comply-or-Explain"-Ansatz erfordert ein effizientes Monitoring, das die Unternehmen motiviert, einen Corporate-Governance-Kodex einzuhalten oder die Nichteinhaltung zu begründen. Im Grünbuch von 2011 heißt es, dass die von den Unternehmen veröffentlichten Erklärungen zur Unternehmensführung offenbar nicht ausreichend überwacht würden und nur wenige Mitgliedstaaten über öffentliche oder spezialisierte Einrichtungen verfügen, die die Vollständigkeit der beigebrachten Informationen und vor allem die Begründungen überprüfen könnten."*

Es kann festgestellt werden, dass die EU-Kommission, was die Frage einer externen, gesetzlichen, inhaltlichen Prüfung des CG-Reportings anbelangt, sich ausgesprochen passiv verhält. Dies mag ihre Ursache darin haben, dass die mit der Frage Nr. 25 des Grünbuches vom 05.04.2011 ausgelöste Diskussion in der Praxis keine positive Resonanz bei Unternehmen und Wirtschaftsverbänden gefunden hat,[631] so dass eine Haltung der EU-Kommission zu beobachten ist, die Unternehmen nicht mit weiteren Prüfungspflichten zu belasten.

Auch die RL 2013/34/EU vom 26.06.2013 (Bilanzrichtlinie) vermeidet die Festlegung auf eine materielle Prüfung der EzU (Art. 20 Abs. 3) und fordert lediglich, dass der Abschlussprüfer oder die Prüfungsgesellschaft überprüft, ob die entsprechenden Angaben gemacht sind (formelle Prüfung). Der nationale Gesetzgeber hat weder im BilRUG noch im AReG[632] Bestimmungen über die materielle Prüfung

631 Habersack, Gutachten DJT 2012, S. 61; Velte, NZG 2014, S. 1048.

632 Petersen/Zwirner/Boecker, DStR 2016, S. 984–989.

des CG-Reportings getroffen. Vielmehr lautet der § 317 Abs. 2 Satz 4 HGB in der Fassung des BilRUG (deutlicher als der § 317 Abs. 2 Satz 3 HGB a.F.):

> *„Die Angaben nach § 289a Absatz 2 und § 315 Absatz 5 sind nicht in die Prüfung einzubeziehen; insoweit ist im Rahmen der Prüfung lediglich festzustellen, ob diese Angaben gemacht wurden."*

Eine Abkehr von dem Grundsatz, zusätzliche Erklärungen im Rahmen der Rechnungslegung nicht einer externen, gesetzlichen, inhaltlichen Prüfung zu unterziehen, lässt sich auch in der RL 2014/95/EU vom 22.10.2014 (sog. CSR-Richtlinie) und in deren nationaler Umsetzung im Rahmen des Referentenentwurfes vom 11.03.2016 für ein CSR-Richtlinie-Umsetzungsgesetz nicht erkennen. Die CSR-RL fügt in Änderung der BilRL (2013/34/EU) einen neuen Artikel 19a in Kapitel 5 ein. Darin wird eine nichtfinanzielle Erklärung bzw. ein gesonderter nichtfinanzieller Bericht gefordert, die bzw. der nichtfinanzielle Informationen umfasst, die von öffentlichem Interesse sind. In Art. 1, Art. 19a Abs. 5 wird lediglich verlangt, dass der Abschlussprüfer oder die Prüfungsgesellschaft überprüft, ob die nichtfinanzielle Erklärung oder der gesonderte Bericht vorgelegt wurde.

Artikel 19a Abs. 6 räumt allerdings den Mitgliedsstaaten ein Wahlrecht ein, die nichtfinanzielle Erklärung oder den gesonderten Bericht auch von einem unabhängigen Erbringer von Bestätigungsleistungen überprüfen zu lassen. In Kap. 6 der Bilanzrichtlinie wurde ein Art. 29a eingefügt, der sinngemäß die gleiche Regelung für die konsolidierte nichtfinanzielle Erklärung bzw. für den gesonderten Bericht enthält wie Art. 19a. Im RefE des CSR-Richtlinie-Umsetzungsgesetzes § 317 Abs. 2 Satz 4 HGB-E ist der Grundsatz aus der CSR-RL Art. 19a Abs. 5 bzw. Art. 29a Abs. 5 wiederholt, dass nur zu prüfen ist, ob die nichtfinanzielle Erklärung oder der gesonderte nichtfinanzielle Bericht vorgelegt wurde. §§ 289b Abs. 4 und 315b Abs. 4 HGB-E lassen gemäß Art. 19a Abs. 6 und Art. 29a Abs. 6 der CSR-RL auch die Prüfung der Erklärung oder des Berichts durch einen Erbringer von Bestätigungsleistungen oder durch einen Abschlussprüfer zu.

Bemerkenswert ist, dass das IDW am 10.07.2015 Stellung genommen hat zu dem Konzept des BMJV vom 27.04.2015 zur Umsetzung der CSR-Richtlinie – Reform des Lageberichts – und dabei auf Seite 8 ausführt:

> *„Im Falle einer solchen (verstärkten) integrierten Berichterstattung wäre eine inhaltliche Prüfung der CSR-Berichterstattung durch einen Wirtschaftsprüfer im Interesse des Adressatenschutzes konzeptionell sachgerecht und grundsätzlich auch leistbar. Viele Wirtschaftsprüferpraxen haben die für die Prüfung der Berichterstattung von nichtfinanziellen Informationen erforderliche Expertise aufgebaut und sind daher für solche Prüfungen sehr*

gut vorbereitet. Durch eine inhaltliche Prüfung könnte die Vertrauenswürdigkeit der berichteten Informationen für interne und externe Stakeholder deutlich erhöht werden. Die ausschließliche Prüfung, ob die nichtfinanzielle Erklärung angegeben wurde, ohne inhaltliche Prüfung, ist nicht sinnvoll".

Das IDW begegnet damit den sehr dürftigen Ausführungen des BMJV im Umsetzungskonzept vom 27.04.2015 in Punkt 10. „Überprüfung der Angaben", aber auch indirekt den Ausführungen der WPK im Schreiben vom 02.07.2015 an das BMJV zu Punkt 10 des Umsetzungskonzepts, in dem die WPK einen absolut konträren Standpunkt zu dem des IDW vertritt. Es kann davon ausgegangen werden, dass die Auffassung des IDW sachlich beachtlich ist, weil es auch die Wirkung ungeprüfter Unternehmenserklärungen und -berichte und die Prüfung durch Dritte, also nicht durch (Konzern-)Abschlussprüfer, in den Blick nimmt.[633]

Somit bedarf es sachgerechter, sinnvoller und schlüssiger Vorschläge, wenn an der Forderung nach einer externen, gesetzlichen, inhaltlichen Prüfung des CG-Reportings festgehalten werden soll, was unter dem Aspekt der Transparenz und damit der Verringerung der Erwartungslücke in Bezug auf das CG-Reporting geboten erscheint.

II. Auffassung in der Literatur

Nicht viele Autoren sprechen sich für eine Einbeziehung des aktuellen CG-Reportings in die (Konzern-)Abschlussprüfung aus. Dabei wird häufig ausschließlich auf die EzU abgestellt und der CG-Bericht außer Betracht gelassen. Dies mag darin begründet sein, dass der CG-Bericht nur mittelbar über § 161 AktG seine gesetzliche Stütze findet und auch dies nur für den Fall, dass die Befolgung der Ziff. 3.10 DCGK vom Vorstand und Aufsichtsrat der betroffenen Gesellschaft erklärt worden ist.

So kommt *Freidank*[634] zu der Forderung, dass die materielle Prüfung des CG-Reportings verpflichtend in die handelsrechtliche Abschlussprüfung einbezogen werden müsse und zwar in der Art und Weise, dass die Prüfung des CG-Reporting sich in erster Linie auf die Feststellung der Ordnungs- und Gesetzmäßigkeit der Berichterstattung beziehen müsse. Er kommt zu dem Ergebnis, dass eine solche auch auf die CG-Reportings bezogene Pflichtprüfung den Charakter einer Prüfung des Leitungs- und Aufsichtsorgans trägt, da die formelle und materielle

633 IDW-Stellungnahme zum Referentenentwurf eines Gesetzes zur Stärkung der nichtfinanziellen Berichterstattung der Unternehmen in ihrem Lage- und Konzernlageberichten vom 21.04.2016.

634 Freidank, ZCG 2015, S. 138 f.

Ordnungsmäßigkeit der Vorstands- und Aufsichtsratstätigkeit untersucht werden muss. Den Zweck einer solchen Prüfung sieht *Freidank* darin, die Lücke zwischen den Erwartungen der Stakeholder und den vom Vorstand und Aufsichtsrat präsentierten Informationen zum CG zu reduzieren.

Freidank will damit keine erweiterte Abschlussprüfung im Sinne des § 53 Abs. 1 HGrG[635] oder eine Prüfung analog des § 53 GenG. Er kreiert vielmehr eine Gesetz- und Ordnungsmäßigkeitsprüfung der Unternehmensführung (Vorstand) und -kontrolle (Aufsichtsrat) unter Zuhilfenahme des CG-Reportings. Dieser Vorschlag begegnet Bedenken sowohl in nationaler, aber vielmehr noch in europarechtlicher Hinsicht. Im Übrigen steht bei diesen Vorschlägen nicht die Prüfung des CG-Reportings im Vordergrund; dieses ist also nicht primärer Prüfungsgegenstand, sondern nur Prüfungsnachweis zur Beurteilung des Führungs- und Kontrollverhaltens der Gesellschaftsorgane.

Mit den Fragen der Prüfung des CG-Reportings im Rahmen der (Konzern-)Abschlussprüfung befasst sich auch *Weber*, der seine Betrachtungen ebenfalls nur auf das CG-Statement, also die EzU, bezieht. Er kommt zu dem Schluss, dass die EzU grundsätzlich einer externen Prüfung zugänglich ist, empfiehlt aber gleichwohl nicht die Einbeziehung der EzU in die (Konzern-)Abschlussprüfung. Er begründet dies mit der Meinung, dass ein Prüfungsurteil mit hinreichender Sicherheit über die Ordnungsmäßigkeit aller Inhaltskomponenten des CG-Statements (EzU) nicht erzielt werden kann.[636]

Abgesehen von dem Widerspruch, dass die EzU einer externen Prüfung zugänglich ist, aber ein Prüfungsurteil mit hinreichender Sicherheit nicht zu erzielen ist, folgt eine Begründung für die Auffassung, dass nur eine prüferische Durchsicht der EzU durch den (Konzern-)Abschlussprüfer in Betracht kommt, die nicht nachzuvollziehen ist.[637] Schließlich würde der (Konzern-)Abschlussprüfer über keine durchgreifenden Maßnahmen verfügen, um festgestellten Unregelmäßigkeiten im Rahmen der CGR zu begegnen, außer Einschränkung und Versagung des Bestätigungsvermerks.[638]

---

635 Kaufmann/Tebben, Die Prüfung kommunaler Unternehmen, S. 21–30.

636 Weber, Externes Corporate Governance-Reporting börsennotierter Publikumsgesellschaften, S. 441.

637 Weber, Externes Corporate Governance-Reporting börsennotierter Publikumsgesellschaften, S. 441.

638 Weber, Externes Corporate Governance-Reporting börsennotierter Publikumsgesellschaften, S. 441.

Den von *Weber* vorgetragenen Bedenken ist zu begegnen. Die gesetzliche (Konzern-)Abschlussprüfung hat das Ziel, eine Beurteilung der Gesetz- und Ordnungsmäßigkeit der Rechnungslegung der Unternehmen mit hinreichender Sicherheit zu treffen. Dass es Prüfungsgegenstände gibt, die ihrem Wesen nach nicht prüfbar sind, trifft ausschließlich auf Absichtserklärungen zu; mit allen anderen zu prüfenden Sachverhalten hat sich der (Konzern-)Abschlussprüfer beurteilend auseinanderzusetzen, sofern keine Prüfungshemmnisse vorliegen.[639]

Ein Prüfungshemmnis liegt vor, wenn der (Konzern-)Abschlussprüfer keine ausreichenden und angemessenen Prüfungsnachweise über einen Gegenstand vom Auftraggeber erhält und dieses Prüfungshemmnis voraussichtlich zu einer Versagung des Prüfungsurteils führt.[640] Dies hat der (Konzern-)Abschlussprüfer schon bei der Auftragsannahme und -fortführung zu beachten.[641]

Weber erkennt nicht, dass sich der (Konzern-)Abschlussprüfer schon de lege lata mit einer Fülle von Prüfungsgegenständen prüfend und beurteilend auseinandersetzen muss, die weniger quantitative als vielmehr qualitative Sachverhalte beschreiben und so gesehen dem Inhalt des CG-Statements ähnlich sind. Sie sind inhaltlich dem besonderen Teil des (Konzern-)Lageberichts zuzurechnen (§ 289 Abs. 2 und 3 HGB). Dies trifft zu für die Prognose-, Finanzrisiko-, Forschungs- und Entwicklungsberichte und Berichte über interne Kontrollsysteme und das Risikomanagementsystem[642] sowie die nichtfinanziellen Leistungsindikatoren.

Anzinger und *Weber* sehen die Lösung für eine externe, gesetzliche, inhaltliche Prüfung des CG-Statements, wenn auch mit unterschiedlichen Begründungen, im Enforcement nach § 342b HGB, wobei *Weber* im Gegensatz zu *Anzinger* davon ausgeht, dass ausschließlich eine prüferische Durchsicht des CG-Statements in Betracht kommt.[643]

---

639 So auch Stenger, Kodex, S. 262 f., Müller/Stawinoga/Velte, ZFU 2015, S. 332, IDW PS 350, Prüfung des Lageberichts im Rahmen der Abschlussprüfung Stand 09.09.2009, Rz. 10; IDW-EPS 350, Abschnitt 3 (Rz. 10–16), Stand 13.01.2016.

640 IDW PS 320 n. F. Besondere Grundsätze für die Durchführung von Konzernabschlussprüfungen (einschließlich der Verwertung der Tätigkeit von Teilbereichsprüfern) Stand 10.07.2014, Rz. 13; zu prüfbaren und nicht prüfbaren Angaben vgl. IDW EPS 350 n. F., Entwurf einer Neufassung des IDW PS: Prüfung des Lageberichts im Rahmen der Abschlussprüfung vom 13.01.2016, IDW-FN, 3/2016, Rz. A12 – A16.

641 Marten/Quick/Ruhnke, Wirtschaftsprüfung 6. Aufl., 2015, S. 687.

642 Kirch/Nimwegen, Beck'sches Hbg der Rechnungslegung, B 605.

643 Anzinger, NZG 2015, S. 975 f.; Weber, Externes Corporate Governance-Reporting börsennotierter Publikumsgesellschaften, S. 442 ff.

Schließlich ist dem Einwand *Webers* zu begegnen, der (Konzern-)Abschlussprüfer verfüge über nur schwache Sanktionsmittel und über keine Möglichkeiten, „…das prüfende Unternehmen zu einer Korrektur festgestellter Unregelmäßigkeiten oder zu einer Information des Kapitalmarkts über Mängel des Corporate-Governance-Reportings zu verpflichten.“[644] Dazu ist zu sagen, dass dem (Konzern-)Abschlussprüfer bei Einbeziehung des CG-Reportings in die (Konzern-)Abschlussprüfung die gleichen Möglichkeiten der Reaktion auf Unregelmäßigkeiten und Mängel der Rechnungslegung zustehen wie bei Mängeln im Jahresabschluss oder Lagebericht. Dies ist einmal der gesetzlich nicht geregelte, aber in der Praxis übliche „Management-Letter“, mit dem der (Konzern-)Abschlussprüfer Beanstandungen dem Management der geprüften Gesellschaft mitteilt.[645] Diese Mängel haben nicht die Bedeutung, dass sie im Prüfungsbericht oder gar im Bestätigungsvermerk Erwähnung finden müssten. Zum anderen: Wer in der Prüfungspraxis erlebt hat, mit welcher Vehemenz und Intensität Diskussionen zwischen Management und (Konzern-)Abschlussprüfer schon um Berichtsformulierungen geführt werden, wird den oben skizzierten Einwand von *Weber* nicht nachvollziehen können.

Einige Autoren erkennen, dass Elemente von CG-Reporting, Entsprechenserklärung und EzU in die gesetzliche (Konzern-)Abschlussprüfung einbezogen werden sollten.[646] Die meisten dieser Autoren sehen in § 317 Abs. 2 Satz 4 HGB die Hürde, die eine Einbeziehung von Entsprechenserklärung und EzU als Elemente des CG verhindert. Dieser Auffassung schließen sich *Bachmann* und *Stenger* nicht unbedingt an, ebenso wenig *Anzinger.*[647]

Teilweise wird nur eine prüferische Durchsicht als Monitoring des CG-Reportings als nötig angesehen, das, wie bereits mehrfach betont, nach Meinung des Verfassers keine kapitalmarktadäquate Lösung ist. Auffällig ist, dass – bis auf *Freidank* – die Frage der Prüfung des CG-Reportings ausschließlich an der Entsprechenserklärung und der EzU (Corporate Goverment Statement) abgehandelt wird, der CG-Bericht also nicht in die Betrachtung einbezogen ist.

---

644 Weber, Externes Corporate Governance-Reporting börsennotierter Publikumsgesellschaften, S. 441.

645 Bormann, MüKo BilR, § 321 HGB, Rz. 96.

646 Habersack, Gutachten, 69. DJT 2012, E 64; derselbe NJW Beilage 3 / 2012, S. 96; Bachmann AG 2012, S. 571; Anzinger, NZB 2015, S. 975; Spindler NZG 2011, S. 1013; Stenger, Kodex, S. 265.

647 Bachmann, AG 2012, S. 571.

C. Veränderungen der Elemente des Corporate Governance-Reportings

I. Vorbemerkung

Das Problem der Redundanzen in der Berichterstattung zur Corporate Governance[648] behindert auch eine effiziente (Konzern-)Abschlussprüfung, wenn das CG-Reporting darin einbezogen werden soll. Daher ist zu fragen, ob ganze CG-Reporting-Elemente entfallen könnten, mindestens aber verändert oder gekürzt werden sollten, um eine geschlossene überschneidungsfreie und damit effizientere CG-Berichterstattung und ggf. Prüfung zu erreichen.

II. Wegfall von Elementen

Schon *Spindler* forderte mit Recht für die Entsprechenserklärung eine Überwachung durch externe Prüfer und Sanktionierung, damit die Regeln eines CG-Kodex nicht nur „Law in the Books" bleiben; er fragt, warum nicht die Aktionäre die Corporate Governance der Unternehmen in ihre Hände nehmen und fordert damit indirekt die Abschaffung der Entsprechenserklärung. Für den Fall der Beibehaltung sollte aber nach Auffassung von *Spindler* für den Kodex eine gesetzliche Grundlage mit richterlicher Kontrolle geschaffen werden.[649]

Habersack führt dazu aus, dass es unionsrechtlich statthaft wäre, nicht nur die Vorschrift des § 161 AktG, sondern auch den DCGK zu streichen bzw. aufzuheben und begründet dies damit, dass Art. 46a der RL (78/660/EWG) in der Fassung durch die Änderungsrichtlinie (2006/46/EG) lediglich die Angabe verlangt, ob die Gesellschaft einen Kodex befolgt und wenn ja, welchen. Er weist aber zutreffend darauf hin, dass Art. 50b der Jahresabschlussrichtlinie in der Fassung durch die Änderungsrichtlinie verlangt, dass die EzU in Übereinstimmung mit dieser Richtlinie erstellt und veröffentlicht wird.[650] Nach dem gegenwärtigen Stand der Diskussion darf davon ausgegangen werden, dass zumindest ein Verzicht auf § 289a HGB nicht in Rede steht. Allerdings wird mit Nachdruck diskutiert, auf den CG-Bericht zu verzichten, was juristisch relativ einfach zu erreichen ist. Die Kodex-Kommission müsste die Ziff. 3.10 des DCGK ersatzlos streichen und damit auch die Bezüge auf diese Empfehlungen, nämlich die

648 Schmalenbach Gesellschaft, AKEIÜ, DB 2016, S. 400.

649 Spindler, NZG 2011, S. 1031.

650 Habersack, Gutachten, E 48.

Empfehlungen Ziff. 5.4.1 Abs. 3 (E 64), Ziff. 6.2 Satz 1 (E 90) und die Ziff. 7.1.3 (E 96).[651]

Bredol/Schäfer[652] plädieren ebenfalls für eine Abschaffung des CG-Berichts. Sie stützen ihre Auffassung insbesondere auf den Beschluss des 69. DJT 2012 (II.7.d), der mit großer Mehrheit (77: 4: 6) feststellte: „Die Berichterstattung über Corporate Governance ist zu vereinfachen. Das Nebeneinander von § 161 AktG, § 289a HGB und Ziff. 3.10 DCGK ist zu beseitigen".

Bredol/Schäfer ist Recht zu geben, dass es für den Inhalt des CG-Berichts keinen konkreten Berichtsinhalt gibt.[653] Dies ist in der Tat für die Entsprechenserklärung und die EzU anders, deren Inhalte gesetzlich bestimmt sind. So gesehen, folgern *Bredol/Schäfer*, könne der CG-Bericht auch zugunsten der EzU abgeschafft werden. Ihr weiterer Einwand, dass der einzige greifbare Unterschied zwischen dem CG-Bericht und der EzU die Konzerndimensionalität sei, ist inzwischen durch § 315 Abs. 5 HGB in der Fassung durch das BilRUG obsolet.

Bachmann sieht das Verhältnis EzU zu CG-Bericht völlig anders, wenn er formuliert, die EzU sei Bestandteil des CG-Berichts; eine Auffassung, die später noch Bedeutung gewinnen kann.[654]

Stenger weist darauf hin, dass die Kodex-Kommission selbst vorgeschlagen habe, beide Corporate Governance-Elemente zu einem einheitlichen Dokument zusammenzufassen.[655] Dies geschah allerdings mit der Kodex-Fassung vom 18.06.2009, in der es hieß: „Dieser (der CG-Bericht, der Verfasser) ist Bestandteil der EzU." In der Kodex-Fassung vom 15.05.2012, die bis heute gilt, wurde formuliert, der CG-Bericht solle zusammen mit der EzU veröffentlicht werden. *Stenger* sieht im Ergebnis den CG-Bericht als entbehrlich an, weil für die bisherigen Inhalte des CG-Berichts die EzU zur Verfügung stünde, die ihrerseits die Entsprechenserklärung aufgenommen habe.[656] Die wenigen vom Kodex vorgeschriebenen Angaben für den CG-Bericht, der in der EzU aufgehen könne, sind die oben genannten drei Empfehlungen (E 64, 90 und 96) mit Bezugnahme auf den CG-Bericht und die Stellungnahme zu den Kodex-Anregungen. Diese werden dann Bestandteile der

651 Habersack, Gutachten, E 68; Schmalenbach Gesellschaft AKEIÜ, Schmalenbach AKEIÜ DB 2016, S. 400.
652 Bredol/Schäfer, NZG 2013, S. 571.
653 Bredol/Schäfer, NZG 2013, S. 570.
654 Bachmann, ZIP 2010, S. 1526.
655 Stenger, Kodex, S. 267.
656 Stenger, Kodex, S. 268.

EzU, ebenso die Kodex-Verpflichtung, nicht mehr aktuelle Entsprechenserklärungen zum Kodex fünf Jahre lang auf der Internetseite der Gesellschaft zugänglich zu halten.

Folgt man den von der Literatur geforderten Veränderungen des CG-Reportings, ist auch ein Blick auf die Entsprechenserklärung und dem Kodex selbst zu werfen. Die Entsprechenserklärung nach § 161 AktG unterscheidet sich von der Entsprechenserklärung, die Bestandteil der EzU ist (§ 289a Abs. 2 Nr. 1 HGB), nur dadurch, dass die erstere eine Aktualisierungspflicht und einen Zukunftsbezug enthält.

Schon *Habersack*[657] kommt zu dem Ergebnis, dass der Wegfall der prospektiven Erklärungspflicht eine Zusammenführung beider Erklärungen durch Wegfall des § 161 AktG und die ausschließliche Regelung der Entsprechenserklärung in § 289a Abs. 2 Nr. 1 HGB vorzugswürdig ist. Er betont, eine solche Maßnahme sei unionsrechtlich ohne weiteres zulässig. Er weist weiter darauf hin, dass der dann gegebene Verlust der Aktualisierungspflicht, der zweifellos einen Verlust an Transparenz bedeutet, partiell auch dadurch gemildert wird, dass bei kursrelevanten Änderungen der Corporate Governance eine Insiderinformation gemäß § 13 WpHG vorliegt, die die Mitteilungspflicht nach § 15 WpHG auslöst.[658]

Stenger folgt der Auffassung von *Habersack*, indem er die Beseitigung des Nebeneinanders der Publizitätsnormen begrüßt, weil damit Doppelangaben vermieden und Missverständnisse ausgeräumt werden.[659] Es bleibt aber festzustellen, dass der 69. DJT 2012 sich dafür ausgesprochen hat, auf die Pflicht zur unterjährigen Aktualisierung der Entsprechenserklärung nicht zu verzichten.[660]

Kritik entzündet sich auch am Kodex selbst. Hier stehen Forderungen nach Verschlankung, Wegfall der Anregungen und Verringerung der Empfehlungen im Vordergrund. Aber auch eine erkannte Tendenz zur Verrechtlichung und die Funktion des Kodex als Einfallstor für gesetzliche Regelungen werden bemängelt.[661] Die Verschlankungsforderungen meinen in erster Linie den Wegfall der Wiedergabe gesetzlicher Bestimmungen im Kodex. Dazu ist festzustellen, dass weder Vorstand noch Aufsichtsrat und auch nicht der (Konzern-)Abschlussprüfer durch die Wiedergabe von gesetzlichen Regelungen des Gesellschafts- und Bilanzrechts belastet werden. Diesen ist der rechtliche Rahmen, in dem sie sich bewegen, ohnehin bekannt. Für die in- und ausländischen Stakeholder aber ist

657 Habersack, Gutachten DJT 2012, S. 68 f.

658 Habersack, DJT 2012, S. 68 f.

659 Stenger, Kodex, S. 266 ff.

660 69. DJT 2012, Beschlüsse, S. 23.

661 Schmalenbach Gesellschaft AKEIÜ, DB 2016, S. 397.

die Wiedergabe dieser gesetzlichen Regeln hilfreich und so auch von der Kodex-Kommission gemeint (vgl. S. 1 der Präambel).[662]

Die aktuell sieben Kodex-Anregungen belasten die Adressaten und auch den (Konzern-)Abschlussprüfer nicht. Sie geben aus der Sicht der Kodex-Kommission Hinweise auf mögliche zukünftige Empfehlungen und haben insoweit durchaus einen nützlichen Charakter. Die Zahl der Empfehlungen liegt aktuell bei 102 und ist durch die Strukturierung des Kodex in sieben Abschnitte relativ einfach zu überblicken. Hinzu kommt, dass die Kodex-Kommission nach fast 15 Jahren ein auf die Adressaten bezogenes sinnvolles Konglomerat von Empfehlungen geschaffen hat. Es sollte honoriert werden, dass die Kodex-Kommission seit 2012 nicht nur ein allgemeines Konsultationsverfahren vor Einführung oder Änderung von Empfehlungen eingeführt hat und sich nach eigenem Bekunden eine Beschränkung für die Entwicklung weiterer Empfehlungen auferlegt hat.[663] Das zeigt, dass eine gewisse Reife des Kodex zu verzeichnen ist, so dass zukünftig unerwartete Änderungen nicht zu gegenwärtigen sind. Die Frage der zunehmenden Verrechtlichung des Kodex und seinen „Missbrauch“ für rechtspolitische Zwecke ist diskussionswürdig und ernst zu nehmen.[664] Eine Verrechtlichung des Kodex stände in diametralen Gegensatz zur Begründung der Kodex-Idee, die auf Selbstregulierung gegründet ist. Es muss aber gesehen werden, dass national über die Bestimmung des § 161 AktG ein mittelbarer gesetzlicher Zwang mindestens auf die jährliche Befolgungserklärung und die Begründungspflicht bei Nichtbefolgung gegeben ist, was zeigt, dass der nationale Gesetzgeber den Marktkräften als Regulator misstraut.[665]

Aber die Funktion des Kodex als „Vorfluter“[666] für rechtspolitische Vorstellungen ist ein Problem, das an einigen markanten Beispielen deutlich geworden ist, so z.B. die Offenlegung der Vorstandsvergütung, der Selbstbehalt bei der D & O Versicherung, die Regeln für den Wechsel von Vorstand in den Aufsichtsrat, insbesondere aber die aktuelle gesetzliche Regelung der Frauenquote.[667]

Nach alledem kann gesagt werden, dass der Weg, den die Kodex-Kommission neuerdings beschreitet, akzeptiert werden kann. Grundlegende Änderungen am Kodex ohne Not sollten vermieden werden, so gesehen ist dem zusammengefassten Urteil von *Hopt* über den DCGK zuzustimmen, wenn er ausführt:

---

662 so auch Bayer, NZG 2013, S. 4 f.

663 Theissen, DB 2014, S. 2057, 2060; v. Werder, DCGK, Rz. 174, 175.

664 Spindler, NZG 2011, S. 1012; v. Werder, DCGK, Rz. 88; Stenger, Kodex, S. 87 ff.

665 Schmalenbach Gesellschaft AKEIÜ, DB 2016, S. 397.

666 Spindler, NZG 2011, S. 1012.

667 Hopt, FS Hoffmann-Becking 2013, S. 575 ff.

„Zusammenfassend lautet das Urteil zum DCGK: Manches kann verbessert werden. Die Grundsatzkritik am Kodex ist jedoch verkehrt. Sie entlastet die Praxis nicht, sondern droht im Gegenteil noch mehr Aktienrecht zu bringen oder, beinahe noch gefährlicher, Reformen ins Kapital- und Finanzmarktrecht zu verschieben mit der Konsequenz weitestgehender Europäisierung und bürokratischer Einmischung und Detailsteuerung durch die Kapitalmarktaufsicht. Das richtige Motto ist demgegenüber: Nicht ängstlich zurück, sondern behutsam nach vorn!“[668]

III. Umsetzung der Vorschläge

1. Neugestaltung des Corporate Governance-Reportings

Nach den zuvor dargestellten Auffassungen würde sich das CG-Reporting de lege ferenda wie folgt darstellen können:

- § 161 AktG müsste gestrichen werden. Die Entsprechenserklärung wäre ausschließlich als Teil der EzU zu erstellen und zu veröffentlichen. Auf eine Aktualisierungspflicht außerhalb der EzU wird verzichtet, ebenso auf die Absichtserklärung. Die Anhangangaben gemäß §§ 285 Ziff. 16 und 313 Abs. 1 Ziff. 8 HGB werden ersatzlos gestrichen.
- Der CG-Bericht wird abgeschafft, indem die Kodex-Kommission die Ziff. 3.10 DCGK ersatzlos streicht. Der Inhalt des CG-Berichts (E64, 90, 96) sowie die Stellungnahme zu den Anregungen des DCGK werden Bestandteile der EzU. Diese nimmt auch die Verpflichtung auf, nicht mehr aktuelle Entsprechenserklärungen fünf Jahre lang auf der Internetseite zugänglich zu halten.
- Die EzU ist damit das einzige Element des CG-Reportings. Sie ist weiter Bestandteil des (Konzern-)Lageberichts als besonderer Teil. Ihre Veröffentlichung kann alternativ mit dem (Konzern-)Lagebericht oder auf der Internetseite der Gesellschaft erfolgen.

2. Prüfung der Erklärung zur Unternehmensführung de lege ferenda

Während der Neugestaltung des CG-Reportings weder unions- noch nationalrechtliche Barrieren entgegenstehen, ist die Frage nach der Einbeziehung des CG-Reportings, das nach dem zuvor Gesagten nur noch aus der EzU besteht, in die gesetzliche Jahresabschlussprüfung nach wie vor in der Diskussion und dies in der EU und im nationalen Rechtsraum. Dennoch lassen sich gewisse Tendenzen erkennen, dem (Konzern-)Abschlussprüfer weitere Prüfungsgebiete im Rahmen des CG-Reportings zu eröffnen.

---

668 Hopt, FS Hoffmann-Becking 2013, S. 587.

So hat die RL 2013/34/EU vom 26.06.2013 (BilRL) in Kapitel 10 (Art. 41–48) den Bericht über Zahlungen an staatliche Stellen kreiert, der durch das BilRUG in den §§ 341q-341y HGB seinen Niederschlag gefunden hat. Art. 48 der BilRL bestimmt, dass die Kommission die Anwendung und Wirksamkeit dieses Kapitels bis spätestens zum 21. Juli 2018 überprüft und darüber berichtet. Dieser Bericht geht auch auf die Frage ein, „... ob der Bericht über Zahlungen an staatliche Stellen einer Abschlussprüfung unterzogen werden sollte.“[669] Gegenwärtig ist eine Prüfung der Zahlungsberichte durch den (Konzern-)Abschlussprüfer gesetzlich nicht angeordnet, aber die Unternehmen müssen davon ausgehen, das eine Prüfung der Zahlungsberichte durch die DPR nach § 342b HGB in der Fassung nach dem Gesetz zur Umsetzung der Transparenzrichtlinie-Änderungsrichtlinie vom 20.11.2015 (Art. 8 Nr. 11) erfolgen kann. Dies wiederum wird Unternehmen veranlassen, ihre erstmaligen Zahlungsberichte einer freiwilligen Prüfung durch einen Wirtschaftsprüfer bzw. den (Konzern-)Abschlussprüfer zu unterziehen.[670] Die Offenlegung der Zahlungsberichte hat gemäß § 341w Abs. 1 HGB spätestens ein Jahr nach dem Abschlussstichtag elektronisch in deutscher Sprache beim Betreiber des Bundesanzeigers zu erfolgen und ist unverzüglich nach Einreichung im Bundesanzeiger bekannt zu machen.[671] *Eppinger/Münstermann*[672] weisen zu Recht darauf hin, dass durch das Gesetz zur Umsetzung der Transparenzrichtlinie-Änderungsrichtlinie vom 25.11.2015[673] die Offenlegungsfrist für Inlandsemittenten von Wertpapieren auf sechs Monate verkürzt wurde; dies ergibt sich aus § 341 Abs. 1 Satz 2 HGB. Insoweit wurde die Fassung dieser Vorschrift, wie sie nach dem BilRUG galt, schon wieder verändert.[674] Die Vorschriften über die Zahlungsberichte sind nach Art. 75 EG erstmals für ein nach dem 23.07.2015 – für Inlandsemittenten von Wertpapieren für ein nach dem 26.11.2015 – beginnendes Wirtschaftsjahr anzuwenden (§ 49 Abs. 2 WpHG).

Das IDW hat in seinen Anmerkungen zur Umsetzung der CSR-Richtlinie in nationales Recht vom 10.07.2015 an das BMJV sehr deutlich eine gesetzliche Prüfung der nichtfinanziellen Erklärung bzw. des Berichts im Rahmen einer verstärken integrierten Berichterstattung durch Wirtschaftsprüfer empfohlen, gleichwohl gilt diese Empfehlung nach Meinung des IDW erst für die Zukunft, wenn sich

669 Eppinger/Münstermann, WPg 2015, S. 1126.
670 Havers/Siegel, WPg 2016, S. 348.
671 Eppinger/Münstermann, WPg 2015, S. 1125.
672 Eppinger/Münstermann, WPg 2015, S. 1125.
673 BGBl I 2015, S. 2029.
674 Oser/Staß, DB 2015, S. 2827.

die Unternehmen mit den neuen Berichtspflichten vertraut gemacht haben. Diese Auffassung bestätigt das IDW in seinem Schreiben vom 21.04.2016 zum Referentenentwurf des CSR-Richtlinien-Umsetzungsgesetzes, in dem es ausführt:

> *„Wie in unserem Schreiben vom 10.07.2015 ausgeführt, wäre eine inhaltliche Prüfung zwar im Interesse des Adressatenschutzes konzeptionell sachgerecht und grundsätzlich auch leistbar. Der Berufsstand der Wirtschaftsprüfer hat die für die Prüfung der Berichterstattung von nichtfinanziellen Informationen erforderliche Expertise aufgebaut und ist daher auf die Durchführung solcher Prüfungen vorbereitet. Gleichwohl ist zu berücksichtigen, dass in den Unternehmen die für Angaben zu nichtfinanziellen Informationen erforderlichen internen Berichtsprozesse und Systeme in der Regel noch nicht so ausgereift sind, wie die Berichtsprozesse für Finanzinformationen. Die betroffenen Unternehmen werden solche Prozesse und Systeme aufbauen müssen, was nicht unwesentliche personelle Ressourcen binden wird. Auf eine gesetzlich angeordnete inhaltliche Prüfung der nichtfinanziellen Angaben sollte daher verzichtet werden, bis die Unternehmen die entsprechenden Berichtssysteme entwickelt und diese ggf. einer freiwilligen externen Prüfung unterzogen haben.“*

Die WPK bleibt auch in ihrem Schreiben vom 14.04.2016 zum Referentenentwurf wie schon in ihrer Stellungnahme vom 02.07.2015 zum Konzeptpapier des BMJV zur Umsetzung der CSR-Richtlinie bei der Ablehnung einer verpflichtenden inhaltlichen Prüfung der nichtfinanziellen Erklärung bzw. des gesonderten nichtfinanziellen Berichts. Die Begründung spricht eher für die gegensätzliche Auffassung, indem die WPK eine freiwillige Prüfung befürwortet, denn eine Überprüfung der Angaben durch einen unabhängigen Dritten würde (so die WPK) die Verlässlichkeit und die Glaubwürdigkeit der nichtfinanziellen Erklärung erhöhen und erschiene daher aus Adressatensicht sinnvoll.[675] Um wie viel mehr wäre den Adressaten mit einer externen, gesetzlichen, inhaltlichen Prüfung gedient. Eine freiwillige Prüfung kann bedeuten, dass der Prüfer von der Gesellschaft beauftragt wird, eine Prüfung mit dem Prüfungsziel „hinreichende Sicherheit“ oder eine prüferische Durchsicht mit „begrenzter Sicherheit“ durchzuführen, d.h. die den Auftrag gebende Gesellschaft bestimmt über den Prüfungsauftrag, Umfang und Intensität der Prüfung; ein Ergebnis, das die angestrebten Ziele der WPK nicht erfüllen kann, sondern Verwirrung bei den Stakeholdern stiften muss. Im Gegensatz zum IDW hatte die WPK auch Bedenken zur Prüfbarkeit der nichtfinanziellen Informationen geltend gemacht.[676]

---

675 WPK Schreiben vom 14.04.2016, S. 4.

676 WPK, Stellungnahme vom 05.06.2013 zum EU-Richtlinienvorschlag zur Offenlegung von nichtfinanziellen Informationen, S. 2 f.; WPK Schreiben vom 14.04.2016 zum Referentenentwurf.

Der nationale Gesetzgeber beabsichtigt mit dem Referentenentwurf zum CSR-Richtlinie-Umsetzungsgesetz lediglich die formelle Prüfung durch den (Konzern-)Abschlussprüfer festzuschreiben (§ 317 Abs. 2 Satz 4 HGB-E). § 289b Abs. 4 HGB-E bestimmt für den Fall, dass die Gesellschaft zusätzlich, also freiwillig eine inhaltliche Prüfung vornehmen lässt:

> *„(4) Ist die nichtfinanzielle Erklärung oder der gesonderte nichtfinanzielle Bericht durch einen unabhängigen Erbringer von Bestätigungsleistungen oder durch einen Abschlussprüfer inhaltlich geprüft worden, ist auch der Bericht des Erbringers oder Abschlussprüfers über das Ergebnis der Prüfung in gleicher Weise wie die nichtfinanzielle Erklärung oder der gesonderte nichtfinanzielle Bericht öffentlich zugänglich zu machen."*

Sinngemäß das Gleiche gilt gemäß § 315b Abs. 4 HGB-E für die Konzernerklärung bzw. den gesonderten Bericht. Hier gilt das, was zuvor von der Auffassung der WPK gesagt wurde: Soll es sich um eine Prüfung mit „hinreichender Sicherheit" oder um eine prüferische Durchsicht mit „begrenzter Sicherheit" handeln?

Der Referentenentwurf enthält eine Fülle neuer gesetzlicher Regelungen im Bereich der Lageberichtserstattung und der Offenlegungspflichten, die Einräumung von Mitgliedsstaatenoptionen und das Bestreben, den betroffenen Unternehmen nicht vorzuschreiben, ob ein Rahmenwerk für die Berichterstattung verwendet wird und ggf. welches.

Prüferisch gesehen führt diese Mannigfaltigkeit der Berichts- und Prüfungsmöglichkeiten dazu, dass von einer für die Stakeholder zu fordernden Transparenz keine Rede mehr sein kann. Es gibt nach dem Stand des Referentenentwurfes eine Fülle von Berichten und Erklärungen von Unternehmen, die teils ungeprüft, teils formell geprüft, teils materiell geprüft werden sollen und dies möglicherweise mit hinreichender oder begrenzter Sicherheit. Die Verortung und Offenlegung sind differierend. Vor diesem Hintergrund soll ein neues Element des CG-Reportings geschaffen werden, das dem Kapitalmarkt vermitteln soll, wie die betroffenen Unternehmen mit der Achtung der Menschenrechte, den Umweltbelangen und den sozialen Belangen umzugehen haben. So gesehen kann man sich der Kritik von Lorenz nicht verschließen, wenn er formuliert: „Referentenentwurf der CSR-Richtlinie „Weniger ist mehr""[677]. Damit bleibt festzustellen, dass nach den zuvor geschilderten Bestrebungen, die drei CG-Reporting-Elemente in der EzU zusammenzufassen, zwei neue CG-Reporting-Elemente zu betrachten sind.

677 Lorenz, DB 2016, M5.

Dies sind einmal die Zahlungsberichte von Unternehmen des Rohstoffsektors gemäß §§ 341q-341y HGB, denn Ziel dieser Regelung ist die Unterstützung der Bekämpfung der Korruption und die Förderung von guter Regierungsführung.[678] Diese jährlichen Zahlungsberichte basieren auf dem „Country-by-Country-Reporting“ und entsprechen dem Grundsatz „Publish What You Pay“[679].

Zum anderen sind es die nichtfinanziellen Erklärungen bzw. die gesonderten nichtfinanziellen Berichte nach §§ 289b, 315b HGB-E, die ebenfalls Elemente des CG-Reportings werden, weil sie Manifestationen guter Unternehmensführung sind. Feststeht, dass weder die EzU noch die Zahlungsberichte de lege lata einer externen, gesetzlichen, inhaltlichen Prüfung unterzogen werden müssen. Für die nichtfinanziellen Erklärungen bzw. die gesonderten nichtfinanziellen Berichte ist dies nach dem gegenwärtigen Erkenntnisstand (April 2016) ebenfalls zu vermuten.

Es ergibt sich, dass die nichtfinanziellen Erklärungen nach §§ 289b Abs. 1, 315b Abs. 1 HGB-E in einem besonderen Abschnitt Bestandteile des (Konzern-)Lageberichts werden und damit der originären materiellen Prüfungspflicht unterliegen müssten. Gleichwohl bestimmt § 317 Abs. 2 Satz 4–6 HGB-E richtlinienkonform, dass lediglich eine formelle Prüfung (aber diese durch den (Konzern-)Abschlussprüfer) zu erfolgen hat.

Im Ergebnis enthält damit der (Konzern-)Lagebericht in Zukunft zwei gesonderte Berichte, die nicht materiell prüfungspflichtig sind; nach den §§ 317 Abs. 2 Satz 6 HGB-E gilt dies auch für die EzU, die um eine Nr. 6 in Abs. 2 erweitert und nun unter dem § 289f HGB-E (bisher § 289a HGB) eingeordnet wird. § 289f Abs. 2 Nr. 6 HGB-E fordert eine Beschreibung des Diversitätskonzepts für die Zusammensetzung des Vorstandes und Aufsichtsrats nach bestimmten Kriterien und die Ziele des Konzepts. Damit erfolgt ein inhaltlicher Anschluss an die vorhergehenden Nrn. 4 und 5, die durch das BilRUG in das HGB eingefügt wurden.

Damit zementiert der Referentenentwurf die ungute Situation, dass der (Konzern-)Lagebericht sich aus Teilen zusammensetzt, die in die materielle (Konzern-) Abschlussprüfung einbezogen sind und Teile, die nur einer formellen Prüfung unterliegen.

EU und nationaler Gesetzgeber schaffen damit erneut einen Tatbestand, der eher Verwirrung bei den Stakeholdern entstehen lässt als die Transparenz als tragenden Grundsatz der Kapitalmarktkommunikation fördert. Es wird nicht

---

678 Eppinger/Münstermann, WPg 2015, S. 1122; Kreipl/Müller, ZCG 2015. S. 233.

679 Eppinger/Münstermann, WPg 2015, S. 1120; Russ/Janssen/Götze, BilRUG Kap. O, Rz. 23 ff.

verkannt, dass die CSR-RL die Erklärungs- und Berichtpflichten in Bezug auf die nichtfinanziellen Informationen nur bestimmten großen Unternehmen auferlegt, die in aller Regel einem Konzern angehören. Die Tochterunternehmen werden nach den Bestimmungen der §§ 289b Abs. 2, 315b Abs. 2 HGB-E von der Pflicht zur Erweiterung des (Konzern-)Lageberichts um eine nichtfinanzielle Erklärung befreit.

Damit gewinnen die konsolidierten Lageberichte weiter an Bedeutung für die Ziele der Vergleichbarkeit und Konsistenz der von Unternehmen in der Union zu veröffentlichenden Informationen.[680] Dies könnte aber auch ein Grund sein, die materielle Prüfungspflicht für die nichtfinanziellen Erklärungen und die gesonderten nichtfinanziellen Berichte durchzusetzen, denn die prüfenden WPG solcher Konzerne verfügen in der Regel aufgrund ihrer Größe über sämtliche personellen und sachlichen Ressourcen, den Erfordernissen solcher materiellen Prüfungen zu entsprechen.

Da sehr häufig, insbesondere zu Beginn der neuen Erklärungs- und Berichtspflichten, freiwillig materielle Prüfungen vereinbart werden, entsteht für die Stakeholder ein nur schwer zu durchschauendes Gewirr von formell und/oder materiell geprüften Bestandteilen des (Konzern-)Lageberichts; ein Zustand, der auf Bereinigung drängt und der nicht dadurch beseitigt werden kann, dass der (Konzern-)Abschlussprüfer im Bestätigungsvermerk jeweils auf die Art und Weise der Prüfung (formell oder materiell, mit hinreichender oder begrenzter Sicherheit) hinweist. Sollte dieser Zustand, was nicht wünschenswert sein kann, beibehalten werden, wäre zu überlegen, ob der DCGK in die Darstellung der in Deutschland herrschenden rechtlichen Gegebenheiten nicht auch einen Hinweis auf die einer materiellen bzw. formellen Prüfung unterliegenden Teile des Rechnungswesens aufnimmt; dies müsste dann konsequenterweise das gesamte CG-Reporting umfassen.

D. Österreichische Lösung

I. Gesetzliche Grundlage des österreichischen Corporate Governance-Berichts

Österreich verpflichtet Aktiengesellschaften nach § 243b Unternehmensgesetzbuch (UGB), einen CG-Bericht aufzustellen. Adressaten sind die Gesellschaften, die in Art. 46a Abs. 1 und 3 der BilRL in der Fassung der Änderungsrichtlinie

680 RL 2014/95/EU, Erwägungsgrund 15.

aufgeführt sind und damit den in § 161 Abs. 1 AktG (Deutschland) genannten Gesellschaften entsprechen, also in der Regel börsennotierte AG.

Die im CG-Bericht zu tätigenden Angaben entsprechen im Wesentlichen denen der EzU nach § 289a HG. Interessanterweise hat Österreich die zweite Alternative des Art. 46a Abs. 2. BilRL gewählt, nämlich den gesonderten Bericht, den es CG-Bericht nennt und der die beiden CG-Reporting-Elemente Entsprechenserklärung und EzU enthält. Den deutschen CG-Bericht (Ziff. 3.10 DCGK) kennt das österreichische Recht nicht.

Ein Mutterunternehmen, das börsennotiert ist oder „...das ausschließlich andere Wertpapiere als Aktien auf einem solchen Markt emittiert, und dessen Aktien mit Wissen des Unternehmens über ein multilaterales Handelssystem im Sinne des § 1 Z 9 WAG 2007 gehandelt werden ...“, ist zur Aufstellung eines solchen konsolidierten CG-Berichts verpflichtet (§ 267a UGB), der die in § 243b UGB vorgeschriebenen Angaben enthält. Der CG-Bericht ist anders als die EzU in Deutschland nicht Bestandteil des (Konzern-)Lageberichts, sondern ein eigenständiger Bericht neben dem (Konzern-)Lagebericht, der aber Bestandteil des Geschäftsberichts ist und zusammen mit dem (Konzern-)Abschluss und dem (Konzern-)Lagebericht beim Firmenbuchgericht des Sitzes der Gesellschaft elektronisch einzureichen ist.[681]

II. Inhalt des Corporate Governance-Berichts

Inhaltlich weist der CG-Bericht keine gravierenden Unterschiede zur EzU aus. § 243b Abs. 1 Nr. 1 UGB verlangt „die Nennung eines in Österreich oder am jeweiligen Börsenplatz allgemein anerkannten Corporate Governance Kodex“. Sodann ist anzugeben, wo dieser öffentlich zugänglich ist. Soweit die Gesellschaft vom Kodex abweicht, hat sie dies zu erklären und die Abweichung zu begründen; dies gilt auch für den Fall, dass sie keinem Kodex folgt. Abs. 2 verlangt Angaben zur Zusammensetzung und Arbeitsweise von Vorstand und Aufsichtsrat sowie Angaben darüber, welche Maßnahmen zur Förderung von Frauen im Vorstand, im Aufsichtsrat und in leitenden Stellungen der Gesellschaft ergriffen werden. Schließlich folgen Angaben zur Vergütungspolitik und zu den Gesamtbezügen der einzelnen Vorstandsmitglieder. Es fällt auf, dass der CG-Bericht anders als die EzU keine Angaben zu den Unternehmensführungspraktiken verlangt.

681 Eberhartinger/Hirschböck/Höller, Corporate-Governance-Bericht, S. 195.

III. Der österreichische Corporate Governance-Kodex

Am 01.10.2002 wurde der ÖCGK erstmals veröffentlicht, nachdem er unter Leitung des Kapitalmarktbeauftragten des Finanzministeriums ausgearbeitet worden war.[682] Er ist ähnlich dem DCGK aufgebaut und kennt auch drei Regelkategorien: Legal Requirement (L), Comply or Explain (C) und Recommendation (R). Sein Umfang ist gegenüber dem DCGK deutlich größer und er hat vier Anhänge. Er richtet sich auch vorrangig an börsennotierte AG (Präambel S. 11). Ausgesprochen hilfreich sind die Anhänge (27 Seiten). Der Anhang 1. gibt Leitlinien für die Unabhängigkeit von Aufsichtsratsmitgliedern, der Anhang 2 a. enthält eine ausführliche Anleitung zur Aufstellung des CG-Berichts, Anhang 2 b. enthält Leitlinien für die Erklärung und Begründung einer Abweichung vom Kodex, Anhang 3 behandelt den Themenkomplex eigene Aktien und Anhang 4 eine Kurzübersicht zum österreichischen Aktienrecht.

IV. Die Prüfung des Corporate Governance-Berichts

1. Vorbemerkung

Im März 2014 hat das Austrian Financial Reporting and Auditing Committee (AFRAC) eine Stellungnahme zur Aufstellung und Prüfung eines CG-Berichts gemäß § 243b UGB veröffentlicht.

Die AFRAC ist der österreichische Standardsetter auf dem Gebiet der Finanzberichterstattung und Abschlussprüfung. Im Verein „Österreichisches Rechnungslegungskomitee", deren Organ die AFRAC ist, sind österreichische Bundesministerien und offizielle fachspezifische Organisationen zusammengeschlossen. Zu den Mitgliedern zählen Abschlussersteller, Wirtschaftsprüfer, Steuerberater, Wissenschaftler, Investoren, Analysten und Mitarbeiter von Aufsichtsbehörden.[683] Es sind gewisse Parallelen zum Rechnungslegungsbeirat nach § 342a HGB erkennbar. Das österreichische Recht kennt neben der gesetzlichen, formellen Prüfung der Aufstellung des CG-Berichts auch eine freiwillige inhaltliche Prüfung durch eine externe Institution. Schließlich verlangt der ÖCGK die

682 Eberhartinger/Hirschböck/Höller, Corporate-Governance-Bericht, S. 197.

683 AFRAC-Stellungnahme März 2014, Vorspann S. 2. Diese Stellungnahme bezieht sich auf den ÖCGK in der Fassung vom Juli 2012; die letzte Fassung datiert jedoch aus Januar 2015, daraus ergeben sich gewisse Irritationen, insbesondere was die Evaluierung der C-Regeln anlangt. Die Stellungnahme geht noch von der Evaluierung der C + R-Regeln in R-Regel 62 aus. Aktuell ist die C-Regel 62 ausschlaggebend.

Evaluierung der C-Regeln im Drei-Jahres-Abstand durch eine externe Institution (C-Regel 62 ÖCGK).

2. *Prüfung des CG-Berichts durch den (Konzern-)Abschlussprüfer*

Aus § 96 Abs. 2 AktG (Ö) ergibt sich, dass der CG-Bericht einer inhaltlichen Prüfung durch eine externe Institution unterzogen werden kann, z. B. durch den (Konzern-)Abschlussprüfer. Dabei handelt es sich um eine freiwillige Prüfung, für die es außer der Norm des § 96 Abs. 2 AktG (Ö) keine gesetzliche Grundlage gibt. § 96 Abs. 1 und 2 AktG (Ö) regeln nur die Folgen bei Vorliegen einer solchen Prüfung für die Gesellschaftsorgane. Die Tatsache, dass auch andere externe Institutionen eine inhaltliche Prüfung des CG-Berichts durchführen können, ist wohl den EU-rechtlichen Vorstellungen von Diversifikation und Deregulierung geschuldet.

Nach § 269 Abs. 3 S. 2 UGB ist Gegenstand der(Konzern-)Abschlussprüfung, ob ein nach §§ 243b, 267a UGB erforderlicher CG-Bericht aufgestellt worden ist. Eine inhaltliche Prüfung ist richtlinienkonform nicht vorgesehen.[684] Im Prüfungsbericht nach § 273 Abs. 1 UGB hat der (Konzern-)Abschlussprüfer anzugeben, ob der CG-Bericht aufgestellt worden ist; eine Aufnahme des positiven Befundes in den Bestätigungsvermerk erfolgt nicht.[685]

Stößt der (Konzern-)Abschlussprüfer im Rahmen seiner Prüfung auf Unvollständigkeiten oder Unstimmigkeiten, die auf Vorhalt nicht korrigiert werden, ist dieser Sachverhalt berichtspflichtig. *Eberhartinger/Hirschbök/Höller* gehen noch weiter, indem sie aufgrund der Treuepflicht des (Konzern-)Abschlussprüfers von diesem Untersuchungen auf offensichtliche Unvollständigkeiten und/oder Unstimmigkeiten verlangen.[686] Eine Redepflicht des (Konzern-)Abschlussprüfers wie im deutschen Recht ergibt sich aus § 273 Abs. 2 UGB.

3. *Prüfung des CG-Berichts durch den Aufsichtsrat*

Die inhaltliche Prüfung des CG-Berichts durch den Aufsichtsrat ergibt sich aus § 96 Abs. 1 AktG (Ö). Der Aufsichtsrat hat die Pflicht, den Bericht innerhalb von zwei Monaten zu prüfen, sich gegenüber dem Vorstand darüber zu erklären sowie einen Bericht an die Hauptversammlung zu erstatten. Zuvor hat der obligatorische Prüfungsausschuss nach § 92 Abs. 4a Ziff. 5 AktG (Ö) den CG-Bericht

---

684 AFRAC Stellungnahme, Rz. 36; Eberhartinger/Hirschbök/Höller, Corporate-Governance-Bericht, S. 206.

685 Eberhartinger/Hirschböck/Höller, Corporate-Governance-Bericht, S. 207.

686 Eberhartinger/Hirschböck/Höller, Corporate-Governance-Bericht, S. 207.

zu prüfen und dem Aufsichtsrat die Ergebnisse seiner Prüfung in einem Bericht mitzuteilen. Sofern der Aufsichtsrat den CG-Bericht beanstandet und der Vorstand den Bericht nicht korrigiert, hat der Aufsichtsrat in seinem Bericht an die Hauptversammlung dazu Stellung zu nehmen.[687]

V. Würdigung

Österreich hat die EzU in einem eigenständigen Bericht, dem CG-Bericht, erfasst und damit die Alternative des Art. 46a) Abs. 2 der Bilanzrichtlinie in der Fassung der Änderungsrichtlinie (2006/46/EG) realisiert. Damit ist der (Konzern-)Lagebericht, der in seiner ursprünglichen Funktion als Bestandteil der Rechnungslegung und der Lageberichterstattung anzusehen ist (§§ 289, 315 HGB), entlastet von Informationen, die dem Inhalt nach nicht unmittelbar zur Beurteilung der Vermögens-, Finanz- und Ertragslage der Gesellschaft geeignet sind.[688] Damit ist auch die in Deutschland gegebene Publizitätsalternative für die EzU-Veröffentlichung im Internet vermieden, was zwar durchaus Ausdruck modernen Kommunikationsverhaltens ist, aber zur Klarheit der Informationsvermittlung für die Stakeholder nicht beiträgt. Dafür hat Österreich einen eigenen Bericht kreiert, der neben dem (Konzern-)Abschlussbericht, (Konzern-)Lagebericht und den (Konzern-)Zahlungsbericht tritt, und der richtlinienkonform einer externen, gesetzlichen, inhaltlichen Prüfung nicht unterzogen wird. Es kann davon ausgegangen werden, dass in Österreich wie auch in Deutschland dadurch eine Erwartungslücke droht, die Stakeholder in ihren Entscheidungen negativ beeinflussen kann.

Im Ergebnis vermeidet Österreich durch den eigenständigen CG-Bericht die Aufblähung des gesonderten Teils des (Konzern-)Lageberichts wie in Deutschland und hat gleichzeitig damit die in Deutschland diskutierte Frage des Verhältnisses von Entsprechenserklärung (§ 161 AktG) und EzU (§ 289a HGB) vermieden. Im Gegensatz zu Deutschland, wo nach herrschender Meinung die EzU einem Enforcement nach § 342b HGB nicht unterfällt, ist ein solches Prüfungsverfahren nach § 2 Rechnungslegungskontrollgesetz (RL-KG) in Österreich für die CG-Berichte durchaus möglich, auch für die Zahlungsberichte.[689]

687 AFRAC Stellungnahme, Rz. 19–21.

688 Gelhausen/Fey/Kämpfer, Rechnungslegung und Prüfung, S. 448.

689 Hoffmann/Höltken, WPg 2014, S. 730–736; zur Prüfungspflicht der Konzern-Zahlungsberichte, vgl. §§ 342b Abs. 2 Satz 4 Hs. 2 HGB n.F., 37 o Abs. 1 Satz 6 WpHG n.F.

Zu der hier besonders interessierenden Frage nach einer externen, gesetzlichen, inhaltlichen Prüfung der CG-Elemente muss gesehen werden, dass beide Staaten durch ihre Mitgliedschaft in der EU denselben Rechtsakten unterworfen sind; hinzu kommt, dass traditionell die Rechtssysteme sehr ähnlich sind. Dies zeigt sich nicht zuletzt an der grundsätzlich gleichen Regelung der Enforcement-Systeme. Allerdings kann die österreichische Finanzmarktaufsicht (FMA), die staatliche Komponente des Enforcements, im Gegensatz zur deutschen Regelung frei entscheiden, ob sie eine Enforcementprüfung delegiert oder selbst durchführt.[690]

E. Vorschlag des Arbeitskreises Corporate Governance-Reporting der Schmalenbach-Gesellschaft für Betriebswirtschaft e.V.

Der Arbeitskreis CG-Reporting mit seinen 16 Mitgliedern aus Forschung und Praxis ist einer der jüngsten Arbeitskreise der Schmalenbach-Gesellschaft. Am 27.03.2014 fand die konstituierende Sitzung statt. Auf dem 69. Deutschen Betriebswirtschaftler-Tag im September 2015 wurden in öffentlicher Sitzung die Arbeitsergebnisse der bisherigen Sitzungen vorgestellt.[691]

In einem Arbeitspapier wurden die ersten Thesen zur Weiterentwicklung des CG-Reportings veröffentlicht. In 13 Thesen sind die Vorstellungen des Arbeitskreises niedergelegt.[692] In These 1 wird das Grundanliegen des Arbeitskreises deutlich:

> *„Das CGR als strukturierte und regelmäßige externe Berichterstattung zielt darauf ab, Informationsasymmetrien zwischen der Verwaltung bezüglich der Leitung und Überwachung der Unternehmung und externen Stakeholdergruppen abzubauen. Die konkreten Inhalte für ein CGR müssen aus den Transparenzanforderungen an Leitung und Überwachung als Bestandteile der in- und externen Corporate Governance abgeleitet werden.“*

De lege ferenda sollte die Verpflichtung zur Erstellung der EzU (§§ 289a Abs. 1, 315 Abs. 5 HGB) bei Vorstand und Aufsichtsrat analog § 161 AktG liegen (These 4). Das CG-Reporting stellt auf einen „verständigen Adressaten“ ab (These 6); dazu bemüht der Arbeitskreis in seinem Arbeitspapier die Rechtsfigur des „verständigen Anlegers“ nach § 13 Abs. 1 Satz 2 WpHG. Das CG-Reporting soll sich an den anerkannten Grundsätzen unternehmerischer

690 Hoffmann/Höltken, WPg 2014, S. 731 f.
691 Schmalenbach-Telegramm 3/2015, S. 4.
692 ZCG-Nachrichten, ZCG 2016, S. 44.

Berichterstattung orientieren, nämlich: Vollständigkeit, Verlässlichkeit und Ausgewogenheit, Klarheit und Übersichtlichkeit, Vermittlung der Sicht der Unternehmensverwaltung, Wesentlichkeit und Informationsabstufung (These 7). These 8 spricht sich für einen eigenständigen CG-Bericht aus, nimmt aber in Kauf, dass Berichtsdoppelungen mit Anhang und Lagebericht bestehen bleiben. Dies ist im Sinne klarer transparenter Berichtsgestaltung bedenklich. Nicht zuzustimmen ist der These 9, nach der das CG-Reporting in der EzU abgebildet werden soll und eine Konsolidierung weiterer CG-Berichts-Elemente wie Anhang und Lagebericht (wohl nur teilweise, der Verfasser) in der EzU stattfinden soll. Vielmehr soll nach hiesiger Meinung das CG-Reporting durch einen einheitlichen eigenständigen CG-Bericht zusammengefasst werden, in dem die EzU ein Bestandteil ist.

Beachtung verdient die These 10, nach der das CG-Reporting als eigenständiges Publizitätselement neben Jahresabschluss und Lagebericht fungieren soll. Es soll ein in sich geschlossenes Berichtsinstrument sein, in dem weitere CG-relevante Inhalte aus anderen Berichtsinstrumenten (z.B. Anhang und Lagebericht) extrahiert und zusammengeführt werden. These 11 widmet sich der hier besonders interessierenden Prüfungspflicht des CG-Berichts. Diese These lautet:

> *„Die Prüfungspflicht bislang schon der Abschlussprüfung unterliegender Bestandteile des CGR, z.B. Vergütungsberichterstattung, ist beizubehalten. Für darüber hinausgehende Inhalte des CGR wird den Unternehmen eine prüferische Durchsicht durch die interne Revision oder den Abschlussprüfer anheimgestellt. Antithese: Eine Prüfung des CGR, auch des Vergütungsbericht, ist zur Vermeidung einer Überregulierung nicht notwendig, da der Kapitalmarkt die Qualität des CGR reguliert.“*

Schon der erste Satz verdient Widerspruch. Wenn vorgesehen ist, CG-relevante Berichte und CG-Bericht zusammenzufassen, macht es wenig Sinn, einzelne solcher Berichte der Prüfungspflicht im Rahmen der (Konzern-)Abschlussprüfung weiter zu unterwerfen, wenn der CG-Bericht insgesamt einer solchen Prüfung nicht unterzogen wird. Eine prüferische Durchsicht des CG-Berichts durch die interne Revision verfehlt mit Sicherheit die gebotene Transparenz und steigert die Erwartungslücke (Verlässlichkeitslücke) bei allen Stakeholdern.

In diesem Sinne dürfte ausschließlich eine externe, gesetzliche, inhaltliche Prüfung durch den (Konzern-)Abschlussprüfer geboten sein. Die Antithese, dass der Kapitalmarkt regulierend auf die Qualität des CG-Berichts einwirkt, erscheint vor dem Hintergrund der Empfehlung der EU-Kommission vom 09.04.2014 unverständlich. Die These 13 widerlegt geradezu den letzten Satz der These 11, wenn empfohlen wird, über ein institutionalisiertes Monitoring im Sinne der EU-Empfehlung nachzudenken. Insoweit muss auf Ziff. 19 der Erwägungsgründe der EU-Empfehlung vom 09.04.2014 verwiesen werden.

Die aus dem Arbeitspapier des Arbeitskreises CG-Reporting entwickelten Thesen zeigen gute Ansätze für einen eigenständigen CG-Bericht und dessen Inhalt. Die Auffassungen zur Prüfung des CG-Berichts erwecken den Eindruck einer gewissen Unsicherheit und Uneinheitlichkeit der Auffassungen der Ausschussmitglieder. Aber auch hier gilt: Ohne Prüfung, und zwar einer solchen mit hinreichender Sicherheit, gibt es keine Transparenz und damit keine Verringerung der Erwartungslücke.

F. Vorschlag Böcking/Eibelshäuser/Arlt

Einen beachtenswerten Vorschlag machen *Böcking/Eibelshäuser/Arlt.*[693] Sie wollen ein CG-Statement als erweiterte Erklärung zur Unternehmensführung einrichten, das in fünf Hauptabschnitten (A bis E) Aussagen trifft. Über: A. Entsprechenserklärung, B. Unternehmensführungspraktiken, C. Angaben zu den Organen der Gesellschaft unterteilt in Zusammensetzung (a) Arbeitsweise (b) und Berichte (c) von Vorstand, Aufsichtsrat und deren Ausschüssen sowie Ausführungen zur Hauptversammlung (d). Die beiden letzten Hauptabschnitte betreffen Rechnungslegung und Abschlussprüfung (D) und die jährliche Dokumentation (E).

Mit diesem Vorschlag wird eine Zusammenfassung verschiedener Elemente der CG-Publizität in einer Erklärung erreicht und damit das unstrukturierte Nebeneinandervermieden.

Die Verfasser machen diesen Vorschlag unter dem Eindruck, dass der vorherrschende Zustand des CG-Reportings die gebotene Transparenz für Kapitalmarktinformationen nicht gewährleistet. Insoweit ist dem zuzustimmen.

Wenn aber *Böcking/Eibelshäuser/Arlt* zur Frage der Prüfung des von ihnen vorgeschlagenen CG-Statements meinen, dass einleitend im Statement erklärt werden soll, welche Teile des Statements durch den Abschlussprüfer geprüft werden,[694] dann ist dies kontraproduktiv ihrem eigenen Vorschlag gegenüber. Ohne eine externe gesetzliche inhaltliche Prüfung des gesamten Statements kann die vermisste Transparenz nicht erreicht werden. Die Begründung der Verfasser, Teile des Statements seien nicht prüfbar, kann grundsätzlich widerlegt werden.

---

693 Böcking/Eibelshäuser/Arlt, Der Konzern 2010, S. 614–623.

694 siehe Böcking/Eibelshäuser/Arlt, Der Konzern 2010, S. 622.

G. Vorschlag Stenger

Ausgesprochen geschlossene und konsequente Reformvorschläge hat *Stenger* entwickelt.[695] Er erkennt den Reformbedarf im Hinblick auf die Elemente des CG-Reportings und empfiehlt eine externe und inhaltliche Überprüfung durch den (Konzern-)Abschlussprüfer. Er setzt sich dabei auch mit den konträren Auffassungen auseinander, die sich insbesondere auf eine mangelnde Prüfbarkeit, z.B. der Entsprechenserklärung, beziehen oder die ausschließlich eine Enforcement-Prüfung verlangen. Stenger erkennt eine mangelnde Prüfbarkeit nicht und lehnt auch eine ausschließliche Enforcement-Prüfung ab.

Stenger sicht auch dic Notwendigkeit, das Prüfungsobjekt „CG-Reporting" zu reformieren, indem er für den Wegfall einer eigenständigen Entsprechenserklärung und für die Zusammenlegung von CG-Bericht und EzU plädiert. Folgerichtig sieht er bei Realisierung seines Reformvorschlages auch die Streichung des § 285 Abs. 1 Nr. 1 HGB (konsequenterweise ist dann auch die Streichung des § 314 Abs. 1 Nr. 8 HGB zu fordern) und die Anpassung der Offenlegungsbestimmung des § 325 HGB als nötig an. Der Reformvorschlag von Stenger liegt in weiten Teilen bei der hier vertretenen Auffassung: Konsolidierung der Elemente des CG-Reportings und Einbeziehung des CG-Reportings in die (Konzern-)Abschlüsse.

H. Zusammenfassung

Aus der Sicht einer optimalen Prüfung des CG-Reportings muss zuvor sichergestellt werden, dass das Prüfungsobjekt, hier die drei Elemente des CG-Reportings, schlüssig gegeneinander abgegrenzt sind oder ihre Inhalte miteinander verschmolzen werden, so dass sich die Zahl der zu prüfenden Elemente verringert. Dies geschieht mit dem Ziel der Eingliederung des CG-Reportings in die (Konzern-)Abschlussprüfung. Auszugehen ist davon, dass die EU-Kommission, aber auch der nationale Gesetzgeber, dem hier verfolgten Ziel einer externen, gesetzlichen, inhaltlichen Prüfung des CG-Reportings gegenüber ausgesprochen verhalten reagieren.

Dies setzt sich mit der CSR-RL und ihrer Umsetzung ins nationale Recht (Referentenentwurf für ein Umsetzungsgesetz) fort, obwohl hier eine Ausweitung von nichtfinanziellen Informationen stattfindet, die erhebliche Akzeptanz- und Kommunikationsprobleme bei den Kapitalmarktteilnehmern mit sich bringt.

---

695 Stenger, Kodex, S. 260–272.

Diese Probleme werden sich ohne einheitliche Prüfungsregelungen für das CG-Reporting verstärken.

Einer externen, gesetzlichen, inhaltlichen Prüfung des CG-Reportings stehen vor allem Vertreter der Wissenschaft nahe. Auch das IDW im Gegensatz zur WPK fordert grundsätzlich die Einbeziehung des CG-Reportings in die (Konzern-)Abschlussprüfung, dies aber nach Ablauf einer Karenzzeit, damit sich die berichtspflichtigen Unternehmen an die neue Rechtslage anpassen können, so explizit bei der Umsetzung der CSR-Richtlinie. Die Äußerungen der wissenschaftlichen Autoren sind vielfältig. Sie reichen – wie gesagt – von der Einbeziehung des CG-Reportings in die (Konzern-)Abschlussprüfung bis zur Auffassung, das CG-Reporting solle als Ausdruck unternehmerischer Selbstbindung nicht geprüft werden. Statt einer Prüfung mit hinreichender Sicherheit werden auch Argumente für eine prüferische Durchsicht mit begrenzter Sicherheit diskutiert.

Auch der (Konzern-)Abschlussprüfer als Träger einer externen, gesetzlichen, inhaltlichen Prüfung des CG-Reportings wird in Bezug auf seine Unabhängigkeit für eine solche Prüfung in den Blick genommen. Nach der hier vertretenen Auffassung kann vor dem Hintergrund der geforderten Transparenz für die Unternehmensberichterstattung, insbesondere dies auch vor der Tatsache, dass in absehbarer Zeit auch eine Vielzahl nichtfinanzieller Informationen in die Kommunikation mit dem Kapitalmarkt einfließen werden, nur die Einbeziehung des CG-Reportings in die (Konzern-)Abschlussprüfung in Betracht kommen.

Um dieses Ziel zu erreichen, muss das Prüfungsobjekt „CG-Reporting" von Redundanzen zwischen seinen Elementen befreit werden, um eine effektive, dem Gebot der Wirtschaftlichkeit entsprechende Prüfung zu gewährleisten. Dies kann auch dadurch erreicht werden, dass Elemente des CG-Reportings wegfallen, ihr Inhalt aber Niederschlag im CG-Bericht findet.

Mit den Stimmen in der Literatur wird eine Neugestaltung des CG-Reportings de lege ferenda versucht, die ausschließlich die EzU als einziges Element übrig lässt. Es ist dann zu untersuchen wie de lege ferenda eine materielle Prüfung der EzU gestaltet werden kann. Dabei ist auch die Prüfungsregelung der mit dem BilRUG neu eingeführten Zahlungsberichte über Zahlungen an staatliche Stellen zu sehen, die einen deutlichen Bezug zur Corporate Governance der betroffenen Unternehmen aufweisen und damit ein neues Element des CG-Reportings darstellen. Das gleiche gilt auch für die nichtfinanziellen Erklärungen und gesonderten nichtfinanziellen Berichte.

Sodann ist deutlich geworden, dass die EzU-Kommission und auch der nationale Gesetzgeber die Frage der externen Prüfung der Elemente des CG-Reportings in einer unsystematischen und damit kaum nachvollziehbaren Weise regelt. Eine solche Ungereimtheit beschreibt *Müller,*[696] wenn er darauf hinweist, dass große Kapitalgesellschaften, die nicht der CSR-RL unterfallen, nach § 289 Abs. 3 HGB im Lagebericht über nichtfinanzielle Leistungsindikatoren berichten müssen und diese Angaben Gegenstand der gesetzlichen materiellen Lageberichtsprüfung sind. Diese Pflicht trifft auch die großen kapitalmarktorientierten Kapitalgesellschaften, die mehr als 500 Arbeitnehmer beschäftigen. Nach § 289c Abs. 3 Nr. 6 HGB-E haben diese Gesellschaften die wichtigsten nichtfinanziellen Leistungsindikatoren, die für die Geschäftstätigkeit der Kapitalgesellschaft von Bedeutung sind, darzustellen; diese Angaben werden aber gemäß § 317 Abs. 2 Satz 4 HGB-E nur formell (auf ihr Vorhanden sein) geprüft.

Eine Darstellung des österreichischen CG-Berichts zeigt, dass in diesem EU-Land ein Mitgliedsstaatenwahlrecht bei der Umsetzung der Bilanzrichtlinie in der Fassung der Abänderungsrichtlinie (Art. 46a) in anderer Weise als in Deutschland ausgeübt wurde. Die Prüfung des CG-Berichts, dessen Inhalt im Wesentlichen der EzU entspricht, wird geprüft aber auch nur formell, was richtlinienkonform ist. Findet eine freiwillige Prüfung statt, hat der Aufsichtsrat eine Prüfungspflicht. Der Prüfungsbericht ist offenzulegen. Hier sind deutliche Parallelen zu den §§ 171 HGB-E gegeben, so wie sie in Art. 6 des CSR-Richtlinien-Umsetzungsgesetzes geplant sind. Die inhaltliche Prüfung der Zahlungsberichte ist dann Aufgabe des Aufsichtsrats.

Der Arbeitskreis Corporate Governance Reporting der Schmalenbach-Gesellschaft hat in seiner ersten öffentlichen Sitzung 13 Thesen zur Weiterentwicklung des CG-Berichts vorgelegt. Ausgesprochen positiv ist zu werten, dass der Arbeitskreis empfiehlt, Corporate Governance-relevante Berichte und CG-Bericht zusammenzufassen. Zur Prüfungsfrage des CG-Reportings erscheinen die Ergebnisse noch nicht ausgereift. Hier werden von der prüferischen Durchsicht durch die interne Revision bis zur Nichtprüfung im Vertrauen auf den Kapitalmarkt unterschiedlichste Auffassungen vertreten.

Im Ergebnis sind in den verschiedenen Reformvorschlägen durchaus sinnvolle Ansätze erkennbar, wobei in erster Linie die effektive Gestaltung des Prüfungsobjekts „Corporate Governance-Reporting" zu sehen ist. Die Bestrebungen zur externen, gesetzlichen, inhaltlichen Prüfung im Rahmen der (Konzern-)Abschlussprüfung werden zwar von einigen Autoren, insbesondere aus der Wissenschaft, befürwortet. Die Realisierung scheitert gegenwärtig an den Vorstellungen der EU-Kommission und dem nationalen Gesetzgeber, die eine weitere Belastung der Unternehmen mit Prüfungspflichten vermeiden wollen, gleichzeitig

696 Müller, BB 2016, I.

aber zu erkennen geben, dass eine freiwillige Prüfung der Akzeptanz der Kapitalmarktkommunikation förderlich ist.

Dabei war es die EU-Kommission mit dem Grünbuch vom 05.04.2010 und auch schon davor, die die Frage der materiellen Prüfung des CG-Reportings vorantreiben wollte. Die negative Resonanz der Wirtschaftsverbände führte dann zu der milden Forderung der Empfehlung vom 09.04.2014, die aber immer noch das Bestreben nach einer materiellen Prüfung deutlich werden lässt. Der nationale Gesetzgeber neigt dazu, die EzU-Richtlinie möglichst 1:1 umzusetzen, das bedeutet auch, dass Mitgliedsstaatenwahlrechte nicht ausgeübt werden. Dabei ist bezeichnend, dass die gegenwärtige Bundesregierung sich in ihrem Koalitionsvertrag verpflichtet hat, EU-Richtlinien grundsätzlich 1:1 in deutsches Recht umzusetzen.[697]

697 So telefonische Auskunft der Abteilung III A 3. des BMJV (der Verfasser); Müller, BB 2016, I.

Fünfter Hauptteil: Eigener Vorschlag

A. Vorbemerkung

Es ist an dieser Stelle noch einmal deutlich zu machen, dass diese Arbeit ausschließlich kapitalmarktorientierte Kapitalgesellschaften im Sinne des § 264d HGB, also insbesondere börsennotierte Gesellschaften (§ 3 Abs. 2 AktG), sowie Gesellschaften nach § 161 Abs. 1 S2 AktG und große Unternehmen von öffentlichem Interesse, wenn sie im Durchschnitt des Geschäftsjahres mehr als 500 Mitarbeiter beschäftigen (Art. 19a Abs. 1 S1 CSR Richtlinie 2014/95/EU), behandelt, auch soweit sie Mutterunternehmen im Sinne des § 290 HGB sind und damit die Konzernerklärungen und -berichte erstellen und abgeben müssen.

Diese Gesellschaften sind de lege lata bzw. de lege ferenda (nach Umsetzung der CSR-Richtlinie) einer Fülle von Erklärungs- und Berichtspflichten ausgesetzt, die die finanziellen rechnungslegungsorientierten Berichte wie (Konzern-)Abschlussbericht und (Konzern-)Lagebericht begleiten, aber auch verändern; dies gilt insbesondere für den (Konzern-)Lagebericht. Die betroffenen Gesellschaften sehen sich der Forderung ausgesetzt, verstärkt nichtfinanzielle Leistungsindikatoren in ihre Unternehmenspublizität aufzunehmen. Diese Bestrebungen gehen vorrangig von der EU aus.[698] So gesehen ist das CG-Reporting bestehend aus Entsprechenserklärung, EzU und CG-Bericht schon fast ein „Klassiker". Neu treten hinzu die Zahlungsberichte nach §§ 341s ff. HGB und in absehbarer Zeit die nichtfinanziellen Erklärungen und die gesonderten nichtfinanziellen Berichte (Art. 19a, 29a der CSR-Richtlinie) als weitere Elemente des CG-Reportings. Betrachtet man die Einordnung dieser Erklärungen und Berichte in die Unternehmenspublizität, so ist eine klare und schlüssige Struktur nicht zu erkennen. Das mag daran liegen, dass der EU- und nationale Gesetzgeber sich noch weitgehend von dem Prinzip der Selbstregulierung der Unternehmen leiten lassen, aber andererseits durch Erfahrung diesem Prinzip misstrauen. Dies wird deutlich im Grünbuch vom 05.04.2011 (Abschn. 3 S. 21 ff.) und der EU-Empfehlung vom 09.04.2014 (Erwägungsgrund 19). Daher versuchen die Normengeber gesetzliche Stützen zu schaffen (z.B. § 161 AktG). Dieses Phänomen kann als „legal backing of selfregulation" bezeichnet werden.[699] Diese Bestrebungen sollten nach der hier

698 Schmalenbach-Gesellschaft, AK Externe Unternehmensrechnung, ZfbF 2015, S. 1 ff.
699 Eberhartinger/Hirschbök/Höller, S. 198.

vertretenen Auffassung in die Richtung externe, gesetzliche, inhaltliche Prüfung gehen.

Nun muss aber nachdrücklich festgestellt werden, dass eine Prüfung des CG-Reportings voraussetzt, dass die Prüfungsobjekte (Elemente des CG-Reportings) ohne Doppelungen und Überschneidungen in eine einheitliche schlüssige Struktur eingebunden sein müssen. Verortungen der Elemente des CG-Reportings als besonderer Teil des (Konzern-)Lageberichts, auf der Internetseite der Gesellschaft oder als eigenständiger Bericht, tragen so wenig zum vielbeschworenen Grundsatz der Transparenz bei, ebenso die praktizierten und empfohlenen Prüfungsarten. Wir finden hier vor: Pflichtprüfung des (Konzern-)Lageberichts, Nichtprüfung gesonderter Teile des (Konzern-)Lageberichts, Prüfung mit hinreichender Sicherheit, prüferische Durchsicht mit begrenzter Sicherheit; Sodann Sonderprüfung des CG-Berichts bzw. seiner Elemente durch „unabhängige Erbringer von Bestätigungsleistungen“ (Art. 19a Abs. 6, und Art. 29a Abs. 6 CSR-Richtlinie) als formelle oder inhaltliche Prüfung.

So gesehen sind zuerst das Prüfungsobjekt „CG-Reporting“ und seine Elemente neu zu ordnen, dann ist über Prüfer und Prüfungsarten zu befinden; dies alles vor dem Hintergrund der Forderung nach einer optimalen Kapitalmarktkommunikation (Transparenz), der Belastbarkeit der zu prüfenden Gesellschaften (Wirtschaftlichkeit der Prüfung) und der Qualifikationen der Prüfer. Zusammengefasst ergeben sich drei Fragen:

- Was soll geprüft werden?
- Wie soll geprüft werden?
- Wer soll prüfen?

Diese Fragen werden nachfolgend zu beantworten sein.

B. Vorschlag zur Neugestaltung des CG-Reportings

1. *Die klassischen Elemente*

Entsprechenserklärung (§ 161 AktG), EzU (§ 289a HGB) und der CG-Bericht (Ziff. 3.10 DCGK) sind die „klassischen“ Elemente des CG-Reportings. Sie weisen Doppelungen und Überschneidungen auf, die ausgeräumt werden müssen. Um dies zu erreichen, müsste der § 161 AktG ersatzlos gestrichen werden, was unionsrechtlich keine Probleme bereiten dürfte.[700]

---

700 Habersack, Gutachten DJT 2012, S. 67 f.; Stenger, Kodex, S. 266; Bachmann FS Hoffmann-Becking 2013, S. 88.

Infolgedessen wären auch die Bestimmungen der §§ 285 Nr. 16, 314 Abs. 1 Nr. 8 HGB ersatzlos zu streichen.

In die EzU nach § 289a Abs. 2 Ziff. 1 HGB ist die Entsprechenserklärung so aufzunehmen, wie sie aktuell erstellt wird, mit der Ausnahme, dass die Absichtserklärung entfallen sollte, wie auch die unterjährige Aktualisierung; insoweit reicht die jährliche Erstellung der EzU. Damit wäre die Entsprechenserklärung in der EzU endgültig aufgegangen, ähnlich dem CG-Bericht nach § 243b UGB (Österreich). Damit wäre ausschließlich der Vorstand der Gesellschaft für die EzU zuständig; die Mitwirkung des Aufsichtsrats an der Entsprechenserklärung entfiele. Es verbleibt neben der EzU noch der CG-Bericht nach Ziff. 3.10 DCGK. In der Literatur wird häufig eine Abschaffung dieses Berichts gefordert. Dies wäre denkbar in der Form, dass seine wenigen normierten Inhalte (drei Empfehlungen, Stellungnahmen zu Anregungen des DCGK und das Zugänglichmachen über fünf Jahre der nicht mehr aktuellen Entsprechenserklärungen) von der EzU aufgenommen werden könnten. Dann wäre die EzU das einzige Element der ursprünglich drei CG-Reporting-Elemente und dies in gesetzlicher Regelung.

Gleichwohl überzeugt diese Lösung nicht. Die EzU ist nach der aktuellen Rechtslage ein gesonderter Abschnitt des (Konzern-)Lageberichts (§§ 289a Abs. 1 S. 1 letzter Hs. 315 Abs. 5 HGB). Dies verwundert, weil der (Konzern-)Lagebericht ein klassisches Element der Finanzberichtserstattung ist mit dem Ziel, die Vermögens-, Finanz- und Ertragslage sowie die Lage der Gesellschaft darzustellen.[701]

So gesehen wäre es sinnvoll, den CG-Bericht geradezu wiederzubeleben; nicht den nach Ziff. 3.10 DCGK, sondern vielmehr in der Form ähnlich § 243b UGB (Österreich) und der These 8 des Arbeitskreises Corporate Governance-Reporting der Schmalenbach-Gesellschaft.[702]

Mithin sollte ein eigenständiger Bericht entstehen, der zuvörderst die EzU mit „eingebauter" Entsprechenserklärung aufnimmt und darüber hinaus auch Teile des Lageberichts einbezieht, deren Bezug zur engeren Rechnungslegung und damit zur unmittelbaren Beurteilung der Vermögens-, Finanz- und Ertragslage nicht nötig sind; gleichwohl aber das Gesamtbild der Unternehmung in ihrem Geschäfts- und Umfeld komplettieren. Dies könnten die Angaben aus dem (Konzern-) Lagebericht §§ 289 Abs. 3, 315 Abs. 1 S. 4 HGB (nichtfinanzielle Leistungsindikatoren) sein. Der Befürchtung, damit würden diese Teile des (Konzern-)Lageberichts der Pflichtprüfung entzogen werden, kann damit begegnet werden, dass der vorgeschlagene CG-Bericht der aktienrechtlichen Pflichtprüfung unterliegen soll.

701 Gelhausen/Fey/Kämpfer, § 289a HGB Rz. 3.

702 Schmalenbach-Gesellschaft AK CGR vom 23. und 24.09.2015, ZCG 2016, S. 25.

Von besonderer Wichtigkeit erscheint darüber hinaus der Komplex „Compliance", der aktuell in vielen CG-Berichten einen immer breiteren Raum einnimmt, was die hohe Bedeutung dieser Funktion und Organisation deutlich macht.[703] So geht auch der DCGK in den Ziff. 3.4, 4.1.3, 5.2 und 5.3 auf die Compliance ein. Von den sieben Grundelementen des Compliance-Management-Systems sind berichtsmäßig besonders wichtig die Compliance-Organisation, die -Kommunikation und die -Überwachung und -Verbesserung. Gleichwohl ist die Compliance de lege lata nicht in die gesetzliche Prüfungspflicht einbezogen.[704]

2. *Aufnahme weiterer Elemente*

Vorgeschlagen wird, den CG-Bericht für weitere Prüfungselemente, die Ausdruck des CG-Gedankens sind, zu öffnen. Dies wären aus aktueller Sicht die durch das BilRUG eingefügten Zahlungsberichte nach §§ 341q–y HGB. Diese Berichte sind eigenständig, was bedeutet, dass sie keinem anderen Publikationsmedium zugeordnet sind. Sie werden z. Zt. nicht einmal formell geprüft. Die Offenlegung erfolgt in den Fristen für die Offenlegung des (Konzern-)Abschlusses (§§ 325 Abs. 2 Ziff. 1a, 341w HGB). Die Nähe zum DCGK ergibt sich aus Ziff. 4.3.2 (Korruptionsverbot).[705]

Im dritten Buch, sechster Abschnitt, dritter Unterabschnitt des HGB müsste der nationale Gesetzgeber die §§ 341q–y so ändern, dass nicht mehr „Berichte", sondern „Erklärungen" verlangt werden, die Bestandteil des CG-Berichts sind und mit diesem veröffentlicht werden.

Geradezu prädestiniert, als Bestandteil eines neu gestalteten CG-Berichts, sind die nichtfinanziellen Erklärungen nach §§ 289b und 315b HGB-E nach dem Referentenentwurf des CSR-Richtlinienumsetzungsgesetzes vom 11.03.2016.[706] Der Inhalt der Erklärungen hat sich auf die Aspekte der Umwelt-, der Arbeitnehmer- und der Sozialbelange sowie die Achtung der Menschenrechte und die Bekämpfung der Korruption zu beziehen (§ 289b Abs. 2 Ziff. 1–5 HGB-E). Die Möglichkeit der Erstellung eines von der Erklärungspflicht befreienden Berichts gemäß §§ 289a Abs. 3, 315b Abs. 3 HGB-E sollte entfallen, aus zwei Gründen: Einmal tragen alternative Veröffentlichungen von Informationen nicht zur Transparenz und damit zum Verständnis der Stakeholder bei. Zum anderen wird mit diesen Bestimmungen das Thema „Integrierter Bericht" erstmals gesetzlich

703 z.B. VW-Geschäftsberichte 2013 und 2014 (sic!).

704 WP-Hdb. II 2014, M, Rz. 31 ff. und 71 ff.

705 siehe Bachmann in DCGK, 6. Aufl. 2016, Rz. 1085–1094.

706 siehe auch IDW-Stellungnahme zum Referentenentwurf vom 21.04.2016, S. 3.

kreiert, das trotz umfänglicher Literatur praktisch noch nicht ausgereift ist und damit den betroffenen Unternehmen gegenwärtig Anpassungsschwierigkeiten bringen kann. Mit Sicherheit würde es aber die Stakeholder gegenwärtig überfordern, weil neben den (Konzern-)Abschlussberichten, (Konzern-)Lageberichten mit EzU und Zahlungsberichten neue selbständige Berichte über nichtfinanzielle Informationen und weitere umfangreiche Darstellungen (z.B. Nachhaltigkeitsbericht) zur Kenntnis zu nehmen wären.

3. *Ergebnis*

Der CG-Bericht soll als eigenständiger Bericht neben den (Konzern-)Abschlussbericht und den (Konzern-)Lagebericht treten und mit diesen offengelegt werden. Er soll die EzU enthalten. Die Entsprechenserklärung ist in veränderter Form Bestandteil der EzU, nachdem § 161 AktG und die Bestimmungen §§ 285 Nr. 16 und 314 Abs. 1 Nr. 8 HGB ersatzlos aufgehoben worden sind. Der CG-Bericht nimmt als weitere Bestandteile die nichtfinanziellen Erklärungen und Berichte nach dem Referentenentwurf eines CSR-Richtlinien-Umsetzungsgesetzes auf. Für zukünftige Erklärungen und Berichte mit CG-Bezug bleibt der CG-Bericht offen. Da sämtliche Teile CG-Berichts konzerndimensional zu verstehen sind, wird der CG-Bericht auch als Konzern-Bericht gesehen. Gleichwohl wird im Weiteren nur der Begriff CG-Bericht verwandt.

Der hier vorgelegte Vorschlag versucht durch Schaffung eines neuen Mediums der Unternehmenspublizität, des CG-Berichts, den (Konzern-)Lagebericht vom Ballast der nichtfinanziellen Angaben zu entlasten und gleichzeitig Erklärungen und Berichte, die ebenfalls keinen unmittelbaren Bezug zur Rechnungslegung, aber zur CG haben, in einem Bericht zusammenzufassen.

Im Ergebnis bedeutet dies, dass der § 289a HGB die Überschrift „CG-Bericht" erhält, dessen Inhalt aus folgenden Angaben besteht:

- Erklärung zur Unternehmensführung
- Berichte über Zahlungen an staatliche Stellen
- nichtfinanzielle Erklärungen.

Als weitere Teile des CG-Berichts wären Angaben zur Compliance dringend zu empfehlen.

4. *Rechtliche Umsetzung*

Die ersatzlose Aufhebung des § 161 AktG stellt sich wie gesagt unionsrechtlich als unproblematisch dar. Nationalrechtlich steht dem rechtlich ebenfalls nichts im Wege, ebenso wenig den Streichungen der §§ 285 Nr. 16 und 314 Abs. 1 Nr. 8

HGB. Die Kodex-Kommission müsste die Empfehlung Ziff. 3.10 DCGK aufheben, ebenso die Verweisungen auf diese Norm in den Empfehlungen Ziff. 5.4.1., 6.2. und 7.1.3.

Sodann wäre durch den nationalen Gesetzgeber § 289a HGB in der Weise zu ändern, dass die Angaben dieser Norm in einen eigenständigen Bericht (dem CG-Bericht) zusammengefasst werden. Unionsrechtlich dürften auch insoweit Probleme nicht entstehen, weil sich der nationale Gesetzgeber damit immer noch in den Alternativen des Art. 46 a Abs. 2 der BilRL in der Fassung der Änderungsrichtlinie zur Umsetzung bewegt. Damit wäre der CG-Bericht nicht Teil des (Konzern-)Lageberichts, sondern ein eigenständiger Bericht, der mit dem (Konzern-)Lagebericht zusammen offengelegt wird. Sollte für diese Maßnahme die Fassung der BilRL (2013/34/EU) zu beachten sein, kann darauf verwiesen werden, dass Art. 20 Abs. 2 ebenfalls das Wahlrecht zur Umsetzung der Angaben für eine EzU nach Art. 20 Abs. 1 vorsieht. Deutschland hätte dann, wenn auch nachträglich ändernd, die „österreichische Lösung" gewählt, wie sie sich in § 243b UGB (Ö) manifestiert.

Die Zahlungsberichte zum Inhalt des CG-Berichts zu machen, dürfte nationalrechtlich keine Schwierigkeiten bereiten. Unionsrechtlich wird in Art. 42 der BilRL verlangt, dass ein Bericht über Zahlungen an staatliche Stellen zu erstellen und zu veröffentlichen ist, dies dürfte nicht so auszulegen sein, dass ein eigenständiger Bericht gefordert wird. Insoweit müsste die Einbeziehung in den CG-Bericht ausreichen. Die Offenlegungsfristen wären denen des CG-Berichts anzupassen, die den Bestimmungen des § 325 HGB entsprechen sollen, wobei in dieser Vorschrift der Hinweis auf § 161 AktG entfällt und der CG-Bericht dafür genannt werden müsste. Die für die Zahlungsberichte geltenden besonderen Bestimmungen nach § 37x Abs. 2 WpHG wären zu beachten.

Die nichtfinanziellen Erklärungen nach Art. 19a und 29a der CSR sollen nach der CSR-RL und dem Referentenentwurf in den (Konzern-)Lagebericht aufgenommen werden. Die von den Erklärungspflichten befreienden gesonderten Berichte (Art. 19a Abs. 4 und 29a Abs. 4) sollen ebenfalls zusammen mit dem (Konzern-)Lagebericht veröffentlicht werden oder spätestens sechs Monate nach dem Bilanzstichtag auf der Website des Unternehmens öffentlich zugänglich gemacht werden, und der (Konzern-)Lagebericht hat darauf Bezug zu nehmen.

Der EU-Kommission kommt es erkennbar auf zwei Essentials an: einmal, dass die verlangten Angaben erstellt und zum anderen öffentlich zugänglich gemacht werden. So gesehen ist die Verortung im (Konzern-)Lagebericht bzw. als gesonderter Bericht nicht zwingend, obwohl die geplante Umsetzung der CSR-Richtlinie in Deutschland insoweit konsequent am Wortlaut der Richtlinie festhält (Umsetzung 1:1). Es ist unverständlich, dass der (Konzern-)Lagebericht, der der Rechnungslegung der Unternehmen zuzurechnen ist, geradezu mit Angaben überfrachtet wird, die allenfalls mittelbar auf die Darstellung der Vermögens-, Finanz- und Ertragslage der Unternehmen einwirken. Insoweit kann hier von einem Systembruch gesprochen werden. Wenn über eine Auslegung eine richtlinienkonforme Lösung für die Aufnahme der nichtfinanziellen Erklärungen und der gesonderten nichtfinanziellen Berichte in den CG-Bericht nicht gefunden werden kann, sollte versucht werden, insoweit eine Richtlinienänderung zu bewirken.

C. Prüfung des CG-Berichts

1. Vorbemerkung

Der unter B. vorgeschlagene Bericht ist extern, gesetzlich und inhaltlich zu prüfen. Dies folgt aus der Überlegung, dass sich Vorstände und Aufsichtsräte seit Beginn der AG in unterschiedlicher Intensität mit dem Phänomen der Erwartungslücke (expectation gap) auseinanderzusetzen haben.[707] Die Erwartungslücke begegnet auch dem (Konzern-)Abschlussprüfer in Bezug auf seine Tätigkeit.[708]

2. Erforderliche Prüfungssicherheit

a) Vorschlag

Vorgeschlagen wird, den CG-Bericht mit dem Ziel zu prüfen, die Beurteilung des Prüfungsgegenstands mit hinreichender Sicherheit zu treffen. Dies ist die gleiche Prüfungssicherheit, die auch bei der Prüfung des (Konzern-)Abschlusses und des (Konzern-)Lageberichts erlangt werden soll. Damit werden Teile des CG-Berichts, die de lege lata materiell ungeprüft bleiben, in die gesetzliche Prüfungspflicht einbezogen. Dann hätte das gegenwärtige unsystematische Reglement für die Prüfung der CG-Berichtselemente ein Ende, denn es zeigt sich de lege lata, dass die EzU als gesonderter Abschnitt in dem (Konzern-)Lagebericht enthalten ist, aber nicht der externen, gesetzlichen, inhaltlichen Prüfung unterliegt. Die Zahlungsberichte sind eigenständige Berichte, die ebenfalls nicht geprüft werden, die gesonderten nichtfinanziellen Berichte nach §§ 289b Abs. 3 und 315b Abs. 3 HGB-E bleiben ebenfalls ungeprüft. Die nichtfinanziellen Erklärungen nach §§ 289b Abs. 1, 315b

707 Biener, FS Havermann, 1995, S. 63 F.

708 Velte, ZCG 2010, S. 133 f., Velte unterscheidet aus der Sicht der Prinzipal-Agent-Theorie in Bezug auf die Erwartungslücke beim Abschlussprüfer die sog. Accounting Gap, die Performance Gap und die Reporting Gap.

Abs. 1 HGB-E sollen Bestandteile des (Konzern-)Lageberichts werden, aber nicht der materiellen Prüfungspflicht unterliegen (§ 317 Abs. 2 Satz 4 HGB-E).

Ein Ausdruck von Inkonsequenz in der Prüfungsfrage sind die vorgesehenen Regelungen in §§ 289b Abs. 4, 315b Abs. 4 HGB-E. Hier wird davon ausgegangen, dass die nichtfinanzielle Erklärung bzw. der gesonderte nichtfinanzielle Bericht einer (freiwilligen) Prüfung durch einen unabhängigen Erbringer von Bestätigungsleistungen oder durch den (Konzern-)Abschlussprüfer unterzogen wird. In diesem Falle ist der Bericht des Erbringers oder des (Konzern-)Abschlussprüfers über das Ergebnis der Prüfung in gleicher Weise wie die geprüften Erklärungen bzw. Berichte öffentlich zu machen. In der Begründung zu dieser Norm heißt es bezeichnenderweise, wenn sich das Unternehmen gegen eine solche Prüfung entscheidet, muss es das nicht gesondert angeben.[709] Der Referentenentwurf der, wie gesagt, eine 1:1-Umsetzung der Richtlinie vornehmen will, gibt beide Möglichkeiten wieder. So gesehen ist eine freiwillige Prüfung der nichtfinanziellen Erklärung möglich, wobei die angestrebte Prüfungsintensität offen gelassen wird, es also zu einer Prüfung mit hinreichender Sicherheit kommen oder nur eine prüferische Durchsicht erfolgen kann.[710] Dem BMJV fällt offensichtlich die Abwägung zwischen angenommener Belastung der Unternehmen, dem Grundsatz der Selbstregulierung und den Anforderungen des Kapitalmarkts schwer. Würde eine Regelung zur materiellen Prüfung nicht realisiert werden, würde damit eine geringere Glaubwürdigkeit der Kapitalmarktkommunikation der Unternehmen und eine geringere Transparenz akzeptiert werden.

Eine zusätzliche Veröffentlichung des CG-Berichts auf der Internetseite der Gesellschaft dürfte dem heutigen Kommunikationsverhalten entsprechen und ist technisch und kostenmäßig zu realisieren, demgemäß sollte sie auch erfolgen.

b) Prüfungsaussage mit hinreichender Sicherheit

Dies ist die Sicherheit, die von einer Prüfungsaussage nach Durchführung einer (Konzern-)Abschlussprüfung und einer (Konzern-)Lageberichtsprüfung verlangt wird. Es sind durch verschiedene, dem Prüfungsgegenstand angemessene, Handlungen so viel Prüfungsnachweise zu gewinnen, dass eine Prüfungsaussage mit hinreichender Sicherheit erfolgen kann. Im IDW-PS 200, Ziele und allgemeine

---

709 RefE, Begründung zu § 289 b Abs. 4 HGBE, S. 41.

710 Kajüter, KoR 2016, S. 237: Auf Nachfrage beim BMJV (Abteilung III A 3.) wurde dem Verfasser erklärt, dass über die angestrebte Prüfungsintensität noch keine Entscheidung gefallen ist.

Grundsätze der Durchführung von Abschlussprüfungen (Stand: 03.06.2015) heißt es dazu:

> „*(24) Eine Abschlussprüfung ist darauf auszurichten, dass die Prüfungsaussagen mit hinreichender Sicherheit getroffen werden können. Das Konzept der hinreichenden Sicherheit bezieht sich auf die für diese Beurteilung erforderliche Gewinnung von Prüfungsnachweisen und somit auf die gesamte Prüfung. Die Prüfung dient nicht dem Ziel, unwesentliche Fehler festzustellen.*
> *(25) Hinreichende Sicherheit bedeutet nicht absolute Sicherheit, die bei der Abschlussprüfung nicht zu erreichen ist. Aufgrund der jeder Abschlussprüfung innewohnenden begrenzten Erkenntnis- und Feststellungsmöglichkeiten, besteht auch bei ordnungsmäßiger Planung und Durchführung ein unvermeidbares Risiko, dass der Abschlussprüfer wesentliche falsche Aussagen nicht entdeckt. Aus der nachträglichen Entdeckung eines Fehlers kann daher nicht zwingend auf berufliches Fehlverhaltens des Abschlussprüfers geschlossen werden.*“[711]

Die hinreichende Sicherheit soll auch der Maßstab für Prüfungsurteile einer Prüfung des CG-Berichts sein. Dazu wäre unbedingt erforderlich, dass auf nationaler Ebene ein Rechnungslegungsstandard vom DRSC und ein Prüfungsstandard vom IDW entwickelt werden, um eine gleichmäßige und vergleichbare Prüfung des CG-Berichts zu gewährleisten.

c) *Prüfungsaussage mit begrenzter Sicherheit*

Der hier diskutierte Vorschlag eines CG-Berichts, der mehrere verschiedene Elemente enthält, die alle einen Bezug zum DCGK aufweisen, soll als weiterer gesetzlicher normierter Bericht neben Konzernabschlussbericht und Konzernlagebericht treten. Diesen Bericht nur einer prüferischen Durchsicht mit dem Ergebnis einer begrenzten Sicherheit des Prüfungsurteils zu unterwerfen, ist nicht angemessen. Denn durch die prüferische Durchsicht „…soll die Glaubhaftigkeit der in den Abschlüssen enthaltenen Informationen erhöht werden, wobei auf die durch eine Abschlussprüfung erreichbare hinreichende Sicherheit für ein Prüfungsurteil mit positiver Gesamtaussage verzichtet wird.“[712]

Die prüferische Durchsicht ist keine reduzierte Abschlussprüfung. Es liegt ihr eine geringere Prüfungsintensität zugrunde, die sich im Allgemeinen auf Plausibilitätsbeurteilungen beschränkt.[713] Demzufolge schließt die prüferische Durchsicht

711 IDW PS 200, Rz. 24 und 25; WP-Hdb. II 2014, K, Rz. 14 ff.; Naumann/Schmidt, Handbuch Integrated Reporting, S. 395 und 411.

712 IDW PS 900, Rz. 5.

713 Velte, NZG 2013, S. 290; IDW PS 900, Rz. 17 ff., WP-Hdb. II 2014, J, Rz. 16 ff.

auch nicht mit einem Bestätigungsvermerk ab, sondern mit einer negativ formulierten Aussage, die in eine Bescheinigung zu übernehmen ist.[714] Eine solche Aussage kann beispielsweise wie folgt lauten: „Auf der Grundlage unserer prüferischen Durchsicht sind uns kein Sachverhalte bekannt geworden, die uns zu der Annahme veranlassen, dass der Jahresabschluss in wesentlichen Belangen nicht in Übereinstimmung mit den deutschen handelsrechtlichen Vorschriften aufgestellt worden ist.“[715] So gesehen kann eine prüferische Durchsicht des CG-Berichts nicht in Betracht gezogen werden.

3. *Rechtliche Umsetzung*

Eines der Hauptanliegen des Vorschlages ist neben der Zusammenfassung von verschiedenen Berichtselementen zu einem Bericht die Einbeziehung des CG-Berichts in die externe, gesetzliche, inhaltliche Prüfung des (Konzern-)Abschlusses. Dagegen stehen de lege lata für die (Konzern-)EzU der § 317 Abs. 2 Satz 4 HGB, der eine solche Prüfung ausdrücklich ausschließt. Dies beruht auf der Bilanzrichtlinie in der Fassung der Abänderungsrichtlinie 2006/46/EG, Art. 46a Abs. 2 jetzt Art. 20 Abs. 3 der Bilanzrichtlinie 2013/34/EU. Für die (Konzern-) Zahlungsberichte ist eine solche Prüfung nicht angeordnet, wenn auch nach Art. 48 der Bilanzrichtlinie 2013/34/EU eine gesetzliche Prüfungspflicht zukünftig möglich sein kann. Die Entscheidung darüber soll in der zweiten Jahreshälfte 2018 getroffen werden.

Für die nichtfinanziellen Erklärungen und die gesonderten nichtfinanziellen Berichte ist de lege ferenda damit zu rechnen, dass der nationale Gesetzgeber das Mitgliedsstaatenwahlrecht für eine externe, gesetzliche, inhaltliche Prüfung nicht ausübt, so jedenfalls der vorliegende Referentenentwurf, in § 317 Abs. 2 Satz 4 HGB-E gestützt auf Art. 19a Abs. 5 und 29a Abs. 5 CGR-Richtlinie.

Durch Änderung der Bilanzrichtlinie 2013/34/EU und entsprechende nationale Umsetzung könnte die empfohlene Prüfungspflicht erreicht werden.[716] Dass ein solcher politischer Weg hürdenreich und langwierig ist, liegt auf der Hand. Es fragt sich, wenn schon beide einzelnen bisher selbständigen Elemente des CG-Berichts der externen, gesetzlichen, internen Prüfungspflicht nicht unterfallen, wie dies für den empfohlenen CG-Bericht beantwortet wird.

Zur Frage, wie man für die EzU durch Auslegung der Änderungsrichtlinie 2006/46/EG zur Pflichtprüfung gelangen könnte, werden zwei interessante

---

714 IDW PS 900, Rz. 8.

715 IDW PS 900, Anh. 1, S. 11; WP-Hdb. II 2014, J, Rz. 63 ff.

716 Habersack, Gutachten DJT 2012, S. 64.

Auffassungen vertreten. *Stenger* widerspricht der Meinung von *Habersack*, eine Überprüfung der EzU durch den (Konzern-)Abschlussprüfer verstoße gegen die soeben genannte Richtlinie.[717] *Stenger* begründet seine Auffassung damit, dass Art. 46a Abs. 2 Satz 4 der Bilanzrichtlinie in der Fassung der Abänderungsrichtlinie 2006/46/EU lautet:

> *„Im Hinblick auf die übrigen Informationen muss der Abschlussprüfer nachprüfen, ob die Erklärung zur Unternehmensführung erstellt worden ist."*

Zu diesen übrigen Informationen zählen alle bis auf die obligatorisch zu prüfenden; dies sind die Beschreibung der wichtigsten Merkmale des internen Kontroll- und des Risikomanagementsystems der Gesellschaft im Hinblick auf den Rechnungslegungsprozess und Angaben zu Übernahmeangeboten. Daraus, so Stenger, lässt sich aber kein Verbot der Pflichtprüfung für die „übrigen Informationen" ableiten, sondern es wird insoweit lediglich ein Mindeststandard festgelegt.[718]

Anzinger will auf einem anderen Weg zur Pflichtprüfung der EzU gelangen. Er geht aus von der Empfehlung der EU-Kommission vom 09.04.2014 (2014/208/EU), die nach Art. 288 AEUV Abs. 5 nicht verbindlich ist. Gleichwohl stellt sie kein rechtliches Nullum dar, denn der EuGH misst Empfehlungen Bedeutung für die Auslegung von Sekundärrechtsakten bei, sofern diese durch Empfehlungen konkretisiert werden. Nach dieser Rechtsprechung des EuGH, die *Anzinger* in Fußnote 44 seines Aufsatzes wiedergibt, ist die Empfehlung vom 09.04.2014 bei der Auslegung von Art. 20 der Bilanzrichtlinie 2013/34/EU und von den nationalen Aufsichtsstellen und Gerichten und damit auch für die Auslegung der §§ 289 Abs. 4 und 5, 289a HGB und § 161 AktG zu beachten, soweit sie die in diesen Bestimmungen angelegten Pflichten im Rahmen der Wortlautgrenzen der Richtlinienvorschriften konkretisieren.[719] Vor diesem Hintergrund kommt *Anzinger* zu dem Schluss: „Aus deutscher Sicht wäre denkbar, der Empfehlung der Kommission durch richtlinienüberschießende Ausdehnung der Prüfungspflicht auf die EU zu begegnen."[720] Nach eigenem Bekunden meint *Anzinger* nicht die im Europarecht bekannte „überschießende Umsetzung von Richtlinien". Eine solche wäre dadurch gekennzeichnet, „…dass ein Mitgliedsstaat Sachverhalte, die von der Richtlinie an sich nicht erfasst werden, den der Richtlinie

717 Habersack, Gutachten DJT 2012, S. 64.
718 Stenger, Kodex, S. 263; ähnlich Bachmann, AG 2012, S. 571.
719 Anzinger, NZG 2015, S. 972.
720 Anzinger, NZG 2015, S. 975.

dienenden Vorschriften des nationalen Rechts unterwirft."[721] Einen solchen Fall stellt *Anzingers* Bemühen, die EzU in die gesetzliche Prüfungspflicht einzubeziehen, auch nicht dar.

Die von *Stenger* und *Anzinger* vertretenen Auffassungen haben - soweit erkennbar - noch keine Resonanz gefunden. Es sind Zweifel erlaubt, dass der nationale Gesetzgeber sich einer der beiden interessanten Rechtsauffassungen anschließt.

D. Prüfer des Corporate Governance-Berichts

1. Durch den (Konzern-)Abschlussprüfer

Es wird vorgeschlagen, dass als Prüfer des CG-Berichts ausschließlich der (Konzern-)Abschlussprüfer in Frage kommt. An der persönlichen und fachlichen Qualifikation des deutschen WP dürften keine Bedenken bestehen. Entscheidend ist aber, dass der (Konzern-)Abschlussprüfer aufgrund seiner Tätigkeit für das Unternehmen zum Teil langjährige Kenntnisse über das Unternehmen und sein geschäftliches Umfeld besitzt, die ein Sonderprüfer sich erst einmal aneignen muss. So gesehen bedeutet die Bestellung des (Konzern-)Abschlussprüfers zum Prüfer des CG-Berichts auch die Wahrnehmung von Synergien, die zu nutzen ein Gebot einer wirtschaftlichen Prüfung ist.[722]

So gesehen verwundert, dass die EU-Kommission (z.B. Erwägungspunkt 16 der CSR-Richtlinie) und der nationale Gesetzgeber (z.B. in § 289b Abs. 4 HGB-E) „unabhängige Erbringer von Bestätigungsleistungen" erwähnen, zu denen auch der (Konzern-)Abschlussprüfer gehört.

Es soll neben dem Wirtschaftsprüfer bzw. den Wirtschaftsprüfungsgesellschaften eine Gruppe von „Prüfern" für die Bestätigung der nichtfinanziellen Erklärungen und Berichte in Frage kommen. Weder die CSR-RL noch der Referentenentwurf definieren den Begriff des „unabhängigen Erbringers" von Bestätigungsleistungen. Seine Qualifikation wird nur mit „unabhängig" beschrieben. Es drängt sich die Vermutung auf, dass die EU-Kommission und das BMJV meinen, dass die Prüfungsgegenstände (vgl. §§ 289c und 315c HGB-E) die Wirtschaftsprüfer bzw. Wirtschaftsprüfungsgesellschaften prüferisch überfordern könnten. Es fragt sich, wie die anderen „Erbringer" qualifiziert sein müssen, wenn sie Angaben zu Umwelt-, Arbeitnehmer- und Sozialbelangen, Achtung der Menschenrechte

721 Habersack, MüKo AktR, Allgemeine Einleitung, Rz. 112.; Habersack/Mayer, JZ 1999, S. 913–921; Mayer/Schürnbrand, JZ 2004, S. 545–552.

722 Müller/Stawinoga/Velte, ZfU 2015, S. 332.

und Bekämpfung von Korruption und Bestechung prüfen müssen; abgesehen von Kenntnissen von Prüfungs- und Berichtstechniken, den zum Teil langjährigen Kenntnissen über das Geschäftsmodell und das Geschäftsumfeld.

Dazu muss festgestellt werden, dass die Wirtschaftsprüfungsgesellschaften, die die hier angesprochenen Gesellschaften prüfen, selbst eine beachtliche Größe aufweisen, was bedeutet, dass sie über sämtliche personellen und materiellen Ressourcen verfügen, die für solche Prüfungen nötig sind. Damit dürfte es auch im Interesse der Auftrag gebenden Gesellschaften sein, die (Konzern-)Abschlussprüfer mit der Prüfung zu beauftragen. Dies auch schon unter dem Aspekt eigener Haftung der Handelnden der Gesellschaften für Auswahlverschulden.

Nach hier vertretener Ansicht würde ohnehin nur der (Konzern-)Abschlussprüfer in Betracht kommen, da dann die Prüfung des (Konzern-)Corporate Governance-Berichts in die (Konzern-)Abschlussprüfung eingebunden wäre. Ein weiterer Aspekt dieses Vorschlages ist der, dass dem (Konzern-)Corporate Governance-Berichtsprüfer die Haftungsbegrenzung aus § 323 Abs. 2 HGB zusteht, was bei einer Prüfung, die nicht im Rahmen der (Konzern-)Abschlussprüfung stattfindet, nicht der Fall ist.

2. *Prüfung durch den Aufsichtsrat*

Nach dem hier gemachten Vorschlag ist der CG-Bericht nicht der Bericht nach Ziff. 3.10 DCGK, der de lege lata vom Vorstand und Aufsichtsrat zu erstellen ist, weil angenommen wird, dass diese Vorschrift vorschlagsgemäß gestrichen wird. Damit wäre berichtspflichtig der Vorstand, zumal alle wesentlichen Bestandteile (EzU, Zahlungsberichte und finanzielle Erklärungen) schon ursprünglich (bis auf die vorschlagsgemäß in die EzU integrierte Entsprechenserklärung) an die Gesellschaft adressiert sind. Demgemäß hat der Aufsichtsrat im Rahmen seiner Kontrolle der Geschäftsführung nach § 111 Abs. 1 AktG den Vorstand insoweit zu beraten und zu beaufsichtigen. Er, ggf. ein Prüfungsausschuss, hat weiter im Rahmen seiner Prüfungspflicht den CG-Bericht zu prüfen und der HV über das Ergebnis der Prüfung zu berichten (§ 171 Abs. 2 AktG). Nach Art. 6 des Referentenentwurfes wird § 170 Abs. 1 AktG ein weiterer Satz angefügt, nachdem der Vorstand dem Aufsichtsrat auch die gesonderten nichtfinanziellen Berichte nach §§ 289b, 315b HGB-E vorzulegen hat, sofern sie erstellt wurden. Demzufolge wird dem § 171 Abs. 1 AktG ein weiterer Satz angefügt, der den Aufsichtsrat verpflichtet, auch die gesonderten nichtfinanziellen Berichte nach §§ 289b, 315b HGB-E zu prüfen, sofern sie erstellt wurden. Zur Umsetzung des hier vorgetragenen Vorschlages müssten die §§ 170 Abs. 1 und 171 Abs. 1 AktG in der Weise geändert werden, dass die CG-Berichte Aufnahme in die hier in Rede stehenden aktienrechtlichen Vorschriften finden und die in Art. 6 des Referentenentwurfs zur Umsetzung der CSR-Richtlinie vorgenommenen Ergänzungen der §§ 170, 171 AktG entfallen.

3. *Prüfung durch die DPR / Bafin*

Ein Enforcement-Verfahren nach § 342 b HGB ist für den CG-Bericht als nunmehr dritter Teil der Jahresabschlussberichte möglich. Interessant ist, dass de lege lata nach dem Gesetz zur Umsetzung der Transparenzrichtlinie – Änderungsrichtlinie vom 29.11.2015 neben anderen Änderungen der § 342 b HGB in Abs. 2 als zu prüfende Berichte auch die (Konzern-)Zahlungsberichte aufgenommen wurden, die anlassbezogen geprüft werden können, nicht hingegen von Stichprobenprüfungen erfasst werden. Dies ist ein erneuter Hinweis, dass zu der Frage der gesetzlichen Prüfungspflicht ein klares und eindeutiges System im nationalen Recht nicht zu erkennen ist.[723]

E. Wirtschaftliche Aspekte des Vorschlages

Der Vorschlag, den CG-Bericht als dritten Bericht neben dem Jahresabschlussprüfungsbericht und dem Prüfungsbericht über den Lagebericht in die gesetzliche Prüfung nach § 316 Abs. 1 und 2 HGB einzubeziehen, zeitigt für die berichtspflichtigen Gesellschaften keinen Mehraufwand. De lege lata haben sie die Erklärungs- und Berichtspflichten der einzelnen Teile des vorgeschlagenen CG-Berichts zu erfüllen. Die Erstellung des CG-Berichts dürfte so gesehen für die Gesellschaften kostengünstiger sein. Hingegen werden die Prüfungsaufwendungen steigen, weil alle CG-Berichtsteile, die de lege lata ungeprüft bleiben konnten oder nur einer prüferischen Durchsicht unterzogen wurden, nunmehr mit dem Ziel der hinreichenden Sicherheit zu prüfen sind. In Anbetracht der Tatsache, dass gegenwärtig nicht wenige Unternehmen freiwillige Prüfungen für die Teile des CG-Berichts in Auftrag geben, dürfte sich die Erhöhung des Prüfungsaufwands insgesamt in Grenzen halten. Gegen diese Erhöhung des Prüfungsaufwands steht die verbesserte Kapitalmarktkommunikation, die auf mittlere Sicht mögliche Kostenvorteile bringen kann.

723 Oser/Staß, DB 2015, S. 2828; Zwirner, BilRUG, S. 656.

F. Haftungsrechtliche Aspekte

Für den (Konzern-)Abschlussprüfer bedeutet die gesetzliche Prüfung des CG-Berichts eine Zunahme des Prüfungsumfangs und damit eine Erhöhung des Haftungsrisikos. Dies hat zur Folge, dass sich der Versicherungsaufwand für die Vermögensschadenhaftpflichtversicherung erhöhen wird. Dagegen steht, dass bei Einbeziehung der CG-Berichtsprüfung in den § 316 HGB dem (Konzern-) Abschlussprüfer die Begrenzung der Ersatzpflicht nach § 323 Abs. 2 HGB zugutekommt, anders als bei freiwilligen Prüfungen.[724]

G. Übersicht der (gesetzlichen) Bestimmungen, die durch den Vorschlag beeinflusst werden

I. Handelsgesetzbuch

1. § 285 Sonstige Pflichtangaben
   Nr. 16 entfällt

2. § 289 Inhalt des Lageberichts
   Absatz 3 entfällt

3. § 289a Corporate Governance-Bericht
   (1) *…, haben einen Corporate Governance-Bericht aufzustellen. Dieser kann zusätzlich auf der Internetseite der Gesellschaft öffentlich zugänglich gemacht werden. In diesem Fall ist in dem Lagebericht eine Bezugnahme aufzunehmen, welche die Angabe der Internetseite enthält.*
   (2) In dem Corporate Governance-Bericht sind aufzunehmen
   1. jährlich eine Erklärung, dass den vom Bundesministerium der Justiz und für Verbraucherschutz im amtlichen Teil des Bundesanzeigers bekanntgemachten Empfehlungen der „Regierungskommission Deutsche Corporate Governance Kodex“ entsprochen wurde oder welche Empfehlungen nicht angewandt wurden und warum nicht (Entsprechenserklärung).
   2. der Vorstand berichtet jährlich über die Corporate Governance und nimmt dabei auch zu den Anregungen des Kodex Stellung.
   3. der Vorstand stellt sicher, dass die nicht aktuellen Entsprechenserklärungen zum Kodex fünf Jahre lang auf der Internetseite der Gesellschaft zugänglich gehalten werden.
   4. relevante Angaben zu Unternehmensführungspraktiken, …

---

724 Bormann/Greulich, MüKoBilR zu § 323 HGB, Rz. 19 ff.; Schattka, Die Europäisierung der Abschlussprüferhaftung, S. 321–325.

5. *eine Beschreibung der Arbeitsweise von Vorstand und Aufsichtsrat...*
6. *bei börsennotierten Aktiengesellschaften die Festlegungen nach § 76 Absatz 4 AktG*
7. *die Angabe, ob die Gesellschaften bei der Besetzung des Aufsichtsrats mit Frauen und Männern...*
8. *Die Zahlungsberichte an staatliche Stellen gemäß § 341q bis 341v*
9. *die nichtfinanziellen Erklärungen gemäß §§ 289b bis 289e und 315b bis 315c (sofern der Referentenentwurf zur Umsetzung der CSR-Richtlinie Gesetz wird)*

4. § 314 Sonstige Pflichtangaben
   Absatz 1 Nr. 8 entfällt

5. § 315 Inhalt des Konzernlageberichts
   Absatz 1 Satz 4 entfällt

6. § 316 Pflicht zur Prüfung
   (1) Der Jahresabschluss, der Lagebericht und der Corporate Governance-Bericht von Kapitalgesellschaften, ...
   (2) Der Konzernabschluss, der Konzernlagebericht und der Konzern-Corporate-Governance-Bericht von Kapitalgesellschaften...
   (3) Werden der Jahresabschluss, der Konzernabschluss, der Lagebericht, der Konzernlagebericht, der Corporate Governance-Bericht oder der Konzern-Corporate-Governance-Bericht nach Vorlage...

7. § 317 Gegenstand und Umfang der Prüfung
   (2) Der Lagebericht, der Konzernlagebericht, der Corporate Governance-Bericht und der Konzern-Corporate-Governance-Bericht sind darauf zu prüfen, ob der Lagebericht und der Corporate Governance-Bericht mit dem Jahresabschluss, gegebenenfalls auch mit dem Einzelabschluss nach § 325 Abs. 2a, und der Konzernlagebericht und der Konzern-Corporate-Governance-Bericht mit dem Konzernabschluss sowie mit den bei der Prüfung gewonnenen Erkenntnissen...
   Satz 3 Die Prüfung des Lageberichts, des Corporate Governance-Berichts, des Konzernlageberichts und des Konzern-Corporate-Governance-Berichts hat sich auch darauf zu erstrecken...
   Satz 4 entfällt

8. § 325 Offenlegung
   (1) Die gesetzlichen Vertreter von Kapitalgesellschaften haben für die Gesellschaft folgende Unterlagen in deutscher Sprache offenzulegen:
   1. *Den festgestellten oder gebilligten Jahresabschluss, den Lagebericht, den Corporate Governance-Bericht und den Bestätigungsvermerk...*

2. den Bericht des Aufsichtsrats.

(1b) Wird der Jahresabschluss, der Lagebericht oder der Corporate Governance-Bericht geändert, so ist…

(3) die Absätze 1 bis 2 und 4 Satz 1 gelten entsprechend für die gesetzlichen Vertreter einer Kapitalgesellschaft, die einen Konzernabschluss, einen Konzernlagebericht und einen Konzern-Corporate-Governance-Bericht aufzustellen haben.

9. § 331 Unrichtige Darstellung

   Mit Freiheitsstrafe bis zu drei Jahren oder mit Geldstrafe wird bestraft, wer

   1. als Mitglied des vertretungsberichtigten Organs oder des Aufsichtsrats einer Kapitalgesellschaft die Verhältnisse der Kapitalgesellschaft in der Eröffnungsbilanz, im Jahresabschluss, im Lagebericht, im Corporate Governance-Bericht oder im Zwischenabschluss nach § 340a Abs. 3 unrichtig wiedergibt oder verschleiert.

   3. als Mitglied des vertretungsberichtigten Organs einer Kapitalgesellschaft zum Zwecke der Befreiung nach den § 291 Abs. 1 und 2 oder nach § 292 einen Konzernabschluss, Konzernlagebericht oder Konzern-Corporate-Governance-Bericht, in dem die Verhältnisse des Konzerns unrichtig wiedergegeben oder verschleiert worden sind, vorsätzlich oder leichtfertig offenlegt.

10. § 332 Verletzung der Berichtspflicht

    (1) Mit Freiheitsstrafe bis zu drei Jahren oder mit Geldstrafe wird bestraft, wer als Abschlussprüfer oder Gehilfe eines Abschlussprüfers über das Ergebnis der Prüfung eines Jahresabschlusses, eines Einzelabschlusses nach § 325 Abs. 2a, eines Lageberichts, eines Corporate Governance-Berichts, eines Konzernabschlusses, eines Konzernlageberichts, eines Konzern-Corporate-Governance-Berichts einer Kapitalgesellschaft oder eines Zwischenabschlusses nach § 340a Abs. 3 oder eines Konzernzwischenabschlusses gemäß § 340i Abs. 4 unrichtig berichtet, im Prüfungsbericht (§ 321) erhebliche Umstände verschweigt oder einen inhaltlich unrichtigen Bestätigungsvermerk (§ 322) erteilt.

11. § 334 Bußgeldvorschriften

    (1) Ordnungswidrig handelt, wer als Mitglied des vertretungsberechtigten Organs oder des Aufsichtsrats einer Kapitalgesellschaft

    3. bei der Aufstellung des Lageberichts oder des Corporate Governance-Berichts einer Vorschrift des § 289 über den Inhalt des Lageberichts.

    3a. bei der Aufstellung des Corporate Governance-Berichts einer Vorschrift des § 289a über den Inhalt des Corporate Governance Berichts,

4a. bei der Aufstellung des Konzern-Corporate-Governance-Berichts einer Vorschrift des § 289a in Verbindung mit § 315 Abs. 5 über den Inhalt des Konzern-Corporate-Governance-Berichts

12. § 341w Offenlegung entfällt

13. § 342b Prüfstelle für Rechnungslegung
(2) Die Prüfstelle prüft, ob der zuletzt festgestellte Jahresabschluss, der zugehörige Lagebericht und der zugehörige Corporate Governance-Bericht oder der zuletzt gebilligte Konzernabschluss, der zugehörige Konzernlagebericht und der zugehörige Konzern-Corporate-Governance-Bericht, der zuletzt veröffentlichte verkürzte Abschluss und der zugehörige Zwischenlagebericht, jeweils einschließlich der zugrunde liegenden Buchführung, eines Unternehmens im Sinne des Satzes 2 den gesetzlichen Vorschriften einschließlich der Grundsätze ordnungsmäßiger Buchführung oder den sonstigen durch Gesetz zugelassenen Rechnungslegungsstandards entspricht. Geprüft werden die Abschlüsse und Berichte von Unternehmen, die als Emittenten von zugelassenen Wertpapieren im Sinne des § 2 Absatz 1 des Wertpapierhandelsgesetzes die Bundesrepublik Deutschland als Herkunftsstaat haben; unberücksichtigt bleiben hierbei Anteile und Aktien an offenen Investmentvermögen im Sinne des § 1 Absatz 4 des Kapitalanlagegesetzbuchs. Die Prüfstelle prüft…
(3) Eine Prüfung des Jahresabschlusses, des zugehörigen Lageberichts und des zugehörigen Corporate Governance-Berichts durch die Prüfstelle findet nicht statt, solange eine Klage auf Nichtigkeit gemäß § 256 Abs. 7 des Aktiengesetzes anhängig ist. Wenn nach § 142 Abs. 1 oder Abs. 2 oder § 258 Abs. 1 des Aktiengesetzes ein Sonderprüfer bestellt worden ist, findet eine Prüfung ebenfalls nicht statt, soweit der Gegenstand der Sonderprüfung, der Prüfungsbericht oder eine gerichtliche Entscheidung über die abschließenden Feststellungen der Sonderprüfer nach § 260 des Aktiengesetzes reichen.

II. Aktiengesetz

1. § 161 Erklärung zum Corporate Governance Kodex entfällt

2. § 170 Vorlage an den Aufsichtsrat
(1) Der Vorstand hat den Jahresabschluss, den Lagebericht und den Corporate Governance-Bericht unverzüglich nach ihrer Aufstellung dem Aufsichtsrat vorzulegen. Satz 1 gilt entsprechend für einen Einzelabschluss nach § 325 Abs. 2a des Handelsgesetzbuchs sowie bei Mutterunternehmen (§ 290 Abs. 1, 2 des Handelsgesetzbuchs) für den Konzernabschluss, Konzernlagebericht und dem Konzern-Corporate-Governance-Bericht.

3. § 171 Prüfung durch den Aufsichtsrat
   (1) Der Aufsichtsrat hat den Jahresabschluss, den Lagebericht, den Corporate Governance-Bericht und den Vorschlag für die Verwendung des Bilanzgewinns zu prüfen, bei Mutterunternehmen (§ 290 Abs. 1, 2 des Handelsgesetzbuchs) auch den Konzernabschluss, Konzernlagebericht und den Konzern-Corporate-Governance Bericht...

III. Deutscher Corporate Governance-Kodex

Ziff. 3.10
Der Vorstand berichtet jährlich über die Corporate Governance im Corporate Governance-Bericht. Dabei wird auch zu den Kodex-Anregungen Stellung genommen. Die Gesellschaft hält nicht mehr aktuelle Entsprechenserklärungen zum Kodex fünf Jahre lang auf ihrer Internetseite zugänglich.

H. Ausblick

Mit der CSR-Richtlinie Art. 19a Abs. 4 und Art. 29a Abs. 4 hat die EU die Möglichkeiten zu Nachhaltigkeits- und Umweltberichten durch die betroffenen Unternehmen auf gesetzlicher Grundlage eröffnet. Allerdings hat ein solcher Bericht im Rahmen der CSR-Richtlinie die Funktion, die Unternehmen von der Abgabe der nichtfinanziellen Erklärung zu befreien, insoweit ist also ein Mitgliedsstaatenwahlrecht gegeben. Der Referentenentwurf des BJMV will dieses Wahlrecht nicht ausüben und lässt daher beide Alternativen zur Darstellung der nichtfinanziellen Informationen zu und formuliert in §§ 289b Abs. 3, 315b Abs. 3 HGB-E insoweit die Umsetzung der Richtlinie. Die in Art. 19a Abs. 4 und 29a Abs. 4 der CSR-Richtlinie bezeichneten gesonderten nichtfinanziellen Berichte sind ihrem Wesen nach Nachhaltigkeits- oder Umweltberichte, die zusätzlich alle Angaben nach Art. 19 Abs. 1 bzw. 29a Abs. 1 CSR-Richtlinie enthalten müssen.[725]

Diese Berichte können sich auf nationale, unionsbasierte oder internationale Rahmenwerke stützen (Art. 19a Abs. 4 und 29a Abs. 4 CSR-Richtlinie).[726] Nach der hier vertretenen Auffassung sollte der nationale Gesetzgeber auf die Berichtsalternative nach Art. 19a Abs. 4 und Art. 29a Abs. 4 CSR-Richtlinie (Referentenentwurf §§ 289b Abs. 3, 315b Abs. 3 HGB-E) verzichten, weil alternative

725 Zu Nachhaltigkeitsberichten: Beiersdorf, Nachhaltigkeit in der Unternehmensberichterstattung; Steinmeier/Stich WPg 2015, S. 413–423; Fabian/Pittroff, KoR 2016, S. 134–142; Kajüter, WPg 2014, S. 509–607; Haller/Durchschein, KoR 2016, S. 188–196.

726 Zur Vielfalt der Rahmenwerke: CSR-Richtlinie vom 22.10.2014, Erwägungsgrund 6; WP-Hdb. II 2014, N, Rz. 29 ff.; Spießhofer, NZG 2014, S. 1284 ff.

Informationsmedien die Transparenz, Konsistenz und Vergleichbarkeit nicht erhöhen, sondern vielmehr geeignet sind, die Stakeholder zu verwirren.

Im Übrigen deckt der Inhalt der nichtfinanziellen Erklärungen nach §§ 289c, 315c HGB-E weitgehend die Angaben ab, die sich in Nachhaltigkeits- und Umweltberichten finden. Sollte nach Inkrafttreten der Verpflichtung zu den nichtfinanziellen Erklärungen das Bedürfnis nach Nachhaltigkeits- und Umweltberichten erkennbar bleiben, sollten diese, als eigenständige Berichte erstellt, Bestandteil des CG-Berichts werden und damit der externen, gesetzlichen, inhaltlichen Prüfung und der Offenlegungsverpflichtung unterliegen.

Das seit einigen Jahren mit großem Aufwand diskutierte Thema des „integrierten Berichts"[727] ist noch nicht dadurch beendet, dass finanzielle und nichtfinanzielle Angaben in einem Dokument zusammengefasst und publiziert werden.[728] Integrated Reporting nach dem IIRC (International Reporting Council) ist ein weltweites neues Rahmenkonzept, das am 19.12.2013 vorgestellt wurde und dessen Um- und Durchsetzung in der Zukunft beobachtet werden sollte.[729] In einer Stellungnahme vom 17.12.2014 hatte das IDW gegenüber den IIRC Bedenken zur integrierten Berichterstattung geäußert. Unter Bezugnahme auf zwei im Juli 2014 veröffentlichte Diskussionspapiere des IIRC, in denen die Problematik der Nachprüfbarkeit von integrierten Berichten thematisiert wurde, weist das IDW darauf hin, dass dies von verschiedenen Adressaten als mögliches Hindernis für die Verbreitung von integrierten Berichten gesehen werden kann.[730]

Ein Ausblick zur gegenwärtigen und zukünftigen Unternehmensberichterstattung und deren Prüfung kann nicht schließen, ohne einen kurzen Blick auf die neuerdings diskutierte Unternehmensreputation (Corporate Reputation) und ihr Management zu werfen. *Seibt*[731] schreibt dazu:

> *„Die Reputation eines Unternehmens ist wesentlicher Teil seines Werts. Mit ihr einhergehen konkrete Wertvorteile, wie besserer Zugang zu Kapital, geringere Finanzierungskosten, hohe Kundenloyalität und Wettbewerbsvorteile beim Gewinn talentierter Fachkräfte.*

727 Miolo/Veser, IRZ 2012, S. 479–482; Nolden/Richter, WPg 2012, S. 978–987; Hillmer, ZCG 2013, S. 40–44; Hillmer, ZCG 2015, S. 184–188; Schmidt, Möglichkeiten und Grenzen, Düsseldorf 2012; Müller/Stawinoga, WPg 2016, S. 612–619.

728 Spießhofer, NZG 2014, S. 2085 f.

729 Dienes/Velte, IRZ 2014, S. 67–72; Simon-Heckroth, WPg 2014, S. 311–325; Waschbusch/Knoll/Volz, StB 2014, S. 152–159; Kajüter, DStR 2014, S. 222–226; Schmalenbach-Gesellschaft, BB 2013, S. 875–882.

730 IDW: Notiz zur Stellungnahme, DB 2015, S. 266; vgl. auch Dienes, WP Praxis 2015, S. 36–40.

731 Seibt, DB 2015, S. 171–178; Klöhn/Schmolke, NZG 2015, S. 689–697.

Entsprechend dieser Bedeutung ist ein professionelles Corporate Reputation Management eine Leitungsaufgabe des Gesamtvorstandes".

Nach *Seibt* ist auch die Berichterstattung über das Corporate Reputation Management (CRM) selbst reputationsfördernd und damit Teil der Unternehmenswertschaffung.[732] Damit könnte sich ein weiteres Element für den Corporate Governance-Bericht abzeichnen: „Corporate reputation matters"[733].

732 Seibt, DB 2015, S. 176.

733 Klöhn/Schmolke, NZG 2015, S. 697.

Zusammenfassung in Thesen

1. Der DCGK verdankt seine Entstehung 2002 Unternehmenszusammenbrüchen und Bilanzskandalen. Er stellt sich als ein Normengefüge dar, das auf private Initiative nach anglo-amerikanischem Vorbild entstanden ist. Er gibt nationale und internationale Grundsätze guter Unternehmensführung und -kontrolle wieder. Darüber hinaus werden die gesetzlichen Regeln für deutsche börsennotierte Aktiengesellschaften referiert sowie Empfehlungen und Anregungen gegeben. Nur die Empfehlungen sind zu beachten.
   Der DCGK soll nach innen steuern (Führung und Kontrolle) und nach außen informieren (Kapitalmarkt).
2. Die Publizitätselemente des DCGK sind in historischer Reihenfolge: Der CG-Bericht nach Ziff. 3.10 des Kodex, dieser war schon in der ersten Fassung von 2002 enthalten. Danach sollen sich Vorstand und Aufsichtsrat jährlich über die Befolgung des Kodex erklären und Abweichungen darstellen. Auch zu den Anregungen sollte Stellung genommen werden. Das zweite Element ist die Entsprechenserklärung, die durch das TransPuG 2002 mit dem § 161 in das AktG eingefügt wurde. Diese Norm „stützt" die freiwillige Befolgung des DCGK mit dem Ergebnis, dass Vorstand und Aufsichtsrat zwar nicht den Kodex befolgen müssen, aber sie haben sich mit ihm zu befassen und dazu Stellung zu nehmen. Die EzU als jüngstes Element verdankt seine Entstehung dem BilMoG vom 25.05.2009, indem ein § 289a in das HGB eingefügt wurde. Mit dieser Bestimmung, die die Umsetzung des Art. 46a der BilRL in der Fassung der Abänderungs-RL vornahm, sollte insbesondere die mangelnde Transparenz in den Unternehmensberichten, was Unternehmensführung und -kontrolle anlangt, verbessert werden.
3. Die jährlich von Vorstand und Aufsichtsrat als gemeinsame Äußerung abzugebende Entsprechenserklärung hat über die Befolgung der Kodex-Empfehlungen zu berichten und dies nicht nur für die Vergangenheit, sondern auch für die Zukunft. Eine Nichtbefolgung der Empfehlungen ist zu begründen. Zukunftsbezogene Befolgungserklärungen sind zu aktualisieren. Die Entsprechenserklärung ist mit den Unterlagen zum (Konzern-)Abschluss offenzulegen. Die Rechtsfolgen aus Verletzung der Erklärungspflichten können vielfältig sein (Innen- und Außenhaftung) bis hin zu Anfechtungen von HV-Beschlüssen, aber auch ordnungswidrigkeitsrechtliche und strafrechtliche Konsequenzen sind denkbar. Die Entsprechenserklärung ist gesetzlicher

Bestandteil der EzU und damit Teil des gesonderten Abschnitts des (Konzern-)Lageberichts.

Die EzU nach § 289a HGB ist eine jährlich von der Gesellschaft abzugebende Erklärung. Der Literaturstreit, wer Adressat dieser Vorschrift ist, dürfte trotz andauernder Unklarheiten in der Kommentarliteratur geklärt sein. Der Inhalt der EzU ergibt sich aus § 289a Abs. 2 HGB. Dies sind einmal die Entsprechenserklärung, sodann Angaben über Unternehmensführungspraktiken und Zusammensetzung des Vorstands und Aufsichtsrats sowie deren Ausschüsse. Auch die Zusammensetzung und Arbeitsweise dieser Ausschüsse ist Berichtsgegenstand. Mit dem BilRUG sind Angaben in Vollzug des Frauenförderungsgesetzes hinzugekommen. Die EzU kann zur Gänze aber auch in Teilen auf der Internetseite der Gesellschaft veröffentlicht werden. Ansonsten erfolgt die Offenlegung der EzU als gesonderter Teil des (Konzern-)Lageberichts. Die Verletzung von Erklärungspflichten zeitigt auch bei der EzU Haftungsfolgen, ebenfalls bis zur Anfechtung von HV-Beschlüssen sowie Sanktionen ordnungswidrigkeitsrechtlicher oder strafrechtlicher Art.

Der CG-Bericht, als drittes Element des CG-Reportings, soll jährlich über die Corporate Governance des Unternehmens berichten. Neben den Ausführungen zur Unternehmensführung und -kontrolle können auch weitere Aspekte Aufnahme in den Bericht finden, wie z.B. über die Compliance im Unternehmen. Sanktionen fehlerhafter Berichte sind denkbar; wenn solche Berichte Einfluss auf die Entsprechenserklärung nach § 161 AktG bekommen und diese gewissermaßen von den fehlerhaften Berichten „infiziert" werden, dann können die Haftungsfolgen einer fehlerhaften Entsprechenserklärung ausgelöst werden.

4. Die Entsprechenserklärung wird de lege lata nur mittelbar geprüft und zwar bei der Prüfung des (Konzern-)Anhangs nach §§ 285 Nr. 16, 314 Abs. 1 Nr. 8 HGB, dass die Erklärung abgegeben und wo sie öffentlich zugänglich gemacht worden ist. Insoweit handelt es sich um eine formale Prüfung und nicht um eine inhaltliche. Als Bestandteil der EzU ist sie im besonderen Abschnitt des (Konzern-)Lageberichts enthalten. Während der (Konzern-)Lagebericht extern, gesetzlich und inhaltlich geprüft wird, sind nach § 314 Abs. 2 Satz 4 HGB die Angaben nach §§ 289a, 315 Abs. 5 HGB nicht zu prüfen. Diese Bestimmung regelt, dass die gesamte EzU im Rahmen der (Konzern-)Abschlussprüfung ungeprüft bleibt. Dabei ist unerheblich, ob die EzU im Internet veröffentlicht wird oder nicht.
5. Wenn feststeht, dass de lege lata die Entsprechenserklärung, die EzU und der CG-Bericht nicht in die (Konzern-)Abschlussprüfung einbezogen werden, ist

zu fragen, wer möglicherweise sonst die Elemente des CG-Berichts prüfen soll. Dies könnte der Aufsichtsrat sein. Allerdings ist dieser für die Prüfung der Entsprechenserklärung und des CG-Berichts inhabil, weil er diese Erklärung und diesen Bericht mit zu erstellen hat. Anders ist dies bei der EzU, die ausschließlich der Vorstand zu erstellen und abzugeben hat. Der Aufsichtsrat ist nach § 111 Abs. 1 AktG im Rahmen seiner Aufsichtspflicht gehalten, die EzU intern, gesetzlich und inhaltlich im Rahmen seiner (Konzern-)Lageberichtsprüfung zu prüfen und darüber an die HV schriftlich zu berichten (§ 171 Abs. 1 und 2 AktG). Eine unmittelbare Prüfung des CG-Reportings durch die DPR/BaFin scheidet aus, weil die Bestimmung des § 317 Abs. 2 Satz 4 HGB auch diese Institutionen bindet. Dem Betreiber des elektronischen Bundesanzeigers stehen externe, gesetzliche, inhaltliche Prüfungsrechte nicht zu.

6. Vor dem Hintergrund von Unternehmenszusammenbrüchen, -schieflagen und Bilanzskandalen wird in der allgemeinen Öffentlichkeit, aber besonders bei den Stakeholdern, Unverständnis über die Verhaltensweisen von Vorständen, Aufsichtsräten, aber insbesondere auch über die der Abschlussprüfer laut. Es werden Erwartungen an die Erfüllung der tatsächlichen und vermeintlichen Rechte und Pflichten der Akteure in und außerhalb der Unternehmen gestellt, die real nicht erfüllt werden bzw. nicht erfüllt werden können. Diese Erwartungslücken können nie ganz beseitigt werden, das entspricht ihrem Wesen, aber ihre Verringerung wird ständig angestrebt. Erwartungslücken kann nur mit erhöhter Transparenz begegnet werden, Transparenz aber kann nur durch externe, gesetzliche, inhaltliche Prüfung erreicht werden.
7. Vor dem Hintergrund, dass sich gewisse Anzeichen dafür ergeben, dass die EU-Kommission eine externe, gesetzliche, inhaltliche Prüfung des CG-Reportings begrüßen würde, wird der Versuch gemacht, eine hypothetische Prüfung der Elemente des CG-Berichts durchzuführen. Diese hypothetische Prüfung der Elemente des CG-Berichts auf der Grundlage, dass § 317 Abs. 2 Satz 4 HGB „hinweg gedacht" wird, zeigt, dass eine solche Prüfung durchaus möglich ist. Weder die Beschaffenheit der Prüfungsgegenstände noch eine mangelnde Expertise des (Konzern-)Abschlussprüfers stehen dem entgegen.
8. Deutlich wird jedoch, dass die Elemente des CG-Reportings sich vom Inhalt nicht klar voneinander abgrenzen lassen und damit Überschneidungen und Doppelungen, kurz: Redundanzen, in den Aussagen bestehen, z.B. Entsprechenserklärung und CG-Bericht, aber auch CG-Bericht und EzU. Das steht der Transparenz, aber auch einer effizienten Prüfung im Wege und sollte beseitigt werden.

9. Es gibt eine Reihe beachtlicher Reformvorschläge in der Literatur, die einmal das Problem der Neugestaltung des CG-Reportings erkennen und zum anderen die noch wichtigere Frage nach der Prüfung des CG-Reportings stellen. Als Ergebnis ist zu konstatieren, dass die Streichung des § 161 AktG und die Abschaffung des CG-Berichts nach Ziff. 3.10 DCGK befürwortet wird. Danach bleibt die EzU als einziger Inhalt des CG-Berichts bestehen. Besondere Beachtung verdient die so genannte „österreichische Lösung", die bei der Umsetzung des Art. 46a der BilRL in der Fassung der Abänderungs-RL das Mitgliedsstaatenwahlrecht in Bezug auf die EzU, anders als Deutschland, ausgeübt hat und einen CG-Bericht zur Darstellung der EzU in das UGB eingefügt hat. Hinsichtlich der Prüfungsfrage lassen sich eindeutige befriedigende Reformvorschläge nicht finden.
10. Der eigene Vorschlag geht davon aus, dass § 161 AktG gestrichen wird. Die Entsprechenserklärung ist nur noch Bestandteil der EzU, wobei der Zukunftsbezug und die Aktualisierungspflicht der Entsprechenserklärung entfallen. Der CG-Bericht nach Ziff. 3.10 wird abgeschafft; seine Aussagen übernimmt die EzU, die ihrerseits zum „CG-Bericht" umbenannt wird (österreichische Lösung). Der „neue" CG-Bericht übernimmt aus dem (Konzern-)Lagebericht die nichtfinanziellen Leistungsindikatoren und öffnet sich für alle Angaben, die Bezug zur Corporate Governance haben, z.B. Berichte über Zahlungen an staatliche Stellen, zukünftige nichtfinanzielle Erklärungen. Der CG-Bericht tritt als eigenständiger Bericht neben den (Konzern-)Abschlussbericht und den (Konzern-)Lagebericht und unterfällt der (Konzern-)Abschlussprüfung gemäß § 316 HGB und wird damit extern, gesetzlich, inhaltlich geprüft. Die Offenlegung erfolgt mit dem (Konzern-) Abschlussbericht und (Konzern-)Lagebericht gemäß § 325 Abs. 1 HGB. Zusätzliche elektronische Veröffentlichungen sollen möglich sein.

www.ingramcontent.com/pod-product-compliance
Ingram Content Group UK Ltd.
Pitfield, Milton Keynes, MK11 3LW, UK
UKHW021844290926
8980IPUK00005B/632

9 783631 730492